THE GREAT TIME OF FREE TRADE ZONE

From Fujian Pilot Free Trade Zone
to the Core Area on the 21st Century Maritime Silk Road

诚挚感谢福建省人民政府办公厅、中共福建省委组织部、
福建省财政厅、福建省商务厅等省直职能部门对福建师范大学
福建自贸区综合研究院的关心与大力支持！

- 中央组织部首批青年拔尖人才支持计划（组厅字（2013）33号文件）2015年的阶段性研究成果
- 福建省特色重点学科和省重点学科福建师范大学理论经济学学科2015年的重大研究成果
- 福建省社会科学研究基地—福建师范大学竞争力研究中心2015年的重大项目研究成果
- 福建省高等学校科技创新团队培育计划（项目编号：闽教科〔2012〕03号）的阶段性研究成果
- 福建师范大学创新团队建设计划（项目编号：IRTW1202）2015年的阶段性研究成果

自贸区大时代

从福建自贸试验区到21世纪海上丝绸之路核心区

福建师范大学福建自贸区综合研究院

编　著

北京大学出版社
PEKING UNIVERSITY PRESS

图书在版编目 (CIP) 数据

自贸区大时代：从福建自贸试验区到 21 世纪海上丝绸之路核心区 / 福建师范大学福建自贸区综合研究院编著 .—北京：北京大学出版社，2015.8

ISBN 978-7-301-26082-1

Ⅰ. ①自… Ⅱ. ①福… Ⅲ. ①自由贸易区 – 研究 – 福建省 Ⅳ. ① F752.857

中国版本图书馆 CIP 数据核字 (2015) 第 157773 号

书　　名	自贸区大时代：从福建自贸试验区到 21 世纪海上丝绸之路核心区
著作责任者	福建师范大学福建自贸区综合研究院　编著
策划编辑	旷书文
责任编辑	旷书文　王业龙
标准书号	ISBN 978-7-301-26082-1
出版发行	北京大学出版社
地　　址	北京市海淀区成府路 205 号　100871
网　　址	http://www.pup.cn　　新浪微博：@ 北京大学出版社
电子信箱	zpup@pup.cn
电　　话	邮购部 62752015　发行部 62750672　编辑部 62757857
印 刷 者	北京中科印刷有限公司
经 销 者	新华书店
	730 毫米 ×1020 毫米　16 开本　23.25 印张　455 千字
	2015 年 8 月第 1 版　2015 年 8 月第 2 次印刷
定　　价	45.00 元

前言

自由贸易区简称“自贸区”，诞生于2000多年前欧洲。在其漫长的发展过程中，自贸区形成了为数众多、称谓各异、形式多样、规模不一的各种样态。自贸区作为促进本国或地区经济及国际经济贸易发展的特殊区域，随着经济全球化和区域经济一体化的发展不断演进，逐步发展成为国际性潮流。当今世界，自贸区的发展形势非常迅猛，在全球范围内其数量已经达到数千个，范围遍及世界各大洲，是区域经济一体化的主要形式之一，发挥着越来越重要的作用。

自贸区，已成为当下中国一个引人注目的改革热词。2014年12月12日，国务院常务会议宣布广东、天津、福建在这场自贸区争夺战中脱颖而出，2015年3月24日中共中央政治局审议通过广东、天津、福建自由贸易试验区总体方案进一步深化上海自由贸易试验区改革开放方案。党中央和国务院正式批准广东、福建、天津设立新的自由贸易试验区（规范简称为“自贸试验区”），同时允许上海自贸试验区实施扩区。这意味着中国自贸试验区将从上海一枝独秀，走向“四朵金花”齐放的自贸区2.0时代。

自贸区的重要性堪比当年被誉为“改革开放试验田”的经济特区。我国政府大力推进自贸区建设，是适应经济全球化新趋势的客观要求，是全面深化改革、构建开放型经济新体制的必然选择，也是我国积极运筹对外关系、实现对外战略目标的重要手段和重大举措。我国要加快实施自贸区战略，发挥自贸区对贸易投资的促进作用，更好帮助我国企业开拓国际市场，为我国经济发展注入新动力、增添新活力、拓展新空间。加快实施自贸区战略，是我国积极参与国际经贸规则制定、争取全球经济治理制度性权力的重要平台，我们不能当旁观者、跟随者，而是要做参与者、引领者，善于通过自贸区建设增强我国国际竞争力，在国际规则制定中发出更多中国声音、注入更多中国元素，维护和拓展我国发展利益。

当下的中国早已是世界第一贸易大国，无论是贸易总量还是GDP总量在全世界占比都早已突破10%大关。适应全球自贸区发展的趋势，形成面向全球自贸区网络，才能不失去主动，继而在未来规则制定和世界经济新格局中赢得先机。中国已经到了高标准地加快推进自贸区建设的历史时点了。上海自贸区实践证明，我们具备了这个条件，中国正从国际贸易规则的被动接受逐渐走向主动引领。

津沪闽粤四个自贸区覆盖了中国的东南沿海、东部沿海以及北部沿海，形成了南北呼应的格局。这些地方承载着中国新一轮改革"试验田"和深化对外开放"窗口"的国家使命。自贸试验区的建立，也标志着中国第二次改革开放的正式开始。它们将担当好改革开放排头兵、创新发展先行者，继续以制度创新为核心，贯彻"一带一路"建设、京津冀协同发展、长江经济带发展等国家战略，在构建开放型经济新体制、探索区域经济合作新模式、建设法治化营商环境等方面，率先挖掘改革潜力，破解改革难题。

对福建而言，通过设立自贸试验区，推进体制机制创新，营造更加国际化、市场化、法治化的营商环境，对增强发展软实力，实现政府管理经济方式转变，推动长远发展具有重大意义。2015年4月21日10时许，随着中共福建省委书记尤权揭下幕布，中国(福建)自由贸易试验区(简称"福建自贸试验区"，为了方便起见，在本书中又简称"福建自贸区")在位于福州马尾的福建自贸试验区福州片区行政服务中心挂牌成立。从此，福建步入自贸区时代。

根据国务院发布的《中国(福建)自由贸易试验区总体方案》，福建将围绕立足两岸、服务全国、面向世界的战略要求，充分发挥改革先行优势，营造国际化、市场化、法治化营商环境，把自贸试验区建设成为改革创新试验田；充分发挥对台优势，率先推进与台湾地区投资贸易自由化进程，把自贸试验区建设成为深化两岸经济合作的示范区；充分发挥对外开放前沿优势，建设21世纪海上丝绸之路核心区，打造面向21世纪海上丝绸之路沿线国家和地区开放合作新高地。2015年3月28日，国家发改委、外交部、商务部联合发布了《推动共建丝绸之路经济带和21世纪海上丝绸之路的愿景与行动》，福建被定位为"21世纪海上丝绸之路核心区"。至此，福建自贸试验区进入"两区"时代，也就是福建自贸试验区与21世纪海上丝绸之路核心区的互联互通、融合发展的叠加时代。福建作为这两大国家战略交汇叠合的省份，将在更加开阔的国际视野下，先行先试，更大胆地走出去，为"两区"建设的深度融合奉献"福建样本"。

"自贸区"和"一带一路"在福建双箭齐发，将使得福建对外开放进入"快车道"。福建自贸试验区与21世纪海上丝绸之路核心区战略将成为福建经济发展新引擎。福建或将迎来一次全新升级。自贸试验区将进一步提升福建经济的开放性，利用这一平台，福建对台的优势将获得更大发挥。福建被定位于21世纪海上丝绸之路核心区，将可以发挥作为海上丝绸之路起点的历史优势与人文优势，发挥“侨”的优势，加大与“海丝”沿线国家的贸易对接力度，实现经济新增长。随着这两项政策叠加效应的不断显现，将有利于推动福建自贸试验区特色优势的发挥，激发促进两岸经济深度融合发展的新动力，积极培育面向全球的竞争新优势，构建对外对内合作发展的新平台，拓展经济增长的新空间，不断激发福建改革发展新活力，成为全国自贸区建设的“新高地”。

加快福建自贸试验区战略是一项复杂的系统工程。要加强顶层设计、谋划大棋局，既要谋子更要谋势，逐步构筑起立足于深化两岸经济合作，又要立足于体制机制创新，进一步解放思想，先行先试，为深化两岸经济合作探索新模式，为加强与21世纪海上丝绸之路沿线国家和地区的交流合作拓展新途径，增强福建自贸试验区的战略定力。为此，福建自贸试验区建设通过搭乘“21世纪海上丝绸之路”这列快车，将以更加开放的姿态，更好地融入到全球经济贸易的发展格局中，实现一种全方位、宽领域、深层次开放的经济形态，实施更加积极主动的对外开放战略，显著提高福建开放型经济水平和质量，从而打造出福建开放型经济升级版。为此，应着力在以下三个方面深化福建自贸试验区与21世纪海上丝绸之路核心区融合发展：

1. 借力21世纪海上丝绸之路核心区战略，将助力福建自贸试验区拥有更加宽广的开放空间。

福建自贸试验区设立的一个重要目的在于提升自贸区内的国际贸易服务水平，为经济转型升级创造良好的贸易环境，提升国际分工地位。而21世纪海上丝绸之路核心区的建设，将有助于进一步加强福建与东盟、南亚、西亚、北非、欧洲等沿线国家地区经贸往来，扩宽福建与丝路沿线国家和地区合作的范围和领域，重点是拓展新型贸易方式、提升航运服务功能、创新通关模式，加强关检税港贸合作，完善进出口促进政策，做大做强对外贸易，形成以技术、品牌、质量、服务为核心的外贸竞争新优势，加快提升福建在全球贸易价值链中的地位，为打造全方位对外开放新格局贡献力量。

2. 依托福建自贸试验区的政策机制创新，将推动福建深化与丝路沿线国家的交流合作。

推进福建自贸试验区建设，就是要切实转变政府职能，处理好政府与市场关系，从注重事前审批转为注重事中、事后监管。积极探索建立与国际投资和贸易规则体系相适应的行政管理体系，重点推进投资管理体制改革，密切关注关境内的公平环境、投资准入国民待遇、负面清单以及投资便利化等内容，放宽外商投资准入、构建对外投资促进体系，健全完善法律法规体系，提高透明度，不断修订完善在竞争中立、投资权益保护、知识产权保护、环境保护、劳工保护、会计审计、税务管理等方面的法律体系，实现有法可依和有效监管，从而创造出更加国际化、法治化、市场化的公平、统一、高效的营商环境。通过福建自贸试验区这些利好的投资政策和发展环境的改善，将吸引全球各地的外资进入福建，福建企业家也可以更好地到境外投资，结合海外华人华侨众多的优势，先行先试，扩宽“海丝”沿线国家地区合作的范围和领域，加强福建与东盟、南亚、西亚、北非、欧洲等沿线国家地区经贸往来，将自贸区打造成为福建开放的新引擎。

3. 福建自贸试验区与21世纪海上丝绸之路核心区的融合发展，将助力福建开放型经济新格局。

福建在建设21世纪海上丝绸之路建设中具有不可替代的重要地位，打造21世纪海上丝绸之路核心区将成为福建经济发展的新引擎。福建自贸试验区服务于国家对外开放战略，通过对接“一带一路”战略，加强与沿线国家加强经贸往来和互联互通，可以有效地推动福建经济实现跨越发展。一方面，福建自贸试验区要充分发挥对台优势，实践两岸全面交流交往先行先试区，率先实现闽台之间投资贸易自由和资金人员往来便利，摆脱过去对台招商和扩大贸易的老套路，更多地着眼于制度性安排，创新两岸合作机制，打造两岸共同参与国际合作竞争的新平台。另一方面，大力支持福建企业“走出去”，以21世纪海上丝绸之路核心区建设为载体，帮助企业进一步开拓东盟市场，并以东盟为跳板拓展福建与南亚、中东国家之间的经贸往来。通过企业“走出去”，带动商品出口和境外资源回运，推动构建跨境产业链，依托“互联网＋”实现产业的转型升级，推动福建自贸试验区建设的大发展。

总之，中国和世界正进入自贸区大时代。加快福建自贸试验区建设，需要我们树立战略思维和全球视野，站在国内国际两个大局相互联系的高度，审视我国和世界的发展，使福建自贸试验区成为投资福建的新热点，进一步打造福建经济升级版。

在北京大学出版社的大力支持下，我们研究团队组织编撰了本书，力图从国际国内自贸区发展大格局大趋势出发，对福建自贸试验区这一战略性、制度性、政策性的改革举措与建设思路作深度解读与普及性介绍。希望能尽我们的绵薄之力为深化认识和加快推进福建自贸试验区和21世纪海上丝绸之路核心区建设提供智慧支持和决策参考。我们由衷地希望这一探索能对有关部门和读者进行科学决策有所借鉴，如然，足以慰藉我们所付出的汗水、劳动与时间！

黄茂兴教授（福建师范大学福建自贸区综合研究院院长）
2015年6月30日于福建师范大学仓山校区文科楼

目录

自贸区大时代

上篇

进入自贸区时代：
中国和世界的共同趋势

第一章

世界自贸区：昨天、今天与明天

一、解题：何为自贸区，有何特征

（一）自贸区的基本内涵

“自由贸易区”有两个内涵差异很大的概念：“Free Trade Area”（FTA）和“Free Trade Zone”（FTZ）。由于 FTA 和 FTZ 按其字面意思均可译为“自由贸易区”，简称“自贸区”，故常常引起概念混淆。随着建设“自由贸易区”上升为国家战略，为避免误解，便利工作，2008 年 5 月我国商务部和海关总署专门就此问题发文[①]，建议将“Free Trade Area”统一译为“自由贸易区”，而将“Free Trade Zone”统一译为“自由贸易园区”。两者的具体内涵分别如下：

1. “自由贸易区”（Free Trade Area，FTA）：根据世界贸易组织的有关解释，是指两个以上的主权国家或单独关税区通过签署协定，在世贸组织最惠国待遇基础上，相互进一步开放市场，分阶段取消绝大部分货物的关税和非关税壁垒，改善服务和投资的市场准入条件，从而形成的实现贸易和投资自由化的特定区域。“自由贸易区”所涵盖的范围是签署自由贸易协定的所有成员的全部关税领土，而非其中的某一部分。

对于其中的“关税领土”，《关贸总协定》（GATT，1947）第 24 条第 2 款规定：“关税领土应理解为一个与其他领土之间贸易实质部分保留单独关税或其他贸易法规的任何领土。”

世界贸易组织对“自由贸易区”的规定是：

（1）成立自由贸易区的目的是便利组成自由贸易区的各国家和地区之间的贸易，贸易壁垒大体上不得高于或严于未建立自由贸易区时，各组成国家和地区对未参加自由贸易区的各成员所实施的关税和贸易规章的一般限

① 商务部国际司．商务部海关总署关于规范“自由贸易区”表述的函[EB/OL]．中华人民共和国商务部．http://www.mofcom.gov.cn/aarticle/b/e/200805/20080505531434.html，2008-05-14.

制水平。

(2) 任何成员如决定加入自由贸易区或签订成立自由贸易区的临时规定,应有一个在合理期间内成立自由贸易区的计划和进程表。

(3) 任何成员决定加入自由贸易区,或签订成立自由贸易区的临时协定,应及时通知全体成员,并应向其提供有关拟议的自由贸易区的资料,以使全体成员得以斟酌并向各成员提出报告和建议。如果全体成员发现参加协定各方在所拟议的期间内不可能组成自由贸易区,或认为所拟议的期间不够合理,全体成员应向参加协定各方提出建议,如参加协定各方不准备按照这些建议修改临时规定,则有关协定不得维持或付诸实施。

(4) 对自由贸易区成立计划或进程表的任何重要修改都应通知全体成员。如果这一改变将危及或不适当地延迟自由贸易区的建立,全体成员可以要求同有关成员进行协商。

(5) 为建立自由贸易区的过渡性临时协议的合理期限,只有在特殊情况下才允许超过10年,当一项协议的成员认为10年不够时,则须向货物理事会提供需要更长一段时间的完整解释。

(6) 自由贸易区要接受世界贸易组织工作组的检查,并定期向世界贸易组织理事会做出协议执行情况的报告。

在当今世界,自由贸易区的发展形势非常迅猛,在全球范围内其数量已经达到数十个,范围遍及各大洲,是区域经济一体化的主要形式之一。总体来看,世界各国都非常重视通过建立和发展自由贸易区来为自己的经济发展服务,世界上几乎各主要贸易国均已参加自由贸易区,有的还是多个自由贸易区的成员。

目前,世界上典型的"自由贸易区"有北美自由贸易区(North American Free Trade Agreement,NAFTA)、东盟自由贸易区(ASEAN Free Trade Area,AFTA)等。迄今,我国已经与东盟、新加坡、巴基斯坦、新西兰、智利、秘鲁、哥斯达黎加、冰岛、瑞士、韩国、澳大利亚等国家和地区签署自由贸易协定协议[①],内地与香港、澳门特区政府分别签署了内地与香港、澳门《关于建立更密切经贸关系的安排》(简称CEPA,是内地第一份全面实施的自由贸易协议)。[②] 从而建立起了涵盖我方和对方全部关税领土的"自由贸易区"。

---

① 商务部.已签协议的自贸区[EB/OL].中国自由贸易区服务网. http://fta.mofcom.gov.cn/fta_qianshu.shtml,2015-06-21.

② 商务部.内地与港澳关于建立更紧密经贸关系安排简介[EB/OL].中国自由贸易区服务网. http://fta.mofcom.gov.cn/cepa/cepa_jianjie.shtml,2015-06-21.

2. 自由贸易园区(Free Trade Zone，FTZ)，指在某一国家或地区境内设立的实行优惠税收和特殊监管政策的小块特定区域，类似于世界海关组织的前身——海关合作理事会所解释的“自由区”。该组织于1973年5月18日在日本京都签署《京都公约》(全称是《关于简化和协调海关制度的国际公约》)。作为全球唯一全面规范海关制度和做法标准的国际性法律文件，《京都公约》是在全球范围内为实现各个国家和地区的海关制度和做法朝着高度简化、协调统一方向发展的重要依据，也是全球各国为促进贸易便利化而制定本国海关制度的重要标准。[①] 按照《京都公约》的解释：“自由区(Free Zone)系指缔约方境内的一部分，进入这一部分的任何货物，就进口税费而言，通常视为在关境之外，并免予实施通常的海关监管措施。有的国家还使用其他一些称谓，例如自由港、自由仓等。”

《京都公约》(修订)对“自由贸易园区”的规定是：

国家立法需明确规定建立自由贸易园区的条件、允许入区的商品、授权操作以及海关监管程序，具体包括对适用性、自贸园区建设及其布局的专门要求。海关有权对自由贸易园区仓储货物进行自由查验。不仅进口商品，国内商品也须经过授权方可进入自由贸易园区。对进口货物的进入限制通常出于公共道德、安全、健康和动植物检疫等方面的考虑，或是出于保护知识产权的目的。海关通常要求申报人提供抵押，如缴纳相关税费，以确保相关系着义务得以履行。在自由贸易园区内，应允许以保存货物为目的而对货物进行的处理。另外，应明确规定加工和制造业务的规则。国家立法需明确规定，哪些商品在自由贸易园区内部消费时可享受关税和其他税费全免待遇。除特殊情况外，货物在自由贸易园区内的停留时间须符合规定。允许转让区内货物的所有权。对于已经进入或在自由贸易园区内生产的商品，应该允许其转运到另一自由贸易园区区或是适用其他海关程序。若货物从自由贸易园区转出内销，则国家立法须对确定货物数量、价值的时点加以明确，同时确定所应适用的关税税率。若自由贸易园区要关闭，应该给予有关人员足够的时间，以便他们将货物转运到另一个自由贸易园区，或是根据海关有关规定对其进行安置。[②]

---

① 上海财经大学自由贸易区研究院. 赢在自贸区：寻找改革红利时代的财富与机遇[M]. 北京：北京大学出版社，2014年版.

② 上海财经大学自由贸易区研究院，上海发展研究院. 中国(上海)自由贸易试验区与国际经济合作[M]. 上海：上海财经大学出版社，2013年版.

自从400多年前,世界上第一个自由港在欧洲诞生以来,自由贸易园区在其漫长的发展过程中,形成了为数众多、称谓各异、形式多样、规模不一的各种样态。当今世界上能纳处自由贸易园区概念体系的名称包括:对外贸易区、自由贸易区、自由区、自由带、出口自由区、自由港、自由港、国际航空港、转口区和自由区、免税贸易区、免税工厂、保税陈列厂、保税棚、贸易仓库、保税区、保税仓库、边境区、边境自由区、出口加工区、出口产品加工工业村、电子工业出口加工区、投资促进区、科学工业区、自由关税区、货物集散地、冷藏自由区等几十种之多。①

近年来,随着全球化浪潮风起云涌和国际贸易的迅猛发展,全球自由贸易园区的发展日新月异,逐渐成为各国贸易发展的重要平台。在金融危机之后,自由贸易园区越来越成为世界各国和地区为扩大国际贸易、吸引外国资本、实施新经济政策以及振兴本国经济并促进整个国家或地区发展而普遍采用的方法,在促进全球产业结构调整、便利国际物流运作、反对贸易保护主义等方面也发挥着越来越重要的作用。目前,世界上典型的"自由贸易园区"有巴拿马科隆自贸区、德国汉堡自由港、美国纽约港自贸区、香港自由港、新加坡自由港、迪拜杰贝一阿里自贸区、爱尔兰香农自贸区、韩国釜山镇海经济自由区、荷兰阿姆斯特丹港自贸区和巴西马瑙斯自由贸易区等。而我国的经济特区、保税区、出口加工区、保税港、经济技术开发区等特殊经济功能区都具有"自由贸易园区"(FTZ)的某些特征。②

根据前述定义,当前我国四省市正在建设的自由贸易试验区,例如中国(福建)自由贸易试验区,严格意义上讲,应该称之为"自由贸易试验园区",否则容易在概念与内涵上与真正的自由贸易区混淆。但是,实际情况是国内普遍称其为"自由贸易区"或者经常简称其为"自贸区"。究其原因,是"自由贸易区"显得更简单上口,更易为大众所接受。

那么如何区分自由贸易园区(FTZ)与自由贸易区(FTA)呢?我们可以从称谓上辨别。如果名称中提到国内具体某个地区,则实际上是指FTZ,例如中国(福建)自由贸易试验区、中国(广东)自由贸易试验区、中国(天津)自由贸易试验区。如果名称中提到两个以上的国家或者跨国界的区域,则实际上是指FTA,例如,中欧自由贸易区(CEFTA)由波兰、捷克、斯洛伐克、匈牙利、斯洛文尼亚、罗马尼亚、保加利亚、克罗地亚、阿尔巴尼亚、波黑、摩

① 武康平、吴蓉. 自由贸易区功能特征与法律保障[M]. 北京:经济科学出版社,2004年版.

② 上海财经大学自由贸易区研究院. 赢在自贸区:寻找改革红利时代的财富与机遇[M]. 北京:北京大学出版社,2014年版.

尔多瓦、黑山、塞尔维亚等国家组成。

鉴于自贸试验区肩负着超越贸易领域的投资开放、金融创新、法制改革等试验重任，中国的自由贸易实验区可简称为“自贸试验区”，一般不可化约为“自贸区”，但因应表述直观简便之需，本书后续章节涉及国内四省市正在建设的“自由贸易试验区”等“自由贸易园区”时，往往将直接使用“自由贸易区”“自贸区”等称谓，但实际上均指“自由贸易园区”。

（二）自贸区的基本特征

自由贸易区是世界范围内推进贸易自由化和投资便利化的有效工具，也是世界各国参与国际竞争和分享经济全球化利益的重要机制和平台。在国际上，自贸易区是一个广义的概念，涵盖自由港、保税仓库、保税区、综合保税区等多种类型。自由贸易区作为一个统称，在美国称为对外贸易园区(Foreign Trade Zone)，英国称为自由区(FZ，Free Zone)，新加坡称为自由贸易园区(FTZ)，在其他国家和地区还有经济特区(Special Economic Zone)、产业园区(Industry Zone)等名称。

总的来说，全球各种类型的自由贸易区虽然在各自的功能定位、行政管理体制、海关监管模式以及优惠政策等方面各有千秋，但它们角色相近、功能趋同，总结起来有以下基本特征：

1. 国家行为

世界上许多国家都设立了国家级专门机构来管理该国的自由贸易区。诸如美国国家对外贸易区协会、荷兰国际配销委员会、韩国关税自由地区审议委员会，都是负责审批设立和监管自由贸易区的机构，具有很高的权威性和专业性。许多国家都由最高立法机关通过法律，以保障区内政策的稳定性，保护区内投资者的权益，即：国家先立法，再设立自由贸易区，国家对自由贸易区实行统一的管理。例如美国国会在 1934 年 6 月通过了《对外贸易区法案》，在两年之后才在纽约布鲁克林建立了其第一家对外贸易区。

2. 境内关外

自由贸易区的最大特色是“境内关外”的特殊海关监管制度。自由贸易区虽然位于设区国边境之内，但却处于该国关境之外，海关对货物的进出国境不征收关税，而不同于进出关境对进出口征收相应关税。在具体监管实践上，国际上成功的自由贸易区体现出“一线放开，二线管住，区内不干预”

的监管特征[①]。

所谓“一线”，是指自由贸易区与国境外的通道口。“一线放开”的内涵是指因处于“境内关外”的特殊区域，海关监管重点退至自由贸易区与国内非自由贸易区市场的通道口，意味着在自由贸易区与境外的法定线上，境外的货物可以自由地、不受海关监管地进入自由贸易区，而自由贸易区内的货物也可以自由地、不受海关监管地运出境外。“一线”货物进出自由，通常包括以下几方面的内容：其一，从境外运入自由贸易区的货物，不受数量、途径、品质、税收、原产地、起运国或指运国等条件的限制。也即，海关不得以上述原因拒绝货物运往自由贸易区。其二，从境外运入自由贸易区的货物，如有必要向海关交验单证时，仅限示于出示其他额外单证。其三，海关对运入自由贸易区的货物，不应要求出具担保。其四，海关如对运往自由贸易区货物实行监管，仅限于为确认单证与货物一致性和合法性并确有监管必要性。其五，海关禁止或限制从境外运入自由贸易区的货物的理由必须限于以下几种情况：维护公共道德或治安，如属黄色书刊、武器等；公共保健或公共卫生需要，如旧衣服等；实行动植物检疫对象；保护专利权、商标权和版权方面，如属假冒名牌商品等。也就是说，除上列四种情况外，海关不得以禁止或限制为由拒绝货物运入自由贸易区。

所谓“二线”，是指自由贸易区与海关境内的通道口，普遍被视同进出口线，实行与其他关境进出口相同的海关法律、法规、政策（如征收相应关税等）。“二线”海关监管往往设置隔离设施，如铁丝网等，使自由贸易区与非自由贸易区隔离开来，并且隔离设施必须经海关验收合格后，自由贸易区才能正式投入运作。“二线管住”意味着在自由贸易区与关境内的法定线上，货物从自由贸易区进入国内一般区（或关境内），或货物从国内一般区进入自由贸易区（或关境外）时，海关必须依据本国海关法赋予的使命进行监管，避免自由贸易区货物注入非自由贸易区而冲击市场，同时亦保护国内的关税收入，严厉打击走私犯罪。

所谓“区内不干预”，是指区内的货物可以进行任何形式的储存、展览、组装、制造和加工，自由流动和买卖，这些活动无需经过海关批准，只需备案。具体说来，自由贸易区可按国内法规定，由海关或其他机构经营管理；自由贸易区的建筑和布局及海关监管的安排等规定，应当由海关制定；海关可以在自由贸易区内实行某种监管，自由贸易区内的各项作业均能按照既

---

① 上海财经大学自由贸易区研究院，上海发展研究院. 中国（上海）自由贸易试验区与国际经济合作[M]. 上海：上海财经大学出版社，2013(12).

定的规章进行;海关可以要求进入自由贸易区的人建立账册,以便监管其货物的流通;海关有权对运入保税区和存在营业场所内的货物随时进行检查;可以对区内货物进行抽查,以保证货物只能按核准的作业加工,并保证不运入未经核准的货物;可以把进入区内的运输工具置于持久或间歇的监管下;准许进入自由贸易区的货物除装卸、转船及储存外,应允许为保存货物或改进包装或提高销售质量或准备装运进行必要的作业,如将散装改为包装、并包、拣选分级及改装等;货物运入自由贸易区后,其所有权应准转让;在自由贸易区内可禁止货物零售;货物在自由贸易区的储存其不应加以限制。

这样,就可以使得企业可以不出国门,就能享受有关优惠政策,通关速度和便利程度也大幅提高,有利于两头在外、大进大出的加工贸易发展,对企业整个物流的运作可以减少很多成本,对于发展经济非常有利。

3. 高度自由

自由贸易区是一个开放区,区内在海关监管、货币流转、金融市场、进出口管制等方面都有着高度开放的特征,区内的企业和个人在服从设区国法律规定的前提下享有高度的自由。

自由贸易区的开放性集中体现出“三大自由”的核心特征:

一是货物流动自由。不存在关税壁垒和非关税壁垒,凡合乎国际惯例的货物进出均畅通无阻,可以在区内无限期地储存和进行任意方式地处理等,免于海关惯常监管,只需备案,不仅免办海关手续、非强制领航、船员可自由登岸,而且卫生检疫及出入境手续从简等。

二是贸易投资自由。包括投资自由、雇工自由、经营自由等,没有因国别差异而带来的行业限制以及经营方式限制;对进出口贸易及转口贸易没有限制,但一般不得经营零售业务。

三是金融自由。结算币种可自由选择、外币可自由兑换、资金可自由进出等,没有国民待遇与非国民待遇之分。

4. 功能突出[①]

自由贸易区的功能主要集中于国际贸易、出口加工、仓储展示、商品简单处理加工、物流分拣以及金融服务等方面。有的自由贸易区突出某一项或某两项功能,有的自由贸易区则集多种功能为一体,一般转口贸易和离岸金融业务都比较发达。贸易性是自由贸易区的鲜明特点。为充分利用其位

---

① 上海财经大学自由贸易区研究院. 赢在自贸区:寻找改革红利时代的财富与机遇[M]. 北京:北京大学出版社,2014 年版.

于或邻近国际贸易地区通道的优势，发展转口贸易，规定只要是主权国家允许进出口的商品均可进入区内，并可免交关税，也不必办理海关手续；商品后，可储存、拆散、分级、分类、重新包装、重新标签、与外国或国内商品混合和再出口等。对这类商品除了进入所在国其他地区限制较严外，对进出自由港区的活动不加限制。因而，设立自由贸易区一般都是为了促进自由贸易，推动本国（地区）经济发展。此外，自由贸易区还具有明确的聚焦与扩散的区域功能。

5. 优惠高效

自由贸易区一般是由政府投资设立的，是在设区国领土用围栏与该国其他区域隔离且封闭起来的一个区域。为了促进对外贸易、加速经济发展，设区国政府通常给予自由贸易区内的企业一系列政策上的优惠，例如减免所得税、放宽信贷政策、提供投资匹配、加速资本折旧、保障投资安全、以优惠价提供土地及水、电等。区内的监督、控制基本撤除，行政管理机构也都以服务为本，将行政限制降至最低限度，从而大量简化了投资办事手续。因此自由贸易区的高效可以表现在简便的出入境手续，透明的办事程序，高效的政府部门，快速的海关通关速度以及顺畅的金融融通等方面。

6. 通达便利

自由贸易区通常具有完善发达的交通设施，多式联运体系和物流体系；有深水港及其港务体系；有通向世界各地的航线及发达的内支线，交通体现出“四通八达，畅通天下”的特点。目前，世界上大多数自由贸易区都设在吞吐量较大的港口等具有天然地理优势的地方，例如美国的纽约港、荷兰的鹿特丹港等。在特殊情况下也可设在内河港、航空港等地方，比如爱尔兰香农出口加工区就设在国际航空港。①

二、国际潮流：世界自贸区现状

自贸区作为促进本国或地区经济及国际经济贸易发展的特殊区域，随着经济全球化和区域经济一体化的发展不断演进，逐步发展成为国际性潮流。

---

① 李萍．中国自由贸易区发展理论与实践：兼论山东半岛自由贸易区的构想［M］．北京：中国社会科学出版社，2014 年版．

(一) 世界自贸区发展过程

1. 19 世纪以前,发端于欧洲及地中海沿岸国家

自贸区最早的雏形可追溯到古希腊时代,当时腓尼基人将泰尔和迦太基两个港口划为特区,对外来的商船尽量保证其安全航行,不受任何干扰,这也是现在自由港区最早的由来。1228 年,法国南部马赛港的一群资产者曾在港内建立自由贸易区。十三世纪末,德意志北部的几个自由市联合起来,建立了自由贸易联盟,史称“汉萨同盟”。为促进同盟内部的通商优惠,汉堡和不莱梅两地曾被选定作为自由贸易区。1547 年,意大利宣布在西北部热那亚湾建立里南那(Leghoyh)自由港,学界认为这是世界上第一个被正式命名的自由港。此后,自贸区便开始在西欧许多地方风行起来。十七、十八世纪期间,随着资本主义的发展和对外贸易的扩大,欧洲的一些贸易大国先后把一些主要港口城市宣布为自由港,或划出一部分地区设立自由贸易区,如意大利的热那亚、那不勒斯、威尼斯,法国的敦刻尔克,丹麦的哥本哈根,葡萄牙的波尔多等。这些国家设立自贸区的目的是利用区位优势或港口便利条件发挥商品集散中心的作用,采取免除进出口关税的措施,吸引外国商品到此转口,扩大对外贸易,促进当地经济的发展。

2. 19 世纪以后到二战前,全球缓慢发展扩散阶段

十九世纪以后,随着航海事业的进步与国际贸易的发展,特别是帝国主义和殖民主义的抬头,自贸区从地中海经波斯湾、印度洋扩展到东南亚地区,一系列被西方殖民主义者征服的重要港口,被先后开辟为自由港或自由贸易区,包括直布罗陀、丹吉尔、亚丁、吉布提、果阿、新加坡、槟城以及香港、澳门等。20 世纪 20 年代后,美洲大陆开始建设自贸区。1923 年的乌拉圭克洛尼亚自由贸易区及墨西哥北部边境的蒂华纳和墨西卡利自由贸易区,是美洲大陆较早建立的自由贸易区。1936 年美国出现第一个对外贸易区即纽约 3 号,主要功能是从事对外贸易和转口贸易。从自贸区问世到第二次世界大战前夕,世界自贸区的数量少,分布地域狭窄,发展比较缓慢,而且几乎都只是从事对外贸易和转口贸易,经济活动比较单一。

3. 二战后到 20 世纪 70 年代,出口加工区的出现和发展

第二次世界大战后,许多殖民地附属国相继独立,要求发展民族经济,力图实现国家工业化,由“替代进口”战略转而采取“面向出口”战略。在这种形势下,许多国家和地区纷纷建立新的自由港区,即“出口加工区”。出口加工区是自由贸易区的发展形态,以当地丰富而廉价的劳动力和提供各种

优惠待遇,吸引客商的资金和技术,同外商合作发展出口工业,以此创汇增加就业机会,并带动国家、地区经济发展。1958年,爱尔兰设立的香农出口自由区,是世界上最早从事出口加工活动的自由港区。随后,在波多黎各和印度相继出现。但正式使用出口加工区名称并制定相应管理办法的,则是我国台湾省于1966年建立的高雄出口加工区。出口加工区的出现,使自贸区在原有服务于转口和出口贸易的初级加工基础上,逐步增加了生产制造的新内容,扩大了业务范围。

4. 20世纪70年代至今,数量迅速增加且功能趋向综合

20世纪70年代以后,世界自贸区进入迅速发展期,成为新型经济体国家(地区)开展对外贸易、引进外资与扩大就业的重要载体,范围遍及各大洲,是区域经济一体化的主要形式之一。随着自由贸易区数量的持续增长,自由贸易区的功能也在不断扩展。早从70年代开始,以转口和进出口贸易为主的自由贸易区和以出口加工为主的自由贸易区就已经开始相互融合,自由贸易区的功能趋向综合化。原料、零部件、半成品和成品都可在区内自由进出,在区内可以进行进出口贸易、转口贸易、保税仓储、商品展销、制造、拆装、改装、加标签、分类、与其他货物混合加工等商业活动。因此,世界上多数自由贸易区通常都具有进出口贸易、转口贸易、仓储、加工、商品展示、金融等多种功能,这些功能综合起来就会大大提高自由贸易区的运行效率和抗风险能力。

(二)世界自贸区发展类型

世界各国和地区设置的自贸区种类不一,名称繁多,规模不同,组织形态日趋复杂,功能定位依据区位条件和贸易流量不断进行着调整优化。目前,在有关世界自贸区的比较研究中,按照不同的标准,有各种不同的分类。有些学者只将自贸区分为生产型和流通型两大类,有些学者按主体活动的经济性质或经营性质,将各种自贸区分为:企业运营型、政府机构运营型、本国主体运营型、外国主体运营型。比较常见的主要还是按功能划分,也有按区域范围划分、或者按专注领域划分等,具体如下。

1. 按功能划分

自贸区按功能划分主要有以下七种类型:以香港和新加坡为代表的自由港型、以德国汉堡为代表的综合型、以台湾高雄为代表的出口加工区型、以迪拜为代表的工贸结合型、以巴拿马科隆为代表的贸易型、以墨西哥为代表的自由边境区型和以荷兰阿姆斯特丹港自由贸易区为代表的保税仓

储型。

(1) 自由港型自贸区

自由港(Free Port)是指全部或绝大多数外国商品可以免税进出的港口,划在一国的关税国境(即"关境")以外。又称自由口岸、自由贸易区、对外贸易区,这种港口划在一国关境之外,外国商品进出港口时除免交关税外,还可在港内自由改装、加工、长期储存或销售。但须遵守所在国的有关政策和法令。自由港依贸易管制情况分为完全自由港和有限自由港。前者对所有商品进出口都实行免税,后者对少数商品征收少量关税并有某些贸易限制。自由港主要从事转口贸易。有些自由港与非自由港区域划分明显,但有些划分不明显。一些不处于港口地区的自由贸易区,除转口贸易外,还从事加工、旅游 、服务等行业。绝大部分自由港凭借其优越的地理位置、良好的港口和先进的运输、装卸设备,以豁免货物进出口关税、海关监督的优惠,以及开展货物储存、分级挑选、改装等业务便利,通过吸引外国货船、扩大转口贸易,发挥商品集散中心作用,以达到赚取外汇收入的目的而发展起来。最早的自由港出现于欧洲,13 世纪法国已开辟马赛港为自由贸易区。1547 年,意大利正式将热那亚湾的里南那港定名为世界上第一个自由港。其后,为了扩大对外的国际贸易,一些欧洲国家便陆续将一些港口城市开辟为自由港。至今,因应全球的贸易活动与经济发展,自由港的数量已上升至 130 多个。自由港与保税区相似,其不同在于贸易优惠措施空间范围上的不同而已。

(2) 综合型自贸区

所谓综合型自贸区,是指那些工业、贸易和其他第三产业综合发展的功能完备的大中型自由港区。它除了具备贸易型的特点外,还发展出口加工工业,并允许和鼓励金融业、旅游业、交通电讯业和科技文教卫生事业的发展。综合型是从贸易型到工贸型发展、演变而来的,它虽然为数不多,但却都经历了较长的发展历史。由于综合型的功能多样化,能够灵活适应经济调整和变化莫测的国际经济形式,可以在各类自由港区彼此激烈竞争的情况下不断创新和发展。而且,它还可以尽可能大地对毗邻地区,甚至是全国的经济发生广泛影响,因而建立和发展综合型自贸区往往被视为设区所在国或地区经济发展战略的重要环节之一,我国更是如此。虽然综合型代表了世界自贸区未来的主要发展方向,但它的建立和发展会受到国情、国力和开发条件、开发潜力的制约,在时机不宜、财力不足、条件欠佳、区位欠妥等情况下,一味追求"大而全",是难以成功的。

(3) 出口加工区型自贸区

出口加工区(Export Processing Zone)又称加工出口区。狭义指某一国家或地区为利用外资,发展出口导向工业,扩大对外贸易,以实现开拓国际市场、发展外向型经济的目标,专为制造、加工、装配出口商品而开辟的特殊区域,其产品的全部或大部供出口。广义还包括自由贸易区、工业自由区、投资促成区和对外开放区等。有单类产品出口加工区和多类产品出口加工区之分。后者除加工轻纺工业品外,还加工生产电子、钢铁、机械、化工等产品。世界出口加工区始于上世纪50年代初,上世纪60年代以来,在亚洲、南美洲的发展中国家迅速兴起。加工区内,鼓励和准许外商投资于产品具有国际市场竞争能力的加工企业,并提供多种方便和给予关税等优惠待遇,如企业可免税或减税进口加工制造所需的设备、原料辅料、元件、半制品和零配件;生产的产品可免税或减税全部出口;对企业可以较低的国内捐税,并规定投产后在一定年限内完全免征或减征;所获利润可自由汇出国外;向企业提供完善的基础设施,以及收费低廉的水、电及仓库设施等。

(4) 工贸结合型自贸区

工贸结合型自贸区的基本特征,是既提供贸易型的某些优惠和便利条件,又提供发展工业所必须的基础设施,积极鼓励外资和先进技术设备的引进,发展以出口为主的加工工业和制造业,以促进整体经济的繁荣与发展。它的基本形式是出口加工区,还有自由工业区、投资促进区、自由出口区等。工贸型是对贸易型的一种发展,由于它是以工业为主的,并兼具工业生产和出口贸易两种功能,所以更易于实现区内对区外的有效经济扩散和影响。在进行大量外资引进和广泛经济联合的同时,它可以集中利用国内外各种资源,迅速形成辐射力巨大的工业增长极。因此,工贸型自贸区是发展中国家实现“面向出口”工业化战略的基地,是振兴民族经济、走向世界的有效途径之一。上世纪70年代中期以来,工贸型自贸区开始了彼此间的竞争,并面临开发不尽理想和吸引外资趋减及区内工业由劳动密集向资本密集、技术密集转型的种种问题。当然,这也说明了工贸型自贸区将在竞争中不断提高和升级的必然趋势。

(5) 贸易型自贸区

贸易型自贸区的基本特征,是一个国家或地区在关境以外划出一定区域,允许外国商品免税进出,主要从事商品转运、仓储和贸易活动,并从中获取商业性收益。贸易型自贸区的大发展阶段是在十八至十九世纪期间。当时资本主义的发展、国际贸易的扩大、海运业的进步和殖民主义国家对拓展贸易市场与原材料产品的贪欲,使直布罗陀、丹吉尔、亚丁、吉布提、果阿、槟城、新加坡、中国澳门、中国香港等港口先后被辟为自由港或自由贸易区。二十世纪以来，贸易型自贸区遍布欧洲、美洲和非洲各地，同时，称谓也多样化了。一般说来，二次大战前，各种称谓的自贸区都把鼓励贸易活动放在首位，因而都是贸易型的。战后，随着世界经济的日益国际化，海运和港口活动迅速发展，世界各主要港口在性质上逐步发生变化。这时自贸区的发展，在规模和速度上出现了减缓趋势，构成该类型的诸形式，在经营目标上也出现了不同程度的变化；有的以贸易为基础，或以鼓励贸易活动为目的，积极发展了一些加工和制造工业；有的则在工贸结合的同时，积极发展运输和通讯业、金融和保险业、房地产业、旅游和其他服务业等第三产业，促进了三次产业的全面发展，从而朝着综合型方向转变。

(6) 自由边境区型自贸区

自由边境区(Free Perimeters)，指在本国的边境省、市地区或地带划定某一地段，按自由贸易区或出口加工区的优惠措施，吸引国内外厂商投资，以开发边远地区经济的自由区域。凡自由边境区内使用的机器、设备、原料和消费品，都可免税或减税进口。但商品从该区运入海关管制区，须照章纳税。划在国境之内、关境之外(如中国香港、中国澳门)，从邻国输入的货物只要不逾越关境进入内地，一般不征关税。但有时对少数几类货物征收少量关税。设置自由边境区可以繁荣边境贸易，特别是在一些国家，荒僻的边远地区与内地交通不便，设立自由边境区便于当地从邻国获得必需的物资供应。有些拉丁美洲国家设置边境区，利用从邻国输入的设备和原料，建立和发展边远地区的工业，以满足当地消费的需要。自由边境区的产品大多在区内留用，发展边区经济。自由边境区优惠期限较短，一般在边区经济发展起来以后就会逐步取消优惠待遇。

自由边境区主要分布于北美洲的墨西哥与美国边境地区(有 11 个自由边境区)。它与自由港区的其他主要形式一样，上世纪 70 年代以来，十分重视发展出口加工业和转口贸易，实行工贸结合。如墨西哥的“边境客户工业区”，所谓客户工业实际就是出口加工工业。

(7) 保税仓储型自贸区

保税仓储型自贸区，是指经主权国家海关批准，在其海港、机场或其他地点设立的允许外国货物不办理进口手续就可连续长时间储存的区域。在储存期间，进口货物暂不缴纳关税，如再出口，可免纳关税；一旦货物进入海关管制区，则应在货物离开保税仓库时照章纳税，货物存放期限(半年、一年、二年)各国有所不同，逾期即以放弃货物论，并由海关拍卖，所得货款除抵偿关税、仓租及其他杂费外，余款还发货主。库内商品经批准可进行再包装、分级、挑选、抽样、混合等业务活动。一般的自由港和自由贸易区中都设有保税仓库(区),并独立存在。有的国家还设有保税工场,专供外国货物进行加工之用。同其他形式的自由港区不同,保税仓库既有国营的和所在区(市)经营的,也有私营的。设立保税仓库型自贸区,主要是为了发展转口贸易,增加有关各项费用收入;同时给予贸易商以经营上的便利,便于其货物待机出售。

2. 按区域范围划分

(1) 港城融合型

这种模式把口岸所在的城市全部划为自贸区,主要分布在亚太地区,以中国香港、新加坡为代表。自贸区包括整个港口城市,由若干个工业区组成,兼具转口贸易、出口加工及金融、商业、旅游等多功能。在新加坡现有的8个自贸区中,新加坡港务集团有限公司管理着5个,它们分别为布拉尼货物集散站、岌巴集散处、巴西班让货物集散站、三巴旺码头以及丹绒巴葛货物集散站和岌巴货物集散站。裕廊海港则由裕廊海港私人有限公司管理。另外两个自贸区则分布在机场附近,它们分别是新加坡机场物流园和樟宜机场航空货运中心。这两个自贸区则相应地由樟宜机场集团管理。

(2) 港城分离型

这种模式把口岸所在城市的一部分划为自贸区,只有将外国商品运入这一区域才能享有免税等优惠待遇,并不受海关监督,如德国汉堡、哥本哈根、吉布提港等。这种港城分离型的自贸区通常都不允许居民居住、生活、娱乐,并不可享受免税进口消费品。比如,2006年吉布提相关法律明确规定,关于吉布提港等免税区内,禁止零售、居住。再如,美国对外贸易区在区内不允许有人居住,除非委员会认为联邦、州或市政府官员或机构居住区内有必要者。凡是进区的所有人员都要受到委员会或对外贸易区经营者所公布的条例的约束。

(3) 跨境发展型

跨境自由贸易区是指各相互接壤的国家或地区在形成合作共事的前提下,彼此在法律约束下按照一定合作方案共同划出相应面积的接壤土地,整合成一个相对封闭的空间所建立的特殊经济监管区,比如美墨边境的马魁拉多工业园区就是跨境发展的典型。1965年,墨西哥开始实施边界产业化计划,以马魁拉多工业园区为主,其目的是吸引美国投资,解决边境地区高失业的安全隐患,发展边境地区经济。对于美国而言,墨西哥边境地区吸引投资的主要市场优势就是低廉的人力成本,为美国将劳动密集型的电子加工业的产业转移提供承接保障。欧洲、亚洲的企业也选择集聚于美墨边境地区，实现了联系密切的产业集聚。此时的产业集聚发展为成本导向型和市场导向型的集聚，真正实现了出口加工区的功能定位，同时也产生了很好的经济效应。

(4) 主副发展型

少数自由贸易区由于空间以及产业布局的需要，对自由贸易区采用主副园区的发展模式，为特别用途的企业建立对外贸易区的“分区”(subzone)或“专用区”。例如美国夏威夷对外贸易区的一大特色就是通用区和分区制度，其服务对象包括通用区内的245家企业以及分区内的3家企业，这3家企业分别是特索罗夏威夷公司、雪佛龙公司和燃气LLC。分区的设计提升了对外贸易区发展机制的灵活性，帮助那些因用地成本、环保问题、固定投资较大等原因不宜落户于通用区的企业也可享受夏威夷对外贸易区的优惠政策。

3. 按专注领域划分

(1) 单一领域集聚型

以尼日利亚为代表的一些国家根据自身的产业发展需求，单独针对某个需要重点发展的产业划定区域，设置单个产业聚集的自由贸易区。例如，尼日利亚将自由贸易区分为一般自由贸易区和专业自由贸易区两类，其中专业自由贸易区包括奥纳石油天然气自由贸易区和提纳帕旅游自由贸易区。奥纳自贸区成立最初是作为奥纳港口陆上及海上作业的石油服务中心，并为西非和撒哈拉以南地区的石油和天然气工业提供更加便利的基础设施和免税政策，扩大尼日利亚石油和天然气在西非和撒哈拉以南地区的影响力，该自贸区主要功能为石油和天然气的开采和出口。而提纳帕旅游自由贸易区则是借鉴迪拜崛起的部分做法，力争打造西非的迪拜、商品的免税港、旅游购物的天堂。外国人来此自由贸易区休闲度假无须办理签证。在区内经营零售商业，同样享受其他企业的免税待遇；在区内购买个人消费品无须缴纳关税，进入尼日利亚关境时也无须补交。

(2) 多元领域积聚型

在这种模式下，自贸区不限定发展某种特定产业，而是以自身的比较优势，做大做强一批产业集群，形成多元化的产业领域聚集，比如中国香港和新加坡。综合型自贸区的特点包括中转贸易、出口加工区的免税功能，使得城市特区成为庞大的国际免税购物中心，它以较完备的自由市场体系为基础，带动区内工业、金融、商贸、房地产、科技、旅游业的全面发展。以中国香港自贸区为例,其由最初的单一的转口贸易发展成为金融、贸易、工业、航运、旅游、信息等多方面的综合型自由港。香港自贸区的主要功能可以概括为三个方面:一是由于它具有自由口岸的功能,可以带动中转贸易、海事补给和船舶修理等相关产业的发展;二是由于它基本上免除关税,可以充分发展免税出口工业,因而可以收到出口加工区的功效;三是由于它免征商品的进口关税,能形成价格低廉的国际购物中心,并由此带动国际贸易和国际旅游业的发展。上述几项经济活动有机联系、相互促进,为推动中国香港经济发挥了重要的作用。

三、大趋势:世界自贸区将如何演进

(一) 世界自贸区的演进特点

随着时间的推移,自贸区的概念已较成立时发生了极大变化。由于世界贸易和运输的发展,特别是港口交通和运输效率的提高,自贸区经历了实质性的变化。作为商业政策和发展经济的一项工具,自贸区随着世界经济的发展变化而逐渐呈现出以下特点:

1. 数量不断增加

近50年来,作为吸引外国直接投资的一项工具,自贸区在发达国家和发展中国家越来越受到重视,最典型的是美国对外贸易区的迅速增长。20世纪60年代末70年代初,美国在全球经济中的地位开始下降,与此同时,美元贬值,失业人数增加。在此情况下,为了刺激对外贸易发展,各州纷纷设立对外贸易区。到1980年,全美的自由贸易区增加到77个,到1994年底,自由贸易区已达199个,贸易分区达285个,总数为484个。据汇丰银行研究,目前全球119个国家和地区已建立2300多个自贸区,出口总额超过2000亿美元,创造4000多万直接就业岗位,间接就业岗位高达6000万。北美自由贸易区也是世界上最大的自由贸易区,其他还有中欧自由贸易区、欧盟—拉美自由贸易区等等。

2. 功能趋向综合

自贸区在早期是为适应国家贸易发展的需要而发展起来的,因此,在相当长一段历史时期里,自贸区的主要功能一直都是比较单一的贸易功能。随着自由贸易区数量的持续增长,自由贸易区的功能也在不断扩展。早在

70年代开始,以转口和进出口贸易为主的自由贸易区和以出口加工为主的自由贸易区就已经开始相互融合,自由贸易区的功能趋向综合化。原料、零部件、半成品和成品都可在区内自由进出,在区内可以进行进出口贸易、转口贸易、保税仓储、商品展销、制造、拆装、改装、加标签、分类、与其他货物混合加工等商业活动。随着功能不断拓展到加工制造、贸易、物流和科技开发等领域,自贸区已经超越了地域、经济发展水平和经济制度的限制,从具有单一功能、以转口贸易和进出口贸易为主的初级水平,向具有贸易和生产、加工功能的中级水平迈进,并且再向具有多种功能、形成有竞争优势的产业集群的高级水平迈进。因此,世界上多数自由贸易区通常都具有进出口贸易、转口贸易、仓储、加工、商品展示、金融等多种功能,这些功能综合起来就会大大提高自由贸易区的运行效率和抗风险能力。

3. 管理不断加强

各国的自由贸易区在初创时由于条件不同,功能各异,管理水平也相差较大,但是经过几十年的竞争发展,各国自由贸易区的管理已逐渐趋向规范化。而且随着科学技术的进步,自由贸易区的基础设施和管理手段也大大改善,形成了各自颇具特色的管理体制。世界上四个主要自由贸易区(阿联酋迪拜港自由港区、德国汉堡港自由港区、美国纽约港自由贸易区、荷兰阿姆斯特丹港自由贸易区)的管理机构权威性非常强。四国对自由贸易区管理机构授权上大体相近,都是港区合一,成立经联邦政府授权的专门机构,负责管理和协调自由贸易区的整体事务,投资建设必要的基础设施,有权审批项目立项。特别是着眼于自由贸易区与城市功能的相互促进,超前进行整体规划和建设,极富特色和成效,带动了周边城市经济发展,尤其是在金融、保险、商贸、中介等第三产业发展上成效显著。

4. 法制更加完备

为实现自由贸易区在吸引投资、引进技术、服务本国经济等方面的作用,一国或地区总是在区内实行一定的特殊经济政策。但政策相对法律而言,具有应急、灵活有余而严谨、稳定不足的特点,故世界上大多数自由贸易区,一般都采取将所实行的经济政策以法律形式固定下来,且立法级别通常为中央层面。如美国对外贸易区、巴西马瑙斯自由贸易区、马来西亚自由工业区等。先立法后设区已经成为国际上设置并运行自由贸易区的惯例,目的以严密的法律法规保障自由贸易区健康发展。除国家立法外,所在地方政府还制定了相应的条例规章,规范自由贸易区的各种活动,使管理者和投资者有法可依,有章可循。正是由于相对完备、有效的法制环境,遵循信赖、简化和服务的原则,自由贸易区才体现了最大限度的自由和便捷。

5. 海关监管更便捷

海关机构大都比较精简,管理便捷,监管手续简化,一概免除繁杂的常规手续,对区内企业和货物实行"一线放开,二线管住,区内自由"和"管住卡口,管出不管进"。"一线放开",即境外货物进出自由贸易区不需向海关呈验,也不需正式报关。"二线管住",即海关依法管住管严自由贸易区与国内非自由贸易区的通道,以保护国家的关税收入。"区内自由",即区内货物可以进行任何形式的储存、展览、组装、制造和加工,自由流动和买卖,无需经过海关批准,只需备案,因此自由贸易区通关速度高,货物集散快,物流量大。如美国自由贸易区只有少数几个海关专管人员,有权对货物抽查,但须向管理机构出示证件才准予入区。汉堡自由港对区内的非监管货物,只要能提供有关单证证明,视同在欧盟境内另一口岸已办结手续,海关也可予以通行。

6. 政策更优惠

目前世界各国或地区针对自由贸易区实行的经济政策,虽因经济发展水平、政治制度不同而有所差异,但比国内其他经济地区享有更多的优惠待遇是一个共同点。自由贸易区作为"境内关外",为鼓励外商前来投资,要求进出境关税豁免,境外进出特殊监管区的货物,包括转运、储存,均无需交纳关税,且一般不受时间数量限制,区内货物运往境内其他区域,须征收关税,征收对象一般是根据出区货物所含进口部分的原材料或零部件。智利的伊基克自由贸易区,除了免收关税外,还免公司所得税和增值税,货物(包括生活资料)免除一切地方税,进口货物仅征货价 3%的货物税。巴拿马科隆自由贸易区,客户每年需交主要税种是公司所得税,税率为 2.5%-8.5%,而其他地区则为 32%,地方税收仅交车辆牌照税,其余全部免税。

(二) 世界自贸区的发展趋势

1. 自贸区发展日趋成为全球供应链的枢纽

随着经济全球化和自由化的进程日益加快,跨国性的物流及生产要素流通的规模得到空前的扩大,自贸区已经成为国家物流,资金流的主导和先驱。全球跨国公司更是广泛利用自贸区来分配资源,布局全球化的生产网络,建立全球化的配送中心,以实现生产力的全球布局。自贸区日趋成为跨国公司实施全球运筹管理,构建以"购销全球化、订单电子化、服务专业化、物流无缝对接、生产零库存"为特点的全球供应链的重要节点。

2. 服务贸易日趋成为自贸区的主导产业

在全世界前1000家大公司中，大约有70%家尚未将离岸业务流程外包转移到低成本国家，但流程外包是一个趋势，联合国贸易和发展会议希望离岸外包服务业在将来能加快发展。制造业之前一直是自贸区的主导产业，但随着世界高端服务业在全球的转移，服务贸易渐渐呈现出取代制造业成为自贸区主导产业的趋势。爱尔兰香农自贸区成功发展服务业就是一个很好的例证，该区拥有详细的数据支持和出色的金融服务。软件离岸外包服务业、后勤办公、客户服务中心大大加快了印度出口服务业的发展。

3. 形成特色产业集聚发展态势

随着国际竞争的加剧，自贸区需要不断突出自身特色。迪拜成为发展中国家成功建造自贸区的巅峰，其在沙漠上建立了繁荣的新城和绿洲，有人称之为海湾地区的“纽约”。其成功经验之一就是建设产业集群式发展的自由贸易园区，例如迪拜网络城、迪拜媒体城、迪拜珠宝城、迪拜汽车城、迪拜知识村、迪拜五金城等，其各个自由区有独特的产业。这既是迪拜人积极输出的成功经验之一，也是许多发展中国家积极学习的重要经验。有选择性地在自贸区发展特色产业成为自贸区发展的新亮点。

4. 区域规划走向规模化

为了满足区内从事工业、商业、金融业和旅游业等的发展需要，更好地发挥产业集群、规模效益、管理效率和抗风险能力等优势，自贸区规模不断扩大。自贸区规模变大、自由港和自由城不断出现(例如迪拜出现了多个自由城)，使得企业在区位选择时有了更多的选择，而且足够的空间也有利于园区形成产业集群，区内的经济活动种类也趋于多样化。

5. 自贸区开发运营的私有化

自贸区最显著的一个趋势是私人开发运营的情况不断增加。这一趋势形成的原因，一方面是私人自贸区运营效率比公共自贸区运营效率高，另一方面也是因为政府缺乏资金对自贸区进行开发。随着私人企业进入自贸区进行开发运营，区内的设施和服务发生了很大的变化。总体来看，自贸区之间开始从价格竞争转向产品差异化竞争和非价格竞争。为了吸引目标产业，自贸区提供越来越专业化的设施和服务以迎合目标产业的特殊要求，以增强吸引力。这些自贸区被称为“下一代”自贸区，它们已与传统的工业园区定位出现差异化。例如，在多米尼加共和国，私人自贸区吸引高附加值产业，可以收取更高的费率。公共自贸区吸引低附加值、成本敏感的产业如服装业。这种模式在菲律宾更为明显,私人开发商进入"高端市场",其设施和服务吸引电子产业,把低端的服装、手工艺品留给政府自由贸易园区。

四、他山之石:世界自贸区的启示

(一)制定较为完善的法律体系

自由贸易区的建设和管理涉及大量的对外关系,这就要求做到立法先行。通过制定一系列法律、法规和实施细则,以及对具体规定的执行,实现管理工作的标准化、法制化和科学化。自由贸易区建立伊始,需要由设区国最高权力机关颁布或批准一整套系统、明确、详尽的法律法规。从最基本的法规到各项具体规定的颁布,这些立法活动可以保证自由贸易区的运行。

发达国家的法律制度比较完备,执行起来比较明确,容易掌握尺度。以对外贸易区数量最多、对外贸易区法律规制最为完备的美国为例,美国的对外贸易区基本法是国会于1934年通过的《对外贸易区法》,该法的基本框架历经60年而基本保持不变,但其内容可根据经济发展对对外贸易区的需求,按照基本法修改、增补和撤销的程序适时调整,其中包括:(1)对外贸易区及管理机构、经营者、管理者的定义;(2)对外贸易区的设置原则、数量,以及委员会的权限;(3)外国商品的进入、处理、运输至海关领地、鉴定、转运至区内的程序;(4)申请建立对外贸易区和扩建对外贸易区的程序;(5)对外贸易区管理委员会的规章制定权及委员会与其他机构的关系;(6)产权转让的禁止和资产使用、设施的提供与维修、产权的撤销;(7)对外贸易区作为公共设施经营的原则;(8)在对外贸易区内居留、开展零售贸易等的限制性规定;(9)经营管理者的记账义务及向委员会提交年度报告的义务;(10)委员会向国会呈交对外贸易区年度总结报告的义务;(11)对外贸易区的撤销程序;(12)条款的修改、增补或取消的程序。根据《自贸区基本法》的授权,对外贸易区管理委员会享有对外贸易区各项管理规章的制定权。上述法律构成了美国对外贸易区较为完整的法律体系,而其法律制度中"制约与平衡"的原则,以及对法律修改、增补和取消的立法技巧,使对外贸易区法具有动态的适用性,不合时宜的条款会及时取消或修改,新的需求会在法律中及时得到反映。

当然,一些发展中国家的自由贸易区法律也有值得借鉴之处。但从总体上看,发展中国家有关自由贸易区的基本法规和实施细则还有待于在实践中不断补充、修改和完善。例如,有关投资优惠(包括各种所得税和其他税收的减免)在范围、优惠幅度、效益等方面仍需要进一步推敲和完善。

立法完善是一项长期工作,通过一段时间的发展而适度地调整自由贸易区的制度规范,可以使自由贸易区的管理具有很强的应变能力。美国1934年颁布的法案规定,不得在对外贸易区内展销和制造商品,国会根据新情况和需要于1953年修订了法案,允许在对外贸易区内进行展销和加工制造,从而使对外贸易区由单纯贸易型向贸工结合型方向发展。随着国际经济的发展,尤其是跨国公司的不断发展,美国国会于1980年再次对法案做出修改,允许用美国的零部件与外国原材料装配的成品,其增值部分免予征税,进一步鼓励发展加工业。除了国会修订法案外,对外贸易区管理委员会还通过登报征求意见和举行听证会的方法,收集公众意见,集思广益,适时适度地调整政策。由于政策的应变能力强,而且能提供一系列优惠待遇,因此对外贸易区吸引了大批国内外客商,较好地发挥了对外贸易区对美国经济的推动作用。

我国自贸区的长期稳定发展应该建立在法律法规基础上,加强立法,健全法制,才能保障自贸区在法律的引导和保护下的健康平稳发展。无论是立足于现实,还是放眼于未来,加强自贸区的法制建设已成为当务之急。必须建立一部完整统一和权威的自贸区国家立法与规范,逐步与国际惯例接轨。借鉴他国的经验,我国应由全国人民代表大会通过和正式颁布全国性自由贸易区基本法,对自贸区的性质、地位、功能进行统一界定,明确自贸区管理中的权责关系以及自贸区经济活动主体所具有的权益,保障自贸区内各种政策的平稳运行,充分挖掘自贸区的发展潜力和运行效率,保障自贸区健康、持续发展。

(二)构建合理的管理体制

自贸区的管理机构与一般行政管理机构不同,其具有双重性质:既拥有政府机构的权利和责任,又具备商业机构的灵活性特征。根据其他国家建立自贸区的经验,一般采用以下两种较为成功的形式:

1. 公营公司的形式

公营公司不属于政府的行政机构,而是一个拥有法人权力的公司。因此,它必须要面向市场,以灵活的经营手段,吸引外商来自贸区进行各种贸易活动或工业投资,为国家创造各种利益。作为公营部门,它可以采取一个由政府拥有全部股份,或者由议会通过立法程序批准的有限责任公司的形式。

世界上最为成功的自贸区之一的智利伊基克自贸区,在设区之初,根据《自由贸易区法》的规定,成立了伊基克自由贸易区管理和监督委员会,负责自由贸易区的开发和管理。该管委会实质上就是一个政企合一的公营公司。管理公司对自贸区的管理行为完全由经智利政府认可的《自由贸易区内部运作条例》加以规范。管理公司的职权范围如下:①用户入区审批权。对申请入区的用户进行审批,发放用户证件。②通报、指令发布权。根据《自由贸易区法》的规定,可以通报形式发布有关管理方面的指令。③货物登记、证明签发权。对货物入区或出区进行登记,签发放行文件。④商业性简单加工审批权。对仓储区内的生产、加工或改装等作业进行审批。⑤公共仓库经营管理权。⑥人员出入证件签发权。⑦房地产租让经营权。⑧区内资料信息处理统计权。根据法律赋予的职权,保持一个资料处理系统,拥有经计算机处理的货物运入、储存和运出信息,向用户和国家检查部门提供上述信息报告,并根据有关规定签发文件材料。⑨价格政策制定权。制定自由贸易区的价格政策,使之具有国际竞争力。

伊基克自贸区由自由区公司管理委员会实行统一的管理和提供服务。海关实行境内关外最大限度的自由化海关监管措施。区内实行国际标准的知识产权制度和知识产权海关保护,实行技术的自由转让。在投资政策上实行投资完全自由化,可以建立各种形式的外资独资或合资企业,任何智利或外国公民都可以在此成立公司,从事商业、工业和贸易活动。在仓储方面,对于转运货物实行无限期仓储措施,可以从此地自由发往智利或其他国家或地区。自贸区内是智利北部唯一免税购物中心,智利政府和海关专门为这里制定免税法规和政策,使这里成为智利和周边各国民众的购物天堂。来自各国的商品到了这里享受零关税和零附加税的政策。旅客享有一定数额的免税商品待遇。伊基克有美丽的海滩和风景,再加上各种娱乐设施的建设,使得这里成为南美著名的旅游休闲娱乐城市。1500 家公司在自贸区内生产的同时还批发和零售商品,推动自贸区内制造业快速发展,产值达数十亿美元。每年来此购物的游客超过 500 万人。在这座偏僻的城市,驻有玻利维亚、哥伦比亚、意大利、巴拿马、挪威、秘鲁、西班牙、瑞典等国领事馆。现在,它拥有智利最大的国际机场,三个港口,包括距伊基克 63 公里的两个 20 米深水港,可以承接世界最大级别的集装箱船舶进出,成为南美太平洋海岸的国际航运中心。

2. 专门机构的形式

中央政府有关部门内的一个管理局或管理集团的形式,即设立专门的自贸区管理机构，该机构具有权威性但不受政府机构的约束。例如，韩国1970年建立马山自由出口区，并成立了马山自由出口区管理局。该管理局独立于同归工商部领导的其他类型工业区的管理机构。1973年1月6日，韩国政府解散了马山自由出口区管理局和其他工业区管理局，设立了工业区管理局，在工商部领导下，负责管理全国所有自由出口区的全面开发工作。每个自由出口区分设管理处，自由出口区管理处被授予相当大的权力，可以批准投资申请、外汇结算、颁发进出口许可证、颁发建筑许可证及入境居留许可证，并对海关、劳工局、邮局、移民局、警察局和运输办事处等区内各种机构拥有监督管理权。2000年7月13日，韩国政府确定将马山出口自由区调整为自由贸易区，9月18日，马山自由贸易区正式启动。成为自由贸易区之后，根据《关于制定自由贸易区的法律》，增加了贸易、物流、流通、信息处理、服务业等功能，不仅生产性企业可以进入，贸易、物流、金融、信息、一般服务业也可入驻该园区。2013年3月，根据韩国政府的组织改革方案，在知识经济部的商业、贸易、产业、外商投资及有关资源、能源业务基础上，增添了通商加涉及自由贸易区管理的业务，新设了产业通商资源部。目前，马山自由贸易园区的管理机构是马山自由贸易区管理院(Masan Free Trade Zone Administration Agency)，该管理院隶属于韩国产业通商资源部领导。入驻马山自由贸易区的外国投资者要向马山自由贸易区管理院注册外商投资，与外国人投资有关的所有业务由马山自由贸易区管理院进行处理，包括负责申报外商投资企业、批准建设工厂、进出口许可等一切行政业务。

随着我国上海自由贸易试验区成功经验的推广，现在已经又有福建、天津、广东3个自贸试验区挂牌，以后数量会更多，再加上分布于沿海及内地，空间广、跨度大，而且各地经济发展水平不同，因此完全照搬某个国家自贸区的管理模式是行不通的，需要根据实际情况制定政策。针对我国的国情，可以考虑采用复合式的管理体制。全国成立一个专门的自贸区管理机构，负责统一管理所有的自贸区。机构成员可由财政部、国土资源部、商务部、外汇管理局、海关总署等主管部门组成。减少多重管理，由中央统一管理审批权，以简化行政手续，提高办事效率。在微观管理层面上，我国的自由贸易区可以发展成为直接面对市场的“公司制区域”，而不应成为政府政策扶持的特殊区域。这种机制的灵活性主要取决于市场机制和管理机制的结合。因此，可以把我国单一的政府管理模式发展为政府与市场相结合，充分发挥企业经营管理作用的模式。此外，要发挥社会组织的监督自律作用。扩大行业协会参与度，发挥行业协会的行业管理、监督、约束和职业道德建设等作用，引导市场主体履行出资义务和社会责任。积极发挥会计师事务所、公证机构等专业服务机构的作用,强化对市场主体及其行为的监督。

3. 制定有吸引力的优惠政策

为了使自由贸易区吸引国内外投资者,促进自贸区的繁荣与发展,各国政府在发展自贸区时制定了许多优惠政策。美国自贸区政策的优惠性首先表现在关税豁免方面,商品免征关税进入对外贸易区是最重要的优惠政策。《对外贸易区法案》规定:"任何进入对外贸易区的商品,无论来自国内还是国外,除非是法律禁止或有害公共利益和健康的,均不受美国海关法的限制。进入贸易区的商品可以进行任何形式的储存、展览、组装、制造和加工,免办正式的进口手续也无须交纳关税。但运往美国国内消费的商品,则必须交纳关税。"

美国对外贸易区有一项特殊优惠政策——"倒置关税"的减免。所谓"倒置关税"是指当成品的税率低于用于加工生产的原材料或部件的税率时,只对成品征收关税,而不再征收零部件的关税。如此一来,生产者可以把原材料和组装件运往对外贸易区,在那里进行加工、组装或生产成品,既可以节约运输成本也可避免有些零部件产品带来的高税率。此外,在对外贸易区内将散装的商品进行装配、加工、分类、清理、混合、展示或制造的过程中形成的增值部分,免征增值税。对于区内的制成品,进入国内市场时,只对其中的外国成分征税,废料及损耗部分免税。

对外贸易区还有其他的优惠政策:(1)货主可在货品储存期内在展览场所进行陈列,展销时间无限制,可按批发数量出售,无需交纳有关税款。(2)在配额方面比较宽松:货物在对外贸易区内没有配额限制,使用者可以在区内储存货物,根据国家配额的变化调整进出口策略。(3)行政费用的减轻,对于从事转口贸易者效果明显,可以省去出口退税带来的麻烦,免去许多费用支出和文书工作。(4)对外贸易区之间可以进行免关税转移货物。如进口商品运抵某一外贸区,但需要在另一外贸区加工,在转运中商品处于免税状态。外国商人可以将美国对外贸易区作为不同运输方式的转运点,既减少海关手续又避免被征关税。

不只美国,从其他国家自贸区发展的成功经验来看,自贸区的最大特色也体现在关税上,尤其是发展中国家,只有提供更多的关税优惠政策,才能吸引外商投资,增加进出口贸易量。因此,对于在自贸区内生产、加工的产品运往国内销售,我国应该免缴进口环节的增值税和消费税。对于区内企业的增值税、营业税和消费税应该给予一定优惠。在出口退税方面,海关和税务部门要达成一致,将自贸区内的企业一同视为境外企业,使退税得到真正落实。另外，可以考虑在房产税、土地增值税、车船使用税等方面制定较为优惠的政策吸引企业入驻。

4. 创新海关监管制度

在自由贸易区的海关监管方面，国外成熟且成功的自贸区经历了一系列的调整和完善，有很多值得我们借鉴的地方，比如欧盟自由区。欧盟的自由贸易区称为“自由区”，为了适应经济全球化的发展变化，其海关制度经历了复杂的演进过程。1968 年 7 月 1 日欧洲经济共同体完成了取消关税，使用统一关税税则的工作，从而发展到关税同盟阶段，但为了演进到更高阶段的海关同盟，在 1969—1971 年间欧洲经济共同体对自由区和海关仓库做出了三项理事会指令。1988 年欧共体通过采取“统一行政单证”(SAD，即成员国统一使用的通关单证) 来替代成员国各不相同的海关单证，从而在统一欧盟通关程序方面迈出了关键一步。同年，欧共体的自由区与保税制度从协调性指令上升为统一的区域法——1988 年欧洲经济共同体理事会的自由区和保税仓库条例及其实施条例。1992 年欧共体制定了《欧共体海关法典》，并于 1994 年生效，《欧共体海关法典的实施条例》也随后颁布。这两项条例构成了当代欧盟海关法的基石，极大地统一了各成员国的海关制度。2008 年 4 月 23 日欧盟制定了《现代化海关法典》，是对既存的《欧共体海关法典》的现代化与简化。该法典对自由区制度进行了较大的修改。在 2008 年前欧盟有Ⅰ型和Ⅱ型两类自由区，这两类自由区的设立、运营规则存在着明显的差别。但《现代化海关法典》取消了Ⅱ型自由区制度。2013 年 10 月 9 日，在《现代化海关法典》延缓实施的最后期限即将到期之时，欧盟通过了将在 2016 年实施的《联盟海关法典》以替代《现代化海关法典》，该法典中对《现代化海关法典》中的自由区制度仅进行轻微修改，主要涉及文字性问题。

欧盟自由区未来的海关制度的架构将由 2016 年起执行的《联盟海关法典》所规范，主要包括以下几个方面：

(1) 自由区的海关法律特征与性质——并非处于“境内关外”

《联盟海关法典》并未对什么是“自由区”给予明确的定义，但其第 243 条中列举了自由区的几项特征：①成员国可指定联盟关境内的部分为自由区；②成员国应当为每个自由区确定区域范围和进出地点；③自由区应当是封闭的；④自由区四周与进出地点应在海关监管之下；⑤进入或离开自由区的人员、货物和运输工具可以受到海关监管。

可见，《欧盟海关法》首先明确强调，自由区是欧盟关境内的区域，而非关境之外的特殊区域。所有欧盟自由区都属于“境内关内”区域。

（2）自由区需要海关授权设立并予以密切监管

任何人都可向成员国指定的海关申请在联盟关境内指定设立自由区。授权建设自由区的申请应当以书面做出，并具体说明建筑物将使用的活动范围以及海关用于评估是否准予授权的理由的任何其他信息。如申请符合法律规定的条件，成员国可指定联盟关境内的一部分作为自由区并明确规定自由区地域范围和进出地点。区内任何建筑的建造也需获得海关的事先批准。进入或离开自由区的人员、货物和运输工具也要受到海关监管。

（3）自由区内可从事商业、物流与加工等多种经营行为

欧盟对自由区内可从事经营活动并无明显限制，置于自由区内的货物可接受以保存、改善外观或适于销售的质量或为了零售或转售而改装为目的的一般表面处理（如品质检验、分级分类、分拣分装、加刷唛码、刷贴标志、打膜、改换包装等）；区内也许可任何工业（即货物进行实质性加工行为）、商业或服务（如国际转运、分拨、配送、仓储、展示等）行为，但此类行为的实施应预先通知海关。由于上述行为所涉货物的性质或海关监管的要求或安全保障的要求，海关可对上述工商业、服务行为实施禁止或限制。对于不能对遵守海关规定提供必要保证的人，海关可禁止该人在自由区内实施上述行为。

（4）自由区货物按照不同的海关地位予以分类监管

“海关地位”是指货物作为联盟货物或非联盟货物的地位。对于不同海关地位的货物，海关采取不同程度的监管措施。具有“联盟货物”海关地位的货物可在自由区内入区、存储、移动，使用、加工或消费。在上述情况下，货物不应被视为处于自由区程序之下。同时，自由区内非联盟货物进行密切监管。“非联盟货物”是指“联盟货物”以外的货物，或是指那些失去联盟货物海关地位的货物。如果货物来自联盟关境之外，或者货物从自由区运出后进入联盟关境内另一部分或置于一项海关程序之下，除有文件证明其为联盟货物外，此类货物应当被视为非联盟货物。一般海关予以密切监管。

如果自由区的成员国与第三国的陆路边界相邻，则货物不应通过联盟关境的其他部分，而应当直接运入自由区。如果货物从共同体关境外直接进入自由区或直接离开自由区后离开共同体关境，或区内货物原海关程序结束的情况下，则需要向海关提交简化申报。在其他情况下入区货物不需要向海关呈验，但在自由区内转船或从自由区直接复出口的非联盟货物，不需向主管海关机构提交复出口通知或办理离境手续。非联盟货物在区内可置于一般进口、入境加工、临时存储或最终用途的海关程序之下。

（5）海关对自由区内经营行为实施对经营人记录管理而非实物管理

“经营人”是指在自由区或免税仓库内从事存储、作业、加工、销售或采

购活动的任何人。海关对自由区内经营活动的监管是通过对自由区内的“经营人”的监管来实现的，也就是实施以“人”为对象的主体管理，而非关注于对“物”的客体管理。

营运自由区的人以及区内经营人应以海关批准的形式保存记录。货物的记录必须使得海关能够实施有关程序的监管，特别是有关于置于该程序下的货物的特定化及其海关地位与移动。自由区存储记录共包括八类信息，包括：货物的标志、识别码；包装的个数与种类；货物的数量与商业规则；相关的集装箱的识别码；使得货物能够被随时监管的信息，特别是在货物存储于自由区后或再进入联盟关境的其他地方后货物所处的位置；用于进口或移转货物的运输单证的参考信息；海关地位的说明与证明；离境简化申报（即时申报）所要求的任何附加内容等。在不影响自由区监管时，海关可放弃某些信息的要求。

经营人应当按照海关批准的方式保存记录，当货物进入上述主体的处所时应及时记入存储记录。存储记录应能使海关辨识出该货物，并必须记录其移动。当货物在自由区内转船，有关海关业务的记录应当在海关处置之下予以保存。有关转船货物的短期存储记录应当视为该海关业务的组成部分。

(6) 立法明确规定自由区内实施知识产权海关保护

从 1999 年 7 月 1 日起，欧盟海关就开始对自由区进行知识产权海关执法。当前的 2013 年 6 月 12 日(EU) 第 608/2013 号欧洲议会和理事会条例(以下简称为“2013 年知识产权海关保护条例”)第 1 条第 1 款规定：“本条例规定……海关对涉嫌侵犯知识产权货物采取执法行动的条件和程序，尤其是针处于以下状态的货物：①当申报放行进入自由流通，出口或复出口时；②当进入或离开联盟关境时；③当处于一项暂停（征收关税）程序下或者自由区或自由仓库时”。

有人认为，既然称为“自由区”或“自贸区”，则区域监管应尽可能放开，或降低到最低程度。这种想法所产生的结果是，监管不足的区域将产生多种违反海关法的行为，如贸易价格欺诈、洗钱、贸易安全、假冒伪劣产品跨国销售等。自贸区带来的将不是自由，而是混乱。同时，作为海关特殊监管区的自贸区与一般的海关监管区及其他关境区域之间，在地域上紧密相连，在经济上唇齿相依。如果自贸区侵权、无序、混乱，怎能不影响关境中的其他区域？巴拉圭埃斯特自贸区衰败就是最好的例证。

欧盟海关无论是对境外入区（一线），还是出区或进入国内市场（二线）及区内经营，其对自由区的监管具有常规性与广泛性。自由区的设立、营运，以及货物入区、操作、制造、展示、销毁、出区等都需要获得海关许可，且都被海关紧密监管，都有存储文件和其他证明文件的要求，都处于海关监管之下，并详细规定了在对外贸易区中的安全条件，保障和记录保存义务。成文法及其细化规定都明确授权海关监督、搜查、检查存储于区域中的所有物品、人员、场所。因此，我国在强调贸易便利的同时注重严密监管，无论是“一线”还是“二线”都应依法进行密切监管。

参考文献：

[1] 陈革. 上海自贸区成立的现实意义与发展思考[J]. 行政事业资产与财务，2013(17)：12-13.

[2] 成思危. 从保税区到自由贸易区：中国保税区的改革与发展[M]. 北京：经济科学出版社，2003 年版：59.

[3] 龚霞. 海关保税物流监管场所设立和监管存在六大问题[N]. 国际商报，2007(11).

[4] 郭信昌主编. 世界自由港和自由贸易区概论[M]. 北京航空学院出版社，1987 年版：11-15.

[5] 何力. 智利及巴拉圭自贸区实践及其对上海自贸区的启示[J]. 海关法评论，2014(04)：28-41.

[6] 胡维佳. FTA 谈判或将全国推向上海自贸区[N]. 中国经济周刊，2014(3).

[7] 李泊溪、周飞跃、孙兵著. 中国自由贸易园区的构建[M]. 北京：机械工业出版社，2013 年版：19-20；30-48.

[8] 李鸿阶. 世界自贸区发展趋势与福建自贸区建设选择[J]. 学术评论，2014(02)：37-43.

[9] 李鸿阶. 世界自贸区发展趋势与福建自贸区建设选择[J]. 学术评论，2014(02)：37-43.

[10] 吕珂. 中国沿边开放中的跨境经济合作区研究[D]. 云南财经大学研究生论文，2011：46-48.

[11] 罗雨泽. 美国对外贸易区的建设现状及启示[N]. 中国经济时报，2013(5).

[12] 阮飞. 关于完善海关稽查制度的研究[D]. 山东大学研究生论文，2007：28-41.

[13] 上海财经大学上海发展研究院等主编. 上海城市经济与管理发展报告[M]. 上海财经大学出版社，2014 年版：54-78.

[14] 上海财经大学自由贸易区研究院、上海发展研究院. 全球 100 个自由贸易区概览(上)[M]. 上海财经大学出版社，2013 年版：232-233.

[15] 世界自由贸易区主要类型和发展特点[EO/OL]http://www. qzbsg. gov. cn/zt/ztyj/Details/fc68cb99-36b5-4f64-a88b-0e9e3eb70779.

[16] 夏善晨. 自贸区发展战略和法律规制的借鉴——关于中国自由贸易区发展的思考[J]. 国际经济合作，2013(09)：18-22.

[17] 朱秋沅. 欧盟自由区海关制度分析及对中国自贸区建设的启示[J]. 国际贸易，2014(05)：36-40；45.

第二章

从自贸区1.0到2.0:中国的实践

一、时不我待:中国为什么要设自贸区

(一) 经济全球化的兴起与世界经济的快速发展

经济全球化是指二战后全球物资、劳务和资本构成的国际市场的融合。第二次世界大战后,和平的国际环境,快速复苏的各国经济,触发了经济全球化的兴起。而20世纪80年代开始,运输技术、通信技术、计算机技术的创新,各种国际条约、协商机制、市场机制的建立与完善则将经济全球化推向快速发展阶段。总体上,这一轮快速发展的经济全球化是在资本逐利的推动下,以跨国公司为载体的产业跨国大转移为基础展开的,其本质是各种产品与生产要素在全球范围内的流动配置。

1. 产品流动全球化

产品流动全球化即贸易全球化,是这一轮经济全球化过程中,最显著的特征之一。一方面,调整各国关税与贸易关系的多边国际协定——关税与贸易总协定(General Agreement on Tariffs and Trade,GATT)于1947年10月30日正式成立。近半个世纪后,继承了关税与贸易总协定的主要原则,但比它约束的范围更为广泛的一个真正意义的国际贸易组织——世界贸易组织(World Trade Organization,WTO)于1995年1月1日的正式成立,使各国可以通过签订双边贸易协定和参与GATT/WTO主持的多边谈判,相互削减对进口商品的关税和非关税壁垒,从而为相互贸易提供方便条件。经过各国的努力,各国的平均进口关税水平从1947年的40%左右,降到目前的平均3%左右,而且这种趋势还会继续下去。另一方面,运输技术、通信技术、计算机技术的进步,使得世界范围内的贸易交易成本大幅度下降,据弗兰科尔(2000)研究表明,1920—1990年间美国货物的海运成本下降了70%,空运成本1990年只有1930年的16%,在同一时期纽约到伦敦的3分钟通话费在1990年下降到只有1930年的1.36%!制度与技术的创新推

动世界贸易快速发展,世界贸易总额从 1947 年的 500 多亿美元增加到 2007 年的 142 110 亿美元。

2. 要素流动全球化

资本、劳动力等生产要素流动的全球化也是经济全球化发展的重要特征之一。

资本全球化包括两个方面:一是产业资本全球化;二是金融资本全球化。其中,产业资本全球化,即全球外商直接投资(Foreign Direct Investment,FDI)的兴起。一方面,由于现代化工业生产采取了标准化零部件方式,而产品生产的工序过程是可分解的,并且具体的不同生产工序过程对要素禀赋需求存在差异,从而为生产工序层面的全球化提供了可能空间。另一方面,国际投资制度以及科学技术的创新,使得跨国投资的成本大幅度下降。20 世纪 80 年代中期开始,跨国公司从产品工序层面利用各国要素禀赋的比较优势差异,在世界范围内兴起 FDI、构建全球产业价值链、争夺全球市场。总体而言,这一轮的经济全球化是由生产过程全球化所决定的,而不是由产品交换来主导的,产业资本全球化是经济全球化的主导力量。金融资本全球化主要表现为金融市场国际化、金融交易国际化、金融机构国际化和金融监管国际化,是经济全球化的重要组成部分。20 世纪 80 年代初,信息技术特别是网络技术的发展,使得全球范围的资金流动和交易清算在瞬间即可完成,再加上发达国家或地区金融市场的发展、市场准入的放宽、货币政策的宽松以及金融产品的创新,使全球化金融资产配置得以真正意义上的实现。金融资本的发展有利于产业资本的快速融资与流转,但是,金融资本本身并不能创造财富,只是节约了社会交易成本提高了效率,金融资本必须依赖于产业资本的财富创造能力,依赖于产业资本的发展。

产业资本的全球化带动劳动力要素流动和配置的全球化。根据世界银行的数据,劳动力跨国界的迁移从 1980 年的大约 9 370 万,增长到 2010 年的 21 331 万。劳动力要素的跨国界迁移主要是从生产效率低的低收入国家转移到高生产率的发达国家,从而提高了劳动力要素在全球的配置效率,提升了世界各国的福利水平。

3. 经济全球化推动世界经济快速发展

经济全球化主要表现为贸易自由化、金融自由化和生产一体化,其本质则是资本、信息、技术、劳动力、资源等生产要素在全球范围内进行流动、配置、重组的过程,是跨国公司在全球范围内构建产业价值链推动国际分工不断朝横向和纵向发展的结果。从长期看，一方面，经济全球化使生产要素得到了更好的配置，加快了技术创新速度，提高了生产要素的边际生产率，推动了世界各国生产规模增大，使世界经济走出低速增长状态，步入快速增长阶段。另一方面，经济全球化使国际分工更为深化，世界整体的经济结构趋于“软化”——第三产业的发展速度快于第一、二产业的发展，其中，欧美等发达国家的经济结构“软化”趋势更为明显，而以中国为代表的发展中国家经济结构则呈现“硬化”趋势。

(二) 经济全球化的不利后果与全球性金融危机爆发

经济全球化过程中，生产要素主要通过市场机制在世界范围内流动配置。经济学理论阐明，完全竞争市场经济在一系列理想化假设条件下，可以使整个经济达到一般均衡，使资源配置达到帕累托最优状态。然而，由于完全竞争市场以及其他一系列理想化假设条件并不是现实世界经济的真实写照，因此，在现实世界经济中，看不见的手的定理一般来说并不成立，帕累托最优状态通常不能得到实现，市场失灵的状况时有发生。市场失灵的主要原因有垄断、外部影响、公共物品、不完全信息等，此外市场调节往往带有自发性、盲目性和滞后性，容易造成经济运行失衡。市场调节也不能解决社会目标问题，无法承担社会公平职能，难以解决公平竞争和实现公平的收入分配，事实上这些社会问题对经济系统有反作用。

市场缺陷会造成市场失灵，进而造成资源配置偏失，所以政府必须加以纠正，但是政府的政策也是一把双刃剑，如果能对症下药纠正市场缺陷则可以使资源配置到最优，如果未能对症下药虽然短期能取得效果使经济好转，但是长期内则可能会使资源配置偏失更远。经济全球化的发展过程中，由于市场调节造成分配不均、美元垄断国际货币市场、不完全信息、金融与服务贸易市场存在机制缺陷、外部性等市场失灵以及政府解决市场失灵的政策失误，造成资源配置偏失长期积累，最终以金融危机的暴力形式对经济全球化中的市场失灵和政策失灵进行纠正。

1. 经济全球化中的市场失灵

首先，在发达国家自由主义市场经济条件下，大型企业和政府打击、削弱工会力量，劳动市场格局改变，资方完全控制劳方，工人和工会在与资本的博弈中处于弱势地位。社会缺乏为工人提供援助的相应政策和计划，导致相对工资不升反降，贫富差距不断加大。据有关研究统计，西方国家 GDP 增长的绝大部分都进入了少数富有阶层的口袋。2005 年，美国最富有的 1%

和 0.1%的人所拥有的财富都达到了 1928 年以来的最高水平。最富有的 0.1%的人口只有 30 万.他们的收入与最穷的 50%的人口的总收入是相当的。而最穷的 50%的人口有 1.5 亿。从 1980 年到 2005 年，最富有的 0.1%的人口的收入占社会总收入的份额翻了番。虽然，占人口绝大多数的劳动者的绝对收入有所增长，但是相对于资本收入却不断下降，边际消费倾向的递减以及相对收入的减少，极大抑制了占人口绝大多数的劳动者的有效消费需求。

其次，西方经济学早已论证随着竞争的程度不断提高，虽然经济效率不断提高，但是资本的边际效率却不断下降，进而使厂商利润也不断下降。对发达工业经济体所做的研究显示，自 20 世纪 60 年代末直至 20 世纪 80 年代的早期，平均利润率出现了很大的下降。20 世纪 80 年代的中期至末期和 20 世纪 90 年代反复出现了突发的复苏。但直至 2000 年，利润率仍未升回到在“二战”后的四分之一个世纪——现在经常被称为“资本主义的黄金时代”——维持着资本主义最长的一次繁荣的那个水平。利润率在美国的最高点是在 1997 年左右达到的，但这个最高点仅仅比 1973—1974 年的战后首次大衰退开始之时的利润率水平稍高一点。正是利润率的不断下降，极大制约了厂商对生产进行投资，进而投资需求不断减少。社会的总有效需求是经济发展的动力所在，而西方国家的社会总有效需求不断下降，因而经济发展失去了动力源。

2. 经济全球化中的政府失灵

然而，在解决这些问题过程中，发达国家政府却没有对症下药，不是解决引起需求不足的原因——自由市场造成的分配不均等问题，而是一味采取刺激需求的措施：政府进行干预，鼓励资本家支出他们的储蓄——途径是改变税率和利率，这使得投资对于企业而言更为有利可图；或者是政府借钱自己进行投资；再或者是向消费者发钱，鼓励他们进行消费。这些方法在短期内偶尔起到了作用。但是，这些措施的长期效果具有内在的限度。政府借的钱最终必须要偿还：一种方式，是通过征税来偿还，如果以向利润征税来偿还支出，这会削弱对投资的激励；如果向消费者征税来偿还，这会降低他们的购买力；另一种方式，即通过增发货币，但通胀则随之而来。最为重要的是，这些措施没有从社会根本制度即社会关系方面去铲除发达国家危机的根源，只是拆东墙补西墙罢了，随着经济的发展，发达国家社会有效需求不足的问题再次积累爆发，再加上政府对财政政策和货币政策的滥用，引发了通货膨胀。这就是 70 年代经济全球化过程中，发达国家发生滞涨问题的根源所在。

20 世纪 80 年代以来，西方国家针对劳动者消费不足的问题，他们进一步鼓励消费者采取借贷的方式来消费，让劳动者用未来的收入来为今天的消费埋单。而以收入为基础的储蓄模式不适应这种消费模型，他们发明了一种新的以资产为基础的储蓄策略——先是 20 世纪 90 年代后半期，拿股票质押；而后是本世纪的前五年，拿房产质押。特别是美国，利用美元在国际支付中的垄断地位，通过大量发行美元，向世界其他国家输出美元，来变相向世界各国特别是发展中国家借款，为其超额消费埋单。所以从 20 世纪 90 年代以来，美国私人部门债务占 GDP 之比急剧上升，2008 年达到创纪录的 354%，家庭债务与资产之比从 2001 年起也急剧上升，在过去 7 年家庭债务与收入之比超过之前的 39 年的水平。

针对资本主义世界利润率不断下降趋势，资本家投资需求不足的问题，西方国家采取的措施是：寻找新的利润增长点，主要通过两个渠道：(1)在地域上拓展新的投资领域，也就是积极推动经济全球化，通过不平等的国际市场秩序，在全世界范围内猎取利润，通过不合理的国际金融体系，利用金融化向全世界转嫁这一利润率危机。这也就是以 FDI 为主要变现形式的产业资本全球化在 20 世纪 80 年代之后袭卷全球，并在 90 年代形成高潮的本质原因。(2)从产业领域拓展新的投资领域。所以政府不再对宏观经济进行积极调控，放松对经济和金融的管制，允许自由市场的存在，鼓励竞争，鼓励各种创新。在消费需求不足，需要借贷消费并以资产为基础的储蓄模式加以支撑的状况下，在投资需求不足，大量资本需要寻求新的利润点的状况下，房地产市场、金融市场以及重要资源等资产投资市场无疑成为最佳的解决工具。拥有大量资本的银行机构无疑可以从中获得大量的利润增长，所以银行具有了制造各种资产市场泡沫的内在动机。因此西方国家普遍采取了低利息的货币政策，推动房地产市场的繁荣，鼓励金融创新，放任市场的自由竞争。

3. 经济全球化中的经济结构失衡

市场体制不够完善，再加上现代金融市场存在大量信息不对称的问题，管理层对此监管缺位，则进一步导致资本大量涌入房地产市场和金融市场，引发资源配置的结构性失衡和总量失衡。具体说，次级贷款审贷程序和标准较为宽松甚至低下，是造成次级贷款市场的制度性缺陷之一。另外，由于对次级贷款借款人缺乏统一的界定，无论联邦还是各州至今没有明确针对次级贷款的法律，只在“掠夺式贷款”(predatory lending)的名义下监管，成为次级贷款市场的另一制度缺陷。此外，金融衍生产品一般流动性差，缺乏连续交易的透明市场为此定价，只好在一定假设下依靠理论模型和人为的参数设定来确定其合理价值。事实上，标准普尔等信用评级机构对次级贷款及其债券的评级出现了严重缺陷，使得其评级结果大大偏离了贷款人的实际信用状况。总体说来，金融市场定价主要靠市场对未来的预期收益，但是预期收益的唯一成本就是不确定风险，由于市场体制的缺陷，未能对不确定风险成本进行内化，导致预期收益与风险成本不匹配，最终导致金融市场的非理性繁荣和市场的失灵。

而同时，发达国家跨国公司FDI的快速发展，再加上国际服务贸易市场的不完善，阻碍了国际服务贸易的发展，也阻止了服务业发达的发达国家，通过服务贸易改善国际收支，进而调节经济全球化中世界各国国际收支失衡的状况，欧美等发达国家的债务也不断积累。美国的经常账户赤字从1995年占GDP的1.5%猛然升至2006年的6%。2006年第三季度，赤字按年计算的规模达到8 440亿美元的顶峰，美国每个交易日要从海外引入34亿美元的资本，方能补足国内储蓄的巨大差额。

正是由于市场配置资源过程中存在外部影响、公共物品和不完全信息，此外市场调节往往带有自发性、盲目性和滞后性，容易造成经济运行失衡，市场调节也不能解决社会目标问题，无法承担社会公平职能，难以解决公平竞争和实现公共的收入分配等市场失灵现象的存在，以及政府在解决这些市场失灵问题时的政策偏失的综合作用下，使得人们对房地产和金融投资产品需求出现结构性的过度膨胀，同时引发整个人类社会的总量需求的过度膨胀。然而，以有限生态资源环境为基础的人类供给能力无法满足过量的需求，引发有限供给与过度需求之间的矛盾，表现为生态环境恶化，资源供给出现危机。

4. 经济结构失衡的积累与金融危机的爆发

生态资源环境恶化，反过来制约着人类过度需求的满足，进一步激化有限供给与过度需求之间的矛盾，引发物价上涨，出现通货膨胀，制约经济系统的可持续发展。生态环境的失衡主要通过引发通货膨胀来影响2008年的金融危机。生态失衡包括两种形态：生态结构和功能的失调与环境的破坏，这两种生态失衡都会导致不同情况的通货膨胀。(1)生态结构破坏与通货膨胀。生态结构的破坏引起生态功能紊乱，表现为生态系统自组织能力弱化，资源的自我更新能力下降等，最终导致生态供给力降低，使有限的资源更加有限。当原料的供给小于社会的需求时，其价格就会上升，导致生产成本的增加，从而抬升物价，引发成本推动通货膨胀。另外，在某种资源枯竭时，自然而然地转向其他因开采成本较高而暂时还未利用的资源，成本的提高导致产品价格的上升，从而也会引发成本推动通货膨胀 。即使资源数量并未减少，但由于其流动受阻，造成供给短线与滞存局面，从而引发结构性通货膨胀。(2)环境污染与通货膨胀。环境污染会很大程度地对产品(特别是农副产品)造成污染甚至超标而失去其使用价值，从而使社会上，可用的商品就会减少。而如果货币供给量不变，于是出现一部分没有物质承担者的货币量，亦即“虚收”现象，从而引发通货膨胀。即使那些备受污染的产品进入了流通领域和消费领域，也会引发通货膨胀。因为人们消费了不合格的商品，日积月累，会对消费者的身心健康造成危害，从而使卫生医疗保健服务供不应求，导致需求拉动通货膨胀的发生。另外，环保费用要么由国家财力(来自企业或个人的罚款，或纳税人的钱包)承担，要么由企业或个人通过将外部成本内在化而直接承担，这无疑也会导致成本推动通货膨胀的发生。而相对于无限的人类需求，资源变得越来越有限，必然引起原材料价格上涨，导致成本推动通货膨胀的发生。

总而言之，人类社会需求的结构性失衡以及总量的过度膨胀，造成全球生态环境恶化以及资源枯竭等问题，再加上货币的过度供给，综合作用下，物价持续上涨，出现通货膨胀的迹象。上文有关数据表明，2001 年以后，美国房地产市场以及金融市场价格都快速上涨，此外根据美国 2008 年统计年鉴相关数据(见图 2-1)，从 1990 年开始美国 CPI(消费者物价指数)持续上升，从 1990 年的 130.7 上升到 2006 年的 201.6，上涨了 54.2%；PPI(生产者物价指数)，在 1990—2001 年间，在 110 附近上下徘徊，但是从 2002 年开始则快速上升，从 2002 年的 108.1 上升到 2006 年的 185.4，上涨了 71.5%。出于对通货膨胀的担忧，美联储从 2004 年 6 月起逐步提高联邦基金利率，至 2006 年 8 月提高至5.25%，随后一年内维持不变。与此对应，

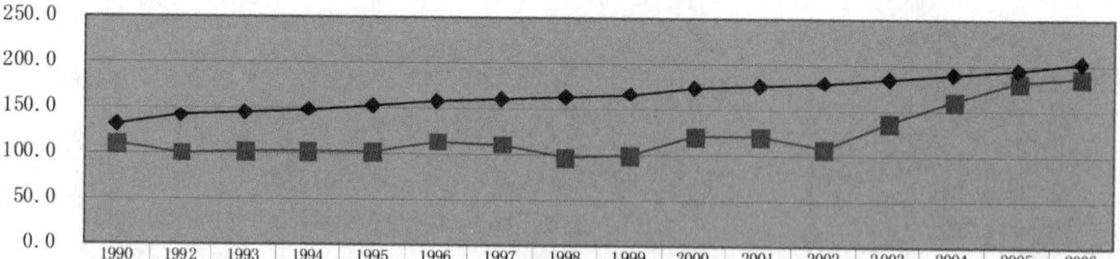

	1990	1992	1993	1994	1995	1996	1997	1998	1999	2000	2001	2002	2003	2004	2005	2006
PPI	108.9	100.4	102.4	101.8	102.7	113.8	111.1	96.8	98.2	120.6	121.0	108.1	135.3	159.0	182.2	185.4
CPI	130.7	140.3	144.5	148.2	152.4	156.9	160.5	163.0	166.6	172.2	177.1	179.9	184.0	188.9	195.3	201.6

图 2-1　美国主要年份物价指数

房屋贷款利率也有所上升，至 2007 年 7 月达到 6.7%。利率的上升对借款人的还债能力形成压力，造成房地产需求减少，供给增加，房价因而急剧下跌，不能按时偿还按揭的人的比例变得越来越高，引起房地产支持债券以及以此为基础的金融衍生产品的价值大幅度下降。持有大量这些债券和金融衍生产品的金融机构以及投资基金，则大量亏损倒闭，进而引发了金融危机。而欧美国家的债务高筑，再加上金融危机导致经济下滑，国家财政收入下降，进而又诱发了部分发达国家的主权债务危机。

总而言之，2008 年金融危机正是市场失灵和政策失灵以及一些制度偏差综合作用的结果，其本质是经济全球化过程中，资源配置系统的偏失而引起的资源配置的结构性失衡以及总量的失衡，引发了人类无限需求与以有限生态环境资源系统为基础的供给能力之间的矛盾。

（三）全球性金融危机爆发后国际经济发展新趋势

面对金融危机，世界各国开始反思和纠正经济全球化中市场失灵和政策失灵，世界经济需要一个更完善的全球市场机制、一个更合理的政策协调平衡机制，以实现可持续的经济全球化进程。

1. 绿色经济的兴起

面对外部性造成的环境污染、自然资源耗竭、气候变迁以及经济增长减缓等国际市场失灵问题，2008 年金融危机之后，世界许多国家、国际经济组织不约而同提出绿色产品标准、发展绿色经济的解决之道。而绿色技术、对人类生存环境冲击较小、有益于人类身心健康的绿色产品通过国际贸易销售到世界各地，能够确保全球经济以更资源节约、环境友好的可持续方式成长。

首先，世界各国、国际经济组织越来越重视环境保护，制定了大量针对低污染、低能耗、低排碳、无有害化学物质等环境保护相关的绿色贸易法规以及规范。根据制定法规、规范的组织以及其目的的不同，可以将现有绿色贸易法规以及规范区分为国际组织与国家两个层次，不同层次的绿色贸易规范则有不同的影响范围以及冲击程度。国际组织层次的绿色规范主要包括自愿性的国际标准规范和国际环保相关公约。其中，自愿性的国际标准规范主要是 ISO（国际标准化组织）与 IEC（国际电工协会）两大国际标准组织制定的关于企业建立和实施环境管理体系、评价产品环境相关指标等国际标准。国际标准化组织 ISO 推出的 ISO14000 环境管理系列标准（有 14001 到 14100 共 100 个号，统称为 ISO14000 系列标准）融合了世界上许多发达国家在环境管理方面的经验，是一种完整的、操作性很强的体系标准，包括为制定、实施、实现、评审和保持环境方针所需的组织结构、策划活动、职责、惯例、程序过程和资源。而国际电工协会 IEC 针对“电机电子产品与系统的环境意识设计”发展出生态化设计相关的国际标准——IEC62430 以生命周期思维作为发展理念，在产品设计与发展中，融入环境的考量。国际环保相关公约是世界各国为解决跨境或全球环境问题所缔结的条约，这些条约涉及产品绿色生产行为以及绿色贸易活动的相关约定。涉及产品绿色生产行为以及绿色贸易活动的国际公约很多，最主要的包括蒙特利尔公约、巴塞尔公约、鹿特丹公约、卡塔赫纳生物安全议定书、斯德哥尔摩公约以及京都议定书。除了上述国际层次的法规外，世界许多国家尤其是美国、欧盟、日本等发达国家也在产品环保标志、国家绿色采购等方面制定了数量庞大的影响绿色贸易的法律法规。这些绿色贸易的法规以及规范必将对未来世界各国的进出口贸易格局造成重大影响。其次，2008 年金融危机后，主要发达国家都开始实施“绿色新政”，以此来谋划后危机时代的发展。

表 2-1　主要发达国家绿色新政

国家	时间	绿色战略	绿色战略要点
日本	2009 年 4 月	《绿色革命与社会变革》	从六个方面推动绿色发展：在学校等公共设施内设置太阳能发电设备；整顿并建设利用自行车的环境基础设施；保护和培植森林防止地球温室效应；利用生态点数积分普及节能家电；通过隔热翻修工程普及节能住宅；通过促进太阳能发电及电动汽车等长期的技术开发。
韩国	2009 年	《绿色增长国家战略》	大力发展绿色技术产业、强化应对气候变化能力、提高能源自给率和能源福利，全面提升绿色竞争力，到 2020 年韩国跻身全球“绿色七强”，2050 年韩国进入“绿色五强”。
	2010 年 1 月	《低碳绿色增长基本法》	制定绿色增长国家战略、绿色经济产业、气候变化、能源等项目以及各机构和各单位具体的实行计划，还包括实行气候变化和能源目标管理制、设定温室气体中长期的减排目标、构筑温室气体综合信息管理体制以及建立低碳交通体系等有关内容。
美国	2008	绿色经济复兴计划	美国“绿色新政”可细分为节能增效、开发新能源、应对气候变化等多个方面。其中，新能源的开发是绿色新政的核心。

续表

国家	时间	绿色战略	绿色战略要点
欧盟	2007 年底	战略能源技术计划	详细规划了风能、太阳能、电网、生物能、碳捕获与封存(CCS)、可持续核能等优先领域的技术开发、部署、研究、实施、投资、取得的主要成果。
	2008 年底	《欧盟 2020 年碳排放协议》	要求欧洲各国温室气体排放量到 2020 年比 1990 年减少 20%，并通过 27 国各自不同的排放指标以及欧洲范围内的碳交易系统来实现协议目标。
	2009 年 3 月 9 日	绿色经济发展计划	既包括新能源、新材料和新产品等技术的研发、应用和推广，也包括现有产业经济的技术革新和改造，还包括以“减排”为目标的能源替代和工艺创新。

资料来源：卢伟. 绿色经济发展的国际经验及启示[J]. 中国经贸导刊，2012(16)：40-42。

2. 服务贸易的兴起

20 世纪 80 年代开始的新一轮经济全球化进程中，服务贸易依托于货物贸易快速发展起来，服务贸易占世界贸易总额的比重从 1980 年的 14.5%上升至 2011 年的 20.4%。随着经济发展的服务化趋势越来越明显和清晰，产品国际生产碎片化带来对全球产业价值链的整合协调的服务需求，服务的水平与质量成为货物产品竞争力的重要组成部分，服务贸易发展必将成为未来国际贸易的一个值得注意的新趋势与特征。但是，由于当前国际服务贸易市场机制不够完善、存在众多服务贸易壁垒，因此，危机后美国积极主导“跨太平洋战略经济伙伴关系协定”(TPP)、“跨太平洋贸易与投资伙伴协定”(TTIP)、“服务贸易协定”(TISA)等三大谈判中，都将消除服务贸易壁垒作为主要议题之一。总体而言，2008 年金融危机后，服务贸易的发展在经济全球化进程中的作用日益受到各国政府或跨国企业的重视并正在影响着产业资本的投资行为与投资环境。

在现代服务业中，服务产品的性质令生产者和消费者之间存在着严重的信息不对称现象，而已有一定发展历史的发达国家在服务业方面具有技术、制度优势，尤其在运输、金融、教育培训、商务服务等方面，令其在服务贸易领域具有明显的国际竞争优势。发达国家必然会试图通过加强其对服务贸易的主导地位来实现并强化其对全球化静态红利的分享，对于像中国这样的产业承接国而言，如果服务贸易领域缺乏竞争力，不仅会在新的服务贸易中处于劣势，甚至会弱化其在货物贸易领域发挥自身要素禀赋的比较优势。

3. 区域主义的兴起

金融危机的发展，使得各国尤其是衰退更为严重的发达国家试图尽快通过外部市场环境的优化来加快内部矛盾的解决，从而增加了区域协议的政治推动力。而随着全球化分工体系的深化，世界各国自身经济要素禀赋条件以及各自的利益诉求也随之变化，在经济联系越来越复杂的情况下，具有高度包容性、得到全球认可的多边协议难以实现，而容易达成共识的区域主义的双边协议自然成为世界各国适应更为复杂和多边的国际经济环境、提高自身对国际经济风险抵御能力的选择。另外，经济全球化发展使新兴经济体和发展中国家在世界经济中的比重得到明显提升，而发达国家的实力相对下降，尤其是美国经济实力的相对下降，使得WTO多边机制缺乏主导力量，建立一个完善的多边贸易与投资规则体系存在非常高的交易成本，难以在可以预见的时间内变为现实。主导能力相对下降的发达国家(如美国、日本和欧盟)也试图通过与其他国家达成双边协议的方式提升其在世界经济中的地位，以重获主导地位，弥补经济全球化对其相对实力下降的影响。

2008年世界金融危机后，区域主义行为表现非常活跃：美国积极推进“跨太平洋战略经济伙伴关系协定”(TPP)谈判、“跨太平洋贸易与投资伙伴协定”(TTIP)谈判；东盟十国发起“区域全面经济伙伴关系”(RCEP)谈判；中日韩展开自由贸易试验区谈判，中美开启新一轮的双边自贸谈判。截至2013年3月，在已向WTO通报并仍有效的双边或多边自贸协定共有210个，其中，全球12个主要经济体(美国、欧盟、中国、巴西、日本、俄罗斯、加拿大、印度、澳大利亚、韩国、墨西哥、土耳其)作为一方成员的自贸协定共140个，占比达到67%。目前，全球50%以上的贸易是在区域经济集团内部进行，欧盟、北美、东盟内部贸易占自身总贸易的比重分别达到63.4%、40%、24.9%。

4. 国际经济规则的重构

经济全球化是世界经济不可逆转的趋势，但是2008年的金融危机再次让世界各国看到了国际市场机制缺陷的问题，完善国际市场机制是世界各国的共识。然而，一方面世界贸易组织多哈谈判停滞不前，另一方面欧美等发达国家为了维护自身在国际经济领域的领导地位和地缘政治利益，发达国家尤其是美国开始积极主导TPP、TTIP、TISA三大谈判，以期重构国家经济规则。

TPP 协定定位于高标准和更全面，被称为“立足于下一代”的贸易新体制。TPP 要求取消关税、削减非关税壁垒，实现贸易投资自由化，具体涵盖了市场准入、知识产权保护、劳工标准、安全标准、政府采购、竞争政策、反贪、限制国有企业、争端解决以及劳工和环境保护等规定，标准之高、覆盖领域之广泛远超以往的自由贸易试验区协议。TTIP 协定目标是建立美欧利益共同体、并为未来全球多边贸易谈判提供新的标准。TTIP 内容包括：取消敏感产品及规定外所有产品的关税，清除缔约双方非关税壁垒；扩大市场准入，相互完全开放服务业及政府采购；促进双边自由投资，加强投资保护，在全球贸易规则制订中统一行动。TISA 协定自美国和澳大利亚于 2012 年发起后，目前，已经有欧盟、日本、加拿大、墨西哥等 50 多个成员国加入谈判。TISA 以世界贸易组织《服务贸易总协定》为基础，目标是要达成覆盖服务贸易所有领域的、更高水平的协定，要求进一步扩大市场准入，消除服务业贸易和投资壁垒。

三大协定覆盖广，TPP 目前成员国 GDP 和贸易额约占全球总额的 40%；TTIP 美欧两大经济体 GDP 约占全球 50%，贸易额约占全球 30%，双边投资金额超过 3.7 万亿美元；TISA 目前成员国服务贸易额高达 4 万亿美元，约占全球 70%。三大协定各有侧重点、但又相互交叉，TISA 强调服务贸易及投资自由化，TPP 和 TTIP 还延伸至生产环节及经济体制领域。总体而言，三大协定均突破了传统的自由贸易区模式，寻求达成完整的综合性自由贸易协定，达成之后，有望形成未来全球贸易投资规则。

国际经济规则重构必将重新划分全球经济政治利益，由于美国主导规则重构过程，预计美欧等发达国家将更多受益，而中国则面临挑战。美国国民经济研究局(NBER)研究表明，在非关税壁垒消除一半的情景下，TPP 协定可以促使美国出口年均增长 4%；欧盟预计 TTIP 协定可以使美国 GDP 年均增速上升 0.4 个百分点，TTIP 协定可以使欧盟出口年均增长 6%，增加数百万就业岗位，GDP 年均增速上升约 0.5 个百分点；美国贸易代表办公室(USTR)预计，理想情况下 TISA 可使美国服务出口翻倍。反观中国，目前还不具备加入 TPP 条件，随着 TPP 和 TTIP 的建立，经济方面，中国产品竞争力将出现下降，出口受阻，不仅农业、服务业等弱势行业受到冲击，机械电子等传统优势行业也难以幸免；政治和安全方面，TPP、TTIP 对 APEC、WTO 有一定的替代性，从而对中国在亚太地区的政治和安全地位带来负面影响。

(四) 全球性金融危机爆发后中国经济发展新趋势

中国是上一轮经济全球化过程中的最大赢家，但中国直接从计划经济融入经济全球化，因此，中国不仅受到全球化的不利影响，而且还受到计划经济的制约。

1. 经济增长快速，但经济结构不合理

1978年，党的十一届三中全会开启了我国改革开放新时期。改革开放包括对内改革和对外开放，其中，对内改革的一个核心内容就是要转变国内的计划经济体制，逐步建立社会主义市场经济体系；对外开放则是积极融入经济全球化进程。正是中国的这种自身特点，使得中国在这波快速经济全球化过程中获得两个方面的红利：一方面是由于参与以效率为导向的跨国公司的全球产业价值链，使本国要素资源配置和经济结构得到优化，使经济整体效率得到提升，并因此获得相应的国际分工的静态收益；另一方面，在参与全球产业价值链的分工过程中，国内的制度机制得到不断改进优化，国内的科技水平得到不断的创新提高，从而增强了长期经济增长的动力，因此获得全球化红利中的长期动态增长红利。

正因如此，即使在全球产业价值链由发达国家的跨国公司所控制的情形下，中国在全球经济中所占份额仍可以随着时间推移而有明显的提升，经济实力也有较大幅度的上升。事实上，印度、巴西、韩国等新兴经济体均有类似情况，而发达国家相对实力下降。以1980年和2011年各国GDP占世界总量比重变化看，中国、巴西、印度等新兴经济体GDP占世界总量比重整体上升，尤其是中国上升幅度最大，中国GDP占世界总量的比重从1980年的1.72%上升到2011的10.43%，上升了8.71个百分点。而同期，美国、德国、法国、日本等发达国家GDP占世界总量的比重都呈现出不同程度的下降。

表2-2　主要国家GDP占世界比重

国家	1980年各国GDP占世界比重(%)	2011年各国GDP占世界比重(%)
中国	1.72	10.43
巴西	2.13	3.54
印度	1.72	2.64
美国	25.11	21.57
德国	8.34	5.10
法国	6.26	3.96
日本	8.92	8.39

资料来源：中国国家统计局.国际统计年鉴2013[M].北京：中国统计出版社，2013年版.

一方面，中国经济快速增长，另一方面，中国经济发展也存在经济结构不合理的问题。

第一,长期依靠投资驱动,并且固化在加工制造环节,导致产能过剩问题突出。我国制造业产能过剩呈现出涉及行业多、范围广,无论是属于高耗能的电解铝、钢铁制造,还是新兴产业的光伏太阳能和风电,以及造船和钢铁业中高端产品的硅钢,均被业界公认为"产能过剩"。以煤炭行业为例,2002年,中国原煤产量仅为15亿吨,到2012年底,全国现有煤矿总产能约39.6亿吨,产能建设超前3亿吨左右,产能过剩导致煤炭行业亏损面已高达80%左右。

第二,服务业发展滞后。一方面,过度依赖于加工制造环节,尤其是低附加值的初级加工,细化的深加工较少,从而制约了对研发、设计、营销、供应链管理等生产性服务业的需求,即使有需求也更多地依赖国外企业。另一方面,国民收入虽然快速增长,但与发达国家相比仍然落后较多,2013年我国人均GDP约为6629美元,排名全球第86位,只与泰国、安哥拉等国相当,再加上我国各种社会保障体系不够健全,制约了生活服务业的发展。当前,我国服务业占GDP和就业的比重不仅低于发达国家,也明显低于同等收入的发展中国家。2013年我国三次产业结构为9.4∶43.7∶46.9,而同期美国的三次产业结构为1∶20∶79,印度的三次产业结构为13∶25∶57。

第三,在国际分工中固化在价值链低端,企业之间主要依靠价格竞争,使得价格贸易条件和要素贸易条件恶化,贸易摩擦加剧。这一轮经济全球化中,跨国公司根据不同国家要素禀赋的比较优势在全球范围内布局产业价值链,发达国家凭借技术、品牌、供应链管理和营销渠道的优势占据着产业价值链的"微笑曲线"两端高附加值部分,从而获得全球分工的主要红利,而以中国为代表的新兴经济体以劳动力、廉价土地与资源、税收优惠等优势承接了产业链条的部分,某种程度上,我国出口高速增长,有相当一部分是建立在过度使用资源、恶化环境和牺牲劳动者福利基础之上的。与此同时,我国遭遇国外贸易调查数量已经连续10多年列第一。尤其是国际金融危机以后,国际上贸易保护倾向加强,针对我国的贸易摩擦增多。

2. 市场机制不完善,政府与市场关系未完全厘清

改革开放以来,我国市场机制建设方面取得了瞩目的成就。但还受到计划经济的影响,政府与市场关系还未完全厘清,市场机制有待完善,主要的问题集中在四个方面:市场体系不够健全、市场秩序不够规范、市场主体有待进一步形成、市场价格有待进一步改革。

(1) 市场体系有待进一步健全

改革开放以来,我国市场化程度逐渐提高,但相比于产品市场的快速发展,我国资本、劳动力、技术、信息、房地产等要素市场发育不充分,尤其是资

源性商品市场仍然相对滞后，同时，期货、拍卖、产权等特种交易市场亟待规范。市场体系是市场配置资源的基本平台，因此有必要进一步健全市场体系，进一步发展和规范消费品和生产资料等商品市场，以及特种交易市场，使之成为相互联系、互为条件的有机整体。

(2) 市场秩序有待进一步规范

经过30多年实践，我国社会主义市场经济体制已经初步建立，但仍存在不少问题，比如，市场秩序不规范，钱权交易，假、冒、伪、劣、黑，非自然垄断，以及操纵证券市场、侵吞国有财产、非法骗贷集资等非法经济现象虽然得到有效遏制，但仍有不同程度存在。这些活动严重扰乱市场秩序，严重侵害群众切身利益，严重侵蚀党和政府肌体。市场秩序不规范，将会扭曲市场资源配置效率，甚至产生"劣币驱逐良币"的不良竞争状态。进一步规范市场秩序，就是要体现市场经济作为法治经济的基本精神，法有禁止坚决禁止，促进市场体系真正实现统一开放、竞争有序。

(3) 自主的决策主体有待进一步形成

国有企业是国民经济的支柱，但国有企业改革还不彻底，国有企业和和非公有制企业的现代企业制度还不够完善，还未形成完全自主的微观决策主体。

(4) 市场价格需要进一步改革

我国的大多数资源性产品都实现了市场调节，但水、石油、天然气、电力、交通、电信等领域，还未完全放开竞争性环节价格，阶梯电价、阶梯水价等政府定价范围透明度不够，未充分接受社会监督。市场形成价格，这是价值规律发挥作用的中介环节，因此，未来我国还要进一步有序推进价格改革，凡是能由市场形成价格的都交给市场，政府不进行不当干预。

3. 经济增长方式粗放，资源环境制约日趋严重

经济增长方式简单地说是依赖什么要素，借助什么手段，通过什么途径，怎样实现经济增长。经济增长方式可分为粗放型和集约型两种。粗放型增长方式又称为外延的增长方式，是依靠要素的持续不断投入来推动经济的增长，其特征主要表现为高投入、高消耗、高排放，由于生态环境资源是有限的，因此，粗放型增长是不协调、难循环、低效率的增长。集约型增长方式又称为内涵的增长方式，是通过创新、提高要素质量和生产效率来实现经济的增长，其特征是低投入、高产出、低消耗、少排放、能循环和可持续。转变经济增长方式就是要从粗放型增长方式转变到集约型增长方式。

当前，我国经济增长方式仍以粗放型为主，主要表现在以下几个方面。(1)产业结构不尽合理，服务业和高新技术产业比重偏低。(2)自主创新能

力有待进一步加强。2013 年，我国规模以上工业企业研究与实验发展经费支出与主营业务收入之比为0.8%，与国际 OECD 标准规定的 5%的基本要求相比，企业研发投入明显不足。(3)经济的高增长在相当程度上依靠高投入支撑。2013 年，资本形成总额对国内生产总值增长贡献率为 54.4%，最终消费支出对国内生产总值增长贡献率为 50%，大大低于世界平均 80%左右的水平。(4)资源消耗较高。2013 年，我国年人均能源消费达 2.46 吨标准煤，能源消费弹性系数为 0.48，略高于世界平均水平。(5)环境压力较大。2013 年，全国的废水排放总量达 695.44 亿吨，二氧化硫排放总量达 2 043.92万吨，这些指标均大大高于发达国家标准几倍甚至十几倍。

4. 收入增长快速，但收入分配差距扩大

改革开放以来，随着我国经济快速发展，国民收入也迅速增加。其中城镇居民家庭人均可支配收入从 1980 年的 477.6 元增长到 2013 年的 26 955.1元，以不变价格计算增长了 8.66 倍，农村居民家庭人均纯收入由 1980 年的 191.3 元增长到 2013 年的 8 898.9 元，以不变价格计算增长了 8.25 倍。

与此同时，国民收入分配不均引起的收入差距呈现不断扩大的趋势。2013 年国家统计公布了我国 2012 年基尼系数为 0.474，超过了 0.4 的国际标准警戒线，也高于同期美国的基尼系数 0.451。而 0.474 的基尼系数也受到民间的质疑——其与同期其他机构的数据相比，还存在着不小的出入：西南财经大学公布的一份中国家庭金融调查结果显示，2010 年中国家庭的基尼系数高达 0.61；香港独立经济研究公司的一份报告则表明，近几年中国大陆地区的基尼系数都超过了 0.55。

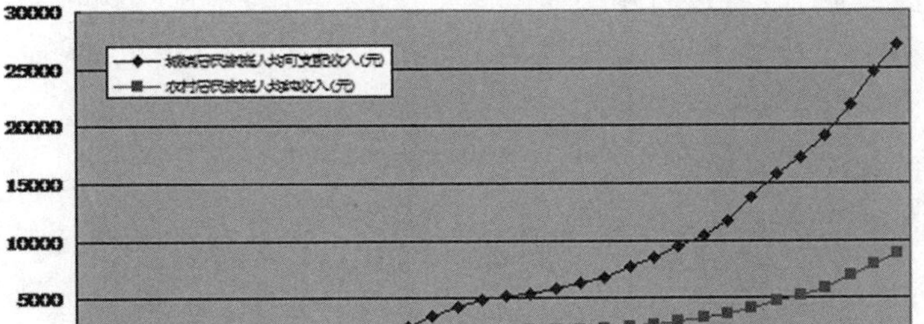

图 2-2　我国城乡居民收入情况

除此以外，我国居民收入分配不均还表现在以下几个方面：(1)城乡收入分配不均，改革开放 30 多年以来，我国城乡居民收入差距逐步扩大，1980

年城镇居民家庭人均可支配收入是农村居民家庭人均纯收入的2.5倍,2013年达到了3.03倍。(2)地区间收入分配不均,2013年城镇居民家庭人均可支配收入达到26955.1元,超过全国平均水平的省份大部分在东部沿海。2013年城镇居民家庭人均可支配收入最高的十个城市中,东部地区就占了8个。而人均收入最低的五个省份均集中在中西部。(3)行业间收入差距拉大。由于劳动力市场被严重分割、垄断行业的国家保护、缺乏有效市场竞争的管理等原因,使得不同行业的工资水平差距巨大。2008年工资最高的金融业是工资最低的农林牧渔业的4.77倍。(4)国企高管与普通员工收入差距拉大。数据显示,2013年我国沪深上市公司主要负责人年平均薪酬水平为76.3万元,全部负责人平均薪酬水平为46.1万元。央企负责人薪酬水平是同期沪深上市公司主要负责人的大约2-3倍,与职工薪酬差距达到12倍之多,显著偏高。

(五)我国实施自由贸易试验区建设的重大意义

经济全球化是世界经济不可逆转的趋势,只是危机后经济全球化出现了一些新的发展趋势,令中国经济的外部环境发生了较大变化,中国经济自身也进入到了一个转型时期。如何充分利用自身有利条件,融入新一轮经济全球化,实现中国经济持续发展的新时期,是中国经济所必须面对的重大战略问题。中国经济快速发展的成功经验,证明了进一步改革开放是中国抓住新一轮经济全球化战略发展机遇,实现中国经济再次腾飞的必然也是唯一选择。

自由贸易试验区诞生的目的,就是为了进一步改革开放,为了打造中国经济的"升级版"。通过自由贸易试验区的实践,为中国国内改革指明新的方向,并且决定中国将以怎样的姿态、方式利用国际新机遇、应对国际新挑战。

1. 以开放促进改革

1978年开始的改革开放,采取了"摸着石头过河"的被动选择方式进行体制外构建新的资源配置,结果导致改革不够彻底——市场机制与计划行政配置方式共存,底层经济组织与上层政治组织之间明显脱离,无论之后采取何种政策措施都未能改变中国经济结构扭曲严重和增长动力不可持续的状态。面对外部与内部的新趋势,新一轮改革的目标非常明确,即要完成中国经济改革的最终目标,实现政府宏观调控与市场基础配置的有效分离与有机结合,充分发挥中国社会的基层经济组织与上层政治组织的各自优势,让中国经济获得稳定的增长动力、实现可持续发展。

过去 30 多年的改革开放，中国形成了错综复杂的既得利益群体，他们借助政府的有形之手干预市场，巩固国有企业的垄断地位，导致经济结构失衡日趋严重，制约了中国经济的可持续发展。改革会改变国内利益分配形式，因而，既得利益者缺乏进一步改革的意愿与动力，甚至成为改革的阻碍，改革动力正因为既得利益群体的影响而逐渐衰竭。而只通过简单的国内利益的重新分配难以撼动改革阻力。通过开放的方式，引入国际竞争来打破改革困境，促进国内体制改革，创新的制度安排，最终实现中国国内市场之间、中国市场与世界市场之间的资源与产品的自由流动，进而消除国内经济结构扭曲导致的效率损失，理顺各种产品尤其是各种要素资源的价格体系，从而自然消除既得利益群体对改革的阻力。

2. 以改革服务开放

首先，目前在全球产业价值链上，中国企业主要从事低附加值的制造部分，而在高端设计、咨询分析、营销拓展、后期服务增值等生产性服务领域缺乏竞争力。随着劳动力、土地等要素价格的上升，中国制造业的比较优势有所弱化。因此，如何继续巩固和发挥制造业的比较优势，并以此为基础大力发展生产性服务业、生活性服务业，进而以全新姿态参与国际分工、占据全球产业价值链有利地位，是中国新一轮改革开放的重点任务之一。对于这一问题的破解，比较可取的方法是通过国内的机制体制改革，创新有利于高端服务业发展的环境与制度，进而培育自身的技术优势和具备国际竞争力的高端服务型企业。

其次，各种国际组织以及各个国家制定的绿色法律法规，有助于各种绿色产品通过国际贸易销售到世界各国，能够促进世界经济以资源节约、环境友好的可持续方式增长。为了更好地应对各种绿色法规，中国应该坚持“谁污染，谁付费；谁保护，谁受益”的原则，创新各种税费政策、市场机制，使各种外部性成本与收益内化，诱使企业走更为持续的发展道路，创造更具国际竞争力的绿色产品。

最后，当前，中国自身的经济与制度现状还不具备参与 TPP 和 TTIP 两个协议谈判的条件，一方面，中国要积极关注、参与、推动多边协议，同时借助双边区域主义协议，强化与其他国家的差异、突出现有的比较优势，逐步改善国际环境。但更为根本的是，应该通过自身的改革与创新，逐步建立起合理有益的与国际接轨的经济规则，进而塑造国内企业的真正国际竞争力。

二、2013 到 2015：上海自贸区做了什么

（一）上海自由贸易试验区的建设历程

我国自贸区的建设是一个渐进的过程。首先是全国建立 15 个保税区，然后是上海自贸区的试点，再到复制和推广上海自由贸易试验区的成功经验，成立福建、广东、天津自由贸易试验区并且进一步深化中国（上海）自由贸易试验区改革开放。可见，我国自贸区的建设经历了一条从保税区到自贸区的转型之路，回顾这段发展历程，有助于我们更好理解自由贸易试验区的建立。

2013 年，中国（上海）自由贸易试验区正式成立。当时其范围涵盖上海市外高桥保税区、外高桥保税物流区、洋山保税港区和上海浦东机场综合保税区 4 个海关特殊监管区域，总面积为 28.78 平方公里。（如图 2-3 所示）

图 2-3　2013 年刚成立的上海自由贸易试验区

上海自由贸易试验区是在原上海综合保税区的基础之上升级而来，所以了解原上海综合保税区的发展运行情况，是了解中国（上海）自由贸易试验区发展的基础。而且上海的发展历程是中国改革开放前沿的缩影，回顾

原上海综合保税区的历史发展沿革,对中国(福建)自由贸易区的建设有启发意义。

1. 上海自由贸易试验区的前身

1990 年 6 月国务院批准设立第一个保税区——上海外高桥保税区,规划面积 10 平方公里。区内实行特殊的海关监管和税收、外汇政策,拥有国际贸易、仓储物流、保税加工、商品展示等功能,还可以部分开展海铁联运业务和集装箱拆拼箱业务。但这一保税区设置在港区之外,且没有出口退税功能,不具有出口加工区的政策功能。经过多年的发展,形成了医疗器械、红酒、工程器械等专业化贸易平台,并多年保持进出口贸易额国内保税区第一的地位。

上海外高桥保税区不具有出口加工区的功能,这在一定程度上限制了内贸和物流产业的发展,又作为保税区不具有"入区退税"的功能,也在一定程度上限制了企业的发展。为此,2004 年 4 月 15 日,外高桥保税物流区在外高桥港区应运而生,这是经国务院特批设立的中国第一个保税物流区,与外高桥保税区相距 3 公里。保税物流区享有保税区政策,另外还享有出口加工区"入区退税"政策,对进入物流区的国内货物实行"进区退税"。

2005 年 12 月 25 日,远东第一大港——洋山深水港启用,洋山保税港区同时封关运作,这是中国第一个保税港区,不仅综合了前两种保税区域的所有功能,实现了区港合一,而且还拥有外高桥保税区和保税物流区均不具备的口岸功能,企业可以直接在保税港区办理通关手续。

2010 年 9 月,浦东机场综合保税区宣告成立,这是设立在内陆地区的具有保税港区功能的海关特殊监管区域。

至此,上海浦东沿海 100 多公里的黄金岸线上,依托外高桥港、洋山港以及该地区的浦东国际机场,呈现了三大不同类型的保税区。虽然各有其功能优势,但区域政策仍然不能互通。

在建设国际航运中心的大背景下,南汇区并入浦东新区版图之后,上海开始推动各保税区域的整合。2009 年 11 月 18 日,整合了外高桥保税区(含外高桥物流区)、洋山保税港区的上海综合保税区正式成立。新成立的上海综合保税区整合了原有几种海关特殊监管区域的功能,使各监管区域之间的业务更加顺畅。2010 年 9 月,新成立的浦东机场综合保税区并入后,最终形成了"三区联动"的局面,由上海综合保税区管理委员会统一管理。整合后的上海综合保税区,集聚了保税区、保税物流区、出口加工区、保税港区、综合保税区五种类型海关特殊监管区域的政策优势,在海关监管、外汇管理、检验检疫等进出口管理上基本达到了国内最为齐全、最为便捷和最为开放的程度。①

2. 上海自由贸易试验区的设立

为了顺应全球经济贸发展的新趋势，实行更加积极主动的开放战略，培育中国面向全球的竞争新优势，构建与各国合作发展的新平台，拓展经济增长的新空间，打造中国经济“升级版”，在上海综合保税区的基础上，中国（上海）自由贸易试验区于2013年9月29日10时在外高桥保税区揭牌，试验区正式运行。上海自贸试验区的建设标志着中国改革开放迈出新步伐。

建立上海自由贸易试验区，是党中央、国务院从国内外发展大势出发，统筹国内国际两个大局，在新形势下推进改革开放的重大举措。之所以选择上海来试验，主要考虑到三个方面：一是有较好的基础。上海开放型经济规模大，内外经济联系面广，国际化企业集聚度高，可以在一个比较高的起点上进行试点，承受风险的能力也相对较强。上海自由贸易试验区是由现有的4个海关特殊监管区组成的，具有良好的基础设施条件。这片区域已吸引各类投资企业12000家，其中世界500强企业投资了230个项目，2012年进出口贸易额为1130亿美元。二是有较为成熟的监管制度和管理经验。2009年，上海市人民政府设立了综合保税区管理委员会，管理规范高效，有管理较高程度开放区域的较多经验，有助于下一步创新监管服务模式，促进各类要素的自由流动。三是有较好的区位优势。上海地处长三角，拥有广阔的经济腹地，通过发挥辐射效应，可以带动更大范围、更广区域的开放开发。②

3. 建立上海自由贸易试验区的意义

建立上海自由贸易试验区，重点任务是要加快政府职能转变、探索管理模式创新、扩大服务业开放、深化金融领域开放创新。建立上海自由贸易试验区的意义主要表现在三个方面：一是通过先行先试，使试验区形成与国际经贸通行规则相互衔接的基本制度框架，成为我国进一步融入经济全球化的重要载体；二是有利于培育我国面向全球的竞争新优势，拓展经济增长的新空间，打造中国经济“升级版”；三是为全面深化改革和扩大开放探索新思路和新途径，形成可复制、可推广的经验，为下一步深化改革开放打好基础，更好地服务全国发展。

---

① 李萍. 中国自由贸易区发展理论与实践：兼论山东半岛自由贸易区的构想[M]. 北京：中国社会科学出版社，2014(11).

② 高虎城. 建立上海自由贸易试验区有三大意义[EB/OL]. http://finance.ifeng.com/a/20130929/10781745_0.shtml，2013-09-29.

4. 上海自由贸易试验区的特点

上海自由贸易试验区具有三个特点：

第一，体现主动、内在地开放。当前，我国改革开放已进入深水区，面对新形势新任务，必须要有新路径、新模式、新尝试，实现以开放促发展、促改革、促创新。上海自由贸易试验区就是我国扩大改革开放的新尝试。

第二，核心是制度创新。上海自由贸易试验区体现的是国家战略，是高层次、高水平的改革创新。在试点政策中，涉及制度创新的内容很多，比如，推进外商投资管理体制改革、试行负面清单管理模式，只要在负面清单以外的领域，将按照内外资一致的原则，由核准制改为备案制，这就是行政管理体制改革中的一项重大突破。

第三，具有较强的示范性。上海自由贸易试验区是为了建设改革开放"试验田"，为我国扩大开放和深化改革探索新思路和新途径，形成可复制、可推广的经验，更好地为全国作出示范和发挥服务全国的作用。比如，在有关服务领域先行开放，在人民币资本项目可兑换、金融市场利率市场化、人民币跨境使用等方面先行先试，都将为今后进一步全面深化改革开放积累重要经验。

（二）上海自由贸易试验区的制度创新

自由贸易试验区制度创新的意义，远大于经济驱动的意义。试验区把改革开放放在第一位，制度创新是核心。

在对外开放上，进一步思考政府如何管理市场、服务市场、推动投资贸易便利化；在政府职能转变上，探索如何厘清政府与市场的边界，如何提高政府服务的透明度、便捷性。这不仅是上海自由贸易试验区需要解决的问题，也是我国经济发展转型升级需要解决的问题。上海自由贸易试验区以制度创新为起点，带动金融、税收、贸易、政府管理等一系列政策变革，为全国性的改革和破局形成了巨大的示范效应。①

自贸试验区建设不是"栽盆景"，而是"种苗圃"，关键在于制度创新，不是挖掘"政策洼地"。制度创新包括四个方面：一是投资管理制度，二是贸易监管制度，三是金融制度，四是综合监管制度。核心在于政府职能转变，营

---

① 蒋硕亮. 中国(上海)自贸试验区制度创新与政府职能转变[M]. 北京：经济科学出版社，2015 年版.

造国际化、法治化的营商环境。[①] 这些亦是上海自由贸易试验区“可复制可推广”的经验。

1. 投资管理制度创新

上海自由贸易试验区按照国际化、法制化的要求，积极探索建立与国际高标准投资和贸易规则体系相适应的行政管理体系，推进政府管理由注重事前审批转为注重事中、事后监管。主要措施有四项。

（1）负面清单管理模式。对外商实行“准入前国民待遇＋负面清单”的管理模式。在负面清单之外的领域，将外商投资项目核准和企业合同章程审批均改为备案管理。

（2）商事登记制度改革。具体目标是工商登记与商事登记制度改革相衔接，逐步优化登记流程，优化试验区营商环境。进展情况是试点开展企业注册由“先证后照”（即须先取得业务许可证再办理营业执照）改为“先照后证”（即可先办理营业执照再申请业务许可证）；注册资本登记条件由“实缴制”改为“认缴制”（即实收资本不再作为公司登记事项，改为企业自主约定，并在企业章程中记载）。

（3）“一口受理”制度。具体目标是要形成完整的“一口受理”高效服务模式，实现企业登记全流程电子化操作。目前的进展是试验区工商、税务、质监、商务和管委会等部门对内外资企业设立的有关事项统一纳入“一表申报、一口受理”平台办理；内外资企业设立都由工商部门统一接受申请材料，统一送达许可决定或备案文书和相关证照。

（4）境外投资备案管理。具体目标是改革境外投资管理方式，区内企业到境外投资实行以备案制为主的管理方式，提高境外投资便利化程度。目前进展是制定并发布了境外投资项目和境外投资开办企业的备案方法；已经建立了区内企业境外投资备案的窗口（机制）和程序，可以5个工作日内出具境外投资备案意见和证书。[②]

2. 贸易监管制度创新

总体要求：创新监管模式，推进实施“一线放开、二线安全高效管住、区内自由”，促进要素自由流动。贸易监管体制创新涉及监管方式、监管流程、海关和检验检疫的合作等，提升物流通关效率。

---

① 艾宝俊. 上海自贸区制度创新包括四方面[EB/OL]. http://www.jfdaily.com/zt/news/ss2014/2040_781/12_363/201409/t20140924_803466.html, 2014-09-24.

② 蒋硕亮. 中国(上海)自贸试验区制度创新与政府职能转变[M]. 北京：经济科学出版社，2015年版.

（1）“一线放开”。允许企业凭进口舱单将货物直接入区，再凭进境货物备案清单向主管海关办理申报手续，探索简化进出境备案清单。实行“进境检疫、适当放宽进出口检验”模式；推进“方便进出，严密防范质量安全风险”的检验检疫监管模式。一是创新“一线放开、二线安全高效管住、区内自由”监管模式。二是深化研究货物状态分类监管。对保税货物、非保税货物、口岸货物实施分类监管。

（2）“二线安全高效管住”。优化卡口管理，加强电子信息联网，通过进出境清单对比、账册管理、卡口实货核注、风险分析等加强监管，促进二线监管模式与一线监管模式相衔接。

3. 金融监管制度创新

自由贸易试验区成立以来，管委会会同上海市金融办、一行三局等部门积极配合国家金融管理部门研究出台支持试验区金融开放创新的制度和细则，协调推动金融市场在试验区设立国际交易平台，支持推动金融机构入驻试验区，并根据实体经济需要和已经出台的创新制度，积极探索并大胆开展金融创新。[①] 总体要求：加快金融制度创新，增加金融服务功能，支持实体经济发展，防范金融风险，促进投资和贸易便利化。

（1）存款利率市场化创新。从 2014 年 3 月开始，人民银行放开了自贸区内 300 万美元以下的小额外币存款利率上限，自贸区率先实现了外币存款利率完全市场化。2014 年 3 月 1 日，中国银行为在自贸区内就业的人员办理了首笔个人小额外币存款业务，客户获得了一张“议息”存单。目前已有多家银行开展了此项业务。

（2）企业融资创新。自贸区内多家金融机构如建设银行、交通银行、招商银行等，根据人民银行上海总部有关支持自贸区扩大人民币跨境使用的相关政策举措，与自贸区内多家企业和非银行金融机构办理了从境外借入人民币资金业务，从而进一步拓宽了区内企业和非银行金融机构的境外融资渠道，降低了企业的融资成本。

（3）支付结算创新。银联电子支付、快钱公司等第三方支付机构，根据人民银行有关支付机构开展跨境人民币支付业务的政策，与商业银行合作开展了跨境电子商务人民币支付结算业务；花旗银行、汇丰银行、上海银行等金融机构根据有关扩大自贸区内人民币跨境使用的政策，为自贸试验区

---

① 中国(上海)自由贸易试验区发布九大金融创新案例[EB/OL]. 新华网. http://www.sh.xinhuanet.com/2014-03/25/c_133213460.htm，2014-03-25.

内跨国公司办理了经常项下跨境人民币集中收付业务，简化了自贸区内企业支付结算流程，提高了支付结算效率；中国银行上海市分行等金融机构根据自贸区外汇管理的有关规定，为自贸区内企业提供了大宗商品衍生品交易的结售汇服务，为大宗商品企业利用国际市场开展风险管理提供了新的渠道。

（4）企业资金管理创新。工商银行上海市分行、中国银行上海市分行等金融机构为自贸区内企业开展了跨国公司外汇资金集中运营管理试点业务；农业银行上海市分行、浦发银行等金融机构为自贸区内企业开展了跨境人民币双向资金池业务。这些业务推出后，符合条件的企业可以根据自身的需要自主调配境内外资金，提高了跨国公司资金使用的效率。

（5）对外直接投资创新。在自贸区管委会、市金融办及有关部门的推动下，自贸区内股权投资企业跨境投资流程得到大幅度简化，以备案代替审批，弘毅投资公司等股权投资企业开展跨境股权投资项目较以往极大地缩短了流程时间，提高了股权投资企业境外投资的效率。

（6）金融机构集聚创新。在上海市金融办和金融监管部门的共同推动下，自贸区内新型金融机构不断集聚发展。小额贷款公司不仅可以入区经营业务，同时还对自贸区内设立小额贷款公司，给予股比和业务范围方面支持鼓励政策。中外资银行在自贸区内设立了分支机构；交银金融租赁公司开展了自贸区首单飞机和首单船舶租赁业务，在自贸区内设立子公司已获批筹建。金融租赁公司可以利用自贸区平台和政策优势，为其开展境外融资租赁业务提供便利。国泰君安等在自贸区内设立了分公司，华安基金在区内设立了资产管理子公司，申银万国期货在自贸区内设立了风险管理子公司。太保、中国人寿等4家保险公司在自贸区内设立了分支机构，等等。

4. 事中事后监管制度创新

总体要求：以改革创新政府管理方式为重点，完善信息网络平台，提高行政透明度，实现不同部门的协同管理，建立集中统一的市场监管综合执法体系，鼓励社会力量参与市场监管。重点是创新政府管理方式，推进政府管理由注重事前审批转为注重事中、事后监管，核心内容是深化行政管理体制改革，创新政府管理方式。关键是要在试验区实行"宽进严管"——"宽进"是发挥市场的主导作用，"严管"在于政府能够提供并保障一个公平、公正的营商环境。[①]既要把该放的权力放开放到位,又要把该管的事务管住管好。通过建好风险防范体系和用好安全审查、反垄断审查、行业监督、技术标准、信用体系建设、社会力量参与等综合监管手段,防范和控制开放以后带来的各种风险,构建安全高效的开放型经济体系。目前自由贸易试验区是通过安全审查制度、反垄断审查制度、社会信用体系、企业年度报告公示和经营异常名录,信息共享和综合执法制度、社会力量参与市场监督等六个方面推进自由贸易试验区综合监管制度创新。[②]

(三)上海自由贸易试验区的建设成效

中国(上海)自由贸易试验区成立一年多以来,着力推动投资管理、贸易监管、金融改革、事中事后监管四方面制度创新,在建立与国际投资贸易通行规则相衔接的基本制度框架上,取得了重要的阶段性成果,为实现可复制可推广提供了经验。

首先,探索更加开放透明的投资管理制度。根据准入前国民待遇、负面清单以外内外资一致等原则,建立以负面清单管理为核心的投资管理制度,最大程度提升投资便利化水平;制定和完善了负面清单、实行了外商投资和对外投资的备案管理制度、实施了商事制度改革、持续扩大服务业对外开放。上海自由贸易试验区成立一年间,自贸区新增企业1.26万家,超过以往20年的累计总数。外商投资呈现逐月递增态势,新设外资企业1 784家。对外投资呈现加速发展趋势,已办结107个对外投资项目备案,中方对外投资总额累计23亿美元。

其次,推进贸易监管制度创新。充分借鉴国际经验,逐步形成"一线放开、二线安全高效管住、区内自由"的贸易监管制度架构,不断提高贸易便利化和监管国际化水平。陆续推出了"先入区、后报关""经认证的经营者互认(AEO)制度""一次申报、一次查验、一次放行"等60项监管新措施。货物入区通关时间平均缩短2至3天,平均节约物流成本10%左右。上海自贸区货物进出口平均通关时间比区外分别减少41.3%和36.8%。

再次,推动金融制度改革。在坚持宏观审慎、风险可控的前提下,推进自贸试验区与上海国际金融中心联动建设,逐步建立以人民币资本项目可

---

① 人民网. 上海自贸区宽进严管[EB/OL]. http://finance.people.com.cn/n/2013/1101/c1004-23394974.html, 2013-11-01.

② 蒋硕亮. 中国(上海)自贸试验区制度创新与政府职能转变[M]. 北京: 经济科学出版社, 2015年版.

兑换、人民币跨境使用、利率市场化、外汇管理改革为重点的金融制度框架和监管体系，更好地服务实体经济发展。推出了自由贸易账户、跨境人民币结算、双向资金池等51条金融创新举措和一系列实施细则。其中，自由贸易账户体系是一种分类别、有管理的人民币资本项目可兑换操作模式，2014年6月18日正式启动，已开立5200多个自由贸易账户，资金周转效率得到提高，企业融资成本得以下降。同时，自贸试验区新增跨境人民币结算总额2 000亿元，人民币境外借款发生191亿元，人民币双向资金池业务发生387.9亿元。此外，目前94家有金融牌照的机构和一大批金融服务企业落户上海自贸区，上海国际能源交易中心、上海国际黄金交易中心等一批面向国际的要素市场平台在自贸试验区成立运营。

最后，探索建立事中事后监管制度。着眼于转变政府职能，按照市场经济和更加开放的要求，逐步建立一套由基础性制度、专业监管制度等组成的事中事后监管制度体系，更加高效、透明、规范地维护市场秩序，防范系统性风险。①

（四）上海自由贸易试验区的“扩容”

1. 上海自由贸易区扩区

2015年4月8日，国务院公布《进一步深化中国（上海）自由贸易试验区改革开放方案》。上海自贸试验区扩区后，实施范围120.72平方公里，涵盖上海外高桥保税区、上海外高桥保税物流园区、洋山保税港区、上海浦东机场综合保税区4个海关特殊监管区域（28.78平方公里）以及陆家嘴金融片区（34.26平方公里）、金桥开发片区（20.48平方公里）以及张江高科技片区（37.2平方公里）。这样，上海自贸试验区迎来了“升级版”。（如图2-4所示）

与此同时，福建、广东、天津的自由贸易试验区总体方案也于同日公布，中国自贸试验区2.0版全面启动。

---

① 艾宝俊. 上海自贸区成立一年来——四大制度创新取得显著成果[EB/OL]. http://politics.people.com.cn/n/2014/1110/c70731-26000777.html，2014-11-10.

图 2-4 上海自由贸易试验区扩展区域

2. 上海自由贸易区前景展望

本次上海自由贸易试验区“扩区”，不只是空间上的扩张，而是要在更高的起点、更广的领域深耕。

第一，新扩展的三个片区中，陆家嘴金融片区是国家金融贸易区，金桥开发片区是国家级经济技术开发区，张江高科技片区是国家自主创新示范区。上海自由贸易试验区扩区以后，将继续着力制度创新，充分发挥陆家嘴、金桥、张江在金融贸易、先进制造、科技创新方面的良好基础和优势，充分发挥上海自贸区制度创新与“四个中心”建设、自主创新示范区建设的叠加效应，争取能够积累更多的可复制、可推广的经验。

第二，扩区之后，上海自由贸易试验区将继续在投资、贸易、金融、事中事后监管等方面进行制度创新。上海自贸试验区在过去一年多的工作当中，主要是围绕着这四个领域的制度创新，但是还没做完，接下来还要继续做。制度创新的重点是四个方面：一是以负面清单管理模式为核心的投资管理制度。二是以贸易便利化为重点的贸易管理制度。三是以资本项目可兑换和金融服务业开放为目标的金融创新制度。四是以政府职能转变为核心的事中事后监管制度。我们希望通过努力能够率先在上海自贸区构建国际化、市场化、法治化的营商环境。

第三,扩区以后,上海自由贸易试验区将在前一年半试验内容的基础上,增加了一些新的试验内容,比如产业预警、权益保护、信息公开、科技创新、人才服务体系等。

第四,扩区以后,上海自由贸易试验区将积极探索在同一个行政区内以开放促改革的体制机制,我们将出台一系列新的政策举措。以上海自贸试验区建设来推动浦东新区政府的自身改革和政府职能转变。①

3. 对福建自贸试验区建设的意义

扩区后的上海自由贸易试验区将为福建提供更多可借鉴的经验。上海自由贸易试验区一开始是限定在海关特殊监管区域的,但是其建设经验表明,仅局限于海关特殊监管区域,大量的服务贸易改革和开放措施无法落地,因此“升级”后上海自由贸易试验拓展至非海关特殊监管区域。而福建自由贸易试验区范围涵盖了非海关特殊监管区域。此外,四大自由贸易试验区共用一张负面清单。扩区前的上海自由贸易区在制度创新等方面先行先试,从而为扩区后的进一步深化改革和扩大开放积累宝贵经验,这也将为福建自由贸易试验区的建设提供更有价值的可复制可推广的经验。

三、花开三瓣:津闽粤自贸区建设进行时

(一)天津自由贸易试验区的建设实践

天津地处华北平原北部、东临渤海、北依燕山,毗邻北京、河北,对内腹地辽阔,辐射华北、东部、西北,对外面向东北亚,是中国北方最大的沿海开放城市。改革开放以来,天津市经济发展快速,对外经济实体不断提升,与周边的北京市、河北省协调发展、不断融合,同时,天津自由贸易试验区各片区的建设基础也不断坚实。

---

① 新华网.上海自贸区扩区后将推行四项制度创新[EB/OL]. http://news.xinhuanet.com/live/2015-04/20/c_1115025578.htm, 2015-04-20.

1. 经济快速发展

2013年,天津GDP达到14 370.16亿元,按不变价格计算是1980年的36.37倍;人均GDP达到99 607元,按不变价格计算是1980年的19.23倍;三次产业结构为1.3∶50.6∶48.1,相比于1980的6.3∶70.1∶23.6,第二产业的比重逐步下降,第三产业的比重不断上升,产业结构不断优化升级,不断"软化"。

表2-3 天津总体经济发展状况

年份	GDP(亿元)	人均GDP(元)	三次产业结构
2013	14 370.16	99 607	1.3∶50.6∶48.1
1980	103.53	1 357	6.3∶70.1∶23.6

资料来源:《天津统计年鉴2014》。

2. 对外经济实力不断提升

2013年,天津出口总额达到490.25亿美元,进口总额达到795.03亿美元,分别是1996年的12.11倍、18.72倍。高新科技产品的进出口贸易也得到快速发展,2013年,天津高新技术产品进出口总额为499.26亿美元,占天津进出口总额为38.84%,高新技术产品贸易成为天津对外贸易的主要商品。随着天津经济社会的快速发展,天津的投资环境不断优化,吸引了大量外商的直接投资,截至2013年底,外商对天津的直接投资累计总金额达到1 646.75亿美元。

表2-4 天津对外经济发展状况

年份	对外贸易				外商直接投资
	出口总额(亿美元)	进口总额(亿美元)	高新技术产品进出口总额(亿美元)	高新技术产品进出口占进出口总额比重(%)	累计投资金额(亿美元)
1996	40.49	42.48	——	——	——
2013	490.25	795.03	499.26	38.84	1 646.75

资料来源:《天津统计年鉴2014》。

3. 京津冀协同发展不断推进

改革开放以来，北京、天津、河北三地由于地理区位上相互毗邻，相互间的区域合作不断深入，京津冀协同发展过程不断向前推进。这其中，尤其经历了三次重要的协同融合。

第一次是20世纪80年代中期。国家将京津冀地区作为“四大”实施国土整治战略的试点地区之一（其他是沪苏浙、珠江三角洲和“三西”煤炭能源基地）。此次，试点工作在环渤海和京津冀地区开展了国土整治工作，在推动京津冀三地分工协作、发挥各自的资源比较优势、共同节约利用水资源、协同治理生态环境、开展跨区域交通基础设施建设等方面取得了一定成效，为以后的区域进一步合作打下了一定基础。

第二次是21世纪初。北京市形成了新的功能定位、天津滨海新区开始大规模建设，为了配合这些新定位、新发展，国家发改委牵头在河北廊坊举行了京津冀三方和政府、企业和学者等各界人士参与的京津冀区域合作论坛，会议中，各方代表均表达了在公共基础设施、资源和生态环境保护、产业和公共服务等方面加速京津冀一体化进程的愿望，并最终达成了著名的“廊坊共识”。

第三次是2014年以来。2014年2月26日，中共中央总书记、国家主席、中央军委主席习近平在北京主持召开座谈会，专题听取京津冀协同发展工作汇报，强调实现京津冀协同发展，是面向未来打造新的首都经济圈、推进区域发展体制机制创新的需要，是探索完善城市群布局和形态、为优化开发区域发展提供示范和样板的需要，是探索生态文明建设有效路径、促进人口经济资源环境相协调的需要，是实现京津冀优势互补、促进环渤海经济区发展、带动北方腹地发展的需要，是一个重大国家战略，要坚持优势互补、互利共赢、扎实推进，加快走出一条科学持续的协同发展路子来。此后，经过一年多的准备，2015年4月30日中共中央政治局召开会议，审议通过《京津冀协同发展规划纲要》，至此京津冀协同发展的顶层设计基本完成，京津冀一体化进程进入了全面、快速的推进阶段。

4. 天津自由贸易试验区各片区的建设基础

2015年4月8日，《中国（天津）自由贸易试验区总体方案》正式获得国务院批准，总体方案明确了天津自由贸易试验区涵盖天津港片区、天津机场片区和滨海新区中心商务片区，共119.9平方公里。其中，天津港片区30平方公里（含东疆保税港区10平方公里），天津机场片区43.1平方公里（含天津港保税区空港部分1平方公里和滨海新区综合保税区1.96平方公里），滨海新区中心商务片区 46.8 平方公里（含天津港保税区海港部分和保税物流园区 4 平方公里）。

天津自由贸易试验区的各片区具有久远的历史溯源与良好的政策基础。2006 年 5 月 26 日国务院颁布《国务院关于推进天津滨海新区开发开放有关问题的意见》（国发[2006]20 号），批准天津滨海新区为全国综合配套改革试验区，要求天津滨海新区按照党中央、国务院的部署并从自身的实际出发，先行试验一些重大的改革开放措施，坚持重点突破与整体创新相结合、经济体制改革与其他方面改革相结合、解决当地实际问题与攻克面上共性难题相结合，不断拓展改革的领域，通过综合配套改革推进天津滨海新区的开发开放。文件还鼓励天津滨海新区进行金融改革和创新，支持天津滨海新区进行土地管理改革，给予天津滨海新区一定的财政税收政策扶持。文件还决定为了更好地推动天津滨海新区进一步扩大开放，适应天津建设北方国际航运中心和国际物流中心的需要，按照统筹规划、合理布局、创新体制、分步实施的原则，借鉴国际通行做法，在天津港东疆港区设立保税港区，重点发展国际中转、国际配送、国际采购、国际转口贸易和出口加工等业务，积极探索海关特殊监管区域管理制度的创新，以点带面，推进区域整合。

2006 年 8 月 31 日国务院颁布《国务院关于设立天津东疆保税港区的批复》（国函[2006]81 号），标志着东疆保税港区的正式成立。这些政策的制定为天津自由贸易试验区奠定了制度基础，而东疆保税港区的正式成立为天津自由贸易试验区奠定了物质基础。2008 年 3 月国务院颁布《国务院关于天津滨海新区综合配套改革试验总体方案的批复》（国函[2008]26 号），正式批准天津滨海新区为全国综合配套改革试验区，并且明确指出“以东疆保税港区建设为龙头，推进保税区、出口加工区和保税物流园区等海关特殊监管区域和场所功能整合、政策叠加，完善与周边地区和内陆腹地的保税物流体系。辐射并带动‘三北’地区、对内对外开放、全面连接东北亚经济圈的国际物流运营中心。条件成熟时，进行建立自由贸易港区的改革探索”。

表 2-5　天津自由贸易试验区各片区的建设基础

<table>
<tr><th colspan="2"></th><th>成立时间</th><th>区位</th><th>经济、政策优势</th></tr>
<tr><td>天津港片区</td><td>东疆保税港区</td><td>2006年8月31日</td><td>天津港处于京津城市带和环渤海经济圈的交汇点上，是中国陆域距离欧洲和中西亚最近的港口，是连接东北亚与中西亚的纽带。天津港也是环渤海中与华北、西北等内陆地区距离最短的港口，综合运输成本最低。</td><td>是经国务院批准成立的迄今为止面积最大、条件最好、政策最优、效率最高、通关最便捷、环境最宽松的保税港区。东疆保税港区集保税区、出口加工区、保税物流园区功能于一体，在拥有开发区、保税区、高新技术产业园区等区域的全部政策的同时，充分享受国家批准的涉及税收、口岸监管、外汇管理等方面的众多优惠政策。东疆港保税港区是中国政府设立在天津市滨海新区的区域性自由贸易园区的主要组成部分。</td></tr>
<tr><td rowspan="2">天津机场片区</td><td>滨海新区中心商务片区</td><td>2008年3月10日</td><td>位于天津空港物流加工区。</td><td>滨海新区综合保税区与天津港保税港区享受同样的政策，集保税区、保税物流园区和出口加工区功能于一身，是目前我国政策最优惠、功能最齐全、开放度最高的海关特殊监管区域。</td></tr>
<tr><td>天津港保税区空港部分</td><td rowspan="2">1991年5月12日</td><td rowspan="2">天津港保税区是中国北方第一个符合现代国际经济发展要求的保税区，位于天津港港区内，总面积8.5平方公里。</td><td rowspan="2">天津港保税区的国际货物分拨功能、商品展销功能、生产资料市场功能，以及金融、外汇、保险、信息等服务功能已经形成，并日趋完善。目前，已建成良好的投资环境和全方位服务体系，吸引越来越多的国内外客商投资置业。</td></tr>
<tr><td rowspan="2">滨海新区综合保税区</td><td>天津港保税区海港部分</td></tr>
<tr><td>保税物流园区</td><td>2004年8月16日</td><td>位于天津港保税区东北侧，与港口集装箱码头相连。</td><td>园区享受保税区相关政策，在进出口税收方面，比照实行出口加工区的相关政策，即国内货物进入园区视同出口、办理报关手续、实行退税，园区货物内销按货物进口的有关规定办理报关手续，货物按实际状态征税，区内货物自由流通，不征增值税和消费税。</td></tr>
</table>

资料来源：本研究整理。

(二)福建自由贸易试验区的建设实践

福建位于中国东南沿海，东北与浙江毗邻，西、西北与江西接界，西南与广东相连，东隔台湾海峡与台湾相望。作为离台湾最近的沿海省份，福建历来是我国改革开放和对台经贸合作的先遣地、重点区域。1980 年 8 月 26 日，五届全国人大常委会第十五次会议通过决议，批准国务院提出的《福建省厦门经济特区条例》，决定在厦门设置经济特区。1980 年 10 月，经国务院批准，厦门湖里 2.5 平方公里范围内正式设立厦门经济特区。1985 年，国务院批准闽南三角洲为沿海经济开放区。1985 年，中央 85 号文件又进一步将厦门特区扩大到全岛，实行自由港的某些政策，目的是发展东南经济，加强对台工作。

2009 年 5 月 14 日，国务院正式发布《国务院关于支持福建省加快建设海峡西岸经济区的若干意见》，文件明确支持福建省加快建设海峡西岸经济区，重点支撑福建发挥独特的对台优势，加强两岸产业合作和文化交流，努力构筑两岸交流合作的前沿平台；支持福建加快现代化基础设施建设，适应两岸直接“三通”的需要，提高发展保障能力；支持福建充分发挥后发优势，高起点发展特色产业，提升经济整体素质；支持福建统筹区域内协调发展，推动跨省区域合作，加快形成区域、城乡经济社会一体化发展新格局，支持福建创新体制机制，先行试验一些重大改革措施，继续发挥海峡西岸经济区对外开放的先行作用；支持福建加快社会事业发展，促进社会和谐；支持福建加快生态文明建设，努力建设人居环境优美、生态良性循环的可持续发展地区。在系列政策的推导下，福建经济快速发展、对外经济实力不断提升、闽台经济合作不断深化，同时，福建自由贸易试验区各片区的建设基础也不断坚实。

1. 经济快速发展

2013 年，福建 GDP 达到 21 759.64 亿元，按不变价格计算是 1980 年的 52.16 倍；人均 GDP 达到 57 856 元，按不变价格计算是 1980 年的 34.55 倍；三次产业结构为 8.9∶52.0∶39.1，相比于 1980 的 36.7∶41.0∶22.3，第二、三产业的比重不断提升，产业结构得到优化升级。

表 2-6　福建总体经济发展状况

年份	GDP(亿元)	人均 GDP(元)	三次产业结构
2013	21 759.64	57 856	8.9∶52.0∶39.1
1980	87.06	348	36.7∶41.0∶22.3

资料来源：《福建统计年鉴 2014》。

2. 对外经济实力不断提升

2013年,福建出口总额达到1 064.74亿美元,进口总额达到628.47亿美元,贸易顺差达到436.27亿美元,分别是1981年的265.34倍、303.61倍、224.57倍。高新科技产品的进出口贸易也得到快速发展,2013年,福建高新技术产品出口总额为155.22亿美元,高新技术产品进口总额为147.69亿美元,高新技术产品贸易顺差为7.53亿美元。随着福建经济社会的快速发展,福建的投资环境不断优化,吸引了大量外商的直接投资,截至2013年,外商直接投资福建累计合同数达到47 638件,累计投资总金额1 921.08亿美元。

表2-7 福建对外经济发展状况

年份	对外贸易				外商直接投资	
	出口总额(亿美元)	进口总额(亿美元)	高新技术产品出口总额(亿美元)	高新技术产品进口总额(亿美元)	累计合同数(件)	累计投资金额(亿美元)
1981	4.01	2.07	——	——	20	0.0569
2013	1 064.74	628.47	155.23	147.69	47 638	1 921.08

资料来源:《福建统计年鉴2014》。

3. 闽台经济合作不断深化

在对台贸易方面,2013年,福建对台出口总额达到32.21亿美元,是2005年的40.96倍,福建对台出口总额占福建出口总额的3.03%,比2005年提高了2.8个百分点,福建对台出口总额占大陆对台出口总额的7.93%,比2005年提高了7.45个百分点;2013年,福建对台进口总额达到96.27亿美元,是2005年的23.53倍,福建对台进口总额占福建进口总额的15.32%,比2005年提高了13.23个百分点,福建对台进口总额占大陆对台进口总额的6.16%,比2005年提高了5.61个百分点。在对台产业合作方面,截至2014年底,台商投资福建累计总件数为5 608件,占台商投资大陆累计总件数的13.59%,台商投资福建累计总金额为112.38亿美元,占台商投资大陆累计总金额的7.81%,排在全国31个省市区的第4位。闽台产业合作领域不断拓展,服务业逐渐成为闽台产业合作的重要领域,2007年台商投资福建的前十大产业都是第二产业,到2013年,金融及保险业、批发及零售业、支持服务业等服务业已经成为台商投资福建的前十大产业中的三个产业。

表 2-8　闽台进出口贸易情况

年份	出口			进口		
	总额（亿美元）	占福建出口总额比重(%)	占大陆对台出口总额比重(%)	总额（亿美元）	占福建进口总额比重(%)	占大陆对台进口总额比重(%)
2005	0.79	0.23	0.48	4.09	2.09	0.55
2013	32.21	3.03	7.93	96.27	15.32	6.16

资料来源:《福建统计年鉴 2014》。

表 2-9　台商投资大陆区域分布情况

地区	件数	占件数比率(%)	核准金额(亿美元)	占核准金额比率(%)
江苏省	6 766	16.40	460.33	31.98
广东省	12 830	31.10	283.01	19.66
上海市	5 792	14.04	222.14	15.43
福建省	5 608	13.59	112.38	7.81
浙江省	2 179	5.28	90.52	6.29
四川省	492	1.19	37.15	2.58
山东省	1 037	2.51	32.86	2.28
天津市	943	2.29	26.38	1.83
北京市	1 277	3.10	22.84	1.59
重庆市	279	0.68	22.27	1.55
湖北省	584	1.42	19.10	1.33
辽宁省	563	1.36	17.89	1.24
河南省	287	0.70	14.05	0.98
安徽省	239	0.58	11.80	0.82
山西省	70	0.17	11.05	0.77
江西省	277	0.67	10.96	0.76
河北省	335	0.81	9.16	0.64
广西壮族自治区	258	0.63	8.52	0.59
湖南省	337	0.82	6.41	0.44
西北地区	250	0.61	5.93	0.41
贵州省	97	0.24	4.03	0.28
吉林省	99	0.24	2.16	0.15
海南省	347	0.84	2.12	0.15
云南省	114	0.28	1.84	0.13
黑龙江省	119	0.29	1.26	0.09
华东地区	14	0.03	1.14	0.08

续表

地区	件数	占件数比率(%)	核准金额(亿美元)	占核准金额比率(%)
内蒙古自治区	31	0.08	0.90	0.06
华北地区	13	0.03	0.76	0.05
中南地区	14	0.03	0.31	0.02
西藏自治区	3	0.01	0.16	0.01
东北地区	5	0.01	0.11	0.01
西南地区	0	0.00	0.00	0.00
合计	41 259	100.00	1439.56	100.00

资料来源:台湾经济部投资审议委员会. 2014 年 12 月份核准侨外投资、陆资来台投资、国外投资、对中国大陆投资统计月报[EB/OL]. http://www.moeaic.gov.tw/system_external/ctlr? PRO=DownloadFile&t=1&id=1437.2015-01-20.

表 2-10　台商投资福建产业变化情况

排名	2013			2007		
	行业	金额(亿美元)	占比(%)	行业	金额(亿美元)	占比(%)
1	电子零组件制造业	7.52	39.73	塑料制品制造业	0.76	19.70
2	金融及保险业	5.44	28.74	电力设备制造业	0.53	13.57
3	化学材料制造业	2.66	14.04	计算机、电子产品及光学制品制造业	0.52	13.32
4	非金属矿物制品制造业	0.57	3.00	其他运输工具制造业	0.24	6.29
5	计算机、电子产品及光学制品制造业	0.57	2.99	电子零组件制造业	0.23	5.81
6	批发及零售业	0.32	1.72	其他制造业	0.22	5.67
7	支持服务业	0.30	1.60	机械设备制造业	0.15	3.92
8	汽车及其零件制造业	0.19	0.98	成衣及服饰品制造业	0.13	3.43
9	其他制造业	0.17	0.88	基本金属制造业	0.11	2.77
10	食品制造业	0.15	0.78	信息及通讯传播业	0.10	2.69

资料来源:台湾经济部投资审议委员会. 2014 年 12 月份核准侨外投资、陆资来台投资、国外投资、对中国大陆投资统计月报[EB/OL]. http://www.moeaic.gov.tw/system_external/ctlr? PRO=DownloadFile&t=1&id=1437/2015-01-20.

4. 福建自由贸易试验区各片区的建设基础

2015 年 4 月 8 日,国务院批准并印发了《中国(福建)自由贸易试验区总体方案》，明确了福建自由贸易试验区涵盖平潭片区、厦门片区和福州片区，共 118.04 平方公里。其中，平潭片区 43 平方公里，厦门片区 43.78 平方公里（含象屿保税区 0.6 平方公里、象屿保税物流园区 0.7 平方公里、厦门海沧保税港区 9.51 平方公里），福州片区 31.26 平方公里（含福州保税区 0.6 平方公里、福州出口加工区 1.14 平方公里、福州保税港区 9.26 平方公里）。福建自由贸易试验区的各片区具有久远的历史溯源与良好的政策基础。

表 2-11　福建自由贸易试验区各片区的建设基础

		成立时间	区位	经济、政策优势
厦门片区	象屿保税区	1992 年	台湾海峡西岸、厦门东渡港区。	企业可选择在区内从事货物拆装箱、货柜堆存、进口货物分拨、境外货物寄仓。进口货物在区内存储可缓征关税，实行保税管理。区内货物分拨可实行批量进口、分批销售、售后核销。海关对区内企业货物实行直通式监管，通关迅速、快捷。
	象屿保税物流园区	2004 年 8 月 16 日	位于保税区与东渡港区之间。	区港联动运作，建设保税物流园区，是厦门实施自由港某些政策的实际步骤，也是逐步向自由贸易港区保税港区发展的实践基础，是目前中国大陆开放度最高、政策功能最优、经济形态最新、运作机制最活的经济区域。
	厦门海沧保税港区	2008 年 6 月 5 日	位于海沧台商投资区内；也是“东南国际航运中心”核心港区——海沧港区的主要组成部分；是全国第七个获批的保税港区，是海峡西岸经济区首个开放层次最高、政策最优惠、功能最齐全、通关最快捷的特殊监管区域，具备出口加工、保税物流、现代港区“三位一体”的功能。	厦门海沧保税港区实行与国际惯例接轨的保税港区优惠政策和便捷高效的通关环境，海关实行“一线放开、二线管住、区内自由、入港退税”的监管原则，入驻企业可享受保税区、出口加工区、保税物流园区相关的税收优惠政策和外汇管理政策。可开展集装箱运输装卸、集装箱港口增值业务、货物的国际中转、国际配送、国际采购、国际转口贸易、仓储和商业性加工、展示交易、加工制造，以及配套的金融、保险、代理、理赔、检测、维修等服务业务，可享受国外货物入区保税、国内货物入区视同出口实行退税、区内企业之间的货物交易不征增值税和消费税等税收和外汇管理多项优惠政策。

续表

		成立时间	区位	经济、政策优势
福州片区	福州保税区	1992 年	地处中国福建省闽江下游北岸的福州马尾港内。	国际贸易、保税仓储、出口加工、商品展示及对台贸易。
	福州出口加工区	2005 年 6 月 3 日	位于福州市区东面闽江出海口,坐落在福州经济技术开发区内,处于珠江三角洲和长江三角洲两大经济圈的中间,是海内外市场的交汇点。	是海关监管的特殊区域,实行境内关外管理,海关、检验检疫、仓储设施、服务机构齐备。区内实现"七通一平"基础设施配套,区内企业享有出口加工区特有的通关便利和税收、外汇、加工贸易管理等优惠政策。
	福州保税港区	2010 年 5 月 18 日	福清的福州新港。	享受保税区 、出口加工区相关的税收和外汇管理政策,是国内开放层次最高、优惠政策最多、运行规则基本与国际接轨的一种新的自由贸易港区模式。
平潭片区		2009 年 5 月 14 日	位于福建省东部,与台湾隔海相望,是祖国大陆距离台湾岛最近的地方。	创新通关制度和查验监管模式,实行海关特殊监管区域的税收政策、外汇管理政策;开展两岸区域合作综合试验,实行更加开放的产业政策,推进两岸产业深度对接和多种形式的民间交流合作;开辟两岸海上客货滚装航线,开展海峡两岸桥隧通道前期研究,发展中转贸易和国际航运,成为台湾连结周边地区、中西部省份的物流综合通道;着力打造服务业发展新优势,积极承接台湾物流、商贸、中介服务等现代服务业转移,建设以高端服务业为主导的现代产业体系;建设开放型的区域创新体系,完善公共服务和社会保障,建设优质共享的社会服务体系,创造适宜自主创新、自主创业的综合城市环境;强化森林景观配置,加强海洋和海岸带环境保护,强化资源综合利用。

资料来源:本研究整理。

(三) 广东自由贸易试验区的建设实践

广东位于南岭以南，南海之滨，与香港、澳门、福建、江西、湖南与广西接壤，是我国最发达的沿海省份。1978 年以来，广东在全国率先实行改革开放政策，促进了经济快速协调发展，对外经济实力不断提升，与港澳经贸交流紧密。目前，广东已成为中国第一经济大省，成为经济最发达、具市场活力和投资吸引力的地区之一。同时，广东自由贸易试验区各片区也积累了丰富的建设经验。

1. 经济快速发展

2013 年，广东 GDP 达到 62 163.97 亿元，按不变价格计算是 1980 年的 59.35 倍；人均 GDP 达到 58 540 元，按不变价格计算是 1980 年的 28.99 倍；三次产业结构为 4.9∶47.3∶47.8，相比于 1980 年的 33.2∶41.1∶25.7，第二、三产业的比重不断提升，尤其是第三产业的比重提高了 22.1 个百分点，并且超过了第二产业的比重，产业结构得到快速优化升级。

表 2-12　广东总体经济发展状况

年份	GDP(亿元)	人均 GDP(元)	三次产业结构
2013	62 163.97	58 540	4.9∶47.3∶47.8
1980	249.65	481	33.2∶41.1∶25.7

资料来源：《广东统计年鉴 2014》。

2. 对外经济实力不断提升

2013 年，广东出口总额达到 6 363.64 亿美元，进口总额达到 4 554.58 亿美元，分别是 1987 年的 62.76 倍、41.80 倍。进出口贸易以高新科技产品的进出口为主，2013 年，广东高新技术产品进出口总额为 4 750.71 亿美元，占广东进口总额为 43.51%。随着广东经济社会的快速发展，广东的投资环境不断优化，吸引了大量外商的直接投资，截至 2013 年，外商直接投资累计合同数达到 173 252 件，累计投资总金额 5 002.78 亿美元。

表 2-13　广东对外经济发展状况

年份	对外贸易				外商直接投资情况	
	出口总额(亿美元)	进口总额(亿美元)	高新技术产品进出口总额(亿美元)	高新技术产品进出口占进出口总额比重(%)	累计合同数(件)	累计合同投资金额(亿美元)
1987	101.40	108.97	——	——	5 762	102.77
2013	6 363.64	4 554.58	4 750.71	43.51	173 252	5 002.78

资料来源：《广东统计年鉴 2014》。

3. 与港澳经贸交流紧密

广东作为与香港、澳门毗邻的省份，其与港澳经贸交流紧密。2013 年，广东对港澳出口总额达到 2 639.6 亿美元，占广东出口总额的 41.48%，占大陆对港澳出口总额的 68.09%，港澳是广东最大的出口地，广东也是大陆对港澳的最大出口地；2013 年，广东对港澳进口总额达到 69.48 亿美元，占广东进口总额的 1.53%，占大陆对港澳进口总额的 41.87%，广东是大陆对港澳的最大进口地。

表 2-14　广东与港澳进出口贸易情况

年份	出口			进口		
	总额（亿美元）	占广东出口总额比重(%)	占大陆对港澳出口总额比重(%)	总额（亿美元）	占广东进口总额比重(%)	占大陆对港澳进口总额比重(%)
2013	2 639.6	41.48	68.09	69.48	1.53	41.87

资料来源：《福建统计年鉴 2014》。

4. 广东自由贸易试验区各片区的建设基础

2015 年 4 月 8 日，国务院批准并印发了《中国(广东)自由贸易试验区总体方案》，明确了广东自由贸易试验区涵盖广州南沙新区片区、深圳前海蛇口片区和珠海横琴新区片区，共 116.2 平方公里。其中，广州南沙新区片区 60 平方公里(含广州南沙保税港区 7.06 平方公里)，深圳前海蛇口片区 28.2 平方公里(含深圳前海湾保税港区 3.71 平方公里)，珠海横琴新区片区 28 平方公里。

广东自由贸易试验区的各片区具有久远的历史溯源与良好的政策基础。2005 年，广州南沙新区变身为独立行政区。2012 年 9 月 6 日，国务院正式批复《广州南沙新区发展规划》，南沙新区成为继上海浦东新区、天津滨海新区、重庆两江新区、浙江舟山群岛新区和兰州新区之后的第六个国家级新区。2009 年 8 月 14 日，《横琴总体发展规划》获得国务院批准实施，横琴岛正式纳入到珠海经济特区范围。2010 年 8 月 26 日，《前海深港现代服务业合作区总体发展规划》获得国务院批准实施，前海开发开放成为深圳经济特区发展的新契机、转型升级的新推力、改革开放的新起点、粤港深港合作的新平台。这些政策的制定为广东自由贸易试验区奠定了制度基础，而各片区的快速发展为广东自由贸易试验区奠定了物质基础。

表 2-15 广东自由贸易试验区各片区的建设基础

片区		成立时间	区位	经济、政策优势
广州南沙新区片区	广州南沙保税港区	2005 年	位于广东省广州市,依托珠三角地区。	立足广州、依托珠三角、连接港澳、服务内地、面向世界,把南沙新区建设成为粤港澳优质生活圈、新型城市化典范、以生产性服务业为主导的现代产业新高地、具有世界先进水平的综合服务枢纽、社会管理服务创新试验区,打造粤港澳全面合作示范区。
珠海横琴新区		2009 年 8 月 14 日	珠海市横琴岛所在区域,地处珠海市南部,毗邻港澳。	以"一国两制"下探索粤港澳合作新模式的示范区、深化改革开放和科技创新的先行区、促进珠江口西岸地区产业升级的新平台为建设目标。
深圳前海蛇口片区	深圳前海湾保税港区	2010 年 8 月 26 日	深圳南头半岛西部,伶仃洋东侧,珠江口东岸。	发展高端服务业、发展总部经济,打造区域中心,并作为深化深港合作以及推进国际合作的核心功能区。

资料来源:本研究整理。

参考文献

[1] 艾宝俊. 上海自贸区成立一年来——四大制度创新取得显著成果[EB/OL]. http://politics.people.com.cn/n/2014/1110/c70731-26000777.html,2014-11-10.

[2] 艾宝俊. 上海自贸区制度创新包括四方面[EB/OL]. http://www.jfdaily.com/zt/news/ss2014/2040_781/12_363/201409/t20140924_803466.html,2014-09-24.

[3] BP 公司. BP 世界能源统计 2008[EB/OL]. www.bp.com/statisticalreview,2015-05-06.

[4] 曹红辉,美国次贷危机考察报告 2008[EB/OL]. http://www.wyzxsx.com/Article/Class20/200810/53212.html,2015-05-06.

[5] 程恩富. 完善双重调节体系:市场决定性作用与政府作用[J]. 中国高校社会科学,2014(6):43-52.

[6] 福建统计局. 福建统计年鉴 2014[M]. 北京:中国统计出版社,2014 年版.

[7] 高虎城. 建立上海自由贸易试验区有三大意义[EB/OL]. http://finance.ifeng.com/a/20130929/10781745_0.shtml，2013-09-29.
[8] 广东统计局. 广东统计年鉴 2014[M]. 北京：中国统计出版社，2014 年版.
[9] 蒋硕亮. 中国(上海)自贸试验区制度创新与政府职能转变[M]. 北京：经济科学出版社，2015 年版.
[10] 克里斯·哈曼，嵇飞译. 次债危机与世界资本主义危机[J]. 国外理论动态，2008(7)：17-23.
[11] 李坤望、张伯伟. 国家经济学(第三版)[M]. 北京：高等教育出版社，2012 年版.
[12] 李萍. 中国自由贸易区发展理论与实践：兼论山东半岛自由贸易区的构想[M]. 北京：中国社会科学出版社，2014 年版.
[13] 联合国环境规划署. 全球环境展望 4[M]. 北京：中国环境科学出版社，2008 年版.
[14] 卢伟. 绿色经济发展的国际经验及启示[J]. 中国经贸导刊，2012(16)：40-42.
[15] 人民网. 上海自贸区宽进严管[EB/OL]. http://finance.people.com.cn/n/2013/1101/c1004-23394974.html，2013-11-01.
[16] 上海财经大学自由贸易区研究院、上海发展研究院. 中国(上海)自由贸易试验区与国际经济合作[M]. 上海：上海财经大学出版社，2013 年版.
[17] 上海财经大学自由贸易区研究院. 赢在自贸区：寻找改革红利时代的财富与机遇[M]. 北京：北京大学出版社，2014 年版.
[18] 上海对外经贸大学 2011 计划办公室、上海对外经贸大学科研处. 中国(上海)自由贸易试验区研究蓝皮书[M]. 上海：格致出版社、上海人民出版社，2014 年版.
[19] 天津统计局. 天津统计年鉴 2014[M]. 北京：中国统计出版社，2014 年版.
[20] 王荧. 生态环境资源配置角度探析金融危机[J]. 上海商学院学报，2009(5)：46-52.
[21] 武康平、吴蓉. 自由贸易区功能特征与法律保障[M]. 北京：经济科学出版社，2004 年版.
[22] 向支友、杨文举. 论生态环境与金融危机[J]. 凉山大学学报，2008(7)：69-72.
[23] 新华网. 上海自贸区扩区后将推行四项制度创新[EB/OL]. http://news.xinhuanet.com/live/2015-04/20/c_1115025578.htm，2015-04-20.
[24] 新华网. 中国(上海)自由贸易试验区发布九大金融创新案例[EB/OL]. http://www.sh.xinhuanet.com/2014-03/25/c_133213460.htm，2014-03-25.
[25] 袁志刚. 中国(上海)自由贸易试验区新战略研究[M]. 上海：上海人民出版社，2013 年版.
[26] 中国国家统计局. 国际统计年鉴 2013[M]. 北京：中国统计出版社，2013 年版.
[27] 中国国家统计局. 国际统计年鉴 2013[M]. 北京：中国统计出版社，2013 年版.
[28] 中国统计局. 中国统计年鉴 2014[M]. 北京：中国统计出版社，2014 年版.

中篇

迈入自贸区2.0时代：
福建自贸区将如何前行?

第三章

福建自贸区扬帆起航①

建立中国(福建)自由贸易试验区,是党中央、国务院作出的重大决策,是在新形势下推进改革开放和深化两岸经济合作的重要举措,对加快政府职能转变、积极探索管理模式创新、促进贸易和投资便利化,为全面深化改革和扩大开放探索新途径、积累新经验,具有重要意义②。

一、历史机遇:福建自贸区有哪些利好

(一) 全面深化改革的红利

改革开放是强国之路,是推动我国经济发展的强大动力③。改革开放37年来,中国历史上经历过四次"以开放促改革"的阶段。第一次是在1978年十一届三中全会结束后,1979年迎来了改革开放的元年,1980年第五届全国人大常委会第十五次会议上审议通过了国务院提出的《广东省经济特区条例》和《福建省厦门经济特区条例》,批准在深圳、珠海、汕头和厦门设立经济特区,1984年分别有14个沿海城市开放,分别是大连、秦皇岛、天津、烟台、青岛、连云港、南通、上海、宁波、温州、福州、广州、湛江和北海;第二次改革是在1990年,中央宣布加快上海浦东地区的开发,以浦东的开放开发带动中国的改革开放;第三次改革是在2001年我国加入世贸组织,在十年间GDP增长了四倍,成为世界上第二大经济体;而第四次改革则是此轮自由贸

---

① 本章系2014年国家社科基金青年项目"我国省域创新驱动发展的效率评价与路径选择研究"(14CJL001)、2012年教育部青年基金项目"制造业与物流业联动发展的机理与模式研究——基于产业共生理论"(12YJC630220)的阶段性研究成果.

② 国务院印发福建自贸区总体方案[EB/OL]. 中国政府网,http://www.cs.com.cn/xwzx/hg/201504/t20150420_4691461.html,2014-04-20.

③ 站在复兴大业更高起点—十八大以来习近平同志关于经济工作的重要论述[EB/OL]. 新华网,http://news.xinhuanet.com/politics/2014-02/22/c_126175088.html,2014-02-22.

易试验区的建设，上海浦东15年之后从经济开发区到综合试验区的转型，越来越多的地区申请借力自贸区建设占领全面深化改革的新高地。

2012年底中央经济工作会议中强调要全面深化经济体制改革，要加快实施自由贸易区战略。2013年，习近平在亚太经合组织工商领导人峰会上强调："统筹双边、多边、区域次区域开放合作，加快实施自由贸易区战略，推动同周边国家互联互通。"2013年9月，中国（上海）自由贸易试验区正式挂牌，2013年中国共产党第十八届中央委员会第三次全体会议通过了《中共中央关于全面深化改革若干重大问题的决定》，在2万余字的纲领性文件中，共计137次提到了"改革"。其中明确指出："建立中国上海自由贸易试验区是党中央在新形势下推进改革开放的重大举措要切实建设好、管理好，为全面深化改革和扩大开放探索新途径、积累新经验。在推进现有试点基础上，选择若干具备条件地方发展自由贸易园（港）区"，并要求"加快自由贸易区建设，坚持世界贸易体制规则，坚持双边、多边、区域此区域开放合作，扩大同各国各地区利益汇合点，以周边为基础加快实施自由贸易区战略。改革市场准入、海关监管、检验检疫等管理体制，加快环境保护、投资保护、政府采购、电子商务等新议题谈判，形成面向全球的高标准自由贸易区网络"①。

2014年被称为中国全面深化改革的元年，2015年的两会吹响了中国全面建成小康社会、全面深化改革、全面依法治国、全面从严治党的集结号②，是中国全面深化改革的关键之年。其中，"改革"一词在政府工作报告中被提了86次，居第二位。正如商务部部长高虎城在中国（上海）自由贸易试验区挂牌仪式上的致辞所说，党中央、国务院高度重视试验区筹备工作，明确要求试验区要重在制度创新，重在改革开放。自贸试验区肩负着我国在新时期深化改革和扩大开放探索新途径、积累新经验的重要使命，是国家战略需要。改革既是驱动力，也是凝聚力，既是方法路径，也是精神内核③。

全面深化改革是实现自我革新的艰难过程，是一项复杂而艰巨的任务，是以改革主动适应新常态，以改革促发展。福建自贸区的建设正是在这样的新形势下产生，是推进改革开放和深化两岸经济合作的重要举措，是全面深化改革的突破口，如果没有在国家提出全面深化改革的大背景下，是难以

---

① 中共中央关于全面深化改革若干重大问题的决定[EB/OL]. 新华网，http://news.xinhuanet.com/politics/2013-11/15/c_118164235.html，2013-11-15.

② 全面深化改革是进一步释放改革红利[EB/OL]. 千龙网，http://news.qianlong.com/28874/2015/03/13/6324@10212933.htm，2015-03-13.

③ 四个"为什么"带你读透"全面深化改革"[EB/OL]. 人民网，http://theory.people.com.cn/n/2015/0227/c148980-26605340.html，2015-02-27.

推动第二批自贸试验区的建设的。

（二）创新驱动发展战略的实施

党的十八大以来，习近平总书记从全局性和战略性的高度，在全国各地考察、调研、学习过程中，高屋建瓴地提出了一系列创新驱动的新思想、新观点、新论断，既包括中央层面的决策部署，又包括地方践行创新驱动发展战略的具体举措，集中体现了我们党对世界科技创新局势的深刻认识、对我国所处的发展阶段以及科技发展规律的准确把握，为顺利推进创新型国家的建设以及实现中华民族伟大复兴中国梦指明了道路和方向。十八大明确提出了“科技创新是提高社会生产力和综合国力的战略支撑，必须摆在国家发展全局的核心位置”“强调要坚持走中国特色自主创新道路，实施创新驱动发展战略”。这是基于改革开放 30 多年来，我国经济发展进入了新的阶段，劳动力成本优势逐步丧失，资源过度消耗提出的。十八届三中全会再次高度强调了以“创新驱动发展推进科技进步及各项改革开放事业，增强全社会创新的内生动力”。2014 年习近平在主持召开中央财经领导小组第七次会议时，强调“要加快实施创新驱动发展战略，加快推动经济发展方式转变”①。

2015 年 3 月 23 日新华社播发了《中共中央、国务院关于深化体制机制改革加快实施创新驱动发展战略的若干意见》，其中重点提到了科技创新在国家发展全局位于核心地位、消除障碍营造激励创新的公平竞争环境、重奖精英激励成果转化、发挥金融创新对技术创新的助推作用、让企业成为创新决策的主体、实施更具竞争力的人才吸引制度、完善创新驱动导向评价体系、发挥市场对技术研发的导向作用、深化转制科研院所改革、促进产学研融合等建议，这是我国推动创新驱动发展战略真正落地、打造促进经济增长和就业创业新引擎的重大举措②。而福建自贸区的建设作为体制改革的“试验田”，实际上是开启了创新驱动的模式，正好迎合了创新驱动发展的需要，将会在创新驱动发展战略实施的大背景下更有作为。

（三）区域协同发展战略的开启

近年来，区域经济一体化新趋势逐步兴起，尤其是以自由贸易协定为主

---

① 加快实施创新驱动发展战略，加快推动经济发展方式转变［EB/OL］. 人民网，http://politics. people. com. cn/n/2014/0819/c1024-25490427. html，2014-08-19.

② 综述：夯实创新驱动的政策和制度环境［EB/OL］. 新华网，http://news. xinhuanet. com/fortune/2015-04/29/c_1115129661. htm，2015-04-29.

要形式的一体化浪潮在全球呈现出新的发展趋势。

在国际市场上，如本书第二章所言，国际贸易和投资规则正在重构，自由贸易区已经成为大国间战略合作与竞争的重要手段[①]。在这一轮贸易谈判中，中国面临着逐步被边缘化的严峻考验，为了先行试验国际经贸新规则、新标准，积累新形势下参与双边、多边、区域合作的经验，也为了与美国等发达国家开展相关谈判提供实证样本和依据参考，迫切需要在国内市场上先行先试这些国际贸易新规则，故在2013年中国（上海）自由贸易试验区正式挂牌成立。一年来，上海自贸区在各方面取得了一些值得复制和推广的经验，为了进一步复制和推广上海自贸区的经验，迫切需要在国内其他地区设立自贸区。广东、福建、天津在第二轮的自贸区申请中脱颖而出，旨在建立和国际规则相适应、相衔接的营商环境，以更快的速度融入到全球化过程中。

在国内市场上，李克强总理在2015年的政府工作报告中指出，拓展区域发展新空间，统筹实施“四大板块”和“三大支撑带”战略组合[②]，表明中国的区域战略逐步走向全局化和整体化。在此背景下，自2008年以来，国家出台了数十个国家战略，以促进区域崛起，在这一过程中，国家批准了9个国家级新区，上海自贸区成立一年之后，即推出天津、广东、福建三个自贸区。可见国家转变发展模式，寻找新的战略支点的迫切性，它将推动资源要素在更宽广的范围内实现优化配置，将成为今年乃至今后一段时间经济工作中的重要内容，将为福建自贸区的建设带来叠加效应。

（四）福建被确立为21世纪海上丝绸之路核心区

福建作为古代海上丝绸之路的重要发祥地，其中的泉州港、福州港和漳州港都对“海丝”发挥了重要的作用。早在2001年，泉州就全面启动了“海丝”申遗工作，目前也正在规划建设中国海上丝绸之路国际文化交流展示中心、泉州闽南文化生态园、泉州与海上丝绸之路展示馆[③]。福州港中的马尾既是福建自贸区福州片区中的核心区域，同时也是中国第一家面向世界的水产品交易所所在地，在这里实现了“海上丝绸之路核心区”与自贸区建设的高度融合。而漳州则与厦门以“同城化与同港化”拉开了共谋“海丝”发展

---

① 商务部研究院.中国自由贸易区战略[M].北京：中国商务出版社，2011年版.

② 四大板块指的是西部大开发、东北振兴、中部崛起和东部率先发展；三大支撑带包括“一带一路”、长江经济带和京津冀协同发展。

③ 福建与“21世纪海上丝绸之路”：新时空中的又一次握手[EB/OL].东南网，http://news.163.com/15/0417/11/ANDBVOUM00014AEE.html，2015-04-17.

的布局①。当前,在面对日益严峻复杂的未来世界贸易规则、格局下,"一带一路"建设将为中国争取全球化主动权提供了条件。其中,"一带一路"既涉及基础设施的互联互通,也涉及投资贸易的重塑,而投资贸易的重塑正是自贸区建设的核心内容②。

2015年3月28日,国家发改委、外交部、商务部联合发布了《推动共建丝绸之路经济带和21世纪海上丝绸之路的愿景与行动》,明确提出"支持福建建设21世纪海上丝绸之路核心区"。在这一定位的基础上,福建省积极申报"福建省建设21世纪海上丝绸之路核心区实施方案",提出支持泉州市建设海上丝绸之路先行区,支持福州市设立福州新区,加快平潭综合实验区等开放合作重点功能区的建设③。这将使福建成为海上丝绸之路建设的排头兵和主力军,再次"扬帆起航",而海上丝绸之路核心区的建设突出强调了构建海上合作战略支点,促进设施互联互通,加强投资贸易合作,拓展海洋合作,尤其是大力推进投资、贸易、金融、政府监管等领域的改革创新,促进与海上丝绸之路沿线国家的投资贸易便利化的合作,这将为自贸区的建设提供重大的战略性历史机遇,将成为福建海洋经济发展的新引擎。

(五)中央做出支持福建加快发展的重大决策部署

近年来,中央在支持福建加快发展方面做出了重大的决策部署,从2009年国务院关于支持福建省加快建设海峡西岸经济区的若干意见开始,到2009年10月10日工业和信息化部关于支持福建省加快海峡西岸经济区工业和信息化发展的意见的实施;从《海峡西岸经济区发展规划》《平潭综合实验区总体发展规划》《福建省泉州市金融服务实体经济综合改革试验区总体方案》《厦门市深化两岸交流合作综合配置改革试点总体方案》先后获得国务院批复实施,到2014年3月21日国务院出台《关于支持福建省深入实施生态省战略加快生态文明先行示范区建设的若干意见》;从2012年12月国务院批准《福建海峡蓝色经济试验区发展规划》和《福建省泉州市金融服务实体经济综合改革试验区总体方案》,再到2014年3月国务院批复《赣闽粤原中央苏区振兴发展规划》;从2010年9月10日习近平在福建调研,到

---

① 福建力创21世纪海上丝绸之路核心区[EB/OL]. http://www.scio.gov.cn/ztk/wh/slxy/31208/Document/1396897/1396897.htm,2015-03-19.

② (全面深化改革进行时)上海自贸区深化方案五大看点解析:建开放度最高的自贸区[EB/OL]. 新华网,http://news.hexun.com/2015-04-23/175249237.html,2015-04-23.

③ 福建省海上丝绸之路核心区实施方案初定[EB/OL]. http://www.china.com.cn/haiyang/2015-04/21/content_35376457.htm,2015-04-21.

2014 年 11 月 1 日至 2 日习近平在福建调研，指出要努力建设机制活、产业优、百姓富、生态美的新福建[①]；从 2014 年 7 月张高丽调研福建指出“要抓住海上丝绸之路建设机遇”，福建被定位为 21 世纪海上丝绸之路核心区，到 2015 年 4 月 22 日李克强在福建自贸区挂牌的第二天考察福建。这些都是国家在支持福建发展方面的重大历史机遇，而在这样的历史机遇下，中共中央政治局于 2015 年 3 月 24 日召开会议，审议通过了广东、天津、福建自由贸易试验区总体方案，2015 年 4 月 20 日国务院批准《中国（福建）自由贸易试验区总体方案》，正是中央支持福建发展的重大决策部署，为福建自贸区的建设和发展带来了前所未有的大好机遇。

二、战略价值：自贸区能给福建带来什么

（一）促改革：福建全面深化改革的“试验田”

福建自贸区的建设对于福建来说是全面深化改革的“试验田”。这种“试验”集中地体现在全球国际贸易与投资规则面临着重塑的大背景下，在上海自贸区建设一年的大背景下，福建在所划定的“试验田”内先行先试这些国际经贸新规则、新标准，积累新形势下参与双边、多边甚至是区域经济合作的经验，为我国参与到国际经贸规则的制定提供有力支撑，同时也同上海、广东、天津一起，形成自贸区建设的可复制、可推广的经验，推广到全国其他省份的自贸区建设过程中。据不完全统计，目前国内已有重庆、苏州、大连、连云港、郑州、吉林、合肥、马鞍山、江西昌九、舟山、青岛、西安、云南、成都、武汉、内蒙古、杭州、海南等多个省份和地区正在申报自贸区，而已成立和建设的上海、福建、天津、广东自贸区将会为这些地区未来自贸区的建设和发展提供经验借鉴。因此，自贸试验区可以看作是福建在新形势下设立的改革特区、开放特区，其核心任务是要推动改革与开放相互促进，在营造国际化、市场化、法治化营商环境等方面积极探索和大胆尝试，建成改革开放试验田和改革高地。

---

① 中央支持福建进一步加快发展[EB/OL]. 海峡都市报网，http://epaper.nhaidu.com/2014-11/03/content_246096.htm，2014-11-03.

（二）促发展：福建实现科学发展、跨越发展的“新引擎”

福建自贸区的建设对于福建来说是实现科学发展、跨越发展的“新引擎”。2014年11月1日至2日，习近平在深入考察福建平潭综合实验区时指出要“抓住机遇，着力推进科学发展、跨越发展，努力建设机制活、产业优、百姓富、生态美的新福建”[①]。改革开放37年来福建在经济发展方面取得了显著的成绩，GDP已经跃升2万亿元，基础设施建设不断完善，产业项目加快集聚，区位优势日益明显，发展后劲进一步增强。但在发展过程中与东部沿海发达省份还存在着一定的差距，尤其是处于中国经济发达的长三角和珠三角之间，发展相对滞后，原先的海峡西岸经济区建设这一增长极在发展过程中的功能已经逐步弱化。省内发展也存在着诸多不平衡的问题，地区与地区之间按的产业“同质化”现象严重，受到地方割据的影响，各个地区各自为政，官僚化运作明显，导致在发展过程中也存在着粗放型的经济增长方式，给环境、生态和资源带来了巨大的压力。在经济下行压力的大背景下，福建要在2018年实现GDP赶超台湾，自贸区是其中的重要推手。因此，福建自由贸易试验区的建设，将以制度创新的方式推进区域内的功能创新和转型升级，加快贸易与金融、航运、物流、制造、会展等相关产业的融合发展，在改造传统产业的过程中主动地引进战略性新兴产业、绿色产业和促进循环经济的发展，这对于福建实现科学发展、跨越发展，有着重大的战略意义。

（三）促创新：福建贯彻落实创新驱动发展战略的“新路径”

福建自贸区的建设对于福建来说是贯彻落实创新驱动发展战略，构建创新型省份的新路径。《福建省国民经济和社会发展第十二个五年规划纲要》以科学发展为主题，以加快转变和跨越发展为主线，指出加快转变、跨越发展的关键在于实现经济发展从依靠要素消耗向依靠技术、劳动力素质和管理转变，从依靠低成本驱动向创新驱动转变，其中，首次将“加快建设创新型省份”单独成章阐述，凸显出创新驱动引领加快转变、科技进步支撑跨越发展的重要性[②]。2012年，福建省九届五次全体（扩大）会议上提出“到2020

① 综述：习近平视察福建，寄语科学发展跨越发展[EB/OL]. 中国新闻网，http://www.chinanews.com/gn/2014/11-03/6747250.shtml，2014-11-03.

② 郑庆昌、张丽萍. 创新驱动引领跨越发展—福建省“加快建设创新型省份”解读[EB/OL]. 中国共产党新闻网，http://cpc.people.com.cn/GB/68742/225450/225451/15146729.html，2011-07-13.

年进入创新型省份行列的目标”,2013 年,福建省委书记尤权在福建省科学技术协会第八次代表大会开幕式上曾经指出“坚持把科技创新作为加快转变经济发展方式的核心动力和根本支撑,加快推进创新型省份建设”①,福建省政府公布的 2015 年 1 号文件《福建省人民政府关于工业创新转型稳定增长十条措施的通知》聚焦于工业创新转型,强化“稳增长促创新”②。因此,要实现创新型省份的建设离不开科技、管理、知识、服务、环境、制度等方方面面的创新,而自贸试验区试验核心就是推进制度创新,以制度创新激发市场活力,推进其他领域的改革,因此,制度创新将成为福建贯彻落实创新驱动发展战略的“新途径”。

(四) 促开放:福建实现开放型经济增长的“新窗口”

福建自贸区的建设对于福建来说是实现开放型经济增长的“新窗口”。1996 年福建省人民政府办公厅印发了《新形势下加快福建开放型经济发展的思路》③,在学习贯彻十七届六中全会精神和福建省第九次党代会精神时,指出开放型经济是一种全方位、宽领域、深层次开放的经济形态,是一种内外联动、互利共赢、安全高效的经济体系,要发挥福建开放型经济优势,积极实施全方位高水平开放战略④,开放型经济已经成为福建宏观经济中的重要变量,要在新形势下更加积极主动地实施大开放战略。而福建自贸区建设过程中的贸易便利化、金融业开放创新等领域均体现出了开放型经济发展的思潮,有利于吸引高端制造业和现代服务业在此集聚,提升区域内的开放型经济发展水平。福建自贸区的建设将帮助企业进一步拓宽融资渠道,促进外贸市场多元化的发展,加快外贸企业商检、通关的速度,消除福建贸易壁垒,缓解贸易争端,推动福建对外贸易持续增长。福建要依托地域的优惠政策,结合闽地海外华人华侨众多的优势,先行先试,扩宽“海丝”沿线国家地区合作的范围和领域,加强福建与东盟、南亚、西亚、北非、欧洲等沿线国家地区经贸往来,以更大的发展空间融入到世界经济中,将自贸区打造成为福建实现开放型经济增长的“新窗口”。

---

① 邓新广. 福建:加快推进创新型省份建设[N],科技日报,2013 年 06-26.

② 福建:政府 1 号文聚焦“稳增长促创新”[EB/OL]. 新华网福建频道,http://www.fj.xinhuanet.com/news/2015-01/05/c_1113883744.htm,2015-01-05.

③ 福建省人民政府办公厅. 福建省人民政府办公厅关于印发《新形势下加快福建开放型经济发展的思路》的通知[EB/OL]. http://www.law-lib.com/lawhtm/1996/27232.htm,1996-02-01.

④ 杨岳. 实施大开放战略[N]. 福建日报,2012-02-08.

(五)促共赢:闽台两岸合作的"新平台"

福建自贸区的建设对于福建来说是实现海峡两岸合作的"新平台"。福建与台湾历史渊源深厚,不仅具有地缘近、血缘亲、文缘深、商缘广、法缘久等独特关系,而且闽台经贸合作起步早、覆盖范围广、涉及领域多、融合程度深。海峡西岸经济区的崛起,使得闽台经贸合作具备更加广阔的前景。中央鼓励支持福建在对台交流合作上先行先试,也就是希望福建在对台交流合作的政策、路径、制度和模式上可以大胆探索,先行一步,为两岸交流合作开辟新路,拓展新空间,创新新机制。党的十八大提出,要持续推进两岸的交流合作,深化两岸的经济合作,实现互利共赢①。福建自贸区建立其中的一大战略定位就是两岸经济合作的示范区,这将为两岸的合作创造"新平台",福建可以对接台湾的物联网应用、智慧城市、文化创意、云计算、生物科技等优势产业,扩大对台湾现代服务业的开放,有利于推进海峡两岸经贸交流合作的自由化和便利化。

三、细说福建自贸区的战略定位与功能划分

(一)福建自贸区的战略定位

1. 战略定位之一:改革创新的试验田

在2014年12月5日召开的中央政治局第十九次集体学习自贸区战略中,习近平总书记强调,站在新的历史起点上,必须适应经济全球化新趋势、准确判断国际形势新变化、深刻把握国内改革发展新要求,以更加积极有为的行动,推进更高水平的对外开放,加快实施自由贸易区战略,加快构建开放型经济新体制②。从中可以看出自贸区发展战略的提出是适应经济全球化新趋势的客观要求,是全面深化改革、构建开放型经济新体制的必然选择,也是我国积极运筹对外关系,实现对外战略目标的重要手段。李克强总理在中国经济50人论坛上提出:一定要把改革放在第一位,制度创新放在第

① 尤权.深化闽台经贸合作,促进两岸共同繁荣[J].求是,2013-03-16.

② 中央政治局集体学习自贸区战略[EB/OL].半岛晨报,http://edu.gmw.cn/newspaper/2014-12/08/content_102607276.htm,2014-12-08.

一位[①]。从中可以看出，自贸试验区建设的目的就是要推进制度创新，探索新时期管理体制改革的路径和模式，成为新一轮改革开放的试验田，发挥示范带动、服务全国的积极作用。省委尤权书记多次指示，福建设立自贸试验区，不在于争取政策优惠、税收优惠，而是要着重考虑如何推进体制机制创新，实现政府管理经济方式转变，营造更加国际化、市场化、法治化的营商环境。苏树林省长指出，要学习借鉴上海、广东和天津的经验，着力推进自贸试验区制度创新。因此，福建自贸试验区的战略定位是以开放促改革，推动体制机制创新，营造国际化、市场化、法制化的营商环境，把自贸区建设成为改革创新的试验田。根据目前所发布的总体方案，福建自贸区已经确立了88项机制创新试验项目，确立了98项扩大开放试验项目。

2. 战略定位之二：两岸经济合作的示范区

继上海自由贸易试验区之后，2014年10月27日，中共中央总书记、国家主席习近平在中央全面深化改革领导小组第六次会议上强调，对上海自由贸易试验区取得的可复制可推广的经验，能在其他地区推广的要尽快推广，能在全国推广的要推广到全国[②]。第二批自贸试验区实际上就是在这样的背景下提出的，即是以上海自贸试验区试点内容为主体，结合地方特点和战略需要，复制和推广上海试验区的经成功经验。其中，福建以其独特的地理方位和政策上的优惠与台湾有着密切的经贸往来交流，福建是大陆与台湾距离最近的省份，长期以来，台湾海峡两岸经济合作、人文交往推动着两地社会的发展进步。

据统计，2014年，福建有6个国际级台商投资区，建立了大陆最大的海峡两岸农业合作试验区，包括漳浦等6个国家级台湾农业创业园，先后吸引了500多家台资农业企业入驻[③]。为此，福建自贸区的建设主要是立足于深化两岸经济合作，对接台湾的台中港、花莲港、高雄港、台北港等，在投资准入政策、货物贸易便利化措施、扩大服务业开放等方面先行先试。因此，“对台”始终是福建相对于其他三大自由贸易试验区而言打出的最亮的一张牌之一，如何探索闽台合作研发创新、合作打造品牌、合作参与制定标准以及建立闽台通关合作机制等措施，充分发挥福建省的对台优势，在投资准入政

① 张颖. 李克强曾再三追问上海市长：要政策还是要改革[EB/OL]. 人民网，http://finance.sina.com.cn/china/20130811/114116410578.shtml，2013-08-12.

② 第二批自贸区有望近期获批天津广东福建有望入围[EB/OL]. 新华网，http://news.xinhuanet.com/local/2014-10/29/c_1113018044.htm，2014-10-29.

③ 赵飞飞. 福建自贸区：面向台湾，做强两岸经贸合作[N]. 21世纪经济报道，2014-12-13.

策、货物贸易便利化措施、扩大服务业开放等方面，率先实现区内货物和服务贸易的自由化，把自贸区建设成为两岸经济合作的示范区。根据总体实施方案，在88项机制创新试验项目中有20项是对台的，在98项扩大开放试验项目中，有62项仅对台开放[①]。

3. 战略定位之三：21世纪海上丝绸之路沿线国家和地区开放合作的新高地

福建是海上丝绸之路重要起点和发祥地，历史渊源深厚，人文优势突出，基础条件扎实。作为中国面向亚太地区的主要窗口之一，福建与东南亚国家尤其是东盟之间经贸关系稳固，2013年，福建与东盟双边贸易额达242.9亿美元。东盟已成为福建的第二大贸易伙伴和闽企“走出去”的重要地区。东盟还是福建重要的入境旅游客源市场，2013年福建共接待入境东南亚游客51.51万人次，占境外游客总人数的10%。首批“中国—东盟海上合作基金”项目共10个，其中地方项目仅4个，福建就争取到了3个。除此之外，福建企业与印尼华人企业合作开发海洋渔业养殖，推动菌草民生国际工程项目更多走进东盟国家，在闽设立“中国—东盟海洋合作中心”“海上丝绸之路”国际文化交流中心，在“海丝”沿线国家设立经济合作产业园，建立21世纪“海上丝绸之路”城市联盟等项目，也提上福建开拓新丝路的日程。因此，在福建自贸试验区建设的过程中，要积极主动融入“海丝”战略，拓展与“海丝”沿线国家和地区的交流合作，建设21世纪海上丝绸之路核心区，打造面向21世纪海上丝绸之路沿线国家和地区开放合作的新高地。

（二）福建自贸区的功能划分

福建自贸区包含福州、平潭、厦门三大片区，如图3-1所示，在现有的四个自贸区中，是空间分布最为分散的一个自贸区。结合到各个片区特有的经济发展优势，其在发展过程中的功能定位均有所差异，未来的发展中，要突出强调统筹协调各个片区的功能定位，同时服务于福建自贸区建设以及国家自贸区发展战略的需要。本部分的内容主要是结合了各个片区的自贸区总体方案中整理而得。

---

① 福建自贸区：改革筑高地创新显特色（全面深化改革进行时）[N]. 人民日报，2015-05-03.

图 3-1　福建自贸区空间分布图

1. 福州片区功能定位

福州片区包含福州经济技术开发区和福州保税港区，特色在于借“海丝”门户的地位，打造成为我国对东南亚重要的交通枢纽、产业聚集区，成为联通东盟、对接台湾、辐射内陆的21世纪“海上丝绸之路”战略枢纽城市。围绕海西现代金融中心、“中国—东盟海洋合作中心”，着力加快金融之都创新，拓展国际金融服务、资金跨境汇兑、大宗商品现货和期货交易等业务，积极探索互联网金融，探讨建立海上执法机构间交流合作机制，充分利用中国—东盟海上合作基金，推进海洋经济、海上联通、海洋科技等领域教育与合作，加强两岸航运、物流等方面的合作。福州片区将结合福州新区发展规划，重点发展电子信息、生物科技、精密机械、现代金融等产业，与台湾合作研发创新、制定标准、打造品牌，加快建设两岸先进制造业合作基地、两岸电子商务合作试验区和两岸金融交流合作先行区，共同拓展更高层次、更广阔的国际市场空间。重点建设先进制造业基地、“海丝”建设重要平台、两岸服务贸易与金融创新合作示范区。其中，快安区块定位于发展高新技术、产业金融（银行业）和服务贸易（跨境电商）及保税展示交易；马江区块（含福州保税区）定位于21世纪海上丝绸之路重要经贸平台，冷链物流中心和创意文化产业园；长安区块（含福州出口加工区）定位于保税加工贸易、保税仓储物流和冷链物流；琅岐区块定位于旅游产业、教育培训产业和医疗养生产业；南台岛区块定位于会展经济、金融创新服务和保税展示交易；新厝区块定位于汽车保税改装内销和维修，飞机制造、营运、维修的保税物流和融资租赁；江阴区块定位于国际航运物流和整车进口贸易。

2. 平潭片区功能定位

平潭片区的功能定位将围绕建设国际自由港和两岸经济、社会和文化深度融合的共同家园，在产业开放、货物贸易、服务贸易、投资、金融合作、税收、航运、人员往来等方面探索实行香港自由港运行和监管模式，并积极引入台湾管理先进经验。重点建设自由港和国际旅游岛。充分利用平潭已有的关税特殊监管区优势，对接台湾的台中港、花莲港、高雄港、台北港等地，形成环海峡的跨境自由贸易区。在探究海峡两岸全面融合的议题上“先行先试”。平潭片区要充分发挥“自贸区＋实验区”的双区叠加优势，其中，港口经贸园区定位于发展国际贸易、现代物流、商贸服务和电子信息制造业；高新技术产业园区定位于发展海洋生物、医疗器械、包装材料和轻型设备制造；旅游商贸休闲园区定位于发展滨海度假、文体旅游、休闲养生和旅游购物。

3. 厦门园区功能定位

厦门片区范围涵盖两岸贸易中心核心区和东南国际航运中心海沧港区区域，并根据先行先试推进情况以及产业发展和辐射带动需要，拓展试点政策范围，形成与两岸新兴产业和现代服务业合作示范区、东南国际航运中心、两岸贸易中心和两岸区域性金融服务中心建设的联动机制。试验区结合区域特点和战略需要，按各自特色发挥优势。海关特殊监管区域重点探索以贸易便利化为主要内容的制度创新；非海关特殊监管区域重点探索投资制度改革、金融创新、完善事中事后监管。因此，厦门片区的功能定位是围绕建设厦门东南国际航运中心和两岸区域性金融中心，重点发展与航港物流相关的产业、与临空产业相关现代服务业，建设集装箱干线港和区域性油轮母港，构建现代航运服务体系，拓展两岸货币交易清算，两岸股权交易，区域性离岸金融、区域性金融服务等业务。其中，两岸贸易中心核心区定位于发展高新技术研发、信息消费、临港产业、国际贸易服务、金融服务、专业服务、邮轮经济等新兴产业和高端服务业，构建两岸经贸合作最紧密区域，成为立足大陆、面向亚太地区的区域性国际贸易中心。东南国际航运中心海沧港区定位于发展航运物流、口岸进出口、保税物流、加工增值、服务外包、大宗商品交易等现代临港产业，构建高效便捷、绿色低碳的物流网络和服务优质、功能完备的现代航运服务体系，成为立足海西，服务两岸，面向国际，具有全球航运资源配置能力的亚太地区重要的集装箱枢纽港。

以下将分别从总体目标、实施范围、主要任务和措施、保障措施方面对福建自贸区三大片区做个比较分析。

表 3-1　福建自贸区三大片区比较分析

三大片区	总体目标	实施范围	主要任务和措施	保障措施
福州片区	围绕立足两岸、服务全国、面向世界的战略要求，充分发挥改革先行优势，营造国际化、市场化、法治化的营商环境，把福州片区建设成为改革创新的试验田；率先推进与台湾地区投资贸易进程，发挥省会中心城市、侨台和海洋优势，重点建设先进制造业基地、21 世纪海上丝绸之路建设重要平台以及两岸服务贸易合作和金融创新合作示范区。	福州片区实施范围 31.26平方公里，涵盖福州经济技术开发区和福州保税港区。 福州经济技术开发区 22 平方公里，含福州保税区 0.6 平方公里（已全区封关）和福州出口加工区 1.14 平方公里（已封关面积 0.436 平方公里）。包括五个区块，分别为：马江一快安区块东至红山油库，南至闽江沿岸，西至鼓山镇界，北至鼓山麓；长安区块东至闽江边，南至亭江镇东街山，西至罗长高速公路和山体，北至琯头镇界；南台岛区块东至三环路，南至林浦路，西至前横南路，北面以闽江岸线为界；琅岐区块东至环岛路，南至闽江码头进岛路，西至闽江边，北面以规划道路为界。 福州保税港区 9.26 平方公里（已封关面积 2.43平方公里）。A 区块东至西港，南至新江公路，西至经七路，北至纬六路；B 区块东至 14 号泊位，南至兴化湾，西至滩涂，北至兴林路。	1. 深化行政管理体制改革 2. 改革外商投资管理模式 3. 构建对外投资促进体系 4. 创新通关机制 5. 拓展新型贸易方式 6. 建设先进制造业基地 7. 建设 21 世纪海上丝绸之路重要经贸平台 8. 建设两岸金融创新合作示范区 9. 建设两岸电子商务试验区 10. 创新榕台旅游合作模式 11. 加强榕台医疗服务合作	1. 实行有效监管 2. 健全法制保障 3. 完善人才保障机制 4. 完善税收环境 5. 组织实施

续表

三大片区	总体目标	实施范围	主要任务和措施	保障措施
平潭综合实验区	坚持扩大开放与深化改革相结合、培育功能与制度创新相结合,加快政府职能转变,着力营造国际化、市场化、法治化的营商环境,建立与国际投资贸易规则相适应的新体制。充分发挥两岸合作窗口、国家对外开放窗口的作用,率先推进与台湾地区投资贸易自由化进程,加快形成更高水平的对外开放新格局。推进两岸共同家园和国际旅游岛建设,探索实施更加自由便利的运行模式。	自贸试验区平潭片区实施范围43平方公里,包括3个功能区。 1.金井湾港口经贸园区16平方公里。北至金井湾大道,南至大山顶,东至北厝路、金井三路,西至海坛海峡。 2.岚城高新技术产业园区15平方公里。北至瓦瑶南路,南至麒麟路,东至中原六路,西至坛西大道。 3.澳前旅游商贸休闲园区12平方公里。北至澳前北路,南至山岐澳,东至坛南湾,西至寨山路。	1.推进行政管理体制改革 2.推进投资管理体制改革 3.拓展新型贸易方式 4.推进通关便利化 5.推动航运自由化 6.推进金融领域开放创新 7.推进服务贸易自由化 8.建设国际旅游岛	1.健全法制制度保障 2.完善税收环境 3.强化人才保障 4.评估推广机制
厦门片区	创新政府管理方式,营造国际化、市场化、法治化的营商环境;创新转型发展理念,培育发展新业态;创新两岸交流合作机制,形成两岸共同发展的新格局,努力建设机制活、产业优、百姓富、生态美的	试验区面积43.78平方公里,范围涵盖两岸贸易中心核心区和东南国际航运中心海沧港区区域。 1.两岸贸易中心核心区 实施范围:区域面积19.37平方公里,四至范围:北侧、西侧、东侧紧邻大海,南侧以疏港	1.创新产业转型发展路径 2.创新贸易监管服务制度 3.扩大金融领域开放 4.拓展海空航运服务功能	1.实施有效监管 2.健全法制保障 3.组织实施

续表

三大片区	总体目标	实施范围	主要任务和措施	保障措施
	新福建示范区，成为建设美丽中国典范城市先行区。	路、成功大道、枋钟路为界。 2.东南国际航运中心海沧港区 实施范围：区域面积24.41平方公里，四至范围：南侧紧邻大海，东至厦门西海域，西至厦漳跨海大桥，北侧以角嵩路、南海路、南海三路和兴港路为界。	5.深化两岸交流交往	

资料来源：根据各片区公布的自贸试验区建设相关资料汇总整理而得。

四、福建自贸区的全局战略分析

福建自贸区的建设是一个综合性的社会系统工程，涉及到方方面面的统筹协调，既要统筹协调系统内部三大片区之间的发展，又要统筹协调与其他三大自贸区的合作关系；既要做好自贸区建设，又要将其充分融入到海上丝绸之路核心区建设；既要夯基固本，又要做好保障工作。为此，本书先提出一个战略性分析框架，以期为福建自贸区以及其他自贸区的建设提供借鉴，如图3-2所示。

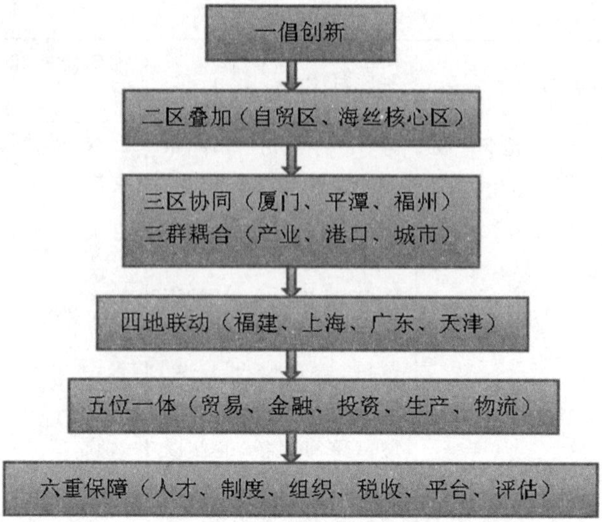

图 3-2　福建自贸区建设：一个战略性分析框架

（一）一倡创新

福建自贸试验区建设的特色集中地反映在四个“便利化”方面，即金融便利化、贸易便利化、投资便利化以及监管服务便利化。而便利化政策的实施离不开技术、管理、文化、服务、制度等一揽子创新上面，即创新驱动发展战略的实施。因此，自贸试验区建设的本质在于借力创新驱动发展战略，以体制机制创新作为突破口，引领技术、管理、文化、服务等全方位的创新，不断为自贸试验区的建设注入新的动力和活力，为全面深化改革和扩大开放探索新途径，积累新经验。

1. 加快推进管理模式创新，当好改革方向盘

一是深化行政管理体制改革。率先挖掘改革潜力，破解改革难题。按照国际化、市场化和法制化的要求，加快推进政府管理模式的创新，建设法治化的营商环境。加快审批制度的改革，由注重事前审批转为注重事中和事后审批，提高行政管理的效率。允许企业“先入区，再申报”，最大限度提升进出入境的便利程度和运作效率。二是积极探索负面清单管理模式。探索对外商投资实行准入前国民待遇加负面清单的管理模式，营造各类投资者平等准入的市场环境，发挥市场在资源配置中的决定性作用，提高开放度和透明度。

2. 全面激发科技创新内核动力，驱动自贸区大发展

一是依靠科技创新驱动贸易发展方式转变。依靠科技创新，积极培育贸易新型业态和功能，发展跨境电子商务，开展飞机等高技术含量、高附加值产品境内外维修业务试点，形成以技术、品牌、质量、服务为核心的外贸竞争新优势，推动贸易发展方式转变。二是依靠科技创新驱动闽台产业合作新模式。创新两岸合作机制，推进货物、服务、资金和人员等各类要素的自由流动，增强闽台经济关联度。探索闽台合作研发创新，合作打造品牌，推动台湾先进制造业、战略性新兴产业、现代服务业等在自贸试验区内集聚发展，承接台湾产业转移，支持自贸试验区内企业赴台湾投资，促进闽台产业链的深度融合。三是依靠科技创新实现自贸试验区与高新技术产业区叠加联动效应。进一步加强自主创新能力建设，促进科技创新，加快科技成果转化，促进自贸试验区与高新技术产业区的互动融合发展，依托高新技术产业区加快自贸试验区建设的步伐，依托自贸试验区推动科技创新水平的提升。

3. 持续提升供应链服务创新能力，打造自贸区共生共享共荣共赢生态圈

一是强化金融服务功能。坚持金融服务实体经济的原则，根据区内企业的融资需求，设计个性化融资计划；允许外资和民营资本设立金融机构，建立国际交易平台，创新自贸试验区金融产品，大力发展供应链金融业务，为企业开拓融资渠道，提升供应链的全球竞争力。二是加快提升物流与供应链服务水平。引导自贸试验区内的物流企业向多元化的方向发展，加快跨境电商物流发展，不断提高物流企业的创新能力，提升其国际化服务能力。三是提升国际航运服务能级。探索具有国际竞争力的航运发展制度和运作模式，放宽中外合资、中外合作国际船舶运输企业的外资股比限制；允许自贸试验区试点海运快件国际和台港澳中转集拼业务。三是依托互联网思维助推自贸试验区发展。将自贸试验区建设成为企业“走出去”窗口和“一站式”综合服务平台，依托电子商务平台促进自贸试验区内传统企业转型升级，以互联网思维打造共生、共享、共荣、共赢的自贸试验区生态圈。

最后，作为全面创新系统，要统筹协调各方创新资源。既要注重制度创新，又要注重功能创新；既要充分发挥科技创新优势，又要充分结合体制创新、管理创新、服务创新、文化创新和商业模式创新的优势。将科技创新与商业模式创新、服务流程创新相结合，实现创新资源的优化配置，提升自贸试验区创新系统整体效能。

(二)二区叠加(自贸区、"海丝"核心区)

十八大以后,党中央领导班子提出了一带一路和自贸区战略,目前已有30多个省市区在政府工作报告中提出了积极参与、主动融入一带一路战略。福建被列为建设21世纪海上丝绸之路的核心区,且被列为中国第二批自由贸易试验区试点,这"二区叠加"的模式对于福建来说既是机遇又是挑战,但毕竟两者之间存在差距,如何更好地统筹两者之间的关系,将成为影响福建能否实现科学发展跨越发展的重要因素。

1. 借力"二区叠加",打开福建对外开放新格局

面对日益严峻复杂的未来世界贸易规则、格局,中国将面临"二次入世"的可能,"一带一路"和自贸区建设将为中国争取全球化主动权提供条件,将推动中国构建与国际相衔接的新的营商环境。而福建作为21世纪海上丝绸之路的核心区,与海上丝绸之路沿线国家的经贸、文化、旅游交往紧密。其中,"海丝"战略的核心是加强福建同海上丝绸之路沿线国家的交流与合作,因此有必要先建立自贸区,虽然同属于国家战略,但是自贸区战略只是"海丝"战略的一个平台,一个重要的开放窗口。福建自贸区建设与"海丝"战略将共同构成福建新对外开放格局,其中,自贸区建设侧重于从降低贸易门槛角度,提升贸易便利化水平来加快区域内的经济一体化,而"海丝"战略则侧重于以基础设施为先导促进沿线经济体的互联互通①。

因此,福建自贸区建设中应充分利用自身与海上丝绸之路沿线国家和地区的历史渊源,深化与海上丝绸之路沿线国家在经济贸易、港口航运、海洋能源、科技创新、旅游文化等领域的全方位开放合作,主动融入其中寻求突破,以创新推动结构优化升级,以东南亚为重点,坚持经济合作与人文融合并重,为打造全方位对外开放新格局贡献力量。其中,东盟是海上丝绸之路必经之地,是建设21世纪海上丝绸之路的重点地区,依托"海丝"战略,推动我省与东盟经贸合作的深度发展,扩大我省与东盟各国各地区的利益汇合点,并以此为契机,延展与海上丝绸之路沿线其他国家和地区(南亚、中东和非洲等相关国家)的经贸合作。依托福建自贸区建设的利好投资政策和发展机会,吸引全球各地的外资进入福建,福建企业家也可以更好地到境外投资。福建将依托地域优惠政策,结合闽地海外华人华侨众多的优势,先行

① 张家振.一带一路有望2015年全面铺开 自贸区建设将成抓手[N].中国经营报,2014-12-19.

先试。未来的发展中，福建自贸区的建设要在“海丝”战略的依托下，认清形势、解放思想、转变观念，实现一种全方位、宽领域、深层次开放的经济形态，实施更加积极主动的开放战略，提高开放型经济水平和质量，赢得国际竞争的主动。

2. 依托“二区叠加”，打造福建经济升级版

2013 年 3 月 17 日李克强总理在中外记者见面会中首次提出了“打造中国经济升级版”的概念，这是强调要改变粗放型的经济发展方式，调整不合理的经济结构，让经济的质量和效益、就业和收入、环境保护和资源节约等方面都有新的大幅度的提升[①]。

藉此，各个地方政府也纷纷提出了构建经济发展的升级版，如上海借力自贸区之机提出其应该成为升级版的特区，广东提出要发挥排头兵的角色助力“升级版”，并且通过广东自贸区的建设打造国际贸易的升级版，天津提出要打造经济和城市的两个升级版。而福建也有学者提出借力 21 世纪海上丝绸之路助推福建自贸区升级版(黄茂兴，2015)，通过福建这个海上丝绸之路核心区的建设，加大与沿线国家的经贸往来，使得海上丝绸之路的建设取得更大的进展。因此，作为经济“新常态”下的国家发展战略，福建自贸区的建设并不是政策洼地，而是改革的高地，使得福建能够更加注重速度和质量的紧密结合，能够明白升级的动力来自推动经济转型，而转型来自创新、内需和改革，能够明白这种升级不仅仅是强调经济的发展，更多的是要改善民生和促进社会公平统一[②]，这才是福建经济升级版的真正内涵。

3. 凭借“二区叠加”，打造区域经济新的增长极

2011 年，国务院已批复并开始打造以福建为主体的新的经济增长极——海峡西岸经济区，其定位于两岸人民交流合作先行先试区域；服务周边发展新的对外开放综合通道；东部沿海地区先进制造业重要基地；重要的自然和文化旅游中心。四年来，海西区的发展逐步推进，发展潜力逐渐得以释放。但随着发展阶段的转换，原有的增长极的引领和带动作用有所减少，必须打造新的增长极。福建省毗邻台湾地区，又拥有巨大的海外侨胞资源，并且已有厦门经济特区和平潭综合实验区开展了一些先行先试的进出口贸易政策，这些都为自贸区的启动奠定了良好的基础。而此次“海丝”核心区和福建自贸区总体方案的通过，又为这一增长极注入了新的活力，有利于打

① 总理阐释“中国经济升级版”[N]. 广州日报，2013-03-30.
② 易鹏.“中国经济升级版”意味什么[N]. 人民日报，2013-03-25.

造区域经济新的增长极，集中地体现在“两区叠加”使得更多的要素在区域内集聚，从而使得空间经济要素实现帕累托最优；增长极的形成使得区域内创新要素功能极大化，估计企业进行技术革新，而区内的优惠政策安排又为企业的集聚、发展和创新带来更大的空间。同时，增长极的出现会对外部经济体产生支配效应、乘数效应、扩散效应。未来的发展中，要进一步依托“海丝”战略，与海峡西岸经济区建设、“自贸区时代”紧密结合，大力发展现代海洋产业体系，培育海洋经济增长点成为新的经济增长点，共同打造更加广阔、更加深入、更加活跃的区域经济新的增长极。

（三）三群耦合（产业、港口、城市）

三区协同与三群联动从本质而言，所反映的内容具有一致性，三区着重于从行政区域的角度而言，而三群则打破了行政区划的概念，既突出强调福州、平潭、厦门内部的产业、港口城市的协调发展，同时还强调跨区域的城市合作、产业分工和港口定位的思路，因此，此部分着重于从三群联动的角度来分析说明。

福建自贸区“产业-港口-城市”三群联动发展是在福建自贸区范围内产业群、港口群与城市群之间相互作用、相互影响的一种态势，三大系统互动发展最终形成产业布局、港口布局以及城市空间布局一体化的局面。持续推进三群联动发展是着眼于当前福建自贸区发展的现实需要；是福建省参与建设“一带一路”，全面拓展与“海丝”沿线国家交流合作的新载体；是着眼于福建省经济社会发展全局，落实科学发展观、全面建设小康社会的重大举措；是加快推进福建省经济结构战略性调整，实现科学发展、跨越发展的重要系统工程；是实现闽台产业深层次对接的关键所在；更是实现福建省全球价值链攀升的必由之路。福建省近年来出台了相应的“产业-港口-城市”三群联动发展的措施，以港兴城、以港兴产、产兴促港、产兴促城取得了显著的成效。但在当前经济发展新常态下，“产业-港口-城市”三群联动发展的任务工作依然艰巨：地区之间在产业、港口、城市存在激烈竞争；相关规划、建设、投资、运营、管理方面缺乏统一协调，资源没有进行合理的优化配置；产业园区建设集而不聚，资源无法共享；物流运输成本偏高与物流信息技术水平不高制约着制造产业的转型升级等等。未来发展中，应该着眼于全局，统筹协调三群联动发展，实现资源优化配置。

1. 差异化城市功能定位，推进城市联盟建设

一是结合福建自贸园区的“对台”特色，差异化城市功能定位。福州作

为政治、经济、文化中心和高新技术产业基地，要以两岸经贸合作为核心，发挥福州独特的对台优势，加强在对台投资、贸易、航空、金融、旅游、农业等方面先行先试；厦门作为现代服务业、科技创新中心和国际航运中心，要在吸引台资和对台投资方面加大制度创新；平潭综合实验区则是两岸交流合作和对外开放中的先行区。

二是健康有序地推进我省智慧城市建设。依托于智慧城市建设的感知平台、服务支撑平台和应用支付平台，持续建设高效便民的电子政务以及城市管理和服务的智能化，通过实施企业智能化制造工程、口岸智能化应用工程、网络信息服务创新工程等智慧城市新型业态驱动产业群和港口群的协调联动发展。

三是积极推进城市联盟建设。积极推进自贸园区内城市之间的交流与合作，各个城市在规划建设、产业发展、环境保护等方面进行对接，推进协作性竞争，实现多方共赢。同时，要进一步加强自贸园区内城市与外围城市进行跨区域的协作，包括闽台两岸城市的协作以及与周边省区城市的协作，推进区域联动发展。

2. 加快实施创新驱动发展战略，推进产业结构调整转型升级

一是加快实施创新驱动发展战略。以主导产业、龙头企业、名牌产品和大型项目为依托，围绕重大基础设施、产业链、现代农业等重点领域，以科技创新为支撑，做大做强电子信息、机械制造、石油化工等一批战略性新兴产业，形成新型业态，培育优质项目。

二是大力发展现代服务业。充分发挥中心城市的要素集聚和辐射带动作用，对接台湾的物联网应用、智慧城市、文化创意、云计算、生物科技等优势产业，积极承接台湾现代服务业转移。厦门强化港口物流产业、旅游会展业、金融保险业、信息软件业和文化创意产业的发展，福州中心城区优先发展综合性现代服务业，平潭优先发展旅游业和文化创意产业。

三是完善服务平台建设。完善科技研发、金融服务、品牌创建、市场营销、现代物流、行业协会等平台建设，提高产业配套能力，促进工业化与信息化的深度融合，提升自贸园区内产业集群能力。

3. 建立和使用现代物流信息平台，延伸港口产业链

一是加强港口间的分工与合作。充分明确发挥厦门港、福州港的功能定位，加大港口资源整合力度，提升其国际航运服务能级；加快厦门东南国际航运中心建设，着力打造集装箱运输核心港区；发展罗源湾大型散货泊位，推动大宗散货中转业务发展；加快江阴专业化现代化集装箱和整车物流

进口港区的建设。

二是建立和使用现代物流信息平台。通过建立现代物流信息系统，企业可以在各项经营活动开展过程中，对从接受订货到发货的物流职能进行控制，使之提高效率，增加物流系统各环节对市场变化反应的灵敏度，节约成本。

三是延伸港口产业链。福建自贸园区内的港口基本靠码头装卸，业务的附加值不高，自贸园区成立后，要充分利用其贸易便利化的优势，开展仓储物流业务，引进台湾的优质农产品，充分发挥其贸易分拨中心的功能，延伸港口产业链。四是持续深化两岸港航合作。鼓励台商在自贸园区内从事仓储、物流配送等服务，推动两岸滚装运输，拓展两岸的陆海航运效率，提升自贸园区内港口群发展水平。

（四）四地联动（上海、福建、广东、天津）

在区域经济一体化加速、新兴工业革命兴起以及全球产业格局新一轮的重塑，各地区加强经济合作、联合应对国内外竞争的需求日益迫切，跨区域的协调发展已经成为当前中国经济转型发展的重头戏。国家“十二五”规划中指出“要充分发挥不同地区的比较优势，促进生产要素合理流动，深化区域合作，推进区域良性互动发展，逐步缩小区域发展差距”。十八届三中全会中强调要“建立和完善跨区域城市发展协调机制”，使长三角、珠三角、京津冀三大增长极发展质量不断提升，成为当前经济稳增长的新引擎。因此，福建自贸区的建设不仅要加强其内部各个子系统的联动发展，更要与上海、广东、天津积极形成联动发展的态势，共同服务于国家自贸区建设的大战略的需要。

1. 做足顶层设计，完善政府引导机制

一是明确目标导向。自贸区的建设是一项复杂的系统工程，本质在于从自身的内部改革上下功夫，以转型和寻找新的经济增长突破口作为契机，打造新的经济增长极。当前四地自贸区的建设面临着国家三大支撑带（“一带一路”、长江经济带和京津冀协同发展）的战略机遇下，也面临着新常态下经济下行压力加大的风险，传统的增长极驱动作用减弱。因此，要服从和服务于国家战略的需要，在经济下行压力增大的基础上，加大四地在决策层、协调层和执行层的对接，培育新的经济增长极。

二是坚持方案引领。四地自贸区的建设是服务于当前国家发展战略的需要，目的是形成可复制、可推广的经验，最终实现与国际贸易规则的对接，服务于 APEC 框架的亚太供应链的建设，提升在全球治理体系中的话语权，因此在实施的过程中，要突出总体方案的引领作用，既体现共同性、又具有差异化，通过方案强化区域协同发展战略的顶层设计。

三是深化改革推动。四地自贸区建设共同的任务都是全面深化改革，将为中国打造新一轮的全面深化改革的高地，倒逼新一轮的改革开放，推进政府职能的转变，促进体制机制创新。因此，在实施过程中，要始终把握住这条主线，依托创新驱动政府职能的转变，提高政府运作效率，降低运营成本，在"投资、贸易、金融"三大模块中寻找体制机制的制度性突破，在深化改革中发现新的动力源和增长极。

2. 构建紧密合作的网络系统，完善多元化参与机制

一是构建跨区域合作战略联盟。加强四地之间相互沟通和协调能力，依托国务院自贸试验区工作部际联席会议对全国自由贸易试验区深化改革试点工作进行宏观指导，协调解决自由贸易试验区改革试验中遇到的重大问题，及时评估、总结自由贸易试验区改革试点经验，推出可复制和推广的意见建议①。推进区域间政府合作机制的形成，发挥政府部门的综合协调作用，构建跨区域的协同创新系统。

二是完善多元化参与机制。充分发挥社会组织、企业、公众在自贸区建设过程中的作用。鼓励各类区域性社会组织参与到自贸区建设过程中的一系列重大问题的论证、宣传与协调工作中。充分发挥企业的资源配置作用和专家学者的参谋咨询作用，给予公众更多的机会，听取公众的意见。

3. 创新合作模式，建立利益共享机制

一是因地制宜，错位发展。根据各个地区功能定位的差异，优化区域经济结构。上海自贸区要突出通过建设长三角区域国际贸易来推动长江经济带的发展，广东自贸区要通过加工贸易转型带动泛珠三角区域和内地区域的产业升级，天津自贸区旨在通过京津冀协同发展来辐射内陆地区，福建自贸区要加强闽台产业对接、创新两岸服务业合作模式。四地要避免同质化竞争，实现错位发展，形成独具特色的改革开放高地。

二是拓宽合作领域，创新合作模式。了解合作方的诉求和平衡点，区域之间产业开展合理的竞争与合作，创新多元化的合作模式，培育新的经济增长点。

三是建立利益共享机制，共创"1＋1＋1＞3"的模式。利益问题始终是

① 顶亚商务. 汪洋牵头国务院自贸试验区工作部际联席会议[EB/OL]. http://www.gsc-offshore.com/post-679.html，2015-02-28.

四地合作过程中的纽带，要建立健全双赢的利益协调机制，使得不同地区之间的合作创造出更多的价值。

（五）五位一体（贸易、生产、金融、投资、物流）

福建自贸区总体方案中提到的主要任务和措施包括六大条和16小条。其中六大条包含切实转变政府职能、推进投资管理体制改革、推进贸易发展方式转变、率先推进与台湾地区投资贸易自由、推进金融领域开放创新、培育平潭开放开发新优势。除了着重突出对台和平潭建设之外，从内容上看主要涉及五大的模块，包含贸易、生产、金融、投资和物流。

1. 贸易

总体方案中提到的贸易主要是转变贸易发展方式，突出强调了拓展新型贸易方式、提升航运服务功能以及推进通关机制创新。比照上海自贸区做法，允许进出口货物"先入区、后报关"，对货物状态实施分类监管模式。其中突出强调要积极培育贸易新型业态和功能，形成以技术、品牌、质量和服务为核心的外贸竞争新优势。特别是在当前互联网思维的大背景下，要突出强调发展跨境电子商务，并且不断地完善与之相适应的海关监管、检验检疫、退税、跨境支付、物流等支撑体系的建设。方案中同时指出要推进动漫创意、信息管理、数据处理、供应链管理等服务外包业务发展。创新加工贸易方式，开展飞机及其零部件等高技术含量、高附加值产品的境内外维修业务，建立整合物流、贸易、结算等功能的营运中心。在扩大对外服务贸易方面突出强调了要促进闽台服务要素的自由流动，加大在通信、运输、旅游和医疗等行业的对台开放。而提升航运服务功能和推进通关机制创新则是为了进一步保证贸易的便利化，包括简化海关特殊监管区域内产品内销手续，促进内销便利化，支持自贸试验区与21世纪海上丝绸之路沿线国家和地区开展海关、检验检疫、认证认可、标准计量等方面的合作与交流，探索实施与21世纪海上丝绸之路沿线国家和地区开展贸易供应链安全与便利合作。在这里，始终围绕着21世纪海上丝绸之路核心区的建设来探讨福建自贸区的任务和措施。

2. 生产

方案中的生产主要着重于强调先进制造业方面，体现在负面清单中对生产领域的制造业的开放力度上，尤其是在新版的负面清单中，制造业的放开力度明显增大，14条取消的管理措施中，有7条涉及制造业，包括：取消对投资400吨及以上轮式、履带式起重机械制造的股比限制；取消对投资各类普通级(P0)轴承及零件(钢球、保持架)、毛坯制造、一般涤纶长丝、短纤维设备制造的限制等。在19条放宽的管理措施中，有9条涉及制造业。并且更加注重制造业产业链的延伸，突出强调了允许外资以独资的方式从事豪华游轮、游艇设计、航空发动机零部件的设计、制造和维修，投资高速铁路、铁路客运专线、城际铁路及城市轨道交通配套服务设备的研发等，将有利于制造业产业链的延伸和本土制造业的转型升级。

3. 金融

在金融领域方面主要包括扩大金融对外开放、拓展金融服务功能以及推进两岸金融服务的先行先试。具体来说包括完善人民币涉外账户管理模式，简化人民币涉外账户分类，进一步促进跨境贸易、投融资结算的便利化，支持跨国公司总部外汇资金集中运营管理，允许自贸试验区内银行和支付机构、托管机构与境外银行和支付机构开展跨境支付合作。推动开展跨境人民币业务创新，推进自贸试验区内企业和个人跨境贸易与投资人民币结算业务。支持自贸试验区内设立多币种的产业投资基金，研究设立多币种的土地信托基金等。支持符合条件的自贸试验区内机构按照规定双向投资于境内外证券期货市场。在合法合规、风险可控前提下，逐步开展商品场外衍生品交易。支持福建省股权交易场所拓展业务范围，为台资企业提供综合金融服务。加强两岸在金融纠纷调解、仲裁、诉讼及金融消费者维权支持方面的合作，健全多元化纠纷解决渠道。

4. 投资

在投资方面主要是改革外商投资管理模式、构建对外投资促进体系以及支持自贸区内品牌企业赴台湾投资。方案中规定，对外商投资实行准入前国民待遇加负面清单的管理模式，对负面清单之外的领域，将项目核准和企业合同、章程审批改为备案制。先行选择金融服务、航运服务、商贸服务、专业服务、文化服务、社会服务及先进制造业领域，减少或者取消对境外投资者资质的要求以及股权比例、业务范围等准入限制。降低外商投资性公司准入条件，允许符合条件的外国投资者自由转移其投资收益，允许区内企业到区外再投资或者开展业务。目标在于将自贸区建设成为企业走出去窗口和综合服务平台。对境外投资项目和开办企业实行备案制，由自贸区负责备案管理，确保企业及个人对外投资主体地位，支持企业在境外设立股权投资企业和专业从事境外股权投资的项目公司，支持设立境外股权投资母基金，支持区内个人使用本人自有的金融资产进行对外直接投资、自由承揽项目和劳务合作项目。建立对外投资合作“一站式”服务平台，加强境外投资事后管理和服务，完善境外资产和人员安全预警和应急保障体系。

未来发展中，福建自贸区要健全完善“走出去”支持促进体系，充分发挥好援外培训班平台作用，大力支持企业“走出去”。以“海丝”建设为载体，办好各类经贸活动，帮助企业进一步开拓东盟市场，并以东盟为跳板拓展福建与南亚、中东国家之间的经贸往来。通过企业“走出去”，带动商品出口和境外资源回运，推动构建跨境产业链。注重发展对外投资，加快构筑对外投资服务促进体系，积极推进对外投融资汇兑便利化，支持区内主体多种形式的境外投资，简化对外直接投资手续。

5. 物流

物流作为自贸试验区建设的重要支撑体系，对于自贸试验区建设体系中的“生产—贸易—金融”意义重大。但福建目前总体的物流与供应链管理水平较低，在物流服务需求、物流观念、物流经营以及供应链管理方面尚处于萌芽阶段，存在物流企业配送服务环节薄弱、物流综合运输体系不完善、物流信息系统应用水平难以达到先进水平、物流服务模式有待于进一步创新、物流与供应链管理人才缺乏，教育培养相对落后等问题。为此，物流企业要跟上自贸区建设的大步伐，依托自贸试验区平台实现与贸易、生产、金融的真正融合，顺势而上。

未来发展中，要对标国际先进物流企业，适应全球商流、物流、资金流和信息流快速发展的需要，主动学习国际先进物流企业的成功经验，培育国际型物流企业。改变单一的物流服务模式，特别重视贸易金融的平台服务功能，促进国际物流与贸易金融的整合创新，提供货物的分拣、延期装配和包装等增值服务，满足客户多样化物流服务需求，为客户提供安全和保值服务。鼓励国际物流和供应链的服务延伸和模式创新，积极探索对台的物流服务模式创新。将供应链中的商流、物流、信息流、资金流四要素有机结合起来集成创新，将物流与贸易、金融、生产紧密结合，打造“物流+”服务模式。

（六）六重保障（人才、制度、组织、税收、平台、评估）

1. 人才保障

自贸区建设，人才是基本。根据福建省人力资源和社会保障厅印发的《福建省2015年度紧缺急需人才引进指导目录》，即首次将自贸区建设人才需求纳入到指导目录中，其中涉及经营管理、国际贸易、产业服务等领域的岗位 12 个，所需专业 14 个[①]，如表 3-2 所示：

表 3-2　福建自贸区 2015 年紧缺急需人才引进指导目录

<table>
<tr><th>主要涉及领域</th><th>主要涉及岗位</th><th>专业要求</th><th>条件要求</th><th>地区导向</th></tr>
<tr><td rowspan="4">经营管理</td><td>国际招商策划</td><td rowspan="12">经济学、法学、外国语言文学、计算机科学与技术、交通运输工程、工商管理、公共管理、物流管理与工程、电子商务、旅游管理</td><td rowspan="12">1. 具有博士学位或者副高以上职称
2. 年龄在 40 周岁以下
3. 有较高的专业技术水平</td><td rowspan="12">福州、厦门（在厦门的省属单位）、平潭</td></tr>
<tr><td>国际化经营管理</td></tr>
<tr><td>营销管理</td></tr>
<tr><td>旅游策划运营</td></tr>
<tr><td rowspan="4">国际贸易</td><td>国际贸易实务</td></tr>
<tr><td>国际商务谈判</td></tr>
<tr><td>国际标准化</td></tr>
<tr><td>国际法律</td></tr>
<tr><td rowspan="4">产业服务</td><td>国际金融服务</td></tr>
<tr><td>跨境电子商务</td></tr>
<tr><td>国际物流</td></tr>
<tr><td>国际航运业务管理</td></tr>
</table>

资料来源：福建省 2015 年度紧缺急需人才引进指导目录。

因此，要根据自贸区行政管理、园区建设和产业发展的需要，大力引进国内外各类高层次人才，为自贸区建设提供人才保障。一是实施人才激励机制。省财政和自贸区专项资金要支持高层次人才创新创业，建设高层次人才公寓，解决高层次人才的住房、医疗及家属的安置政策。对于高层次人才参加国际学术会议给予一定比例的活动经费资助，建设台湾创业园和台湾大学生创新创业基地。二是加强人才培养培训机制。扩大国际商务、金融、法律、电子商务等相关专业的招生，着力于推进企业、高校、科研院所共建校企人才培养模式，定期组织自贸区管理人员到省外高等院校开展培训，充实研究咨询力量。

2. 制度保障

福建自贸区未来要培育国际化和法治化的营商环境，必须要有高效运作的制度保障，具体包括建立自贸区综合监管制度、改革投资管理、为负面清单管理

① 人才与资本“深情”邂逅创新驱动引领福建跨越发展[EB/OL]. 人民网. http://www.sipo.gov.cn/ztzl/ywzt/gjzscqrcxxwlpt/rcgzdt/201504/t20150422_1105569.html，2015-04-19.

模式提供法制保障等[①]。2015 年 4 月 22 日，福州市市长主持召开了 2015 年福州市政府第 7 次常务会议，提出了完善自贸区法制保障体系，足见其重要性。

结合福建自贸区总体方案中的内容可知，目前以及未来即将推行的制度保障主要包括实施全区域监管，在实施“宽进”的同时，切实加强监管，做到安全高效管理。健全社会信用体系，推进社会信用信息共享和应用，完善企业年度报告公示制度和经营异常名录制度，建立相应的激励、警示、惩戒制度。完善金融风险管控机制。建立健全与自贸区发展相适应的金融监管协调机制，完善符合自贸园区内金融业风险特征的监控指标，加强跨境收支检测，及时有效防范和化解金融。推进通关机制创新。简化自贸区税收审批清单和报税料件串换审批、报税产品内销等手续，推行多样化担保。自贸区各部门在对台先行先试、拓展与“海丝”沿线国家交流合作等方面深化改革试点，及时解决试点过程中的制度保障问题。支持福建省通过地方立法、建立与试点要求相适应的自贸园区政策法规体系，为改革开放、体制创新、先行先试提供法律保障和支持。以法律的形式明确货物以及服务贸易自由化、投资、金融、知识产权等法律制度，完善法律法规，政策和相关措施，改善投资环境。签订地区协定和加强立法协作，保障法制的趋同性，服务于福建自贸区总体建设要求。

3. 组织保障

福建自贸区在建设过程中，要充分发挥党员干部的精气神作用，要培养有良好综合素质的组织领导干部队伍。这就要求自贸区内的干部队伍要不断地加大知识储备和提升自身的能力水平。2015 年 4 月 13-14 日，福建省长苏树林在福州平潭调研自贸区建设过程中，就明确提出了要强化组织保障，加强领导力量。未来福建自贸区建设过程中既要服从国务院自贸试验区工作部际联席会议制度的领导，协调解决自贸试验区内改革试验中遇到的重要问题，又要福建省层面的工作领导小组办公室来统筹协调相关工作，整合和协调三个片区的发展，避免恶性竞争，加大对自贸区相关人员的培训力度，提高其管理水平和专业水平。

4. 税收保障

积极发挥财政服务中国(福建)自由贸易试验区的建设与发展，打造福建国际化营商环境，先行先试，在推进新一轮改革开放、促进经济提质增效

---

① 陈静. 上海自贸区法制保障建设全面启动[EB/OL]. 中国新闻网，http://www.chinanews.com/cj/2013/11-26/5549840.shtml，2013-11-26.

升级中探索经验,并发挥示范带动作用。参照实施中国(上海)自由贸易试验区促进投资的税收政策,在电子围网区域和物理围网区域内参照实施中国(上海)自由贸易试验区促进贸易的税收政策。对在区内的企业生产、加工并经“二线”销往国内市场的货物,实施选择性征税。同时,在电子围网区域和物流围网区域内开展两岸避免双重征税试点,在符合税制改革方向和国际惯例,以及不导致利润转移和税基侵蚀的前提下,积极完善适应境外股权投资和离岸业务发展的税收政策。建立便捷的税务服务体系,实施税务专业化集中审批,逐步取消前置检查,推行先批后检,检批分离的工作方式。

5. 平台保障

自贸区的建设离不开便利的信息化平台。据悉,目前自贸区信息化平台还在建设中。由于福建自贸区的分布在四大自贸区里空间跨度是最大的,如何在三大片区之间实现信息平台的统一办理、一口受理、一个窗口办理,是提高自贸区运作效率的制度保障,尤其是在关口和检验检疫方面,要把贸易便利化等试验内容真正落到实处。通过建立公共信息平台,促进相互之间的信息共享,构建三大片区之间的互联互通的供应链平台,实现商流、信息流、物流和资金流的“四流”合一,共同参与到 FTA 贸易规则的研究中,共同研究国际贸易规则,实现资源的共享。

6. 评估保障

福建自贸区的建设要及时地总结创新经验和成果。一方面,要完善福建、广东、天津、上海四地合作治理的评估监督机制,充分发挥第三方评估的作用,完善评估方法,对自贸区在转变政府职能、改革监管方式等方面进行评估。另一方面,福建自贸区内的三大片区也要充分引入福建省社科联、厦门大学、福建师范大学等第三方评估机构的作用,实行交叉评估,目的是共同服务于福建自贸区建设的总体水平,服务于自贸区建设的差别化定位。

五、挂牌以来,福建自贸区做了什么

自 2015 年 4 月 21 日福建自由贸易试验区揭牌以来,各个片区紧密围绕着今年重点推动的试点任务,全面推进了一系列相关的试验措施并且取得了一系列标志性的改革创新举措。表 3-3 是目前已经公布的第一批和第二批的 30 项标志性改革措施,这些措施中既有涉及到制度创新,也有涉及到平台保障,还包含税收方面的改革,这将大大提高政府的运作效率。

表 3-3 福建自贸区颁布的 30 项标志性改革措施

福建自由贸易试验区	1. 对外商投资实行准入前国民待遇加负面清单的管理模式。负面清单以外领域,外商投资项目实行备案制,外商投资企业设立、变更及合同章程审批改为备案管理。(福州、厦门、平潭片区) 2. 率先推行电子营业执照,加盖登记机关电子印章,赋予企业"电子身份",方便企业商务交易、办理行政事务手续。(福州、厦门、平潭片区) 3. 实施卡口智能化管理。对智能化卡口识别条形码系统进行改造,实现车辆过卡自动对比、自动识别、自动验放等智能化管理。(福州、厦门、平潭片区) 4. 在海关特殊监管区内,企业可在自贸试验区内开展保税展示交易业务。(福州、厦门、平潭片区) 5. 对台湾地区输入区内的农产品、食品等产品试行快速检验检疫模式。(福州、厦门、平潭片区) 6. 发布福建自贸试验区第一批 18 项规范性文件。(福州、厦门、平潭片区) 7. 企业设立实行"一表申报、一口受理、一证三码"。(福州和平潭片区)
福州	8. 对整车进口口岸非中规车业务,实行"分类管理、验证改装、事后监管"的检验检疫监管模式。 9. 创新金融服务,发展跨境电子商务,拓展东盟水产品交易所功能。 10. 在全国率先试点推行"一掌通"3A 移动税务平台。
厦门	11. 建设自贸试验区综合服务平台,为企业提供投资设立、工商变更、纳税服务、社保缴交、海关检验检疫登记、进出口经营权备案、"多规合一"申报、信用查询、公章刻制、报关、报检、金融服务等全方位、"一站式"服务。 12. 打造两岸移动互联网联盟,创新两岸冷链物流市场合作机制。 13. 创新监管模式,发展文化保税业务,建设文化保税展示交易中心和收藏品交流中心。 14. 大力支持发展融资租赁、商业保理等非银行金融业务和对台离岸业务。 15. 创新区域管理,推行"多规合一"城市治理体系。 16. 企业注册率先实行"三证合一、一照一号"登记制度。 17. 率先实行厦门海关、国检"一站式"查验平台。

续表

平潭	18. 在实施动植物检疫审批负面清单管理的基础上，授予福建检验检疫局审批平潭进口台湾水生动物检疫。 19. 对原产于台湾的预包装食品、化妆品实施“快审快核”的标签审核模式。 20. 对台湾进口水果实施“边抽样检验、边上架销售”的检验检疫模式。 21. 创新台湾输大陆商品快速验放机制。除国家禁止、限制进口的商品、废物原料、危险化学品及其包装、散装商品外，区内进口原产于台湾的工业品简化手续。对平潭与台湾之间进出口商品原则上不实施检验，检验检疫部门加强事后监管。 22. 在“一表申报、一口受理、一照一号”的基础上，实行“一章审批、印章即刻、立等可取”的服务模式，进一步方便企业。 23. 试行“先放行后报关”模式。允许企业借助新舱单系统数据向海关进行入境申报，海关对舱单审核、查验后直接放行货物，企业再报关、缴税。 24. 对台小额商品交易市场内进口原产台湾药品、化妆品、医疗器械简化审批手续，快验快放。 25. 深化外债比例自律管理试点，区内中资企业借用外币外债资金可按规定结汇使用。 26. 自贸试验区内外商直接投资项下外汇资本金意愿结汇。 27. 率先实行商事主体名称“自助查重、自主选用”。 28. 率先实行企业联络地址登记制度。 29. 率先对台企试行“台商协会总担保制度”。 30. 率先采信台湾认证认可结果和检验检测结果。

注：其中第 7、10、16、17、27、28、29、30 为第一批发布的改革措施，余为第二批发布的改革措施。

资料来源：福建自贸区发布：22 项标志性改革创新举措. 东南快报，2015-04-22.

2015 年 5 月 18 日，省政府新闻办、省自贸办通报了福建自贸试验区全国首创的 18 项创新举措的评估结果。这些措施包含企业设立实行的“一表申报”制度、企业注册实行的“一照一码”登记制度、专门针对台湾小额商品交易市场所试行的“先放行、后报关”模式，以及允许台湾机动车在临时牌照有效期内多次自由进出平潭、采信台湾认证结果和检验检测结果等[①]。具体如表 3-4 所示，通过实施这些创新性举措，行政审批效率不断提升，企业注册

① 福建自贸区推出 31 项创新举措其中全国首创措施 18 项[EB/OL]. 人民网，http://www.zjcoop.gov.cn/Article_Print.asp? ArticleID=105210，2015-05-21.

和商事登记实现3小时出证，涉及用海用地的政府投资项目审批由原来的最长256天缩短到30天左右。

表3-4　福建自贸区全国首创的18项创新举措

创新举措	含义及特点
1.企业设立实行“一表申报”制度	企业设立、变更由原来分别向商务、工商、质检、税务等部门提交的书面材料简化成一张表格，同时实现了网上申报，属全国首创。如在平潭片区已实现企业只需要1次到窗口即可领取证照。
2.企业注册实行“一照一码”登记制度	5月4日起，福建自贸试验区三个片区采用“流水编号、实时赋码”赋码方式，将原本工商营业执照注册号、组织机构代码、税务（国税、地税）登记号统一合并为企业社会信用代码。代码包括18位，由登记管理部门代码（1位）、机构类别代码（1位）、登记管理机关行政区划码（6位）、主体标识码（9位）、校验码（1位）5个部分组成，全省相关部门和金融保险等机构对企业提交的“一照一码”营业执照都予以认可。
3.实行商事主体名称“自主查重、自主选用”制度	福建自贸试验区平潭片区的“自主选用”举措，取消了商事主体名称预先核准制度，企业可经自助查重并选用。
4.实行企业联络地址登记制度	福建自贸试验区平潭片区在全国首推企业联络地址登记制度。
5.试点推行“一掌通”3A移动税务平台	福建自贸试验区福州片区3A平台即纳税人任何时间、任何地点、任何业务都可办理，同时税务部门也可查询纳税人情况。
6.对台小额商品交易市场内进口原产台湾药品、化妆品、保健视频、医疗器械简化审批手续，快验快放	“快检快放”是上海自贸试验区海关监管创新制度之一，深圳等地区也对药品、医疗器械等实行专项简化审批方案。平潭片区此项举措针对对台小额进口商品的审批，并扩大到化妆品、保健食品。
7.大力支持发展融资租赁、商业保理等非银行金融业务和对台离岸业务	福建省多年来致力于对台离岸业务的发展，厦门片区已以跨海峡人民币清算为突破口，设计了“两岸货币合作平台”发展路线图，集聚了两岸几十家银行业金融机构关注、参与，多家国内主要银行正在厦门成立总行“对台人民币清算中心”，台湾30多家银行已授予厦门16家银行货币合作额度。

续表

创新举措	含义及特点
8. 企业设立实行“一章审批、印章即刻、当日办结”的服务模式	福建自贸试验区推行的“一表申报、一照一码”的企业设立模式为全国首创的举措，而平潭实施的“一章审批、印章即刻、当日办结”模式是在此基础之上，进一步优化了工作效率。
9. 除国家禁止、限制进口的商品、废物原料、危险化学品及其包装、散装商品外，区内进口原产于台湾的工业品简化手续。对平潭与台湾之间进出口商品原则上不实施检验，检验检疫部门加强事后监管。	平潭片区特别针对台湾制定了10项检验检疫方面的优惠政策，与其他自贸试验区的政策相比，便利程度更高。
10. 对台湾地区输入区内的农产品、食品等产品试行快速检验检疫模式	上海自贸试验区在货物通关、检验检疫领域形成的创新制度已有多项在全国范围内推广。其他自贸试验区也将简化检验检疫流程作为贸易便利化的重要工作之一。在此基础上，福建自贸试验区在对台农产品、食品检验检疫领域的创新又有进一步的突破。如：平潭片区与台湾之间进出口商品原则上不实施检验；下放台湾水生动物检疫审批权等。
11. 对台企试行“台商协会总担保制度”	认可台商协会作为可履行海关事务担保能力的组织，为福建自贸试验区平潭片区在创新通关监管模式、推进通关便利化方面推出特色改革政策。
12. 平潭对台小额商品交易市场试行“先放行、后报关”模式	“先进区后报关”模式是上海自贸试验区海关监管创新制度之一，继上海自贸试验区实践后，该制度已被复制推广到江苏、长沙等国内其他保税区。而福建自贸试验区平潭片区的“先放行后报关”模式，率先实现了部分货物直接放行后再进行报关。
13. 对台湾进口水果实施“边抽样检验，边上架销售”的检验检疫模式	福建自贸试验区平潭片区从台湾进口水果，经检疫合格后，按最低比例抽样送检农残等项目的同时可上架销售。

续表

创新举措	含义及特点
14. 允许台湾地区机动车在临时牌照有效期内多次自由进出平潭	对接港澳的广东自贸试验区有提出类似措施。福建则提出了更具体的台湾地区车辆来往便利化措施。
15. 采信台湾认证认可结果和检验检测结果	采信第三方检验结果为上海自贸试验区可复制改革举措,但福建自贸试验区率先采信境外(台湾地区)认证认可结果和检验检测结果。
16. 打造两岸移动互联网联盟,创新两岸冷链物流市场合作机制	以移动互联网联盟的形式存在的产业促进和企业公共服务组织/机构在国内比较普遍,但是福建自贸试验区厦门片区推行的以跨境合作,特别是对台合作的形式组建的移动互联网联盟尚属首次。
17. 在实施动植物检疫审批负面清单管理的基础上,授予福建检验检疫局审批平潭进口台湾水生动物检疫	动植物检疫审批负面清单是国家质检总局的政策要求,继上海自贸试验区实践后,该制度已被复制推广到国内四川、福建等其他保税区,但进口台湾水生动物检疫下放至省级单位在全国尚属首例。
18. 对原产于台湾的预包装食品、化妆品实施"快审快核"的标签审核模式	进口商品的审核是国家质检总局的政策要求,上海自贸试验区在进口食品、化妆品"快审快核"方面已有实践。但平潭片区针对原产于台湾的预包装食品及化妆品允许使用台湾原标签,在全国尚属首例。

资料来源:2015 年第 14 号:福建自贸试验区全国首创 18 项创新举措. http://www.pafj.net/html/2015/quanweifabu_0519/24135.html,其中,"含义及特点"一栏是国际著名的管理咨询服务公司作为独立第三方给出的评估结果。

就各个片区而言,福州片区已经推广 35 项上海自贸区先进经验,挂牌当日公布了 2015 年重点试验项目 33 项 16 条,加快建设自贸区内各类信息化平台,包括保税展示交易信息平台、跨境电商电子政务和电子商务平台建设。平潭片区独有的创新举措最多,达到了 10 项,在推进通关便利化方面,海关总署为了支持和促进平潭自贸区建设,出台了 10 项具体措施,平潭海关推出了"台商协会总担保制度""先放行、后报关"等 6 项为平潭量身定制的改革措施,极大地提高了通关效率。厦门片区自贸区总体实施的基础条件在三大片区中是最为优越和成熟的，在福建自贸区建设中责无旁贷地要当好排头兵和做好示范效应，不同于其他两大片区，其在发展过程中突出强调了建设全球重要航空维修基地、建设国内重要的综合性文化保税产业中心和建设两岸最大冷链物流中心等方面。

参考文献

[1] 金庆培. 中国(上海)自由贸易试验区政策点评[M]. 中国金融出版社，2014 年版.
[2] 上海财经大学自由贸易区研究院，上海发展研究院编著. 全球 100 个自由贸易区概览[M]. 上海财经大学出版社，2013 年版.
[3] 上海对外经贸大学 2011 计划办公室和上海对外经贸大学科研处编. 2014 年中国(上海)自由贸易试验区研究蓝皮书[M]. 格致出版社，2014 年版.
[4] 沈开艳、黄钟. 中国(上海)自由贸易试验区建设：理论分析与实践探索[M]. 上海社会科学院出版社，2014 年版.
[5] 袁志刚. 中国(上海)自由贸易试验区新战略研究[M]. 格致出版社，2013 年版.

第四章

制度创新:福建自贸区产业升级大机遇

2008年全球金融危机爆发后,国际经济环境和国内发展形势产生了深刻影响,世界经济面临深度调整,全球经济治理结构出现新变化,中国经济已走到了经济转型升级的重要关口。国际金融危机促使发达国家将科技创新作为重塑竞争优势和摆脱经济危机的重要手段[①]。技术革命推进了全球产业结构的深刻调整,而以科技创新为基础的新兴产业,正逐步成为后危机时代发达国家着力培育的新经济增长点,这一世界产业结构的大变革使我国产业结构调整面临着严峻的外部环境。2014年,中国经济发展进入新常态。经济结构调整的镇痛,第二产业的疲弱与第三产业的乏力,过剩的产能与防止经济失速、资源在传统行业与金融部门之间的不合理配置,以及研发实力难以支持科技产业快速发展等产业结构性问题,成为摆在中国面前的主要问题。

而自贸区的成立可谓是中国改革攻坚破难的一块试验田,其重要使命就是要为中国打造经济"升级版"做出新探索。如何促进产业转型升级是自贸区主要试验目标之一。在福建设立自由贸易试验区,将为福建发展带来难得的历史机遇,自贸区建设将成为拉动福建地区国民经济增长的新引擎,进而成为带动福建产业转型,实现我国产业整体升级的缩影。

一、箭在弦上:福建为什么要加快推动产业升级

(一)全球价值链重构与福建产业转型升级的紧迫性

当前,全球价值链正进入新一轮重新调整周期。研究显示,一国参与全

① 黄茂兴等.中国省域经济热点问题研究[M].北京:经济科学出版社,2014年版.

球价值链的程度与其人均 GDP 呈正比,并对该国的就业和收入等产生直接影响。事实证明,许多发展中经济体通过提高自身在全球价值链的参与水平,提高了国内增加值在全球价值链中的比重,增加了高附加值产品和服务的出口,在价值链中获取了更大的份额。同时,这种出口升级模式还引导国内外投资更多地流入价值链中技术含量较高的经济活动,推动了经济的转型升级①。

2008 年国际金融危机以来,发达国家开始深刻反思过度发展虚拟经济的教训,纷纷推出"再制造业化""再工业化"战略,强调回归实体经济,发展战略性新兴产业,试图在具备比较优势的产业或价值链环节上提高竞争力,扩大市场份额。新兴经济体则通过产业升级和对外直接投资,延伸、扩展产业链,深度获取全球资源和市场,从而突破传统国际产业分工对发展空间的约束,希望借助此次全球价值链重新调整的历史机遇,增强国际市场竞争力。

无论是发达国家还是发展中国家,纷纷对其产业构成进行新的调整和改变,致力于生产效率的提升和新兴产业的培育,重点是提高传统产业的资本效率、技术含量和附加值,培育战略性新兴产业②。面对经济发展步入新常态的中国而言,可借助此次全球价值链重新调整,以国内自贸区建设为重要节点,与促进国内经济转型、产业转型升级有机结合起来,吸引产业集聚,推动产业格局重构,加强供应链整合,快速实现中国向全球价值链高端攀升,提升中国在全球价值链中的竞争力。

改革开放 30 多年以来,福建通过承接国际产业转移和发展特色产业集群,积极嵌入相关的全球价值链,快速发展起以出口为导向的纺织服装、轻工、建材等加工制造为主的传统产业,成为名副其实的"世界工厂"。可以说,福建的产业发展过程就是一个不断地进行嵌入全球价值与重组、升级与跨越的过程。这其中,最早是厦门,以经济特区的身份直接接受国际产业转移,嵌入全球价值链,到了 2000 年后,泉州、漳州、福州等地区通过承接厦门产业转移,建立起以加工制造业为主的,以"三来一补"的具有自身特色的外向型经济产业集群,开始大规模地嵌入全球价值链。尽管福建产业在全球价值链中主要处于中低端位置,但不可否认,能够成功地在全球价值链上占有一点位置,对于福建产业来说,也是斐然的成就。问题是,福建产业能否应对国际、国内经济发展中的现实问题和困难。

---

① 徐惠喜. 构建中国自己的全球价值链[N]. 经济日报,2015-01-12.

② 欣采. 全球产业格局再调整带来中国产业升级机遇期[J]. 化工管理,2014(7).

来自福建省经信委的数据显示，截至2014年10月，福建省38个产业集群中，年产值超千亿元的有7个，基本上是以传统产业为主，并具备了相对比较完整的产业链条①。福建工业在全国真正比较有影响力的仍然是传统产业，这些传统产业都是福建经济社会发展当之无愧的主要动力，战略性新兴产业虽增长较快，但尚未成为支撑和引领经济发展的主体力量。故此，新形势下，福建绝不能放弃传统产业，传统产业也并非没有发展前景，而应是传统产业与新兴产业一起，紧紧抓住全球价值链重构的重要机遇期，通过功能升级和价值链升级，强力推动福建产业转型升级。

（二）自贸区时代福建产业转型升级的机遇

自贸区是各国在全球范围内集聚生产要素、参与国际竞争、推动经济发展的重要载体。世界许多国家自贸区发展的实践表明，自贸区是推动对外贸易发展和加快经济转型升级的重要途径。积极推进自贸区建设，为福建产业优化转型升级带来新机遇。

1. 国家战略支持为福建产业转型带来千载难逢的重大机会

自2009年5月党中央、国务院出台《关于支持福建省加快建设海峡西岸经济区的若干意见》之后，福建经济社会发展进入了一个新的阶段。2011年3月，国家发展和改革委员会颁布了《海峡西岸经济区发展规划》，精心谋划海峡西岸经济区发展布局，指导和促进海峡西岸经济区在更高的起点上实现又好又快发展。2014年12月，中国（福建）自由贸易试验区的批复，福建自贸区成为未来推动海峡两岸贸易自由化、投资便利化、金融开放化、行政法制化的重要载体。2015年3月，国家发展改革委、外交部、商务部联合发布了《推动共建丝绸之路经济带和21世纪海上丝绸之路的愿景与行动》，明确了福建省“海上丝绸之路”核心区的地位，推进福建海峡蓝色经济试验区建设，强调了福建在“一带一路”特别是21世纪海上丝绸之路建设中排头兵和主力军的地位，以及进一步加强福州、厦门、泉州海港城市建设等等，这一系列国家战略支持为福建的开放经济建设提供新引擎，为福建产业转型提供政策战略支持。

海峡西岸经济区建设、福建自贸区的成立、打造21世纪海上丝绸之路核心区地位，国家三大战略机遇期的叠加，成为福建千载难逢的发展机遇。此

① 福建：老树发新枝，传统产业突破有道[EB/OL]. 东南网 http://fjnews.fjsen.com/2014-10/12/content_15018785.htm，2014-10-12.

外,国家鼓励东部地区率先发展、支持平潭开放开发等政策也是福建发展面临的重大历史机遇。福建作为东南沿海省份,必将积极贯彻国家和省委重大战略部署,在新的起点上切实担负起辐射和带动全省发展的重大使命和艰巨任务。

2. 自贸区"先行先试"政策:为福建产业转型提供了良好的发展机会

经过改革开放30多年的发展,福建积蓄了实施开放战略的强大势能。在新的历史条件下,中央和省委提出的一系列先行先试政策叠加覆盖、近距离辐射,为新一轮全方位开放开发提供了难得的机遇。早在《海峡西岸经济区发展规则》中福建就享受到了中央赋予的"先行先试"政策。而福建自贸区的成立,则进一步强调了先行先试政策,从加快政府职能转变、探索制度创新、管理模式创新、促进贸易、投资便利化、金融改革等方面,为全面深化改革和扩大开放探索新路。自贸区的成立成为福建进一步融入经济全球化的重要载体,利于释放改革的制度红利、打造福建经济转型"升级版"。

进入自贸区时代,强调以服务业开放为主,为福建产业结构由传统货物贸易向服务贸易转型过渡提供支撑。自贸区的开放,是一种全方位、各领域的对外开放,这不仅改变过去30年福建以工业制造业为主的开放模式,还将促进贸易方式的转变。而新型业态的贸易发展,则有助于我们打破目前在产业结构调整和经济发展方式转型等方面的瓶颈,着力发展服务业尤其是生产性服务业,提升贸易出口价值,提升在国际贸易价值链中的地位。自贸区与国际接轨的全方位开放政策,在先行先试政策的助力下,结合福建自身产业原有发展基础,将吸引福建的优质企业资源,尤其是高端服务业和大集团将研发总部、生产基地或分公司、子公司、新兴产业、大型进出口企业到自贸区"安家落户"。这在一定程度上可能产生自贸区服务业与先进制造业的集聚效应,改变传统以货物贸易为主的模式,逐渐向服务贸易开放模式转变,实现更高层次的自由贸易,推动福建产业转型。这个转变是战略性的转变。

进入自贸区时代,外贸出口迎来新机遇,为福建出口产业转型提供更多便利。自贸区着力机制创新,推动实施"一线放开、二线管住"的监管模式,将有利于通关便利化、降低物流成本和口岸能级提升、促进贸易转型,这对福建出口企业无疑是极大利好。贸易便利化的先行先试政策,可以大大节约进出口流转时间,降低贸易成本,规避各种风险,还可以弥补传统劳动密集型产业由于劳动力成本上升而缩小的利润空间,为传统出口加工型产业提供更多商机。同时通关一体化的便利性能吸引各国货物到自贸区集散转口,有助推动自贸区航运物流业的发展。在海关特殊监管区域内开展期货保税交割和境内外维修业务等政策的先行先试政策,可以助推大宗商品交易和资源配置平台、跨境电子商务、保税展示交易平台、汽车平行进口、服务外包等新型贸易方式的发展。

进入自贸区时代,投融资和金融管理迎来创新大发展,为福建产业转型提供保障。推进自贸区建设,加快政府职能转变,减少行政审批,让市场在资源配置中起决定性作用。这种开放倒逼改革的做法,不仅将吸引更多的国际机构和跨国公司总部、研发机构、财务中心、运营中心入驻,而且能使更多的包括银行、保险、证券等金融机构,会计师、律师等中介服务机构入驻,从而促进外资经济、民营经济的共同快速发展。另外,金融关系创新还可以促进跨境贸易、投融资结算便利化,简化人民币涉外账户分类、探索在自贸区内设立单独领取牌照的专业金融托管服务机构。我们要研究探索自贸区内金融机构向境外转让人民币资产、销售人民币理财产品,多渠道探索跨境资金流动。推进自贸区内企业和个人跨境贸易与投资人民币结算业务,允许自贸区内符合条件的中资银行试点开办外币离岸业务。这些先试先行的金融政策,可以使贸易更自由,让资金更活跃和顺畅,对于福建产业转型提供了有力保障。

3. 突出对台特色,自贸区为在闽台资产业转型提供发展新机遇

近年来,海峡两岸关系呈现良好的发展态势,两岸实现直接“三通”,签署了两岸经济合作框架协议等互惠互利政策,为两岸关系发展提供了难得的历史机遇。福建对台交流合作走在全国前列,是对台优惠政策覆盖面最广、两岸合作交流最活跃的地区之一,多项涉台先行先试政策在福建发布和实施,有利于促进闽台经济、文化、社会更深融合。随着两岸经济发展的阶段性特点和全球经济区域化浪潮趋势,台商对大陆的投资定位也从早期劳动力密集型产业为主,逐步向以资本、技术密集型产业转型,但现实中存在许多困难与问题。如何帮助在闽台资企业转型升级,促进闽台产业融合,已成为福建发展的重要任务。

在国内外环境发生深刻变化的新形势下,福建自贸区的建立,赋予闽台交流合作更优的政策、更广的空间,对海峡两岸进一步深化合作交流是个突破性的利好。在闽台商可借助福建自贸区建设发力转型升级,而福建可以继续充分发挥对台优势,更加突出闽台产业对接和深化民间交流两大重点,闽台经贸交流合作有望进一步深化,从而实现优势互补、纵深发展。福建自贸区的对台优势必将带动福建区位优势将得到新的体现,台商开始重新布局福建,未来台商对福建投资与产业合作将得到新的开拓与发展。

在《中国（福建）自由贸易试验区管理办法》与《海峡两岸经济合作框架协议》坚持对台先行试点的基础上，探索闽台产业合作新模式，加快构建实施双向投资促进合作新机制。福建自贸区的功能设施和产业带动效应，可以带动台湾的产业价值链及服务业溢出效应，推动福建及台湾产业转型升级发展。

（三）自贸区时代福建产业转型升级的挑战

1. 国内外经济发展局势对福建构经济、产业转型造成较大冲击

从国际上看，近几年来全球经济发展进入下行阶段，经济增长乏力。全球金融危机以及欧洲主权债务危机的乌云还未完全散去，尽管全球经济显现回升态势，但各国经济复苏进程分化，面临的挑战各异，国际政治局势局部动荡不安，国际大宗商品价格攀升，全球恶劣气候环境影响程度不断加深，这些都给全球经济未来发展带来巨大的不确定性和风险，也对福建开放型经济造成较大冲击，经济下行压力超出预期。发达国家也开始转变经济发展方式，更为注重实体经济发展，但消费能力受到危机的影响而有所削弱。国外需求市场的萎缩必然影响像中国这样经济发展严重依赖国际市场的经济体，同样也影响着福建开放型经济发展。

从国内看，我国经济进入发展新常态和改革攻坚期：人口红利低成本国际竞争优势已下降；要素的规模驱动力减弱，固定资产投资增长乏力；受制造业产能过剩、需求不足影响，民间投资意愿减弱；税收和土地出让收入减少，偿债进入高峰期，地方政府“加杠杆”投资能力有限等等。面对国内外经济发展形势，福建要实现经济持续稳定发展，除了要努力促进开放型健康发展，还要重点考虑对国内外市场的开拓和挖掘，如何更多依靠人力资本质量和技术进步，培育新的比较优势，突破资金和技术发展瓶颈，将成为福建经济发展方式转变及产业结构调整的重大挑战。

2. 日趋激烈的竞争格局给福建产业转型发展带来巨大压力

从四个自贸区来看，尽管福建与上海、天津、广东自贸区间有着各自不同的特色和突出重点，能够实现区位优势互补、互利双赢，但同时四个自贸区之间也充满着你追我赶的激烈竞争态势，福建在发展过程中必然面临其他自贸区间的市场资源争夺和利益空间挤压。与同为东部沿海地区的上海、天津、广东自贸区相比，福建经济对外开放水平相对较低，产业结构趋同，尽管福建自贸区制定方案突出了两岸合作和制度创新，但在投资、贸易、金融、政府职能等方案中多方面互相模仿和借鉴，并不能掩盖各自贸区间对

国际市场的竞争和国外资本的争夺。国际要素的区域竞争日益激烈，这些都给福建发展带来较大的挑战。如不能紧扣自身发展优势，突出自身发展特色，调整发展战略，积极加以应对，将直接影响到福建自贸区辐射能力的提升，限制自身的发展空间，进而影响福建产业转型升级。对于福建省内非自贸区域来讲，优势大企业、新兴业态产业等向自贸区的聚集，会打破非自贸区域原有产业空间布局，降低原有产业优势。如何享受自贸区的溢出效应，同时，避免其"虹吸效应"伤及自身，已成为当下非自贸区域要共同面对的一项新挑战。

3. 制约福建产业转型升级的体制障碍依然存在

当前，福建发展正处于加速转型、跨越提升的关键时期，处于爬坡过坎、闯关夺隘的攻坚时期，经济社会发展过程中的一些深层次矛盾特别是结构性矛盾依然突出，体制机制一定程度上制约着福建产业转型升级。产业发展层次较低，企业规模普遍较小、缺乏龙头企业和国际知名品牌。其中传统型企业比重较大，产业链条短、集群化程度低、产品附加值低、经济效益较差、自主创新能力较弱。而战略性新兴产业、新业态产业虽发展快速，但整体比重较小，科技创新成果转化利用不高。人才就业结构不平衡，缺乏创新型高级管理人才。与国际成熟的自贸区城市相比，福建自贸区城市体系建设和引进高素质人力资本力度还有待进一步发展。对人才的吸引，不仅仅依赖该城市是否具备完善的基础实施体系、是否是国际化大都市，公共服务效率、社会文化特征和人力资本等方面的不足也成为制约福建高级人才流入的重要因素。现行海关港口口岸管理多部门职责交叉重叠，导致通关环节监管标准不统一、不同部门之间监管执法不配合、监管结果不互认等问题，制约了福建转型产业与全球价值链的融合。空间、资源、环境刚性约束趋紧，节能减排和环境保护任务依然艰巨等等，这些矛盾和问题将对未来福建如何实现新跨越、新发展提出新的更高要求。

二、产业机遇(一)：制度创新如何直接推动产业升级

(一) 支撑福建传统产业转型的负面清单

负面清单又称消极清单或否定列表，是一个国家禁止外资进入或限定外资比例的行业清单。在清单中，国家明确列出不予外商投资准入或有限

制要求的领域，清单以外领域则充分开放。《自由贸易试验区外商投资准入特别管理措施(负面清单)》，也是业内俗称的2015版负面清单，该版负面清单分为15个门类、50个条目、122项特别管理措施。该版负面清单中金融方面的条款内容由2014版的4条上升到14条，增加的内容包括对外商限制的具体化，提高了其透明度。该版负面清单在制造业领域的条款由2014版的近50条减少到17条。其中，一般制造业领域完全放开，只是对关系到国计民生的重点制造业领域对外资有所限制①。将开放度和透明度进一步提高的新版负面清单的做法推广至福建传统产业外商融资领域，将为福建传统产业转型升级注入新动力。特别是，信息传输、软件和信息技术服务业、租赁和商务服务业、科学研究和技术服务业等行业条款内容的修改和删除，有助于推进福建省传统产业生产服务环节市场化和社会化发展，提高福建省传统产业产品创新和工艺创水平。此外，实施负面清单制度有利于营造符合国际惯例的投资环境，跨国企业高质量的投资项目选址十分关注该区域是否具备这种投资环境。实施负面清单制度为福建省吸引跨国公司高端制造项目和节能环保项目带来了重要契机。可支撑福建传统产业转型升级的负面清单的相关内容，如表4-1所示。

表4-1 可支撑福建传统产业转型的负面清单

序号	领域	特别管理措施
一、采矿业		
(一)	稀土和稀有矿采选	1.禁止投资稀土勘查、开采及选矿；未经允许，禁止进入稀土矿区或取得矿山地质资料、矿石样品及生产工艺技术。 2.禁止投资钨、钼、锡、锑、萤石的勘查、开采。 3.禁止投资放射性矿产的勘查、开采、选矿。
(二)	金属矿及非金属矿采选	4.贵金属(金、银、铂族)勘查、开采，属于限制类。 5.锂矿开采、选矿，属于限制类。 6.石墨勘查、开采，属于限制类。
二、制造业		
(三)	矿产冶炼和压延加工	7.钨、钼、锡(锡化合物除外)、锑(含氧化锑和硫化锑)等稀有金属冶炼属于限制类。 8.稀土冶炼、分离属于限制类，限于合资、合作。 9.禁止投资放射性矿产冶炼、加工。

① 宋薇萍、梁敏.2015版负面清单 制造业瘦身 金融业透明[EB/OL].http://jjckb.xinhuanet.com/2015-04/21/content_545269.htm,2015-04-21.

续表

序号	领域	特别管理措施
三、信息传输、软件和信息技术服务业		
(四)	电信传输服务	10.电信公司属于限制类,限于中国入世承诺开放的电信业务,其中:增值电信业务(电子商务除外)外资比例不超过50%,基础电信业务经营者须为依法设立的专门从事基础电信业务的公司,且公司中国有股权或者股份不少于51%。
(五)	互联网和相关服务	11.禁止投资互联网新闻服务、网络出版服务、网络视听节目服务、网络文化经营(音乐除外)、互联网上网服务营业场所、互联网公众发布信息服务(上述服务中,中国入世承诺中已开放的内容除外)。 12.互联网新闻信息服务单位与外国投资者进行涉及互联网新闻信息服务业务的合作,应报经中国政府进行安全评估。
四、金融业		
(六)	银行业股东机构类型要求	13.对境外投资者投资银行业金融机构,应为金融机构或特定类型机构。
(七)	银行业资质要求	14.境外投资者投资银行业金融机构须符合一定数额的总资产要求。 15.境外投资者投资货币经纪公司须满足相关业务年限、全球机构网络和资讯通信网络等特定条件。
(八)	银行业股比要求	16.境外投资者入股中资商业银行、农村商业银行、农村合作银行、农村信用(合作)联社、金融资产管理公司等银行业金融机构受单一股东和合计持股比例限制。
(九)	外资银行	17.除符合股东机构类型要求和资质要求外,外资银行还受限于以下条件:(1)外国银行分行不可从事《中华人民共和国商业银行法》允许经营的"代理发行、代理兑付、承销政府债券""代理收付款项""从事银行卡业务",除可以吸收中国境内公民每笔不少于100万元人民币的定期存款外,外国银行分行不得经营对中国境内公民的人民币业务;(2)外国银行分行应当由总行无偿拨付营运资金,营运资金的一部分应以特定形式存在并符合相应管理要求; (3)外国银行分行须满足人民币营运资金充足性(8%)要求; (4)外资银行获准经营人民币业务须满足最低开业时间要求。

续表

序号	领域	特别管理措施
(十)	期货公司	18.期货公司属于限制类,须由中方控股。
(十一)	证券公司	19.证券公司属于限制类,外资比例不超过49%。 20.单个境外投资者持有(包括直接持有和间接控制)上市内资证券公司股份的比例不超过20%;全部境外投资者持有(包括直接持有和间接控制)上市内资证券公司股份的比例不超过25%。
(十二)	证券投资基金管理公司	21.证券投资基金管理公司属于限制类,外资比例不超过49%。
(十三)	证券和期货交易	22.不得成为证券交易所的普通会员和期货交易所的会员。 23.不得申请开立A股证券账户以及期货账户。
(十四)	保险机构设立	24.保险公司属于限制类(寿险公司外资比例不超过50%),境内保险公司合计持有保险资产管理公司的股份不低于75%。 25.申请设立外资保险公司的外国保险公司,以及投资入股保险公司的境外金融机构(通过证券交易所购买上市保险公司股票的除外),须符合中国保险监管部门规定的经营年限、总资产等条件。
(十五)	保险业务	26.非经中国保险监管部门批准,外资保险公司不得与其关联企业从事再保险的分出或者分入业务。
五、租赁和商务服务业		
(十六)	会计审计	27.担任特殊普通合伙会计师事务所首席合伙人(或履行最高管理职责的其他职务),须具有中国国籍。
(十七)	法律服务	28.外国律师事务所只能以代表机构的方式进入中国,在华设立代表机构、派驻代表,须经中国司法行政部门许可。 29.外国律师事务所不得从事中国法律事务,不得成为国内律师事务所合伙人。 30.外国律师事务所驻华代表机构不得聘用中国执业律师,聘用的辅助人员不得为当事人提供法律服务。
六、科学研究和技术服务业		
(十八)	专业技术服务	31.禁止设立和运营人文社会科学研究机构。

资料来源:国务院办公厅印发的《自由贸易试验区外商投资准入特别管理措施(负面清单)》。

（二）支撑福建传统产业转型升级的贸易监管制度

传统产业产品出口在福建对外出口中占有较大比重，且呈现大幅上涨的势头。2013年福建省出口纺织服装229.6亿美元，约占出口总额的21.56%，同比增长22.3%，鞋业出口交货值699.38亿元，约占出口总额的10.61%，同比增长14.1%[①]。但现有的许多贸易监管制度，审批程序繁苛，造成通关效率低下，大大提高了传统产业企业的出口成本，削弱了企业的低成本竞争优势。例如，海关通关流程通常包括报关、审单、接单、征税、检验与放行等。通关作业要求企业打印纸质报关单，并随附合同、发票等纸质单据，向主管海关接单现场递交。货物在港口入仓报关，再转关，到了机场又需重新过磅、计量、检测。企业在海关特殊监管区需要使用海关监管车辆，并需要施加关封。国际航行船舶需在海关、检验检疫、边检、海事4家口岸联检单位分别办理手续。出口货物检验检疫流程的一般模式的每个环节均需人工干预且共有9个环节。在传统通关管理模式下，福州海关进境货物从口岸到区内仓库时间平均需2-3天，车辆过卡平均时间预计为6分钟。因此，探索以贸易便利化为重点的贸易监管制度，有助于提高出口产品的流通速度，减低传统产业企业的出口成本。

上海自贸区进行贸易监管制度创新，形成了高效、便捷和安全的运行机制，主要包括以下重要举措：一是实行备案制度，实施货物入区备案、区内自由存储流动、出区核销、宽进严出，实施“一次备案、多次使用”作业模式；二是分类监管，根据保税货物、非保税货物、口岸货物等三类不同货物状态，进行分类监管，提高通关速度，降低监管风险；三是以企业为基本监管单位为主，利用审计核查制度、风险管理方式、分级监管方式等代替传统的货物实物监管；四是简化通关手续，实施“一次报关、集中报关”作业模式，推行一站式电子通关模式；五是实行区港联动，实现海港、空港和保税区之间的多元联动和一体化运作。

目前，福建自贸区以贸易便利化为重点的贸易监管制度创新，突出其对台特色，其主要举措包括：(1)率先实行海关、检验检疫、边检、海事4家口岸联检单位“一站式”查验平台；(2)试行“先放行后报关”模式。允许企业借助新舱单系统数据向海关进行入境申报，海关对舱单审核、查验后直接放行货物，企业再报关、缴税；(3)对整车进口口岸非中规车业务，实行“分类管理、

① 黄璐聪、福关宣. 福州海关出台12项公告助力自贸区建设[EB/OL]. http://mag.fznews.com.cn/shtml/fzrb/20150422/183144.shtml, 2015-04-22.

验证改装、事后监管”的检验检疫监管模式;(4)对台湾地区输入区内的特定产品试行快速检验检疫模式;(5)率先采信台湾认证认可结果和检验检测结果;(6)实施卡口智能化管理,对智能化卡口识别条形码系统进行改造,实现车辆过卡自动对比、自动识别、自动验放等智能化管理;(7)在海关特殊监管区内企业可在自贸试验区内开展保税展示交易业务,等等[①]。此外,海关部门还将全力推动口岸“大数据”信息化平台建设,主动扩大数据开放口径,努力实现与政府部门、口岸单位、市场主体等跨部门、跨业务的信息交换。

(三)支撑福建传统产业转型的金融创新制度

福建省是民营经济大省,民间投资日显活跃,但民间资本投资准入受限太多。同时,福建和台湾一水相隔,具有对台交往的独特优势,两岸金融合作应继续深化,但两岸金融开发还存在很多深层次问题。

首先,民营资本投资受限。福建省民间投资发展较好,总体而言民间投资仍有较大作为空间。例如,2014 上半年,福建省固定资产投资 8 435.70 亿元,同比增长 21.5%。其中,民间投资 5 059.88 亿元,增长 28.9%,占投资的比重由 2013 年同期的 56.5%上升至 60.0%,对固定资产投资增长贡献率 76.1%[②]。而对民间投资吸引力大的基础设施等领域,目前民间投资占比只有 15%,这些领域恰是民间投资的短板[③]。民间资本设立金融机构仍面临市场准入的“软门槛”,在经营过程中存在存款吸纳能力和融资能力欠缺问题。“玻璃门”问题使福建省民间投资仍存在有钱无处投、想进进不去的难题。

其次,闽台金融服务业开放力度不够。近几年,闽台金融合作在政策层面得到了国家重点支持,发展迅速。2010 年,国务院批准厦门建立两岸区域性金融服务中心;2011 年,国务院又批准实施《厦门市深化两岸交流合作综合配套改革试验总体方案》。同时,在此期间,中国人民银行、银监会、证监会相继出台了支持闽台之间金融合作先行先试的政策。台湾一些商业银行已在厦门、福州开办分行,但依法创建闽台合资各类微型金融机构,形成多元化的融资渠道和灵活多样的投资方式以支持传统产业转型升级的难题还

---

① 陈楠、徐欣昀.福建自贸区发布 22 项创新举措[EB/OL].http://digi.dnkb.com.cn/dnkb/html/2015-04/22/content_375580.htm,2015-04-22.

② 2014 上半年福建经济运行情况分析[EB/OL].http://www.askci.com/finance/2014/07/29/1730372gdo.shtml,2014-07-29.

③ 新华网.福建推出 122 个项目鼓励民间资本投资 含福厦轨道交通等项目[EB/OL].http://www.fj.xinhuanet.com/news/2014-09/17/c_1112516961.htm,2011-09-17.

未破解；闽台金融业界尚未建立常态化互访交流机制，无法深入学习台湾金控机构特色化服务和小众化优质服务等经验，以改进金融服务和拓宽服务范围支持传统产业转型升级；两岸在电商领域、小额贸易都已经放开人民币结算，厦门已经成为首个跨海峡人民币清算结算服务的城市，但两岸货币互换协议（SWAP）依旧未能成行，无法规避融资台币支持传统产业转型升级带来的外汇汇率和利率变化风险；通过闽台金融合作，加快利率市场化，从而降低传统产业中小企业的融资成本方面还需要解决很多深层次问题。因此，大力推进金融体制机制改革，鼓励和引导民间资本进入金融领域，深化闽台金融合作，以金融资本支持和引领传统产业资本更有效地配置资源，持续提升金融机构服务传统产业水平，才能有效促进传统产业的转型升级①。

上海自贸区金融制度创新主要在人民币资本项目可兑换、金融市场利率市场化、人民币跨境使用、外汇管理体制改革、发展离岸金融等方面进行先行先试。福建省自贸区建设突出对台特色，重点建设两岸区域性金融服务中心和金融创新合作示范区，在以下方面进行先试先行：（1）鼓励和引导福建省民间资本进入金融领域，深化闽台金融合作，以金融资本支持和引领产业资本更有效地配置资源，促进实体经济发展；（2）引进和组建闽台合作的各类金融机构，引进台湾等地区高级金融人才，改进服务方式，创新金融产品，对担保品不足的中小企业提供信用保证；（3）通过闽台金融合作，加快利率市场化，使金融机构在货币市场经营融资的利率水平由市场供需关系决定，从而降低资本成本；（4）推进两岸货币互换和人民币回流机制。目前，福建自贸区金融创新制度方面已推出以下主要举措：（1）创新金融服务，发展跨境电子商务；（2）大力支持发展融资租赁、商业保理等非银行金融业务和对台离岸业务；（3）深化外债比例自律管理试点，区内中资企业借用外币外债资金可按规定结汇使用；（4）自贸试验区内外商直接投资项下外汇资本金意愿结汇；（5）率先对台企试行“台商协会总担保制度”。

（四）支撑福建传统产业转型升级的政府管理服务创新

我国政府在市场经济中行政审批事项繁多和监督管理体制的缺失，导致政府干预过多又监管不到位，无法实现“使市场在资源配置中起决定性作用和更好发挥政府作用”这一新定位，阻碍福建省传统产业转型升级。这主要体现在两个方面：一方面是事前监管过度。例如，投资项目在市场准入时

---

① 颜财斌.政协委员关注“金改区”作用，呼吁加快闽台金融合作步伐[EB/OL]. http://fjnews.fjsen.com/2014-01/10/content_13313604.htm，2014-01-10.

面临着诸多审批障碍,浪费了大量时间和经费。广州市政协常委曹志伟曾一针见血地指出投资项目通过重重审批的艰难坎坷:"投资项目从立项到审批,整个流程需要经过20个部委,要盖108个章,全程需要799个审批工作日;而从拿地到开工,就要259个审批工作日。"[①]但我国至今仍没有完善的法律对政府部门设置事前审批进行严格的核准、审查,造成政府权力部门寻租严重,频频越权干涉市场。另一方面是事中事后监管不到位。政府在管理投资项目时,往往重审批、轻监管,甚至以审代监。一个服务于传统产业转型升级的企业投资项目的批准往往需要多个审批部门的签字盖章。而项目审批后,缺乏功能完善、防控严密、执行高效、沟通畅通的事中事后监管工作体系,导致政府部门之间的权责不明、监管失效,无法评估项目的实施效果。

福建省自贸区应注重法制化监管、市场化监管、事中事后监管、制度改革创新、政务环境创新,提高政府管理服务的效能和质量。一是进一步与国际通行法律规则接轨,完善企业注册设立、业务经营、投资并购、会计审计、知识产权、环境保护和劳动就业等环节和领域的法律法规体系,建立强有力的法制化监管环境;二是依托社会信用体系、市场监管体系建设,建立起遵循市场规律、尊重企业行为的经济管理体制和运行机制;三是形成与国际投资贸易通行规则相衔接的基本制度框架,完善财税体制及包括知识产权保护和服务贸易统计在内的服务贸易管理制度;四是建立以公司真实信息披露为主的事后监管模式,提高社会公众参与水平,充分发挥中介者组织和社会舆论的监督作用;五是拓展电子政务服务能力,全面提升公共服务水平和效率。

目前,福建自贸区政府改革创新方面已推出以下主要举措:(1)率先推行电子营业执照,加盖登记机关电子印章,赋予企业"电子身份",方便企业商务交易、办理行政事务手续;(2)建设自贸试验区综合服务平台,为企业提供投资设立、工商变更、纳税服务、社保缴交、海关检验检疫登记、进出口经营权备案、"多规合一"申报、信用查询、公章刻制、报关、报检、金融服务等全方位"一站式"服务;(3)为了进一步方便企业,在"一表申报、一口受理、一照一号"的基础上,实行"一章审批、印章即刻、立等可取"的服务模式;(4)企业设立实行"一表申报、一口受理、一证三码";(5)在全国率先试点推行"一掌通"3A移动税务平台;(6)企业注册率先实行"三证合一、一照一号"登记制

---

① 邓海建.行政审批"健身":兑现承诺,释放红利[EB/OL].http://opinion.people.com.cn/n/2013/0428/c1003-21312529.html,2013-04-28.

度;(7)率先实行商事主体名称“自助查重、自主选用”;(8)率先实行企业联络地址登记制度。

三、产业机遇(二):制度创新推动产业升级的具体路径

(一)借助自贸区制度创新,提升传统产业竞争力

福建自贸区将借鉴和吸收国际上先进的投资规则、贸易监管规则、金融服务规则和政府管理服务规则,这些制度创新的“溢出效应”将为传统产业转型升级提供更多的机遇,将为提升我省传统产业的竞争力释放更多的制度红利。

1. 加快传统产业信息化建设

自由贸易试验区借助信息管理系统推进贸易监管制度创新和政府管理服务创新,这将倒逼福建省传统产业和企业推进信息化技术应用,提升自身的信息化水平,以对接支撑制度创新的信息管理系统,否则难以享受制度创新带来的改革红利。

因此,福建省传统产业企业应重新审视自身的业务流程,加大信息化改造力度,推广企业资源计划(ERP)、电子数据交换(EDI)、计算机辅助设计(CAD)、客户关系管理(CRM)和产品数据管理(PDM)等计算机辅助软件,提升企业研发、生产控制、国际贸易和客户管理等环节自动化和智能化水平;推进嵌入式、智能化、可重组的无线射频识别(RFID)系统集成软件在企业生产、流通等各环节的应用,进而提高企业整体资源利用率。同时,以“互联网+”理念为指导,促进信息化与工业化深度融合,充分发挥软件和信息服务业在促进传统产业转型升级的作用。此外,抓住“中国制造2025”以泉州为唯一的地方样板和实践范例的契机,积极推进物联网、云计算、社会计算、大数据等新一代信息技术在泉州传统产业率先应用,总结成功经验并在全省予以推广。

2. 促进生产性服务业的发展

生产性服务业在促进传统产业转型升级中发挥着不可替代的作用。生产性服务业能够为传统产业发展提供高质量的中间服务,能够延伸原有传统产业链条,提升产业附加值,能够优化传统产业资源配置效率,增强传统产业发展活力,还能衍生出新的分工结构,推动传统产业由生产制造型向生

产服务型转变[①]。

自贸区制度创新将大力推动福建省生产性服务业的发展。一是基于负面清单的投资制度创新和商事登记制度改革放宽了福建省生产性服务业的市场准入,激励更多的外资投资商发展生产性服务业。二是推动民营资本进入银行业、闽台金融合作深化、知识产权抵押制度等金融制度创新将拓展福建省生产性服务业的融资渠道,完善其相应的融资产品和支持体系,为面向传统产业转型升级的小型微型生产性服务企业破解融资难困境。三是完善的财税体制将推动面向企业的公共检测服务平台、面向行业的公共技术研发和应用转化平台、面向社会的市场诚信体系等服务业发展薄弱环节建设;税收优惠政策倾向于研发设计、检验检测认证、绿色环保等科技型生产性服务业企业,提升面向传统产业转型升级的工业设计水平和创新服务水平;并应适时扩大生产性服务业服务产品出口退税政策范围[②]。四是贸易监管制度创新和简化境外投资审批程序等政府管理服务创新有助于提升网上交易、在线支付、数字认证和现代物流等等生产服务领域的专业配套功能;同时有助于生产性服务企业“走出去”,大力发展高端生产性服务业。

3. 推动传统产业企业的科技创新和低碳发展

自贸区制度创新推动福建省传统产业企业的科技创新和低碳发展。一是自贸区制度创新推动生产性服务业的发展,生产性服务业的发展提升福建省传统产业企业的工业设计水平、低碳生产水平和自主创新水平。二是跨国企业投资项目选址十分关注该区域是否具有符合国际惯例的体制环境。自贸区制度创新促进福建省建立市场化、法制化和国际化的营商环境,这为福建省吸引跨国公司高端制造项目和节能环保项目带来了重要契机。福建省纺织服装、建材等优势传统产业应抓住机遇,建立以企业技术中心、工程中心、工程实验室为主导的企业创新平台和面向产业创新服务的产学研合作创新平台,对接高质量的外商投资,增强企业引进吸收再创新能力和集成创新能力,全面推行清洁生产,培育高端面料、绿色建材等自主创新的核心技术。三是自贸区制度创新有助于推动传统产业企业进口先进技术装备、关键零部件、国内短缺资源、节能环保和资源再利用产品,引进高层次创新人才,通过消化再吸收完成企业工艺流程改造,提高产品质量,形成工业

---

① 任兴洲、刘涛.发展生产性服务业 促进产业转型升级[EB/OL]. http://paper.ce.cn/jjrb/html/2014-09/06/content_214885.htm,2014-09-06.

② 夏杰长.把握生产性服务业发展的着力点[EB/OL]. http://paper.ce.cn/jjrb/html/2014-09/06/content_214886.htm,2014-09-06.

自主设计能力甚至是一些核心技术的自主创新能力。

4. 打造龙头骨干企业和发展总部经济

自贸区制度创新有助于支持福建省传统产业中具备实力的大中型企业设立企业研究院和省级企业重点实验室，从制造环节向研发、设计、品牌和营销环节延伸；通过实施大企业、大集团培育计划，打造一批规模大、实力强的拥有自主知识产权的大企业集团；进而通过优势龙头骨干企业带动产业内一大批配套中小企业转型升级。

自贸区制度创新有助于在优势传统产业发展比较成熟的泉州地区（如纺织服装业、石材业等）和厦门地区（食品饮料业、家居建材业等）积极培育发展总部经济，大力发展研发设计和品牌营销等高附加值环节，将现有生产基地转型升级为总部基地，同时将加工和组装等劳动密集环节转移到我国中西部地区。

5. 推动传统产业企业"走出去"

自贸区制度创新推动福建省传统产业企业"走出去"。一是自贸区制度创新促进福建省纺织服装、造纸、建材和冶金等传统行业进一步搭建各种形式的经贸合作平台，特别是发展跨境电子商务平台，进一步提高福建省传统产业产品国际市场占有率，提升其国际化经营水平。二是自贸区制度创新有助于福建省传统产业优化配置资源在全球或特定区域设立投资运营中心、采购中心和研发中心。三是自贸区制度创新有助于福建省拥有自主品牌、核心技术的优势传统产业龙头企业通过跨国并购、重组实现全球市场布局，逐步提高自主品牌的国际知名度。

（二）借助自贸区制度创新做大做强战略性新兴产业

战略性新兴产业是指随着新的科研成果和技术发明产业化、市场化而出现的，对经济社会发展和国家安全具有重大和长远影响的新部门和行业。战略性新兴产业具有市场需求前景广、资源能耗低、带动系数大、综合效益好等特征。增强自主创新能力，培育战略性新兴产业，不仅是促进经济平稳较快增长的迫切需要，也是调整经济结构、转变经济发展方式的中心环节。福建省着眼世界新兴产业发展方向，立足现有产业基础、资源禀赋及科研条件，提出积极培育新一代信息技术、新材料、高端装备制造、节能环保、新能源、生物与新医药、海洋高新等新兴产业，重点发展新型显示、LED产业、稀土及化工新材料、节能环保装备、太阳能光伏及新型动力电池等领域。经过近五年的扶持与培育，福建省新一代信息技术、生物医药、新材料、新能源等新兴产业形成了各具特色的产业集群,集聚效应和洼地效应明显。目前福建省已有福州、厦门两个国家级高新技术产业开发区,泉州、漳州、莆田等省级高新技术产业开发区,以及国家火炬计划的软件产业基地、电子信息产业基地等,这些成为福建省新兴产业集聚的主要平台。但新兴产业集聚的平台主要集中在在沿海发达地区,南平、龙岩、三明等内陆地区新兴产业发展相对滞后,产业集聚态势尚不明朗。大部分新兴产业在行业内未形成分工协作的产业链,产业配套不健全,产业集聚程度还不够高,产业带动作用还不够大。新兴产业人才缺乏导致企业的创新能力不强,福建省新兴产业的发展模式在技术上还表现出"拿来主义",许多新兴产业是没有自主品牌的"空心"产业,处于全球新兴产业产业链的加工制造环节,附加值普遍较低,其关键零部件和原材料对国外进口的依赖性较大。

福建省应该充分利用自贸区制度创新战略性新兴产业给带来的发展机遇,做大做强福建省战略性新兴产业。

1. 借助自贸区建设提升科技创新能力

新兴产业的产生和发展,是伴随着关键核心技术的深化、衍生以及推广应用的。一个地区要塑造新兴产业发展的核心竞争优势,离不开对核心关键技术的拥有和控制。新一轮科学技术的密集突破,跨领域技术的高度交叉和深度融合将促进新兴产业的迅速发展。各个国家或地区都十分重视掌握信息、生命、能源、材料等跨领域融合的交叉性技术的关键核心部分,通过加大对科技创新的投入,以科技突破引领新兴产业发展,塑造国际竞争优势。福建省已建成一批国家级和省部级重点实验室、工程(技术)研究中心、企业技术中心,建成福州软件园和厦门软件园、留学人员创业园、省高新技术创业服务中心孵化基地等科技创新基地以及省集成电路设计中心创新平台。

总体而言,福建省在科技进步水平、自主创新能力等方面还比较低。研发经费支出占全省生产总值比重一直低于全国平均水平。要做大做强战略性新兴产业,必须要不断提升自主创新能力。福建省可以依托自贸试验区进口研发设备和耗材的免税政策,积极发展创新型研发中心和技术服务中心,开展产品设计、生产研发、技术创新等业务活动。鼓励高新区、产业集聚区、骨干企业与高校、科研院所进行产学研密切合作,布局建设一批科技研发平台和产业化基地。争取特色优势的工程研究中心、工程实验室等列入国家地方联合建设计划,扶持企业建立各种类型的企业技术中心、研发中心等,加大专利技术研发力度。鼓励企业和研发机构合作,申请国家、省科研项目。加强财税政策引导，完善激励自主创新政策体系，鼓励企业增加研发投入，促进产业集聚区公共技术服务平台建设和中小企业创新发展，逐步建立以企业为主体技术创新体系。借助自贸区平台，深化对外合作，尽快掌握一批关键核心技术，提升福建省自主发展能力与核心竞争力。建立健全中介服务体系，大力发展研发服务、信息服务、创业服务、技术交易、知识产权和科技成果转化等高技术服务业。鼓励省外企业和科研机构在自贸区内设立研发机构。支持省内有条件的企业在省外、境外开展联合研发和设立研发机构和跨国经营，提高国际化发展水平。

2. 借助自贸区建设推动新兴产业集聚发展

新兴产业以重大技术突破为先导，决定了其组织培育方式不同于传统产业。以配套集群的模式，在一定空间范围内实现上下游衔接，有助于知识和技术的转移扩散，尽快形成整体竞争能力。高新技术园区与产业基地以其技术与智力的高度密集，蕴藏着新兴产业发展的巨大潜力。产业集聚已被证明是扶持和培育新兴产业发展的有效途径，如美国旧金山湾的“生物技术湾”、硅谷、英国剑桥高新技术产业集群、台湾新竹高新产业园、北京中关村产业园等。

随着2014年《国家发展改革委财政部关于组织实施战略性新兴产业区域集聚发展试点的通知》的发布，区域产业集聚将是“十三五”期间战略性新兴产业创新与发展的重要一极。要充分发挥福州、厦门国家级、泉州、莆田等省级高新区的集聚、辐射和带动作用，优化资源配置，推动生产要素、科技资源向园区和基地集中。通过探索经营总部加生产型分支机构的做法，并落实选择性纳税政策，实现高端制造企业的自贸区内外联动，吸引一批战略性新兴产业项目落户自贸区，使之成为福建省参与新兴产业市场竞争的核心企业，发挥龙头企业辐射、示范、信息扩散和销售网络的产业集聚带动作用。积极支持中小企业进入龙头企业的供应网络，建立最终产品与零部件厂商的战略联盟，大力提高龙头企业的当地配套率，加快形成一批特色鲜明、优势突出、规模较大的新兴产业聚集区。充分发挥自贸区对台先行先试优势，积极承接台湾新型平板显示、集成电路、LED、生物技术等产业转移，引进台湾龙头企业，构建产业集群，延伸产业链。对台湾高科技企业来闽投资创业，引入新品种、新技术、新设备等，给予用地审批、土地流转、贷款融资、税收等优惠政策。支持闽台科研机构、企业建立技术创新联盟，建设科研合作基地，开展联合攻关，并给予政策扶持。鼓励和支持有条件的企业到台湾投资，推动共同制定战略性新兴产业、高技术行业标准。

3. 借助自贸区建设为战略性新兴产业提供融资保障

新兴产业具有典型的创新性和不确定性,需要有灵活适应市场机制、强抗风险能力的融资保障。互联网金融创新蓬勃发展,众筹模式方兴未艾,这些无疑为战略性新兴产业类企业的融资提供了良好的平台。自贸区建设中金融改革试验,更为战略性新兴产业融资提供了重要保障。

福建省应在发挥政府资金引导的基础上,充分利用自贸区的金融创新,加快风险投资体系建设,形成扶持战略性新兴产业发展的多元化投融资体制。扶持、壮大一批风险投资机构,吸引一批境外风险投资基金来自贸区发展风险投资业务。鼓励企业或个人等各类民间资本参与组建风险投资机构,支持符合条件的企业在中小企业板、创业板上市融资或发行企业债券、公司债券、短期融资融券和中期票据,支持中小企业发行集合债券、集合票据。引导金融机构建立适应战略性新兴产业发展特点的信贷管理、信用评级和贷款评审制度,推进知识产权质押融资、产业链融资等金融产品创新。引导各金融机构建立适应新兴产业特点的信贷体系和保险、担保联动机制,促进知识产权质押贷款等金融创新。鼓励地方商业银行在总贷款规模中,划出一定比例的资金作为信贷专项,用于支持新兴产业发展。完善融资担保体系,对为新兴产业企业提供融资担保的担保机构,省财政按其年度担保额予以补偿,并可以获得省级再担保公司的再担保。探索设立非上市新兴产业创新型公司柜台交易系统,增加非上市公司柜台交易场所,活跃非上市企业的股权交易,扩大股权融资规模。落实战略性新兴产业的核心科技人员和经营管理人员期权、技术入股、股权奖励等措施,形成有利于创新创业的良好环境。

4. 借助自贸区建设为战略性新兴产业创造良好的营商环境

自贸区建设的核心任务就是创造良好的营商环境。福建应以自贸区建设为契机,为战略性新兴产业发展创造营商环境。

围绕战略性新兴产业发展的重点领域,按照市场拓展和商业模式创新相结合的模式,引导消费理念和消费模式的转变;高度重视价值链后端的市场开拓,鼓励企业由单纯生产或加工向研发、设计、品牌、服务等新的利润增长环节延伸,发展有利于扩大市场需求的专业服务、增值服务等新业态;提倡绿色消费、循环消费、信息消费,创新消费模式,促进消费结构升级。扩大终端用能产品能效标识实施范围;积极推行合同能源管理、现代废旧商品回收利用等新型商业模式,使战略性新兴产业发展与低碳经济和建设绿色经济强省相结合。

完善标准体系和市场准入制度。制定优惠政策，支持企业投资采购先进设备和研发新产品；进一步落实首台套补偿政策，完善加快战略性新兴产业发展的首试补偿金机制；完善市场准入制度，加快建立有利于战略性新兴产业发展的相关行业标准体系、认证认可及检验检测体系，规范市场秩序，营造良好的市场公平竞争环境。通过行政手段，使更多的战略性新兴产业产品进入政府采购目录和范畴，为战略性新兴产业的产品开辟进入市场的绿色通道。

提高行政效能，在项目核准备案、工商登记、高新技术企业、创新型企业认定等方面，减少、简化审批程序。对新兴产业领军企业、重点项目申报等开辟“绿色通道”。加强战略性新兴产业与高新技术产业的融合。健全政府信息网络，向企业界及时发布战略性新兴产业发展的优惠政策，使企业家能及时、全面、准确地了解产业政策。切实解决部门利益分割、多头管理和职能交叉错位等问题，使政府财政政策、产业政策、科技政策充分发挥协同作用。

（三）借助自贸区制度创新，深化闽台产业合作

改革开放以来，我国制定了一系列旨在缓和两岸关系的方针政策，为两岸经贸合作创造良好的环境和条件。而福建与台湾地缘相近、血缘相亲、文缘相承、商缘相连、法缘相循，两地生产要素与产业结构互补，因此，在对台经贸交流及产业合作方面福建始终走在全国前列。

近年来，为进一步推动闽台产业合作，福建省陆续出台了《关于进一步促进台资企业发展的若干意见》等一系列政策措施，促进了台资企业的转型升级，特别是《海峡两岸投资保护和促进协议》的签署，为两岸投资者提供了制度性保护，有力地推动了两岸生产要素的优势互补，促进了闽台双向投资和两岸产业深度合作。伴随台湾开放大陆资本投资，闽台产业合作呈现全面对接态势，已基本形成双向、多领域的闽台产业融合发展的新格局。但当前制约闽台产业深度合作的制度障碍依然存在，如涉台立法领域还有待拓展，两岸税收制度、税收政策不协调等。

因此，自贸区除了实施负面清单，扩大对台资开放，降低台商投资门槛，转变政府职能，创新对台资企业管理方式，以及金融领域对台开放先行先试外，还需要根据闽台产业合作需要，加强涉台立法工作。对现行有效的地方性法规加大修改力度，对尚未制定法律规范的领域加快立法进度。需要循序渐进的协调两岸相关税种，促进两岸预约定价安排的签署，以消除重复征税及两岸税制的不协调。通过全面制度创新为深化闽台产业合作提供新的

契机。

1. 深化闽台现代农业合作

发挥海峡两岸农业合作试验区、现代林业合作实验区和台湾农民创业园的示范作用,继续在两岸产业深度合作、创业园建设、政策制定、合作机制探索等方面先行先试,发挥闽台农业合作在两岸农业融合发展中的先行示范作用。取消对自贸区内从事农作物(粮棉油作物除外)新品种选育(转基因除外)和种子生产(转基因除外)的两岸合资企业由大陆方面控股的要求。在用地审批、土地流转、财税等方面制定相关的优惠政策,推动闽台农业合作。

强化闽台农业合作的金融保险服务。鼓励和支持大陆商业银行积极开展金融服务创新,进一步拓展农村土地经营权、林权、茶果园抵押贷款等新型金融创新产品,为台资农业企业提供优质金融服务。建立台资中小企业融资贷款风险补偿机制,在国家级台湾农民创业园内开展台资中小企业助保金贷款试点工作。鼓励和支持保险企业针对台资农业企业的自身特色、主导产业、生产需求开发配套的保险产品,提供保险服务。支持台湾银行来闽发起设立村镇银行。支持台湾同胞投资企业协会或台商组建信用担保机构,为台资农业企业提供融资担保服务。推动对台农产品贸易自由。

简化台湾农产品通关手续,提高通关效能。就农产品进出口贸易所面临的通关和检疫检验等问题,与台湾方面协商建立检验检疫和农药残留检测标准互认机制,以及相应的协调机制①。建立农产品赴台采购常态化机制。通过结对子联结两岸农产品物流通路,有针对性地做深做强两岸农产品经贸合作。

鼓励闽台农业科技合作。探索闽台农业科技联合创新、科研成果互惠共享机制。支持闽台农业科技研发、技术成果应用与转化项目建设。尽快建成两岸农业高端研发基地、区域农业高新科技成果转化中心。支持海洋渔业科研院校与台湾业界联合开展台湾海峡渔业资源调查研究,建立台湾海峡渔业资源开发与保护共享平台。突出重要品种和关键性技术的引进、吸收和再创新,集成推广台湾农业良种及其配套技术。探索创新台湾农业良种和技术引进的奖励机制。②

---

① 闽台农产品贸易:三大难题影响台湾农产品登陆[EB/OL]. http://www.huaxia.com/tslj/rdqy/fj/2013/08/3497605.html,2013-08-22.

② 福建省人民政府.福建省人民政府关于进一步深化闽台农业合作的若干意见[Z].2013-08-06.

2. 推进闽台金融业深度合作

一是降低台资金融机构准入门槛，提高台资持股比例。自贸区金融服务业对台资进一步开放，降低台资金融机构准入和业务门槛，适度提高参股大陆金融机构持股比例，并参照大陆金融机构监管。[①] 允许符合条件的台资金融机构按照大陆有关规定在自贸区内设立合资基金管理公司，台资持股比例可达50%以上。允许符合设立外资参股证券公司条件的台资金融机构按照大陆有关规定在自贸区内新设立两家两岸合资的全牌照证券公司，其中一家台资合并持股比例最高可达51%，另一家台资合并持股比例不超过49%、且取消大陆单一股东须持股49%的限制。支持符合条件的台资保险公司到自贸区设立经营机构。

二是试验人民币可自由兑换。在对台小额贸易市场设立外币兑换机构。允许自贸区银行业金融机构与台湾同业开展跨境人民币借款等业务。支持台湾地区的银行向自贸区内企业或项目发放跨境人民币贷款。对自贸区内的台湾金融机构向母行（公司）借用中长期外债实行外债指标单列，并按余额进行管理。研究探索台湾地区的银行在自贸区内设立的营业性机构一经开业即可经营人民币业务。

三是拓宽台资金融机构业务范围。允许台湾地区的银行及其在大陆设立的法人银行在福建省设立的分行参照大陆关于申请设立支行的规定，申请在自贸区内设立异地（不同于分行所在城市）支行。台湾地区的银行在大陆的营业性机构经营台资企业人民币业务时，服务对象可包括被认定为视同台湾投资者的第三地投资者在自贸区设立的企业。

四是加强两岸金融领域合作。支持在自贸区设立两岸合资银行等金融机构。在符合相关规定前提下，支持两岸银行业在自贸区内进行相关股权投资合作。在框架协议下，允许自贸区内大陆的商业银行从事代客境外理财业务时，可以投资符合条件的台湾金融产品；允许台资金融机构以人民币合格境外机构投资者方式投资自贸区内资本市场。支持福建省股权交易场所拓展业务范围，为台资企业提供综合金融服务。加强两岸在金融纠纷调解、仲裁、诉讼及金融消费者维权支持方面的合作，健全多元化纠纷解决渠道。

---

① 福建自贸区方案推进闽台合作 允许开展对台跨境人民币借款[EB/OL]. http://www.yicai.com/news/2015/04/4608132.html, 2015-04-20.

3. 闽台物流业合作的新路径

首先，打造环台湾海峡航运中心。适时建立由两岸港口、航运、海洋等部门组成的沟通机制，共同制定物流产业政策，协商解决物流合作的重大问题；创新突破双方制度障碍，加强港口协调，制定统一的经营规则，降低制度差异所产生的交易成本，提高综合物流效率。充分利用中央赋予福建的对台优惠政策，推动"启运港退税""台资船舶登记"等创新试点，争取国际船舶保税登记、融资租赁等政策；推动交通运输部将福州港认定为"基本港"。推动两岸海关"监管互认、执法互助、信息互换"，实施以"互认"为核心的机制化海关合作模式。[①] 推进海关特殊监管区域交流合作，在台商投资区和台资企业密集地区开展海关保税物流业务。

其次，加强闽台两地物流企业与产业合作。引导闽台大型物流企业通过投资、合作、参股等形式，加大物流设施投入，共同做大物流产业；共同开拓腹地的内陆省份市场，争取台湾大宗货物由福建中转，促进闽台港口联盟发展。主动承接台湾物流产业转移，推进闽台临港产业全面对接，构建环台湾海峡临港工业走廊。引导、支持物流企业向专业领域渗透，延伸物流服务领域，加强两岸冷链物流合作，共同打造现代、高效、便捷的两岸农产品冷链物流平台。鼓励闽台在电子商务与物流的技术对接和业务对接方面进行探索。

再次，推进闽台物流标准化和信息化建设。建立闽台现代物流业标准化协商机制；完善两岸物流信息技术、交通物流信息服务、冷链物流等标准体系；强化包装、仓储、运输、配送等方面的物流标准管理；推进实施标准化试点示范。鼓励闽台两地港口协商建立共享的信息系统，提高工作效率；推广应用物流领域信息技术，鼓励物流企业广泛采用先进技术，实现商品来源可追溯、去向可查证、流程可视化；扶持一批物流信息服务企业成长，开发符合闽台物流合作需求的软硬件产品，为闽台物流合作提供信息支撑。

4. 推进闽台旅游业合作不断深化

第一，完善闽台旅游合作机制。加强旅游线路互联、客源互送、信息互享，共建环海峡旅游圈，共推双向旅游精品线路，共同打造"海峡旅游"品牌，推动实施两岸机动车互通和驾驶证的互认。推动福建成为海峡两岸旅游合

---

① 魏澄荣、吴德进、黄继炜. 闽台物流合作存在问题及对策研究[J]. 亚太经济，2013(6)：138-141.

作政策的先行先试区域、海峡两岸游客首选旅游目的地和中转地。①

第二，构建水上“黄金通道”。进一步发挥闽台空中直航、海上直航、“小三通”海空联运的立体交通优势，提升两岸游客往来便利性；拓宽闽台海上直航旅游线路；积极推动“环马祖澳旅游”发展；加快完善邮轮旅游设施、相关配套产业和服务，做热“环海峡邮轮旅游”航线。②

第三，推动产业深度融合。深化闽台旅游产业项目建设，提升闽台乡村旅游产业合作平台；加快厦门国际邮轮母港建设，开发“高铁＋邮轮”“高速＋邮轮”等系列旅游产品；深化文创旅游产业融合，引进一批台湾文创企业，提升一批富有闽台特色文化内涵的文创旅游产品。

第四，打造平潭国际旅游岛。推动平潭国际旅游岛规划编制和建设；推行国际通行的旅游服务标准，加快旅游要素转型升级，打造一批精品旅游景区，丰富休闲度假旅游产品；引进一批重点旅游项目和国际、国内知名旅游企业落户平潭。推动平潭实施部分国家旅游团入境免签政策，对台湾居民实施更加便利的入出境制度。

四、产业机遇(三)：制度创新下推动产业升级的三大保障

随着全球新一轮产业革命兴起，各地抢占资源和市场竞争日趋白热化。目前，各大经济体都在积极谋划经济调整，纷纷在产业转型升级上入手，并把“振兴产业、绿色环保”作为主攻方向。新加坡50多年的经济发展史与其产业转型升级如影随形，在适应经济全球化趋势的同时，新加坡政府主动干预和主导，连续五次成功推动产业转型升级，创造了世界经济的奇迹。日本所谓的“安倍经济学”，其一项重点举措就是想通过振兴产业和投资，促进经济结构变革。美国实施“再工业化”战略，推出《制造业促进法案》、“五年出口翻番目标”及“促进就业措施”等一系列战略部署和政策措施，并投入大量的资金，抢占研发高地和世界高端制造业，以延续美国经济霸主地位。福建将面临更加严峻的国内外经济形势，更加繁重的发展任务，更加迫切的民生改善要求，更加突出的优势弱化问题，迫切需要加快推进产业转型升级，抢占经济制高点，增创改革发展新优势。

---

① 吴肇光.加快推进闽台产业融合发展研究[J].亚太经济，2014(4)：145-148.

② 闽台融合加快构建“环海峡旅游圈”[EB/OL]. http://www.chinanews.com/tw/2015/02-24/7075628.shtml，2015-02-24.

(一)自贸区助推福建产业转型升级的财税保障

福建省已实施了加大增值税转型、引进进口设备减免关税、企业研究开发费用加计扣除、节能减排和高新技术企业税收优惠等促进产业转型升级政策。进入自贸区时代,福建应进一步探索推进产业转型升级的财税政策。

1. 借鉴境外自贸区的经验探索自贸区财税优惠政策

当前国际上众多自贸区为了促进投资和贸易,都实施了税收优惠政策。促进投资的税收优惠主要是运用税收激励的方式将区外各类投资主体吸引到区内,通过跨界资源的流动与经营来提升整个自贸区发展的“原动力”。境外促进自贸区投资的税收优惠主要包括:

第一,企业所得税优惠。在新加坡,企业用于研究和开发的费用可按200%予以扣除;在我国台湾地区,企业在自贸区内投资自动化设备或进行科技研发,均可按投资额的5%—20%抵免应纳所得税额。还有国家采取了“加速折旧”的优惠。在韩国,自贸区内企业购置的用于技术研发的设备可按投资金额的5%享受税金扣除,或按购置款的50%加速折旧。

第二,个人所得税优惠。《土耳其自由贸易区法》规定,自贸区内企业雇员的收入无须缴纳个人所得税,但需支付部分社会保险费用。韩国马山出口加工区免除企业雇员5年内的工资所得税,巴拿马科隆自贸区对源自境外的股息免税,而埃及塞得港自由工业区则对外籍雇员免征工资所得税。

第三,以财产税为主的地方税优惠。在美国,自贸区内的货物免征地方税。韩国马山出口加工区的优惠政策中规定,企业自技术引进合同批准之日起或自企业注册之日起,免除五年的财产税和财产购置税,此后三年减免50%。巴拿马科隆自贸区对区内相关企业只征收所得税而免除全部国家和地方税,葡萄牙则对自贸区内的所有经营实体均免征地方税收。在促进自贸区商品劳务交换、推动贸易发展方面,各国主要采取了以下税收优惠的制度设计:一是关税豁免。各国普遍采取了打破自贸区“关税壁垒”的关税豁免政策;二是关税延期,允许自贸区的货物在运往关税领土之前无须缴税。在美国,对外贸易区内的一般货物都免关税,只有当货物从自贸区以外运入关税领土或NAFTA成员国时,才征收关税和消费税。三是关税减免,即货物在进出自贸区时无须缴纳关税。在意大利,凡是进入自贸区的外国商品以及仓储、再出口的商品均可享受关税豁免,但在自由区内使用和消费的外国商品除外。四是逆关税减让。当进口的中间品进口关税远远高于制成品关税时,可以实行关税减让。在美国,当零部件在对外贸易区加工组成产品后进入美国关境时，海关将按照税率低的产成品征税[①]。福建应充分利用中央赋予自贸区先行先试的政策优势，借鉴境外自贸区促进投资和贸易的税收优惠成功经验，探索自贸区内财税优惠政策，为产业转型升级提供财税支持。

2. 协调两岸相关税种，促进两岸互惠互利

两岸税收制度的协调是不可能一蹴而就的，应该有重点、有选择、有步骤地先协调对资本、货物、服务和人员自由流动形成主要阻碍的税收制度。对于当前存在的问题，现阶段以及未来很长一段时期内，税收制度的协调应集中在关税制度、消费税制度、增值税制度、个人所得税、企业所得税制度的协调上。例如，在关税协调上，可实施共同普惠关税，即在闽台间选定共同产品类别，采用大幅度降低的共同关税税率，并具体确定关税税率减少或逐步取消的贸易自由化进程时间表。在此基础上，达成“原产地规则”共识，成员方产制成分比例不低于40%的产品，经核发产地证明的，可以享有优惠关税；在所得税方面，大陆可以借鉴台湾实行企业所得税和个人所得税两税合一。在税制尚未合一前，可对个人从企业获得的股息实行免税，以避免个人所得税和企业所得税对股息的双重征税。同时，促成两岸预约定价安排的签署。

在经济全球化下，双边或多边预约定价既可以有效避免几国（地区）税务机关对跨国（地区）交易利润分配的重复征税，又可以提高反避税效率。但是，现在大陆台资企业和税务机关签订的预约定价均是单边性质，对于在两岸之间有诸多关联交易的台资企业及其在台关联企业来说，单边预约定价不能完全消除其被台湾当局税务机关进行特别纳税调整和重复征税的风险。因此，许多台资企业及其在台关联企业有达成双边预约定价的愿望。台湾当局税务机关也在大力鼓励企业申请预约定价，渴望与大陆合作。同时，预约定价制度自引进大陆以来，经过十几年的发展，大陆的预约定价制度已经比较完善。因此，作为台资企业较为集中的地区，福建的税务机关在与台资企业签订预约定价的过程中，可积极主动地与台湾税务机关协调预约定价，即可以尽量要求大陆的台资企业及其在台湾地区的关联企业同时分别向两岸的税务机关申请预约定价，并将该台资企业作为桥梁与中介以促成两岸税务机关预约定价信息的交流和互认，在此基础上促进两岸税务机关的信息交流和相互协商程序的建立，以至最终签订双边税收安排。

---

① 王婷婷. 中国自贸区税收优惠的法律限度与改革路径[J]. 现代经济探讨，2014(4)：88-92.

（二）自贸区助推福建产业转型升级的金融保障

中央赋予自贸区金融改革与创新许多重要任务。当前，自贸区金融领域的制度创新主要包括三个先行先试、一个管理制度和扩大金融服务。三个先行先试就是在风险可控的前提下：一是区域内人民币资本项目可兑换；二是区域内金融利率市场化，金融机构资产方价格实行市场化定价；三是人民币跨境使用。一个管理制度是指建立一个与自贸试验区相适应的面向国际的外汇管理体制。在这个区域内，对境外的资金流动，或是对境外的一些金融业务的发生，还有对境外的股权、投资会比其他区域更为方便，这就要在投资领域搭建一个境外投资的平台。除此之外，金融制度的创新还包括推动金融服务开放、增强金融服务的功能。自贸区还允许符合条件的外资金融机构设立外资银行，以及民营资本与外资金融机构共同设立中外合资银行。

福建应当在落实国务院关于金融支持经济结构调整和转型升级部署的基础上，充分借助福州、平潭、厦门三个自贸片区金融创新先行先试政策优势，为产业转型升级提供金融保障。坚持有扶有控，对实施技术创新、淘汰落后产能、企业兼并重组、市场开拓竞争等企业活动，以分类采取定向并购贷款、延长贷款期限、贷款损失核销等方式积极支持。实施市场细分差异化战略，积极开展银团贷款和知识产权、股权质押等担保方式创新。拓宽融资渠道，继续鼓励发行小微企业专项金融债，加大对非金融企业债务融资工具的承销力度。对实现直接融资的企业按直接融资类型和融资金额，给予奖励。支持符合条件的企业采取融资租赁、短期融资券、中期票据、集合票据、集合债券、私募债券等新型工具实现融资。深化科技小贷公司试点，大力发展创业（股权）投资企业。完善科技金融风险补偿机制，鼓励银行等金融机构大力发展股权质押、知识产权质押、排污权质押、信用放款等信贷创新产品。设立科技担保公司、科技再担保公司，支持一批中小科技企业上市。鼓励提高存贷比，扩大新增贷款和增加对实体经济、科技创新和中小企业的信贷投放。集中对公存款资源，对金融机构实施业绩挂钩激励。鼓励担保公司加大对实体经济、科技企业及中小企业的重点扶持。

（三）自贸区助推福建产业转型升级的人才保障

自贸试验区肩负着中国在新时期加快政府职能转变、积极探索管理模式创新、促进贸易和投资便利化，为全面深化改革和扩大开放探索新途径、积累新经验的重要使命，是国家战略需要。自贸区的建设需要智力支持和人才保障,充分开发人才资源,是自贸区建设的重要课题。福建自贸区一大特色就是对台经贸合作,自贸区建设为推进闽台人才交流合作创造了难得的先行先试的机遇。我们应充分利用自贸区建设的政策优势,探索人才培养、引进政策,为产业转型升级提升人才保障。

首先,加强各类人才的培训工作。推动自贸区建设,需要一批熟悉相关行业的专业技术人才。因此,要特别重视人才培训工作。吸引跨国公司、境外著名培训机构和国内培训机构以合资、合作等形式建立培训机构和举办紧缺人才培训项目。通过办学体制的多元化以及管理创新,建立自贸区建设紧缺急需人才的培训基地或培训平台。选派行业和部门的优秀人才到国内外大学和科研机构进修深造,培养和增强各类人才参与国际贸易的竞争能力。重视对公务员的培训,加强自贸区相关业务的学习,提高自身能力和素质,以应对自贸区建设对政府职能转变带来的挑战。

其次,推行校企结合的高端人才培养方式。引进、培养、选拔一批产业领军人才和创新型科技人才,建立"海西高端创新创业人才数据库",组建一批重点领域的创新型研发团队,培养一批熟练掌握先进生产工艺技术的技能型职工队伍,成长一批适应市场竞争要求、熟悉现代企业经营、熟练掌握各种融资手段和国际贸易规则的复合型企业家队伍。发挥高校、科研单位学科建设作用,大力培养福建省紧缺的行业高端人才。改革高校、科研院所评价体系和考核办法,鼓励科技人员面向企业开展合作研究和成果推广。鼓励优势企业与高校、科研单位定向联合培养管理人才与高级技工。推进国家和省级示范性高职院校和技工教育"名校、名专业、名教师"建设,建设一批国家级、省级和特色性示范名校,优化技校专业结构,打造精品专业,推进教师"双百双向"培训交流。开展高技能人才培养计划,建设省级综合性高技能公共实训基地。落实人才培养、引进政策,实施优秀高技能人才奖励和紧缺人才培养政府购买制度,构建较为完善的高技能人才培养体系。鼓励和支持企业面向国内外有计划、有重点地引进各类高层次人才,逐步建立规范的人才有偿转让和自由流动机制。

再次,加强闽台人才交流合作。依托"5·18"(海峡两岸经贸交易会)、"6·18"(海峡项目成果交易会)等载体,开展闽台人才交流合作。降低台湾人才中介机构准入门槛,准许台湾人力资源机构按照大陆居民条件,在自贸区申报独资人才中介服务机构,合资设立人才中介或人力资源服务机构,为台湾人才创业就业提供配套服务。加强与闽台人才中介机构的联系与沟通,合作举办海峡两岸人才招聘会,推动两岸人才的合理流动。以自贸区、科技园、创业园、软件园、孵化器等为载体,吸引集聚台湾高层次创业创新人才,支持台湾人才来闽创业。支持企事业单位招聘优秀台湾专业人才,鼓励在大陆高校毕业的台湾学生来闽就业。建立闽台人才交流服务协调机制。紧密围绕闽台人才交流合作的重点,研究制定两岸人才合作开发和培训计划,签署两岸人才交流协议,建立人才信息资源共享机制,健全双向交流制度,实现两岸人才交流的常态化。

参考文献

[1] 李波、李晴、陈鹏.行政审批制度深化改革的困境与出路[J]. 政治与法律,2013(11):66-75.
[2] 李兆杰.上海自贸试验区背景下的制度创新[J]. 国际市场,2014(1):39-40.
[3] 刘剑文.法治财税视野下的上海自贸区改革之展开[J].法学论坛,2014(5):86-94.
[4] 刘志彪、张杰. 全球代工体系下发展中国家俘获型网络的形成、突破与对策——基于GVC与NVC的比较视角[J]. 中国工业经济,2007(5):39-47.
[5] 王婷婷.中国自贸区税收优惠的法律限度与改革路径[J].现代经济探讨,2014(4):88-92.
[6] 魏澄荣、吴德进、黄继炜.闽台物流合作存在问题及对策研究[J].亚太经济,2013(6):138-141.
[7] 肖林、马海倩.国家试验:中国(上海)自由贸易试验区制度设计[M].上海:格致出版社、上海人民出版社,2014年版.
[8] 余茜文.上海自贸区离岸金融市场税收政策研究[J].中国市场,2014(5):119-120.

第五章

金融创新：福建自贸区要做什么，怎么做

贸易自由与金融开放是一个国家对外开放中相辅相成的两个重要方面。一般来说，金融开放可以支持贸易的进一步开放和发展，而贸易自由反过来也会大大增加对金融开放的需求。如果金融部门无法与国际接轨的话，贸易投资便利化和自由化就会成为一句空话。因此，在我国自贸试验区建设总体框架中，金融领域的改革开放是重头戏之一。深化金融开放创新是自贸试验区有别于国内其他各种类型经济区最重要的一个特征。对于福建自贸试验区来说，推动两岸金融合作先行先试是其主要特色所在。

一、世界成功自贸区如何开放金融

近一个世纪来，世界上许多国家和地区结合自身经济运行的模式和需要，建立起众多不同类型和管理模式的自贸区。在这一节中，我们将简单介绍一些主要的自由贸易区在金融自由化方面的制度安排。

(一) 综合型自贸区：放松或减少管制

综合型自由贸易区一般主要通过放松或减少金融管制来服务于贸易和投融资自由化。这里我们以美国纽约港、我国台湾地区、巴拿马科隆自贸区为例。

1. 美国纽约港

美国是世界上自贸区数量最多的一个国家，目前总数已经超过 270 个。其中，纽约港自由贸易区又称纽约港第 49 号对外贸易区，于 1979 年由美国国会批准设立，是全美自贸区中面积最大的自贸区之一。作为全球金融业最发达的国家，美国的金融自由化程度是最高的。稳定的政治和经济环境、完善的市场和法律制度为其在自贸区内进一步放松金融管制、实行金融自

由化提供了良好的支撑。目前，美国纽约港自贸区中实施的金融自由化政策包括：放宽或取消对银行存款利率的限制；减少或取消对银行贷款规模的直接控制；允许更广泛的金融业务交叉；允许更多新金融工具的使用和新金融市场的设立；放宽对外国金融机构经营活动的限制及对本国金融机构进入国际市场的限制，减少外汇管制。

2. 中国台湾

自由贸易区建设是台湾发展外向型经济的重要举措。在20世纪70年代以前，台湾对自由贸易区内金融机构及其活动的监管是十分严格的，仅有少量外资银行进驻。1989年，修订后的"银行法"放宽了对外资银行设立分支机构和经营范围的限制，加快了外资银行入区的步伐。其后，在加入WTO的进程中，台湾加大了金融市场的开放，最大限度地减少了对外资持股金融机构比例的限制，部分金融服务领域给予了国民待遇。

2013年3月27日，台湾当局正式出台了"自由经济示范区"规划方案，其主要目的是在区内采取更为自由开放的政策，争取对外签署更多自由贸易协定(FTA)，为加入"跨太平洋战略经济伙伴协议"(TPP)创造条件。

在自由经济示范区发展规划中，智慧物流、国际健康、金融服务和教育创新是四大重点产业。其中，金融服务业开放的目标是推动台湾金融服务的进口替代。也就是说，要使台湾本土金融业能够承接原先由离岸市场提供的金融服务，使其回归岛内市场，以推动台湾本土金融业的成长。

台湾"行政院"已于2013年11月19日核定了"金管会"提出的"金融业纳入自由经济示范区之规划方案"，主要是通过业务分级与差异化管理方式，发展财富与资产管理业务，推动方法包括：放宽国际金融业务分行(OBU)及外汇指定银行(DBU)业务及商品范围；开放证券商国际证券业务分公司(OSU)及境内证券商(DSU)业务及商品范围；由台湾金融训练机构培训本土金融人才及境外人士。同时，金融业销售商品范围将大幅开放，提供服务程序也会尽量简化。此外，台湾还计划未来三到五年内，在"财政部"和"金管会"主持下，通过合并整合打造出3到5家亚洲区域性金融机构。

目前，"自由经济示范区"内规划开放的金融服务业项目共有26个。截至2014年4月底，已开放项目使台湾本土银行的盈利增加了21%，其中涉及国际金融部分，增长达56%[①]。可以说，海峡两岸在金融开放上，都采取了

① 马英九.台湾金融开放也需要"自贸区"[EB/OL]. 福布斯中文网，http://www.forbeschina.com/review/201406/0033928.shtml，2014-06-26.

相似的渐进式策略，这对于经济的健康发展来说是一个较为稳健的选择。

3. 巴拿马科隆自贸区

巴拿马科隆自贸区是世界第二、西半球最大的自由贸易区。除了巴拿马运河带来的得天独厚的区位优势外，科隆自贸区的另一个独特之处在于巴拿马的合法货币为美元，其本国货币仅为辅币。这种货币制度使企业有效避免了汇率波动的风险，也使该国成为拉美地区最活跃、最成功的国际金融中心。来自全世界35个国家的100多家国际银行都在巴拿马设立了分行或代表机构，推动贸易结算和资金往来更为便捷。同时，以美元为主要货币使巴拿马在近40年的时间里通货膨胀率都保持在2%以下，成为拉美地区发展最为稳定健康的经济体之一。这也为其实施更为开放的金融政策奠定了基础。

巨大的货物流转量带动了资金在科隆自贸区内的大规模流动，科隆自贸区对所有外来资本及其所获利润都给予了充分的进出自由。区内企业在资金汇入汇出上不受任何限制；法律允许区内企业以任何一种货币进行业务活动并接受存款；政府不干预银行利率定价；银行存款利息无需纳税；外国公司的股票持有者所获股息无需缴税；持有两年以上的资产在交易后无需缴纳资本利得税。在完善的法律制度保障下，科隆自贸区的金融服务等配套服务业日趋发达，进一步带动了自贸区和本国经济的发展。

（二）自由港：有干预的高度自由化

1. 中国香港

香港是全球公认最自由的贸易区之一。法制健全、监管严密、市场竞争有序，是香港发展成为国际金融中心的重要保障。香港的货币市场是全球最开放的市场之一，实行自由外汇制度，形成了以外资银行为主体、以进出口贸易为主要服务对象的银行体系。1973年，香港正式取消外汇管制，实现港币和外币的自由兑换。1982年2月25日之后，香港对外币存款取消利息税；1983年，又免除了港币的存款利息税。企业可以在香港银行开立多种货币账户，采用不同货币经营业务或进行投资。1984年，香港撤销了对黄金的进口禁令，使之迅速发展为世界重要的黄金市场。对开办和经营金融企业，香港不存在国民待遇和非国民待遇之分，本地银行与外国银行完全平等。目前，基本上所有国际大银行在香港都设有分行，全港50%以上的银行业务属于国际性交易，涉及全球近百个国家。

一般情况下，香港政府只对关键金融活动采取直接干预，对特殊非常态金融问题采取临时干预政策。对关键金融活动的控制主要集中在建立港元和美元的联系汇率制、指定发钞银行及控制发钞银行的发钞行为、推行“金融三级制”等方面，以有效抑制金融投机和控制金融风险为目标；临时性干预政策是香港政府维护香港经济规范运行的辅助性政策手段，包括动用外汇管理基金干预金融市场、按揭率管制等。一旦经济金融运行恢复正常后，这些临时性的干预政策便会被撤回，以确保经济金融的市场化发展。

2. 新加坡

新加坡是仅次于香港的自由港，目前共有约700家金融机构，其中400家具有资产管理资质。新加坡证券交易所共有800家上市公司，其中40%来自境外。金融业已经成为新加坡的一个支柱产业，新加坡也成为亚太地区最成熟的金融市场之一。1975年，新加坡实现了利率市场化；1978年，取消外汇管制，并允许外国银行进入新加坡。目前，新加坡的个人和企业无需外汇管理当局事先批准就可以使用任何一种货币对任何一个国家进行支付、对外进行直接投资、证券投资和借贷活动、办理即期和远期交易等。新加坡政府取消了非居民（非新籍人）在新直接投资或证券投资限制，并放宽了外资银行的业务范围，允许其在境内发售美元存单。现在，新加坡已经成为最重要的亚洲美元市场。当然，为保证本土银行的发展空间，新加坡对外资银行颁发的还是有差别的牌照，目的是要把外资银行在本地存款和支付体系中的市场份额控制在50%之下。

作为全球第四大最具竞争力的国际金融中心，新加坡在商业环境、人力资源、便捷和稳定的税收政策、商誉、基础设施、市场准入等方面都具有很高的水平。例如，新加坡的公司税率很低，推动其发展成为亚洲第二大房地产投资基金（REITs）市场。又如，新加坡的金融机构审批十分便捷，一般只需要6个工作日就可以完成所有手续。此外，新加坡的移民法对金融和商业人才有很多优惠，吸引了大量的金融专业人才就业和入籍。20世纪70年代中期，新加坡开始允许国际货币经纪人进入其市场，大大推动外汇市场的发展。1984年1月，新加坡成立了国际货币交易所，连接了芝加哥国际货币市场和伦敦国际金融期货交易所，可以提供全天24小时不间断的交易服务。

3. 荷兰鹿特丹港

鹿特丹港是欧洲第一大港，也是荷兰重要的国际贸易中心和工业基地，它实行自由港贸易政策，是典型的港城一体化城市。历史上，荷兰是欧洲最早的航运中心和贸易中心。航运和贸易的发展必然产生对跨境支付结算的需求，这为荷兰金融业早期的发展奠定了基础。贸易支付结算带动全球大量资金涌入荷兰，再由支付结算发展出贷款与信托等金融业务，使得荷兰成为世界上第一个国际金融中心。荷兰对外汇的管制措施十分宽松，这是鹿特丹港开展离岸贸易和金融业务的重要前提。区内资金自由进出、外汇自由兑换，在资本项目开放、外汇账户设立、收付汇便利、跨国公司资金管理、离岸支付结算、跨境投融资等方面均提供了汇兑便利。具体体现在：无外汇管制，外汇可自由流通；外企融资及利润、资本、贷款利息和其他合法收入的汇出不受限制；外国投资者可以选择任何一种货币作为支付方式等。外国投资者可以开设各类型外汇账户而不受管制，但企业有义务向荷兰国家银行提供境外资金外来报告以供编写国际收支统计表，为政府制定金融和货币政策提供参考。

（三）金融自由区：单独立法监管

在世界各类型自由贸易区中，阿联酋有着鲜明的“个性”。尽管各自贸区都设立在阿联酋领土内，但在区内经营的公司均被视为境外实体或独立于阿联酋法律监管外的公司。正是在这样的制度设定下，在迪拜和阿布扎比自贸区内出现了金融业高度集聚的金融自由区。

1. 迪拜国际金融中心

迪拜国际金融中心（DIFC）是根据阿拉伯联合酋长国联邦法律和迪拜酋长国法律设立的联邦金融自由区，成立于2004年9月，是中东和北非最重要的现代化伊斯兰金融中心，在DIFC挂牌的900家企业中有400家是金融企业。在管理体制上，迪拜国际金融中心由高级董事会（Higher Board）作为最高决策机构，主席由迪拜副酋长担任。该董事会之下设有三个监管机构：(1)迪拜国际金融中心管理局（DIFC Authority），负责制定迪拜国际金融中心战略开发政策及相关经营管理、营销和行政管理；(2)迪拜金融服务管理局（Dubai Financial Services Authority），作为一个独立的混业监管机构，负责颁发经营许可证并管理迪拜国际金融中心各类金融服务公司的活动；(3)迪拜国际金融中心司法管理局（DIFC Judicial Authority），负责中心内部所有民事和商业纠纷的司法和执法活动，区内拥有独立的立法和司法体系。此外，迪拜国际金融中心没有资本管控，并允许多样化的资本结构形式存在。依照国际证监会组织（IOSCO）原则，迪拜金融服务管理局的基金制度允许基金选地（Fund Domiciliation）等多种服务。迪拜国际金融中心也是纳斯达克迪拜交易所的总部，股权衍生品、结构性产品、伊斯兰债券和常规债券等都在该交易所上市。

2. 阿布扎比金融自由区

2013 年 5 月，阿联酋总统颁布了关于在阿布扎比建立金融自由区(Global Marketplace Abu Dhabi)的联邦法。该法规定，这个金融市场的建立在于促进吸引金融投资的良好经济环境，填补国际金融市场在格林尼治时间上午 3 时到 7 时间的交易空白，向各类商品和矿产品的融资、贸易和生产机构提供各类服务。与迪拜国际金融中心相比，阿布扎比金融自由区的业务重心更偏向资产管理和大宗商品。区内注册公司的业务范围包括：银行金融；证券、货币、商品、金属及衍生品的各种方式的交易；金融中介；资产和基金管理；清算结算；保险业、银行咨询服务；金融和投资相关业务服务；法律服务；审计、会计、商业支持；信贷评级和与商业、金融业活动相关的信息服务等。阿布扎比金融自由区立法之前征求了世界各大金融公司的意见，最终采用的是瑞士的双头监管模式：由全球市场注册局和金融服务监管局共同监管市场。自由区拥有自己独立的法庭，区内的所有经营活动除了接受该法院裁决外，其他任何机构和部门都不得没收、扣押或限制市场内的财产。建成后的阿布扎比金融自由区也将成为阿联酋首都新资本金融中心和中央商务区。

二、金融创新之路：中国未来要做什么

在金融开放上，各个国家和地区的自由贸易区都有着符合自身特点的发展轨迹和模式。我国建设自由贸易试验区的国际国内环境、金融发展水平、法律制度以及战略目标与其他国家和地区相比有很大的不同。因此，试验区内的金融开放创新是在金融国际化背景下具有中国特色的战略选择。

(一) 我国自贸区金融开放创新的战略定位

中共中央十八届三中全会决定中指出：“建立中国上海自由贸易试验区是党中央在新形势下推进改革开放的重大举措，要切实建设好、管理好，为全面深化改革和扩大开放探索新途径、积累新经验。”自由贸易试验区建设是贯彻顶层设计和“摸着石头过河”相结合指导思想的一个重要举措。这一点在自贸试验区金融开放创新战略中体现得非常突出。

1. 全面推进金融体制改革的战略突破口

当前，我国经济发展面临增长速度换挡期、结构调整阵痛期、前期刺激

政策消化期“三期”叠加，下行压力加大。习近平总书记就此提出了“新常态”的重要论断。一个良性运转的金融制度，对于经济健康发展具有重要的支撑作用。在新常态下，实现促转型、调结构、释放增长潜力的目标，尤其需要进一步深化金融体制改革。我国的金融体制机制不同于成熟市场经济国家，目前市场准入、投资管理等制度尚未与国际规则接轨，利率、汇率市场化尚待完成，金融机构也需要进一步的市场化改革来提高竞争力。这些改革的要求不可能在一夕之间全面铺开、一蹴而就，因此，自贸试验区就成为目前最为理想的“试验田”和战略突破口。在金融开放创新的条件下，自贸试验区可以先行先试，重点推动利率及汇率改革、金融市场开放、人民币国际化、资本项目可兑换等方面的突破，同时处理好改革与审慎监管的关系，稳步对接国际金融市场规则，为国家实施全面的金融体制改革进行“压力测试”。

2. 稳步推进金融市场开放的战略指引

随着全球经济金融一体化进程不断加速，一个国家和地区的经济发展不可能仅仅依靠内生的长期资本积累与市场运作，还必须借助国际金融市场的外生力量，在全球范围内配置资源，更加有效地降低融资成本。同时，随着国民财富的大幅增长，国内企业和居民必然会产生在全球范围内优化配置资产、有效规避风险的需求。金融机构也需要通过在国内国外两个市场中的竞争来扩大规模、提升能力。因此，金融开放是当前我国构建开放型经济新体制的一项重要内容。

但是，开放必然伴随着风险，对于我国这样一个大型发展中的经济体来说，更需要审慎的谋划。从上海、福建、广东、天津四个自贸试验区总体方案中可以看到，有关资本项目开放、人民币跨境使用、金融准入等金融开放措施都分别突出了需要在风险可控条件下或是宏观审慎管理政策框架下先行先试。2013 年 12 月，《中国人民银行关于金融支持中国（上海）自由贸易实验区建设的意见》的总体原则之一就是：坚持风险可控、稳步推进，“成熟一项、推动一项”，适时有序组织试点。这清晰地表明了，自贸试验区内的金融开放将是一个循序渐进的探索过程。通过在自贸试验区有限范围内的先行先试，积累经验、测试压力，为在更大范围内推进我国金融开放提供战略指引。

3. 加速推进人民币国际化的“试验田”

当今世界经济强国在其经济发展进程中，都将本国货币国际化列为长期发展目标。一国的本币能够充当国际货币，是其强大的经济实力和较高的国际信用地位的充分体现。人民币实现国际化后，我国就能拥有一种世界货币的发行和调节权，对全球经济活动的影响和发言权也将随之增加。在国家战略层面上，十八届三中全会提出了“推动资本市场双向开放，有序提高跨境资本和金融交易可兑换程度”。可以预计，在逐步实现贸易项目下的跨境流动、资本项目下的跨境流动以及离岸金融中心的流动之后，人民币最终将嵌入全球储备货币体系和大宗商品交易体系，成为美元的主要竞争对手。

然而，人民币国际化战略实施的时间跨度将是比较长的，是一个复杂、长期的过程。在自由贸易试验区这一最佳“试验田”中先行先试，以区内资本项目可兑换、利率市场化以及人民币自由跨境使用等金融开放创新为基础，从而逐步打破单一依靠对外贸易结算推动人民币国际化的路径依赖，建设全球离岸人民币市场枢纽，从金融市场为人民币国际化提供新动力，将人民币国际化推向新的高度。

（二）我国自贸区金融开放创新的总体目标

我国建设自由贸易试验区的目标，是要发挥示范带动、服务全国的积极作用，促进各地区共同发展。金融领域的开放创新也是如此。试验区的金融制度和政策安排不是为金融而做金融，而是要以促进区内实体经济发展和投资贸易便利化为目标，创造金融服务的开阔地和良好的发展环境，并能够形成面向境内区外可复制、可推广的模式。

1. 扩大金融开放，服务实体经济

2015 年《国务院政府工作报告》提出，要“围绕服务实体经济推进金融改革”，这进一步贯彻了中央金融支持实体经济的指导思想。金融改革的目标以及改革是否成功的标志，不是简单追求管制的取消或进展的快慢，而应紧紧围绕促进实体经济稳定、可持续增长这个核心来有序推进。这一指导思想对于自贸试验区的建设也同样适用。《中国人民银行关于金融支持中国（上海）自由贸易实验区建设的意见》中，“总体原则”的第一条就明确提出：“坚持金融服务实体经济，进一步促进贸易投资便利化，扩大金融对外开放，推动试验区在更高平台上参与国际竞争。”

针对实体经济部门融资渠道不够畅通、境内融资成本偏高的问题，自贸试验区将探索建立境外融资与跨境资金流动宏观审慎管理政策框架，支持企业开展各类境外融资活动，从国际市场获取较低成本的资金；针对企业在国际贸易和投资中面临的跨境资金流动管制问题，自贸试验区将通过建立相适应的账户管理体系，简化人民币涉外账户分类，促进跨境贸易、投融资结算便利化，为企业进一步“走出去”，提升国际市场竞争力提供有力支撑；自贸试验区还将为跨国公司资金集中运营管理提供支持，这将有利于跨国公司总部或是资金运营总部在区内集聚，有助于加快我国实体经济的转型升级。

为推动自贸试验区金融市场对内对外开放，“一行三会”等监管机构将进一步简政放权，有效减少行政许可和审批事项，鼓励金融创新，前瞻性地建立符合自贸区负面清单管理模式的相对独立的金融监管架构，取消阻碍实体经济发展的不必要管制。通过实施前置核准脱钩、办理备案后即可开展业务、简化业务办理流程、改进创新业务报备要求、动态调整机构监管指标、建立特色风险监测体系等方式，简化金融监管日常管理，为自贸试验区提供便捷优质的金融监管支持，使区内的金融业能够更好地为实体经济服务。

2. 深化金融改革，促进贸易和投融资便利化

改革开放30多年以来，我国实现了快速持续的经济发展。但是，现阶段面临着二次“入世”、国际需求疲弱、劳动力成本升高导致产业外移和国内市场经济效率低下等问题，改革开放进入深水区和攻坚阶段。建设自由贸易试验区的主要目标就是要探索建立与国际投资贸易规则相适应的新体制，为我国扩大开放和深化改革探索新思路和新途径。因此，推进自贸试验区金融改革创新，也要围绕贸易和投融资便利化的目标，以自由贸易账户体系的运行为支撑，面向实体经济的合理需求，大力推动投融资汇兑便利，促进区内货物和服务贸易的发展。

以实体经济投融资汇兑便利化为出发点和落脚点，创新有利于风险管理的账户体系是我国自贸试验区金融改革创新的一个重要举措。自由贸易账户体系的设立为满足贸易和投融资便利化环境下区内企业更高的金融服务需求提供了有效渠道，使金融机构能够围绕自由贸易账户开展产品组合和创新，密切与境内外金融机构合作，不仅可以更好满足境内企业“走出去”、境外企业“走进来”的金融服务需求，也为便利境内外企业外部贸易往来、提高内部资金管理效能提供了新途径，有助于提升企业管理全球产业链的能力和水平。

自由贸易账户开设并不等于实现可兑换。作为金融改革创新的一个风险管理载体，具体在自由贸易账户中要实施哪些方面的投融资汇兑改革，仍需“成熟一项，推动一项”。从上海自贸试验区运行的情况来看，2014年5月自由贸易账户体系正式投入使用。在2014年6月至2015年4月的第一阶段试验中只开展面向企业的人民币服务。截至2015年4月，上海自贸试验区内已有17家金融机构启动了自由贸易账户金融服务，共为区内和境外主

体开立了 12 466 多个自由贸易账户,跨境结算量达到 1 403 亿元,境内结算量达到 1 743 亿元,基本满足了区内实体经济开展涉外经济投资活动的需要[①]。2015 年 4 月 22 日,央行上海总部发布了《关于启动自由贸易账户外币服务功能的通知》,上海市开展自贸试验区分账核算业务的金融机构可按相关要求向区内及境外主体提供本外币一体化的自由贸易账户金融服务。这表明在促进贸易和投融资便利化上,自由贸易账户的功能得到了进一步升级。

3. 防范金融风险,提高金融国际化水平

金融国际化是经济全球化的重要组成部分。目前,我国自由贸易实验区建设在金融领域已经明确了四大板块的开放创新任务:人民币资本项目可兑换、金融市场利率市场化、人民币跨境使用和外汇管理改革。实践这四大任务的最终目标就是推动金融市场化、国际化进程。2015 年 4 月 8 日,国务院发布《进一步深化中国(上海)自由贸易试验区改革开放方案》,提出要“加大金融创新开放力度,加强与上海国际金融中心建设的联动”。这进一步明确了自贸试验区金融国际化的目标。在 2015 年 3 月公布的第 17 期全球金融中心指数(GFCI)排名中,上海在全球 82 个金融中心中位列第 16 位,为中国大陆排名最靠前的城市。在得分上,上海(695 分)与传统国际金融中心的纽约(785 分)、伦敦(777 分)、香港(756 分)仍存在较大差距;在分类上,上海尚属于跨国性(transnational)金融中心,而非全球性(global)金融中心。[②] 与排名前列的国际金融中心相比,上海拥有广大的经济腹地、完整的金融要素市场、国际化的基础设施以及优越的地理位置,不足之处则主要集中在金融开放度与自由度、业务深度和国际化金融人才等方面。因此,有效利用自贸试验区在利率市场化、资本项目开放和离岸金融等领域先行先试的改革机遇,是上海缩短与传统国际金融中心的差距、确立与新兴金融中心的竞争优势的重要工作。

与此同时,我们也需要正视金融国际化带来的风险。一方面,随着金融管制的放松,可能引发区内外资金因利率、汇率差异而套利套汇,吸引热钱涌入,积聚金融风险,进而影响我国金融体系安全。另一方面,国内也有大量资金在寻求国际化配置,一旦资本账户放开,有可能产生大量资本净流出

---

① 自由贸易账户启动外币服务功能[EB/OL]. 网易新闻,http://news.163.com/15/0423/00/ANRL021H00014AED.html,2015-04-23.

② 第 17 期全球金融中心指数[EB/OL]. 金融中心信息网,http://www.cfci.org.cn/html/2015/03/26/20150326080400666714l3.html, 2015-05-08.

的情况。以日本为例,其在资本账户开放的5-10年内出现了大规模的资本净流出。因此,自贸试验区在推动金融国际化进程的同时,还承担着对资本市场开放条件下的金融安全进行测试和检验的重要任务。借鉴国际经验,自贸试验区在金融开放上要坚持风险可控,稳步推进的原则,在"一线放开"的条件下,严格设立"二线"防火墙,防止境内资本大规模外流。区内实施金融宏观审慎管理,加强对短期投机性资本流动的监管,探索建立符合区内实际的相对独立的监管体制,有效防控金融风险。

三、福建愿景(一):建设两岸金融中心

金融中心是国际性或区域性的金融中介和资源集中的场所,各类金融机构高效协作,降低资源配置成本,提高实体经济部门的经营效率,推动区域经济快速发展。金融中心的形成有两种模式:一种是自然形成,即在为本地实体经济部门提供服务的过程中自然形成了金融产业集聚,如纽约、伦敦等地;另一种是政策推动形成,如东京、新加坡等地。从战略意义考量,两岸区域性金融中心应选择第二种模式,在已有的闽台金融合作基础上,通过福建自贸试验区金融开放创新的先行先试,加快两岸区域性金融中心建设步伐。

(一)加快建设两岸区域性金融中心的战略机遇

近年来,国内许多地区都提出了建设金融中心的规划构想。毋庸讳言,与上海、广东等地区相比,福建在金融资源集聚上处于后发地位。但是,"21世纪海上丝绸之路"核心区和中国(福建)自由贸易试验区建设为福建建设区域性金融中心提供了崭新的战略平台。

1."21世纪海上丝绸之路"核心区的集聚辐射

建设"21世纪海上丝绸之路"的战略构想是2013年10月习近平总书记访问东盟国家时提出的。2015年3月28日,国家发展改革委、外交部、商务部联合发布了《推动共建丝绸之路经济带和21世纪海上丝绸之路的愿景与行动》,明确提出:"支持福建建设21世纪海上丝绸之路核心区。"此外,还将"资金融通"定位为"一带一路"建设的合作重点。

福建是世界公认的古代海上丝绸之路重要的东方起点。目前,旅居世界各地的闽籍华人华侨共有1200多万人,其中80%集中在东南亚地区。为

了加强与“海丝”沿线国家和地区的互联互通,福建正加快完善海陆空以及信息通道等基础设施建设。同时,积极支持企业“走出去”,到“海丝”沿线国家和地区投资,赴境外设立中国(福建)工业园区。作为“21世纪海上丝绸之路”核心区,福建不仅具有了资金集聚与扩散的新通道,强化了发展区域性金融中心的地理区位优势,并且,通过与“海丝”沿线国家和地区的经贸合作,能够进一步推动区域经济稳步增长,为建设区域性金融中心奠定良好的基础。

2. 福建自贸区的先行先试

根据《福建自由贸易试验区总体方案》,福建自由贸易试验区建设的一个主要任务就是推进金融领域的开放创新,在风险可控的条件下,可以在试验区内对人民币资本项目可兑换、利率市场化、人民币跨境使用等方面创造条件先行先试,鼓励区内企业充分利用境内外两种资源、两个市场,实现跨境投融资自由化,吸引跨国公司设立区域性的资金运营中心。福建可以充分利用这些先行先试的战略优势,建立起其与两岸区域性金融中心建设的联动机制。同时,区内的金融体制改革将加快各种类型金融机构的集聚,进一步推动金融资源的集中并形成对周边地区的辐射。特别是,与上海、广东、天津三个自贸区相比,闽台合作是福建自贸试验区的特色,推动两岸金融合作先行先试是福建自由贸易实验区建设的一项重要任务。因此,自由试验区建设将成为福建省赶超国内先发地区,加快两岸区域性金融中心发展的战略契机。

3. 闽台金融合作的持续深化

多年来,依托“五缘”优势和政策支撑,闽台金融合作不断取得新进展,为构建两岸区域性金融中心创造了良好条件。1998年,中国银行厦门分行、福州分行与马江支行在全国率先开办了新台币兑换人民币业务;2003年12月,福州、厦门、漳州、泉州、莆田5个地区的中国银行分支机构开始办理一定范围的新台币现钞兑出业务,成为大陆唯一的新台币兑出业务试点地区。2009年10月,央行和国家外汇管理局批复同意福建新台币现钞与人民币兑换业务试点范围扩大至全省,成为唯一开办新台币兑换业务的省份。

2010年6月,国务院同意厦门经济特区按照《国务院关于支持福建省加快建设海峡西岸经济区的若干意见》,发挥在体制机制创新方面的试验区作用,扩大金融改革试点,建立两岸区域性金融服务中心。2011年3月,建设厦门两岸区域性金融服务中心被分别写入国家“十二五”规划纲要和《海峡西岸经济区发展规划》,成为国家战略。2011年12月国务院批准的《厦门市深化两岸交流合作综合配套改革试验总体方案》，赋予厦门两岸区域性金融服务中心多项先行先试政策措施。两岸金融中心是大陆首个、也是唯一冠以“两岸”的区域金融中心。截至2015年4月，厦门两岸区域性金融服务中心已有23家台湾地区银行机构代理人民币清算业务，跨境人民币业务总量达到773.8亿元，占全省的8%①，成为区域性人民币两岸结算中心和资金运营中心。2011年7月，福州市出台了《福州市构建海峡两岸区域性金融服务中心专项规划》，提出要大力吸引台湾金融机构在福州设立分支机构，营造总部经济；推动台湾金融机构与福州金融机构进行股权和业务合作，引导台资银行业机构参与农村合作金融机构改制；探索简化台湾金融专业人员在福州从事金融相关业务资格的程序；探索引进台湾上柜（二板市场）、兴柜（三板市场）等交易制度。目前，建设中的海峡金融商务区作为福州两岸区域性金融服务中心的“金融地标”已经初现雏形。截至2015年6月，已有合作金库、彰化银行、华南银行3家台湾地区历史悠久的商业银行在此开设分行。同时，福建海峡银行、招商银行、瑞特商务总部等金融总部项目，万达集团等民企以及宝钢总部大楼等央企共29个“航母级”项目集体入驻，总投资约350亿元，累计完成投资达230亿元。

（二）金融开放助推两岸区域性金融中心建设

福建自贸试验区将在加强风险防控的条件下，基于宏观审慎管理政策框架，实行更为宽松的货币管制和金融服务准入制度，这将为金融资源在区内的集聚创造良好的制度环境，推动福建实现更高的金融发展水平。

1. 稳步实现资本项目可兑换

按照国际收支口径，通常将一国货币可兑换的程度分为经常项目可兑换、资本项目可兑换和完全可兑换。资本项目可兑换意味着居民不仅可以通过经常账户交易，也可以自由地通过资本账户交易，所获得的外汇既可在外汇市场上出售，也可自行在国内或国外持有。

（1）实现资本项目可兑换的意义

由于资本项目开放后资本流动速度和规模都将大幅提高，容易形成和放大对国内经济的冲击，因此，我国虽然早在1996年就完全开放了经常项目，但资本项目一直存在管制。近年来，我国不断稳步推进资本项目可兑

① 两岸经贸合作厦门争当先锋 海峡两岸经贸论坛举行[EB/OL]. 新浪财经，http://finance.sina.com.cn/roll/20150413/095421941643.shtml，2015-04-18.

换。根据国际货币基金组织（IMF）的资本项目交易分类标准（七大类40项），目前我国不可兑换项目仅有4项，包括非居民参与国内货币市场、基金信托市场以及买卖金融衍生产品，部分可兑换项目有22项，基本可兑换项目有14项。在新一轮贸易自由化的背景下，TISA、TPP、TIPP以及我国正在与美国进行的BIT谈判都对资本账户开放提出了更高的要求。2015年《国务院政府工作报告》提出：稳步实现人民币资本项目可兑换，扩大人民币国际使用。

从建设区域性金融中心的视角来看，资本项目可兑换能够带来以下两方面的积极影响。首先，便利了资金的跨境流动，也有助于提高金融中介的效率。资本项目开放后，将有更多的国际资本进入国内新兴产业部门，国内企业赴境外投资的步伐也会加快。同时，国内居民在国内国外两个市场上配置资产的需求也将大大增加，这都将推动金融机构不断扩大业务和产品范围，提升金融服务水平。其次，将吸引更多的国外金融机构进入，在带来更大的市场竞争压力的同时，也会推动国内金融机构加快金融创新，提升服务功能，并且，还会促进监管水平的提高，形成更完善的法律和制度环境。

（2）分类别有管理的资本项目可兑换

自贸区是人民币资本项目可兑换的“试验田”，推进投融资汇兑便利是实现资本项目可兑换的根本目标。也就是说，资本项目可兑换的主要目的是为了企业投融资便利和服务实体经济，而不是为了可兑换而可兑换。同时，资本项目可兑换并不等同于资本项目完全开放，而是在风险可控的前提下，分类别、有管理地逐步推进。

第一，根据《总体方案》，福建自贸试验区将“建立与自贸试验区相适应的账户管理体系”“完善人民币涉外账户管理模式”。对区内机构来说，必须按要求开设自由贸易账户，才能建立起一个可以和境外资金自由汇兑的通道，并获得相关的金融服务。这个账户系统也是加强风险监管，使资本项目可兑换得到有序实施的基本保障。

第二，福建自贸试验区将“试行资本项目限额内可兑换，符合条件的自贸试验区内机构在限额内自主开展直接投资、并购、债务工具、金融类投资等交易”。这表明在区内对资本项目可兑换的管理将由传统的“一事一批”转向总量控制。

第三，“深化外汇管理改革，将直接投资外汇登记下放银行办理，外商直接投资项下外汇资本金可意愿结汇”，这条措施将便利企业规避汇率风险。

第四，在探索建立境外融资与跨境资金流动宏观审慎管理政策框架下，支持区内企业开展各类境外融资活动，包括放宽区内法人金融机构和企业在境外发行人民币和外币债券的审批和规模限制等。这使区内企业能够自主地从境外融入低成本的本外币资金,加快实体经济发展。

第五,支持区内跨国公司资金集中运营管理。这将有利于跨国公司资金运营总部在福建自贸试验区内的集聚,进而吸引更多的金融机构入区为他们提供金融服务。

第六,支持符合一定条件的自贸试验区内机构按照规定双向投资于境内外证券期货市场。目前,我国境内机构投资境外资本市场和境外机构投资境内资本市场,分别依托的是 QDII(合格的境内机构投资者)和 QFII(合格的境外机构投资者)的渠道,便利性和灵活度都不够。这一措施的最大意义在于为境外人民币资金回流到我国资本市场提供了一个新的通道。

2. 推进利率市场化

利率市场化是指在货币市场中利率水平及其结构由市场主体自主决定的过程,是一个以中央银行基准利率为基础、以货币市场利率为中介、由市场供求决定的利率形成机制。利率市场化并不意味着利率的完全自由化,中央银行仍可以通过公开市场操作影响市场基准利率,进而影响其他金融产品的定价。

(1) 利率市场化的意义

利率市场化是一个国家金融市场化进程的关键一环。我国自 1996 年正式启动利率市场化改革以来,已经基本上实现了人民币贷款利率的自由浮动、存款利率的有条件浮动和银行间同业拆借利率的完全市场化,利率市场化改革已初见成效(见表 5-1)。但是,目前我国仍处于以央行为主导的利率市场化改革阶段,利率水平仍然不能充分反映资金的供求情况。

表 5-1　我国利率市场化改革进程概览

时间节点	改革要点	具体内容
1996 年	银行间同业拆借利率放开	1996 年 6 月 1 日,人民银行放开了银行间同业拆借利率,1997 年 6 月放开银行间债券回购利率。1998 年 8 月,国开行在银行间市场首次进行市场化发债。
1998 年	扩大贷款利率浮动区间	人民银行连续三次扩大金融机构贷款利率浮动区间,并要求各金融机构建立贷款内部定价和授权制度。同年,人民银行改革了贴现利率生成机制。

续表

时间节点	改革要点	具体内容
1999 年	尝试大额长期存款利率市场化	央行批准中资商业银行法人对中资保险公司法人试办由双方协商确定利率的大额定期存款(最低起存金额3 000万元),初步尝试存款利率改革。
2000 年	推进境内外币利率市场化	2000 年 9 月,放开外币贷款利率和 300 万美元(含 300 万)以上的大额外币存款利率;300 万美元以下小额外币存款利率仍由人民银行统一管理。
2004 年	再次扩大贷款利率浮动区间	商业银行、城市信用社贷款利率浮动区间扩大到基准利率的 0.9-1.7 倍,农村信用社贷款利率浮动区间扩大到基准利率的 0.9-2 倍。
2012 年	存款利率浮动区间正式放开	2012 年 6 月 8 日起,央行将金融机构存款利率浮动区间的上限调整为基准利率的 1.1 倍,将金融机构贷款利率浮动区间的下限调整为基准利率的 0.8 倍。2012 年 7 月 6 日,央行将金融机构贷款利率浮动区间的下限调整为基准利率的 0.7 倍。
2013 年	全面放开金融机构贷款利率管制	2013 年 7 月 19 日,央行宣布,自 7 月 20 日开始,取消金融机构贷款利率 0.7 倍的下限,由金融机构根据商业原则自主确定贷款利率水平,宣告中国利率市场化改革开始进入新的阶段。
2015 年	拓宽存款类金融机构负债产品市场化定价范围	2015 年 6 月 2 日,央行发布并施行《大额存单管理暂行办法》,规定大额存单发行利率以市场化方式确定,固定利率存单采用票面年化收益率的形式计息,浮动利率存单以上海银行间同业拆借利率(Shibor)为浮动利率基准计息。

从金融改革的角度看,首先,利率市场化有利于促进金融机构经营机制的根本转变。目前我国金融业中,除个别政策性金融机构外,其他的机构都是按照现代企业制度来运行的。利率市场化能够使它们在竞争性市场中获得对自身产品和服务的自主定价权,真正成为自我约束、自我发展的市场竞争主体。其次,利率市场化有利于促进金融创新。一方面,利率市场化赋予机构自主定价权,客观上为其开展金融创新提供了可能;另一方面,利率市场化使机构面临更大的竞争压力,成为推动其创新的强大动力。最后,利率市场化有利于优化资金配置效率。市场经济条件下,价格是引导资源配置

的首要信号,而利率正是资金的价格,也是很多金融产品定价的参照基准。在市场化定价条件下,资金会优先流向回报率最高的产业部门,依靠市场的自主选择去淘汰落后产能,减少资金资源的错配。

从金融开放的角度看,利率市场化的意义主要体现在以下两个方面:首先,它是我国金融业与国际接轨的必然要求。随着国内市场的开放和外资机构的大举进入,我国金融业已经面临着一定的挑战和冲击。为了尽快实现国内金融业的转轨,使国内市场与国际市场有效对接,客观上要求我们积极主动地加快利率市场化进程。其次,它也是金融开放、资本流动自由化的必然结果。随着资本项目可兑换的稳步实现,国内外资金的跨境流动将更加自由,国内外资本市场的联通将更加便捷。这将倒逼国内的利率市场化改革,建立起可与国际市场对接的利率形成机制。

(2) 稳步推进存款利率市场化

2003 年 2 月,央行在《2002 年中国货币政策执行报告》中公布了我国利率市场化改革的总体思路:先外币,后本币;先贷款,后存款;先长期,大额,后短期、小额。按照这一思路,我国已经基本实现了本外币贷款利率市场化、大额外币存款利率市场化。目前,还有小额外币存款和人民币存款利率尚未放开。从国际经验看,放开存款利率限制都是利率市场化最关键的一步,也是风险最大的一环。因此,存款利率市场化是自贸试验区在金融领域“先行先试”的一项重要内容。

首先,按照“先外币,后本币”的思路,参照上海自贸试验区的经验,福建自贸试验区可以在条件成熟时,先试行小额外币存款利率市场化。所谓外币小额存款,是指额度在 300 万美元以下或等值其他外币存款。各银行可按央行公布的利率标准为上限,自主敲定美元等七个币种的外币小额存款利率。2014 年 3 月 1 日上海自贸区开始先行试点,对区内居民放开小额外币存款利率上限。从运行的情况看,区内外币存款的利率水平与政策实施前基本持平,到 2014 年 6 月 26 日,区内美元活期和 3 个月以内的存款议价起点平均为 35.4 万美元和 38.5 万美元,便利了企业的资金管理①。同时,外币存款规模增长平稳,开销户数量保持稳定,新增存款大部分都是企业存款,主要与新设企业到资有关,储蓄存款变化较小,试点实现了“平稳过渡,自我定价”的预期政策目标。在此基础上,2014 年 6 月 26 日,央行上海总部宣布将该项政策推广至全上海市。这是第一项走出自贸试验区、推广复制

---

① 自贸区外币利率市场化改革未现“存款搬家”[EB/OL]. 中金在线,http://news.cnfol.com/diqucaijing/20150414/20543573.shtml,2015-04-18.

到区外的金融改革政策。从福建的情况来看，2013年末，福建省金融机构各项外币存款达146.8亿美元，折合人民币约895亿元，在各省、自治区、直辖市中排名第七；按外币存款占本外币存款总额的比例，福建为3.09%，排在上海、广东、北京之后，位于第四①。如果福建自贸试验区外币存款利率市场化试点成功并能在全省范围内推广复制，将大大有利于省内企业降低资金调配成本，扩大实体经济受益面。

其次，福建自贸试验区《总体方案》中提出，“允许符合条件的金融机构试点发行企业和个人大额可转让存单”。大额可转让存单是银行印发的一种定期存款凭证，存款面额固定且一般金额较大，期限为3-12个月不等，最短的14天。它与普通定期存款最大的不同在于不记名、可以自由转让流通，有活跃的二级市场。发行大额可转让存单通常被视作存款利率市场化的前奏②。纵观世界各国利率市场化的进程，无论是美英还是日韩都曾将引入大额可转让存单作为重点。2013年12月18日，央行发布了《同业存单管理暂行办法》，此前商业银行主要是依靠同业存款及同业拆借进行流动性补充，以机构间议价为主，同业存单则是由市场定价，这可以视为发行大额可转让存单的前奏。自贸试验区试行面向企业和个人的大额可转让存单，为不能进入同业市场的其他投资者提供新的渠道，同时，也能在更大的范围内提升金融机构的自主定价能力。这也是央行利率市场化改革“先大额，后小额”思路的体现。

2015年6月2日，中国人民银行发布并施行《大额存单管理暂行办法》，决定推出大额存单产品。商业银行、政策性银行、农村合作金融机构等可面向非金融机构投资人发行记账式大额存款凭证，个人、非金融企业、机关团体、社保基金等均可成为大额存单的投资人，其中个人认购金额起点不低于30万元，机构起点不低于1000万元。在期限结构上，此次推出的大额存单包括1个月、3个月、6个月、9个月、1年、18个月、2年、3年和5年，共9个品种；在定价方面，固定利率存单采用票面年化收益率的形式计息，而浮动利率存单以上海银行间同业拆借利率为计息基准。2015年6月15日，工商

① 根据中国人民银行《2013年中国区域金融运行报告》中的统计数据计算得出。

② 世界上第一张大额可转让定期存单是由美国花旗银行于1961年创造的。其目的是为了稳定存款、扩大资金来源。由于当时美国市场利率上涨，但由于利率管制的原因，银行的活期存款无利或利率极低，定期储蓄存款利率也受到联邦条例制约，企业为了增加临时闲置资金的利息收益，纷纷将资金投资于安全性较好又具有一定收益的货币市场工具，如国库券、商业票据等，银行的企业存款急剧下降。为了阻止存款外流，美国花旗银行率先设计了大额可转让定期存单这种短期的有收益票据来吸引企业的短期资金。此后，这一货币市场工具迅速在各大银行得到推广。

银行、农业银行、中国银行等9家市场利率定价自律机制核心成员发行首批大额存单，均采用固定利率。这表明我国利率市场化进程已迈出关键性一步。但从首批大额存单销售的情况来看，市场反应较为平静。大部分银行普遍选择在央行基准利率基础上上浮40%，对投资者的吸引力并不大。相比于同期银行理财5%左右的预期收益和货币基金4%左右的七日年化收益率，大额存单的收益偏低。这也表明我国商业银行还需要进一步提升自身的市场化定价水平。

综合以上，福建自贸试验区作为我国利率市场化改革的又一块"试验田"，为区内金融机构提升自身的市场化定价能力、风险评估和管理能力等提供了新的平台，不同层次的客户在竞争性的市场中也有了更多的选择权，这都将有助于福建金融业不断提高市场竞争水平，为建设区域性金融中心提供有力的支撑。

3. 优化金融服务准入

金融服务准入是一个国家或政府准许境内外法人和个人进入金融服务市场，从事金融活动的条件、程序、制度和规范的总称。金融服务准入制度是国家对金融市场进行干预的基本制度。

(1) 优化金融服务准入的意义

由于金融市场风险，特别是系统性风险较大，各国政府对金融市场准入都要进行严格审查，也都规定了较高的准入标准。作为新兴市场国家的代表，我国自20世纪90年代以来，金融服务准入开放取得了很大进展。机构准入方面，自加入WTO以来，逐步放开外资银行准入。截至2006年底，我国银行业市场已经基本开放。外资合格机构投资者的投资准入也逐渐规范。其他如投资银行、信托、融资租赁等方面也得到了长足发展。业务准入方面，包括银行理财、集合信托、固定收益证券、私募等各领域的金融创新已经全面展开。随着近年来互联网技术的大范围应用和普及，我国互联网金融创新的步伐已经领先于绝大部分发达国家。特别是进入2014年以后，移动支付领域的竞争有效促进了我国金融业的竞争发展。此外，伴随着金融准入的放松，央行的货币政策、利率等金融监控手段也在不断丰富，监管模式也在不断创新。

但是，随着我国国际经济地位的提高，金融缺乏相对话语权、金融产业效率低下、资本市场不够成熟规范等问题的掣肘日益突出。并且，为加快人民币国际化进程，也亟需探索离岸金融中心建设、资本市场开放等一系列问题。这都对我国进一步优化金融服务准入提出了更高的要求。因此，人民币国际化的背景下在自贸试验区内优化金融服务准入,对金融市场开放条件下的金融安全和监管进行检验,具有相当重要的意义。

(2) 优化金融服务准入的主要内容

在金融机构准入方面,一是"探索在自贸试验区内设立单独领取牌照的专业金融托管服务机构"。金融托管可以实现资金投资决策、交易执行、资金清算、会计核算、风险监督等职能的相互独立与隔离,防范道德风险,是金融市场的重要功能之一。目前,我国并未颁发独立的托管机构牌照,其业务主要由商业银行和一部分证券公司承担。这一政策将对区内金融托管业务的创新发展具有重要意义。二是"统一内外资融资租赁企业准入标准"。在制造业产能过剩、融资难度大的背景下,"先租后买"、一次性投资少的融资租赁已成为国内主要装备、汽车及船舶制造企业的重要销售方式。利用国内外两种资源、两个市场大力发展融资租赁业是自贸试验区的一项重要任务。从上海自贸试验区的情况拉看,截至 2014 年 6 月已有 400 余家中外融资租赁企业落户,融资租赁中心初现①。因此,统一内外资融资租赁企业准入标准,有助于推动中外融资租赁企业在福建自贸试验区集聚。三是"在框架协议下,研究探索自贸试验区金融服务业对台资进一步开放"。这体现了福建自贸试验区的对台特色,主要包括适度提高台资金融机构参股大陆金融机构持股比例,支持在区内设立两岸合资银行等金融机构等等。这些先行先试的政策措施将进一步加快台资金融机构在福建自贸试验区内的集聚。

在金融业务准入方面,福建自贸试验区将试行一系列有助于推动资本项目可兑换、人民币国际化、跨境投融资便利化的金融业务开放措施,主要包括:允许区内银行从境外借入本外币资金;允许区内银行和支付机构、托管机构与境外银行和支付机构开展跨境支付合作;探索区内金融机构向境外转让人民币资产、销售人民币理财产品;在加强监管的前提下,允许区内符合条件的中资银行试点开办外币离岸业务;支持区内法人银行按照有关规定开展资产证券化业务;创新知识产权投融资及保险、风险投资、信托等金融服务;拓展区内融资租赁业务范围、融资渠道;允许区内金融机构与台湾同业开展跨境人民币借款业务;支持台湾地区银行向区内企业发放跨境人民币贷款等等。这些措施均为福建自贸试验区内各类金融机构提供了新的金融创新平台,有助于推动区内金融机构在更高的水平上参与国内外市场竞争。

---

① 400 余家融资租赁企业落户自贸区 初现融资租赁中心[EB/OL]. 新华网,http://news.xinhuanet.com/fortune/2014-06/12/c_1111119742.htm, 2014-06-12.

(三)先行先试建设两岸金融创新合作示范区

福建自贸试验区的战略定位是围绕两岸、服务全国、面向世界,充分发挥福建的对台优势,把自贸试验区建设成为两岸经济合作的示范区。在金融领域,就是要通过两岸金融合作先行先试,加快闽台金融产业在自贸区中集聚,加强面向台湾的特色金融创新。

1. 加快闽台金融业合作集聚

近年来,两岸金融合作不断向前迈进。《两岸金融监管合作备忘录》、《两岸货币清算协议》生效,台湾金融机构到大陆开展业务取得实质性进展。就福建来说,2008年底,台湾富邦金控通过其海外子公司香港富邦银行出资2.3亿元人民币投资入股厦门银行,成为首家间接参股大陆银行的台湾金融机构。2014年7月以来,中国银监会先后批准台湾的合作金库商业银行、彰化商业银行、华南银行、第一商业银行在福建设立一级分行。这是闽台金融合作的里程碑。2015年1月6日,台湾合作金库银行福州分行正式对外营业,开始为在闽台商和福建企业提供存贷款、外汇等金融业务。这是首家在福建开业的台湾银行大陆一级分行。除了银行业外,2009年8月,富邦产险厦门子公司获得中国保监会批准,成为大陆首家台商独资产险机构。2009年12月,台湾人寿与厦门建发股份公司合资设立了君龙人寿保险公司。台湾国泰人寿也在福建省内设立了1家分公司和4家营销服务部。台湾富邦证券、统一证券等在厦门设立了代表处。2010年,台资国泰产险福建分公司在福州正式成立。台湾元富证券子公司——元富证券(香港)有限公司获批设立厦门代表处。

福建自贸试验区将在框架协议下,研究探索自贸试验区金融服务业对台资进一步开放,降低台资金融机构准入和业务门槛。适度提高参股内资金融机构,包括商业银行、证券基金机构等持股比例,并实行参照内资金融机构监管的国民待遇。按照国家区域发展规划,为区内台资法人金融机构在大陆设立分支机构开设“绿色通道”。台资金融机构的进入将引入更多的台湾金融业从业人员,福建自贸试验区将适度简化台湾金融业从业人员申请从业人员资格和取得执业资格的相关程序。此外,自贸试验区将加强两岸在金融纠纷调解、仲裁、诉讼以及金融消费者维权支持方面的合作,健全多元化的纠纷解决渠道。相对福建来说,台湾金融产业的国际化水平较高,加快闽台金融合作,有利于提高福建金融业的竞争程度和发展水平。

2. 助推台湾人民币离岸中心发展

2013 年 2 月,台湾开放银行业开办人民币业务。其后,台湾人民币存款的数量急剧上升。根据台湾货币政策主管部门 2015 年 4 月 15 日发布的统计数据,截至 2015 年 3 月末,台湾银行业人民币存款规模累计达 3 245.82 亿元①。继香港之后,台湾已经成为第二个能够开展人民币清算业务的大型市场。特别是在近来香港人民币存款增长停滞之际,台湾正在形成一个新的重要的人民币资金池,为台湾建设人民币离岸中心创造了条件。近年来,闽台之间的跨境人民币业务也得到了稳步推进。至 2013 年末,闽台跨境人民币结算累计金额 453.6 亿元,占全国同期两岸跨境人民币结算总量的 9.6%,位居全国前茅。随着闽台人民币与新台币清算渠道的顺畅以及跨境人民币业务政策的普及,越来越多的在闽台资企业在与台湾的经贸往来中采用了人民币结算。据不完全统计,参与闽台跨境人民币业务的台资企业数占全省有经营实绩外经贸企业数的 11%,占台资企业总数的 29%。自闽台人民币代理清算群建立以来,截至 2013 年末,全省银行业机构与台湾地区 20 家银行业机构签订人民币代理结算清算协议,人民币代理清算账户余额为 68 亿元②。

福建自贸试验区将允许区内银行业金融机构与台湾同业开展跨境人民币借款等业务;支持台湾地区银行向区内企业发放跨境人民币贷款;允许台资金融机构以人民币合格境外机构投资者方式投资自贸试验区内资本市场等。这些措施能够进一步解决台湾地区人民币资金充裕但投资渠道少的问题,加速台湾地区人民币资金的回流。未来,福建自贸试验区在加快人民币国际化方面的其他举措都将有助于推动台湾人民币离岸中心的发展。

四、福建愿景(二):集聚金融机构

金融机构是金融服务创新的主体。自贸试验区金融准入制度的改革创新加速了金融机构在区内的集聚创新。以上海自贸试验区为例,截至 2014 年 8 月末,区内新设持牌类金融机构 87 家,类金融机构 453 家,金融信息服

---

① 3 月台湾人民币存款环比增 1.82% 至 3245.82 亿元[EB/OL]. 黄金网, http://gold.cnfol.com/jingjishuju/20150415/20557976.shtml, 2015-04-18.

② 2013 福建金融运行报告[EB/OL]. 中国人民银行, http://www.pbc.gov.cn/image_public/UserFiles/goutongjiaoliu/upload/File/2013 年福建省金融运行报告.pdf, 2014-06-24.

务公司 296 家，投资和资产管理公司 2 179 家，共计 3 015 家，占新设企业总数的 25%①。因此，福建自贸试验区也应加快推动金融机构集聚，丰富区内金融服务主体与功能，打造金融开放创新的开阔地。

（一）加快传统金融机构入区设点

以商业银行为代表的，组织结构和业务较为成熟的传统金融机构是自贸试验区内引领对外开放和金融创新的主要金融机构。

1. 银行业机构

商业银行是创设自由贸易账户、推进跨境人民币业务创新、推进利率市场化等金融开放创新任务的具体实施者。从上海自贸试验区先行先试的情况来看，基本实现了稳健发展、风险可控的目标。截至 2014 年底，有 48 家银行业机构获批在上海自贸试验区内设立 53 家营业网点，在跨境金融、衍生交易、互联网金融、财富管理、金融租赁等领域创新大量产品和业务②。近年来，福建省银行业规模稳步扩大。2013 年末，福建银行业金融机构资产总额同步增长 20.2%③，增速位居全国第三，东部地区第一。因此，符合条件的商业银行尽快入区设点，既能全力支持福建自贸试验区的建设和发展，也有助于加速福建银行业的创新发展。

福建自贸试验区可在商业银行准入上开展以下一些探索：一是鼓励中资银行入区发展。允许全国性中资商业银行、政策性银行等在区内新设分行或专营机构；允许将区内现有银行网点升格为分行或支行；在区内增设或升格的银行分支机构不受年度新增网点计划限制。④ 二是鼓励外资，特别是台资银行入区经营。在现有的银行业准入条件下，适当降低准入和业务门槛，适度提高参股中资银行的持股比例。三是鼓励民间资本进入区内银行业，可以探索符合条件的民营资本在区内创设省内首家民营银行。四是将

---

① 上海自贸区成立一周年[EB/OL]. 中国财经，http://finance.china.com.cn/news/special/SHZMQCLYZN/index.shtml，2015-04-20.

② 上海地区银行业不良贷款率 0.89 低于全国平均水平[EB/OL]. 证券时报网，http://kuaixun.stcn.com/2015/0108/11956623.shtml，2015-04-20.

③ 2013 福建金融运行报告[EB/OL]. 中国人民银行，http://www.pbc.gov.cn/image_public/UserFiles/goutongjiaoliu/upload/File/2013 年福建省金融运行报告.pdf，2014-06-24.

④ 福建自贸试验区挂牌当日，即有兴业银行、福建海峡银行、中国银行、中国建设银行、中国农业银行等 12 家中资银行在已有的区内分支机构中启动金融配套服务。各银行均表示将发挥各自优势，支持福建自贸试验区三片区建设，重点推进跨境人民币、贸易融资等产品创新，为区内企业提供多功能、集团化金融服务，全方位服务自贸区建设，着力发展对台和“海丝”业务。

区内银行分行级以下(不含分行)的机构、高管和部分业务准入事项由事前审批改为事后报告。五是设立区内银行业准入事项“绿色通道”,建立准入事项限时办理制度,提高审批效率。

2. 证券业机构

证券业是从事证券发行和交易服务的专门机构。因此,试验区内需要在境内外资本市场上先行先试的金融改革创新任务大都需由证券业机构来提供中介服务。福建自贸试验区《总体方案》中与此有关的包括①:“放宽自贸试验区内法人金融机构和企业在境外发行人民币和外币债券的审批和规模限制”“支持自贸试验区内法人银行按有关规定开展资产证券化业务”“创新知识产权投融资及保险、风险投资、信托等金融服务”“支持自贸试验区内设立多币种的产业投资基金,研究设立多币种的土地信托基金等”“支持符合条件的自贸试验区内机构按照规定双向投资于境内外证券期货市场”“在合法合规、风险可控前提下,逐步开展商品场外衍生品交易”。

与上海、广东、天津相比,福建省证券业发展相对较为缓慢。截至2013年末,总部设在辖内的证券公司只有3家,另有基金公司3家,期货公司5家②。福建应充分利用试验区平台加快证券业机构集聚,才能为区内开展跨境证券投资、财富管理、资产管理等业务等提供支撑。此外,证券业务一般均涉及直接投融资活动,与资本项目可兑换密切相关,应在开放的同时严格风险管理和监管。

3. 保险业机构

2015年4月15日,为更好地支持自贸区建设、推动自贸区先行先试经验的复制推广,保监会根据《国务院关于推广中国(上海)自由贸易试验区可复制改革试点经验的通知》(国发[2014]65号)要求和相关试点情况,决定将支持上海自贸区保险业发展的11项支持政策放宽至福建、天津、广东三个新设自贸区和上海自贸区扩区区域。其中主要包括:创新保险产品管理制度,允许当地航运保险协会试点开发协会条款,提高产品开发使用效率;创新保险机构和高管人员管理制度,取消当地航运保险营运中心、再保险公司在自贸区内设立分支机构以及自贸区内保险支公司高管人员任职资格的事前审批;支持自贸区保险机构开展境外投资试点以及在区内设立外资专业健康

① 自贸试验区闽台两岸证券业合作的内容将在本节第三大点中介绍。

② 2013福建金融运行报告[EB/OL]. 中国人民银行,http://www.pbc.gov.cn/image_public/UserFiles/goutongjiaoliu/upload/File/2013年福建省金融运行报告.pdf,2014-06-24.

保险公司、再保险中心等。

根据上述政策，福建自贸试验区将在集聚保险业机构上具有以下一些优势。首先，对航运保险业的支持将带动航运保险业走出“低谷”。由于远洋货物运输的风险很大，出险后承保方损失巨大，并且，航运保险业务的专业性极强，在缺少专门人才的情况下，目前保费评估都是由第三方公估公司来完成，保险公司无法掌握主动权。保监会政策中明确支持开展航运保险，并提出要培育航运保险机构和经纪人队伍，推动设立航运保险定价中心、再保险中心等，这对激励保险公司开展航运保险业务有积极的作用，对福建依托“21世纪海上丝绸之路”核心区与自贸试验区战略平台，加快发展国际贸易和航运将起到较大的支撑作用。

其次，引入外资专业健康保险公司将促进市场的健康有序发展。在成熟的保险市场，寿险、财险和健康险的份额呈三足鼎立之势。但在我国，由于现有医疗与养老政策尚未完善，保险公司对于进入健康险市场都较为谨慎，市场占比不足8%，近年来，国内投保人赴境外投保的情况显著增加。国内市场上的合资公司却受限于市场准入，无法充分发挥其在国际市场上的产品和服务优势，特别是难以利用其在国际资本市场上的投资优势。保监会政策明确支持在自贸试验区内设立外资健康保险机构，使国内投保人无需出境也能获得外资险企的专业服务，尤其是外资疾病保险、医疗保险、失能收入损失保险、护理保险和意外伤害保险等产品有望进入自贸试验区，将使市场竞争更为充分，有利于行业的规范发展，也将促进国内保险中介机构的改革升级。长期来看，还会拉动医疗产业的发展。

第三，开展人民币跨境再保险业务有助于降低险企汇率风险，加快国际化发展。人民币跨境再保险业务是指由境内的保险公司从境外分入以人民币为结算货币的再保险业务。该模式在支付手段上给予了中资保险在再保险业务上使用人民币作为定价货币和支付货币的便利。可以在自贸试验区内推进以台湾为重点的跨境人民币再保险业务，择机向东南亚、东盟国家和地区辐射。人民币再保单不仅能满足资产多元化配置的需求，丰富产品体系，也有助于保险机构降低汇率风险和换汇成本，扩大客户群，提升国际竞争力。

（二）加速新型金融机构集聚创新

现阶段，银行、证券、保险是我国金融业的三大主要部门。其他类型的金融机构和准金融机构的发展尚不充分。福建自贸试验区《总体方案》在金融机构准入方面，直接突出了对专业金融托管服务机构、融资租赁企业、产业投资基金的支持,此外,跨境投融资便利化的其他措施将助推企业集团财务公司和消费金融公司在区内的发展。

1. 金融托管服务机构

金融托管是指受托机构根据委托对受托资产履行资产保管、资金清算、资产估值、会计核算、投资监督、信息披露等职责。受托资产一般包括企业年金、投资基金、社保基金、理财产品、信托资产、保险资金、QFII资产等。托管业务对于委托方而言,可以兼顾投资的收益性与安全性,并可享受受托方提供的各项金融服务,同时,由于资金的出账和清算由受托方负责,可以有效地避免交易纠纷。国际经验表明,金融托管业务有广阔的增长空间。随着我国金融市场的蓬勃发展,金融托管业务日渐兴起,从以前主要面向金融客户、机构客户扩大至包含机构和个人、金融企业和实业公司等对象的广泛群体。福建自贸试验区《总体方案》中提出,“探索在自贸试验区内设立单独领取牌照的专业金融托管服务机构,允许自贸试验区内银行和支付机构、托管机构与境外银行和支付机构开展跨境支付合作”。

(1) 创新意义

金融牌照,即金融机构经营许可证,是批准金融机构开展业务的正式文件。目前在我国需要审批的金融牌照主要包括银行、保险、信托、券商、金融租赁、期货、基金、基金子公司、基金销售、第三方支付牌照、小额贷款、典当等12种,未有独立的托管机构牌照,获得托管业务许可的以商业银行和少部分证券公司为主。创设有单独牌照的金融托管服务机构,并与境外机构开展支付合作,将为福建自贸试验区内各类金融机构开展跨境集合投融资业务创新提供更有力的支撑。

(2) 发展前景

福建自贸试验区将探索区内金融机构(含准金融机构)向境外销售人民币理财产品;支持区内法人银行开展资产证券化业务;创新知识产权相关的风险投资和信托业务;支持设立多币种产业投资基金;支持符合条件的机构双向投资与境内外证券期货市场;在合法合规、风险可控的前提下,逐步开展商品场外衍生品交易;允许台资金融机构以人民币和各境外机构投资者方式投资区内资本市场等等。这意味着试验区将在境内外集合投资业务创新中有较大的突破,作为其间不可或缺的第三方市场中介,金融托管服务机构将拥有广阔的业务前景。

2. 金融租赁公司

在我国,金融租赁公司是指经银监会批准,以经营融资租赁业务为主的非银行金融机构。融资租赁是金融、贸易、服务相结合的新型金融工具，也是国际上发展最为迅猛的现代服务业之一。在发达国家，融资租赁已经成为设备投资中仅次于银行信贷的第二大融资方式。从长远来看，金融租赁公司在我国同样有着广阔前景。福建自贸试验区《总体方案》中提出，“经相关部门许可，拓展自贸试验区内融资租赁业务经营范围、融资渠道，简化涉外业务办理流程。统一内外资融资租赁企业准入标准、设立审批和事中事后监管，允许注册在自贸试验区内由福建省有关主管部门准入的内资融资租赁企业享受与现行内资试点企业同等待遇。”除此之外，自贸试验区内其他有关投融资便利化、跨境资金流动的制度创新都将有利于融资租赁业的发展。

（1）创新意义

在经济新常态下，我国将继续对能源交通和基础设施加大投资，加之国内产业更新和技术升级的加速，将带来大量的成套设备、交通工具、专用机械的需求。目前国内租赁行业渗透率仅为4%，而美国已超20%。未来五年，租赁行业规模预计可以实现年均25%左右的增长[①]。目前，根据《金融租赁公司管理办法》，融资租赁公司需要办理前置审批手续，且不能在注册地之外设立子公司和不具法人资格的分支机构。因此，我国融资租赁行业的普遍做法是：在政策环境好的地区注册母公司，在经济发达地区异地设立业务总部，当有融资需求或寻求更开放的政策时，在保税区等经济特区设立无需前置审批的、类似特殊目的载体(SPV)的单机、单船有限责任公司。目前，天津滨海新区、上海浦东新区等都制定了大量的优惠政策支持融资租赁业的发展。2013年，总部设在天津市的融资租赁企业达到206家，注册资金840亿元，分别占全国的20.1%和27.5%[②]，位居全国第一。上海自贸试验区成立后，融资租赁公司在区内快速集聚。截至2014年11月末，已经累计引进264家境内外融资租赁母体公司和314家项目子公司，累计注册资本超过了847.6亿元人民币，迅速赶超了天津[③]。广东自贸试验区挂牌后，南沙新区也提出要打造成为继天津滨海新区和上海浦东新区之后全国第三个融资租赁集聚

---

① 金融租赁聚居申穗自贸区 租赁行业渗透率仅4%[EB/OL]. http://bank.hexun.com/2015-04-23/175230376.html, 2015-04-23.

② 2013年中国区域金融运行报告[EB/OL]. 中国人民银行，http://www.pbc.gov.cn/image_public/UserFiles/goutongjiaoliu/upload/File/2013年中国区域金融运行报告.pdf，2014-06-24.

③ 上海自贸区融资租赁全国第一[EB/OL]. 南方财富网，http://www.southmoney.com/hkstock/ggxinwen/201501/252062.html, 2015-04-20.

地[1]。因此,福建必须充分依托自贸试验区提供的制度创新平台,紧紧把握我国融资租赁业大发展的历史机遇,加快融资租赁机构的集聚。

(2) 发展前景

为吸引境内外融资租赁企业入驻,形成一定的产业规模和良好的市场环境,福建自贸试验区应在以下几方面着手。首先,加快落实总体方案。尽快出台事中事后监管办法,有效简化审批手续,对照上海自贸试验区的经验,争取在五个工作日内完成融资租赁公司的审批手续。放宽融资租赁公司在片区内设立的单机、单船子公司的最低注册资本限制。允许融资租赁公司兼营与主营业务相关的商业保理业务。其次,实行有竞争力的税收、外管、海关等配套政策。允许区内注册的融资租赁公司或项目子公司享受包括税务、外汇、监管、法律等方面的专项政策,从境外购买到达一定标准的飞机、船舶,享受进口环节增值税和关税的优惠政策。第三,大力引进重点项目,引导产业集聚发展。融资租赁产业能够为实体经济提供切实的支持。因此,应充分发挥政策的引导作用,开展面向境内外的融资租赁业务,着力引进上下游配套产业项目,拉长产业链,促进产业联动发展。

3. 产业投资基金

产业投资基金是一个大类概念,通常又称为风险投资基金、私募股权投资基金等,一般是指向具有高增长潜力的未上市企业进行股权或准股权投资。与传统的债权投资方式不同,产业投资基金主要投资于新兴的、有巨大增长潜力的企业,关注投资对象的发展前景,投资周期长,并参与企业的经营管理和重大决策。产业投资基金作为一种金融创新工具,以集合投资和专家管理为特色,有助于提高实体经济发展的效率。福建自贸试验区《总体方案》中提出,"支持自贸试验区内设立多币种的产业投资基金"。

(1) 创新意义

金融支持实体经济是我国自贸试验区金融开放创新的首要目标。与证券投资基金不同,产业投资基金一般都会专注于不同产业部门的投资。例如,创设于 2014 年 12 月的上海自贸区股权投资基金,其重点投资领域是区内的现代物流仓储、新型商务办公、保税展示交易中心等内外联动的不动产项目,以及跨境电子商务、进口商品直销中心、文化艺术品交易等功能性平台经济项目,主要投资领域为区内的商用物业和企业股权,体现了支持区内

① 自贸区 7 个功能区块明确发展重点[EB/OL]. 新浪新闻中心, http://news.sina.com.cn/c/2015-04-22/051931744965.shtml? from=faxian_xinwen&mod=cre, 2015-04-23.

新兴产业发展的主体功能。因此，福建自贸试验区内创设多币种产业投资基金，结合跨境投融资便利化的其他创新举措，充分利用国内外两个市场、两种资源，将带动区内制造业的转型升级，加快现代服务贸易的集聚发展。

（2）发展前景

福建自贸试验区内多币种产业投资基金的发展应主要围绕试验区的全局发展及功能培育，服务于制度创新及制造业、服务业开放，重点应对区内的土地信托、冶金、石化、汽车、船舶、机械装备、轻工业、新一代信息技术、集成电路、新能源汽车、生物医药、新材料、新能源、海洋、游艇等产业项目进行股权投资，以及投资于跨境电子商务、进口商品直销中心等功能性平台项目。基于福州、厦门、平潭三个片区的不同定位，通过多币种产业投资基金的设立为境内外金融资源寻求与各片区产业的最佳结合点，为区内企业提供包括融资、政策解读、产业链匹配等具有行业深度优势的增值服务，推动产业链上下游资源整合，实现区内产业规模扩大和能级提升。

4．企业集团财务公司

根据我国《企业集团财务公司管理办法》规定，企业财务公司是指以加强企业集团资金集中管理和提高企业集团资金使用效率为目的，为企业集团成员单位提供财务管理服务的非银行金融机构。企业集团财务公司是“产融结合”的产物，其主要功能是盘活企业内部资金、降低集团融资成本。福建自贸试验区在促进贸易和投融资汇兑便利化方面的举措，特别是对跨国公司本外币资金集中运营管理的支持，将吸引企业集团财务公司进驻。

（1）创新意义

财务公司进驻自贸试验区，可以为集团企业提供自由贸易账户下的投融资汇兑业务，使企业充分享受制度红利。对于自贸试验区的建设来说，财务公司将充分利用对自贸区金融创新的支持，建立起全新的金融服务平台，通过多渠道筹集低成本建设资金，加快自贸试验区的二次开发建设，进一步吸引更多企业入驻。围绕集团企业产业链发展要求，财务公司能够创新金融产品设计和服务，有效推动区内实体经济的发展。

（2）发展前景

首先，通过与银行的合作，区内财务公司可为集团企业跨境资金收付进行集中管理，有利于整合集团资金、调剂资金余缺，优化财务资源配置。其次，财务公司可以通过跨境本外币资金池支持集团海外销售和投资并购。随着福建企业“走出去”步伐的加快，大型企业会率先实施更多的境外投资项目。区内跨境投资审批流程的简化能够更好地服务于集团国际化发展和商业模式创新。此外，财务公司还可通过风险投资业务来支持集团内部发展新产业与新技术。第三，通过自贸试验区便利的境外融资渠道可以为企业获得更多低成本资金。财务公司将为集团全球资金融通及跨境资金管理搭建起一个全新的金融服务平台，降低集团系统企业融资成本，提高跨境资金运转效率。

5. 消费金融公司

消费金融公司是指不吸收公众存款，以小额、分散为原则，为境内居民个人提供以消费为目的的贷款的非银行金融机构。2010 年，消费金融公司开始在我国试点，首批 4 家公司在北京、天津、上海和成都成立。2013 年 9 月，中国银监会对《消费金融公司试点管理办法》进行了修改，允许民间资本发起设立消费金融公司，宣布新增 12 个消费金融试点公司的城市。福建自贸试验区将允许在海关特殊监管区内设立保税展示交易平台，支持开展汽车平行进口试点，在商贸服务领域的开放措施将推动货物贸易自由化，消费者在自贸试验区内购买进口商品将进一步便利化，对与之配套的消费金融服务的需求也会随之增加。

(1) 创新意义

发展消费金融公司是促进经济从投资主导型转向消费主导型的重要手段。它具有单笔授信额度小、审批速度快、无需抵押担保、服务方式灵活、贷款周期短等独特优势，有助于改善消费金融服务，刺激居民消费，增加有效需求，促进消费升级，扩大民间资本进入金融业的途径，对于稳增长、调结构具有积极意义。目前，我国监管部门对消费金融公司的创设采取“一地一家”的原则，福建只有泉州一地属于设立消费金融试点公司的 16 个城市之一。因此，自贸试验区可以成为福建消费金融公司发展的突破口。

(2) 发展前景

福建自贸试验区可支持符合条件的发起人在区内申设汽车金融公司、消费金融公司；支持符合条件的民营资本在区内设立自担风险的消费金融公司。在区内设立消费金融公司，业务可包括面向区内个人的耐用消费品贷款和一般用途个人消费贷款、信贷资产转让、同业拆借、发行金融债、固定收益类证券投资业务、代理销售与消费贷款相关的保险产品以及与消费金融相关的咨询、代理业务等。自贸试验区内对金融机构跨境融资便利化的支持措施也将适用于消费金融公司，为其获取境外低成本资金创造了条件，并进而有效降低消费者的贷款成本。

（三）推动闽台金融机构合作创新

“推动两岸金融合作先行先试”是福建自贸试验区推进金融领域开放创新的重点任务之一。区内闽台金融机构的合作创新将加快两岸金融资源和产业资源的整合，进一步提升闽台经济合作的水平。

1. 优化台湾金融机构准入

在台资金融机构准入方面，《总体方案》提出：“在框架协议下，研究探索自贸试验区金融服务业对台资进一步开放，降低台资金融机构准入和业务门槛，适度提高参股大陆金融机构持股比例，并参照大陆金融机构监管。”这里的“框架协议”指的应是《海峡两岸经济合作框架协议》和《海峡两岸服务贸易协议》。对照《海峡两岸服务贸易协议》附件一中“大陆方面金融服务部门的开放承诺”[①]来看，《总体方案》的绝大部分内容都已包含在内，主要在三个方面存在差异。一是《总体方案》明确了“自贸试验区”为机构和业务准入的空间范畴；二是在台资金融机构参股区内证券公司方面将服贸协议中规定的“允许符合设立外资参股证券公司条件的台资金融机构按照大陆有关规定在上海市、福建省、深圳市各设立一家两岸合资的全牌照证券公司，台资合并持股比例最高可达51%，大陆股东不限于证券公司”和“允许符合设立外资参股证券公司条件的台资金融机构按照大陆有关规定在大陆批准的‘在金融改革方面先行先试’的若干改革试验区内，各新设一家两岸合资全牌照证券公司，大陆股东不限于证券公司，台资合并持股比例不超过49%，且取消大陆单一股东须持股49%的限制”，两项合并为“研究探索允许符合设立外资参股证券公司条件的台资金融机构按照大陆有关规定在自贸试验区内新设立两家两岸合资的全牌照证券公司，大陆股东不限于证券公司，其中一家台资合并持股比例最高可达51%，另一家台资合并持股比例不超过49%、且取消大陆单一股东须持股49%的限制”。这是由于福建自贸试验区已属于服贸协议中的所称的“在金融改革方面先行先试”的若干改革试验区。三是在保险业开放上，服贸协议中仅规定“积极支持符合资格的台湾保险业者经营交通事故责任强制保险业务”，而在《总体方案》中提出“支持符合条件的台资保险公司到自贸试验区设立经营机构”。

实际上，随着两岸区域性金融服务中心建设的推进，台湾银行证券保险

① 海峡两岸服务贸易协议（全文）[EB/OL]. 中华人民共和国中央人民政府网站，http://www.gov.cn/jrzg/2013-06/21/content_2431341_2.html，2013-06-21.

等主要金融机构已经逐步进入福建。下一阶段，应大力推动台资金融机构加快进入福建自贸试验区，进一步获取制度创新红利。例如，《总体方案》中提出“允许自贸试验区银行业金融机构与台湾同业开展跨境人民币借款等业务。支持台湾地区银行向自贸试验区内企业或项目发放跨境人民币贷款”。这将为台湾银行业机构在管理人民币资产和负债上提供新的渠道。

2. 设立闽台合资股权投资基金

福建自贸试验区应在现有制度框架下支持在区内设立闽台合资股权投资基金，这将加快两岸金融资本对接，在产融结合上实现新突破。2014 年 12 月首只闽台合资人民币私募股权基金——“华创（福建）股权投资基金”已经在平潭综合实验区正式成立，基金规模为 10 亿元人民币，将锁定新信息技术、健康医疗与民生消费三大产业。目前，已有开发工银、开发国际、佳世达科技、聚积科技等台资企业，以及省电子信息集团、星网锐捷、平潭国投、阳光城集团等福建企业出资入股。除了金融资源外，闽台合资股权投资基金还能够将台湾地区优质的产业链资源引入福建自贸试验区，提升区内闽台产业合作的能级。因此，下一步应充分利用试验区内金融先行先试的制度优势，创设更多闽台合资股权投资基金，引导其重点投入建设区内有台资参与的新型产业和现代服务业，进一步拓展两岸经济金融合作的空间。

3. 引入台湾融资租赁公司

近年来，台湾经济主管部门陆续开放民间融资租赁业及融资性担保公司赴大陆投资，合作金库、台新金控、中租集团等十多家台湾金融机构积极在大陆进行布局。2014 年 4 月台湾第一金控集团旗下的一银租赁（厦门）有限公司挂牌成立，成为福建首个纯台资金融机构。随后，台湾第一商业银行在厦门设立租赁公司，采用分行搭配租赁的模式开展业务。福州与厦门作为台商企业群聚的重点城市，在电子信息、IC 动漫软件、光学娱乐眼镜、运动器材等产业，台商均占重要地位。引进台湾金融租赁公司落户自贸试验区，允许区内建立合资融资租赁机构，利用相关政策扶持力度，以厦门片区两岸区域性金融服务中心及福州片区金融创新合作示范区为平台，借助台资融资租赁企业的管理和技术优势，发展资产轻量化生产经营方式，除可就近服务广大台商及当地企业实现产品和技术更新，拓展多元化融资渠道外，还可运用福建自贸试验区先行先试政策，争取相关衍生业务商机。

五、福建愿景(三):让金融创新服务实体经济

(一) 金融服务创新的载体——自由贸易账户体系

自由贸易账户体系是自贸试验区金融创新的核心,对于全面推进自贸试验区金融改革和支持实体经济发展具有重要意义。

1. 自由贸易账户的内涵

(1)“一个单元,两条界限,四条通道,五类主体”

自由贸易账户体系可以理解为“一个单元,两条界限,四条通道,五类主体”①。“一个单元”是指金融机构在自贸试验区设立一个全新的分账核算单元,并建立相应的内部风险控制和分账核算管理机制,对业务要实现“标示分设、分账核算、独立出表、专项报告,自求平衡”。

“两条界限”指在境外和区内之间,区内和境内区外之间有两条界限,前者是“一线”,原则上资金基本实现自由流通,即“一线放开”;后者是“二线”,仍实行有管理的可兑换政策,资金流动视同跨境业务管理,采取“二线有限渗透”。

“四条通道”指区内和境内区外之间资金划转可以有四条渠道:一是经常项下业务;二是偿还自身名下且存续期超过 6 个月(不含)的本地银行业金融机构发放的人民币贷款,偿还贷款资金必须直接划入开立在贷款银行的同名账户;三是新建投资、并购投资、增资等实业投资;四是央行规定的其他跨境交易。

“五类主体”指能够开立自由贸易账户的五类主体:一是区内机构自由贸易账户,适用对象为区内机构和在试验区内注册的个体工商户;二是境外机构自由贸易账户,适用对象为境外机构,只能开立在区内金融机构;三是同业机构自由贸易账户,适用对象为其他金融机构的试验区分账核算单元和境外金融机构;四是区内个人自由贸易账户;五是区内境外个人自由贸易账户。

(2)“分账管理、离岸自由、双向互通、有限渗透”

自由贸易账户的设计理念为“分账管理、离岸自由、双向互通、有限渗

---

① 尚荣.上海自贸区自由贸易账户体系的建立:自贸区政策的新突破[J],上海金融,2014(8).

透”①。自由贸易账户是在分账核算单元下开立的规则统一的本外币账户,实行“分账管理”。自由贸易账户和境外账户之间的资金流动体现了“离岸自由”,即自由贸易账户与境外账户、境内区外的非居民账户,以及自由贸易账户之间的资金是可以自由划转的,也是“双向互通”的。简单理解,对境内企业来说,拥有自由贸易账户基本就是拥有了一个可以和境外资金自由汇兑的账户;而对境外企业来说,则意味着它们可以按准入前国民待遇原则获得相关金融服务。而自由贸易账户与其开立的非自由贸易账户之间的资金流动则体现了“有限渗透”,在经常项下业务、偿还贷款、实业投资以及其他符合规定的跨境交易需要可办理同户名资金划转。

2. 自由贸易账户的创新优势

(1) 开辟“区内—境外”双向开放通道

自由贸易账户下对于自贸试验区内和境外跨境资金流动采取“只监测、不限制”的管理模式,资金可在“区内—境外”自由流动,因此,自由贸易账户在较大程度上被视同为“境外账户”,账户内资金视同“境外资金”。通过构建自由贸易账户体系,实质上在自贸试验区内形成了一个与境内其他市场有限隔离、与国际金融市场高度接轨的金融环境,企业可以充分利用境内外两种资源、两个市场。

(2) 开启跨境投融资汇兑管理新模式

自由贸易账户是自贸试验区投融资创新业务的重要载体和管理工具。首先,区内企业通过该账户可以更加便利地从境外融入低成本的本外币资金,拓宽了融资渠道,降低了融资成本。其次,自由贸易账户促进跨境直接投资便利化,极大地缩短了流程时间,提高了企业境外投资的效率。例如,跨境直接投资可与前置核准脱钩,直接向银行办理所涉及的跨境收付、兑换业务等。再者,自由贸易账户基于自身风险管理需要,可按规定参与国际金融市场衍生工具交易。最后,自由贸易账户还可以提升资金汇兑便利程度,并利用境内外两个市场获得最佳汇率。

3. 自由贸易账户的实施②

(1) 自由贸易账户的开立

符合条件的主体可以根据央行规定,向自贸试验区内开展分账核算业

① 张湧.创新自贸区账户体系核心是分账管理[EB/OL],网易财经,http://money.163.com/13/1204/11/9F8F373800252G50.html,2015-04-20.

② 本书成稿之时,有关福建自由贸易试验区内自由贸易账户的实施细则尚未出台,以下参照《中国(上海)自由贸易试验区分账核算业务实施细则》来概要介绍自由贸易账户的具体实施.

务的金融机构申请开立自由贸易账户。自由贸易账户是规则统一的本外币账户,实现"一次申请多币种开通"的开销户统一规则,客户在同一开户网点只需提交一次账户开户申请,即可开立具有多币种可兑换功能的自由贸易账户,避免客户反复开户,也有利于客户进行后续的日常账户管理。

(2) 自由贸易账户的相关业务创新

自由贸易账户可办理经常和直接投资项下的跨境资金结算,同时也可按规定办理投融资汇兑创新及相关业务,包括:试验区跨境直接投资,可按有关规定与前置核准脱钩,直接向银行办理所涉及的跨境收付、兑换业务;在区内就业并符合条件的个人可按规定开展包括证券投资在内的各类境外投资;个人在区内获得的合法所得可在完税后向外支付;区内个体工商户可根据业务需要向其在境外经营主体提供跨境贷款;区内企业的境外母公司可按国家有关法规在境内资本市场发行人民币债券;根据经营需要,注册在试验区内的中外资企业、非银行金融机构以及其他经济组织可按规定从境外融入本外币资金;允许符合条件的区内企业按规定开展境外证券投资和境外衍生品投资业务;同一非金融机构自由贸易账户与其开立的境内其他银行计算账户之间,可办理"四条通道"业务项下的人民币资金划转。

从上海自贸试验区的实践情况看,具体在自由贸易账户中可以开展哪些业务,仍需"成熟一项,推动一项"。自 2014 年 6 月启动至 2015 年 4 月,上海自贸试验区内的自由贸易账户只开展了面向企业的人民币服务。2015 年 4 月 22 日,央行上海总部发布了《关于启动自由贸易账户外币服务功能的通知》之后,自由贸易账户才开始提供本外币一体化金融服务。

(二) 支付结算业务创新,便利人民币跨境使用

福建自贸试验区《总体方案》提出要"推动开展跨境人民币业务创新,推进自贸试验区内企业和个人跨境贸易与投资人民币结算业务"。对照上海自贸试验区的经验,支付结算业务创新可能最早在人民币跨境集中收付业务和跨境电子商务支付人民币支付结算业务上寻求突破。

1. 人民币跨境集中收付

(1) 人民币跨境集中收付业务模式

人民币跨境集中收付是指集团企业授权在试验区的注册企业(含财务公司)作为主办企业,根据集团整体需要,针对境内外关联企业(包括集团内以资本关系为主要联结纽带、存在投资性关联关系的成员企业,以及与集团内存在供应链关系的企业、有密切贸易往来的集团外企业)之间的经常项目

办理跨境人民币集中收付和轧差净额结算的业务。

在该业务模式下(如图 5-1 所示),区内银行将协助区内主办企业将其集团境内各公司的跨境人民币经常项目付款集合为一笔,通过跨境人民币集中收付结算专户集中支付至境外的集团财务结算中心。同时,将海外各关联公司的应收款集中至集团财务中心,整合为一笔汇入其自贸区跨境人民币结算专户,再分别汇至境内各公司。

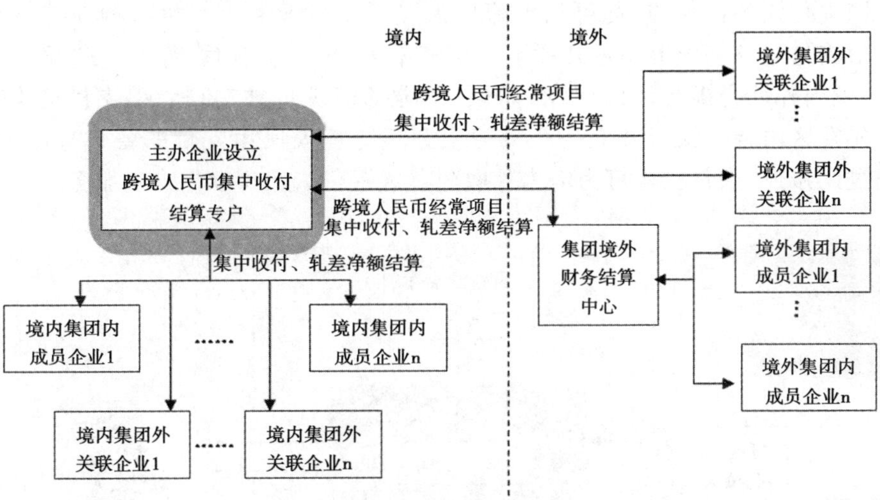

图 5-1 人民币跨境集中收付业务模式

例如,汇丰银行协助其客户,一家全球五百强企业、著名电力与自动化产品制造商开展人民币跨境贸易集中收付。在该集团每月的固定付款日,将其在中国内地各公司的跨境贸易人民币付款集合为一笔,通过汇丰中国为其开立的跨境人民币结算专户集中支付至其位于海外的集团财务结算中心。同时,将其海外各关联公司的应收款集中至集团财务中心,整合为一笔汇入其中国跨境人民币结算专户,再分别汇至国内各公司。

(2) 人民币跨境集中收付业务的创新优势

一是提高资金跨境结算效率。跨境人民币集中收付业务有助于大型集团公司大幅减少跨境收支交易次数和金额,以更简便更高效的操作方式进行跨境结算。二是降低企业集团营运资金占用。跨境人民币集中收付使跨国企业可以合并和抵销一定时期内的跨境人民币收支,从而帮助企业减少营运资金占用,降低跨境收付成本,大大提高集团资金的利用效率。三是有助于企业减少外汇风险。采用人民币进行跨境结算,能避免因为汇率波动带来的损失,有助于企业减少外汇敞口,节约汇兑成本,降低外汇风险。也有助于人民币在海外市场的流通和应用，进一步推动人民币国际化。

2. 跨境电子商务人民币支付结算

(1) 跨境电子商务人民币支付结算业务模式

跨境电子商务人民币支付结算业务，是指支付机构依托互联网，为境内外收付款人之间真实交易需要转移人民币资金提供的支付服务。在自贸区注册成立的支付机构以及外地支付机构在自贸区设立的分公司，凡取得互联网支付业务许可的，均可从事跨境人民币支付业务。支付机构在跨境人民币支付业务基础上还可开展金融增值服务，如现金管理、综合支付服务方案、境内外综合银行、银行卡账单等。其业务模式如图 5-2 所示：支付机构需首先在区内合作银行开立一个专门服务于跨境人民币支付的备付金账户。通过此账户，支付机构可为境内外收付款人提供人民币双向支付服务。

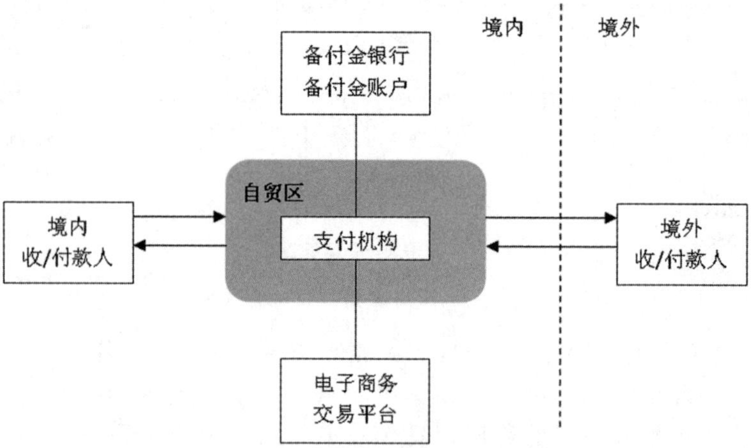

图 5-2 跨境电子商务人民币支付结算

以上海自贸区内快钱支付公司与台湾关贸网路的合作为例。集品网是关贸网路下属的两岸贸易平台。在集品网里查找商品及境外出口商，通过商务洽谈，建立一笔从台湾进口水果的 B2B 订单，选择快钱支付方式后，用户会被要求以进口商的身份登录到快钱平台。快钱平台通过将登录信息与数据库(通过两岸的数据平台，快钱已将两岸贸易商的真实背景数据及信用资料导入数据库)进行比对分析，确认用户的资质与身份之后，跳转至银行支付页面。此时快钱平台会要求确认上传一个包含了贸易信息和付款信息的跨境人民币结算付款说明，然后用户即可点击确认付款。至此，用户端的支付操作已经完成。

后台系统中，快钱支付将采集的支付信息经由签约的合作银行上送央行跨境人民币系统,并将用户的付款资金妥收归集托管。此后,人民币资金会循着支付机构平台——支付机构签约合作银行系统——跨境人民币清算系统的路径,按照合约约定的时间进入台湾关贸网路的银行存款账户,具备批量付款、集售转付资质的关贸网路则定期与台湾出口商结付人民币资金。收到人民币资金的台湾出口商,则可依据其资金运用需求及当地相关政策规定,自主决定持有人民币的头寸与期限。

(2) 跨境电子商务人民币支付结算业务的创新优势

近年来,福建省依托传统外贸产品和跨境优势,跨境电子商务发展迅猛。2013 年实现交易额同比增长 77%,成为我国发展最快的跨境电商出口中心。福建自贸试验区开展跨境电子商务人民币支付结算业务创新,将带来以下一些积极效应。一是提高电子商务的结算效率。跨境电商人民币支付结算业务减少汇兑环节,简化操作流程,缩短了资金到账时间,将大大提高电子商务资金的结算和使用效率。二是降低电子商务企业成本。跨境电商人民币支付结算节省了汇兑成本,也不需要另外支出避险保值费用,从而降低了企业的综合成本。三是有助于企业规避汇率风险。从事跨境电商业务的主要是中小型企业,它们对汇率波动尤为敏感,采用人民币结算能够最大限度避免因汇率波动产生的损失。四是为跨境电商提供更好的发展环境。目前,国内电商支付机构是没有经营跨境人民币业务资质的,自贸试验区内的先行先试有利于支付机构开拓海外业务,同时将促进"海淘"市场发展。

3. 闽台跨境人民币支付结算业务合作创新

近年来,闽台跨境人民币业务发展迅速。其中 2012-2013 年闽台跨境人民币经常项目的结算金额分别为 202.29 亿元和 189.79 亿元①。截至 2014 年 6 月末,仅厦门两岸人民币结算总量就达到 524 亿元,占同期厦门跨境人民币业务四分之一②。2015 年 4 月 21 日,平潭自贸试验区挂牌当日,中国银行台北分行的一笔 5000 万元资金顺利存入该行在福建自贸试验区平潭片区分行的跨境人民币同业存款账户,标志着台湾地区金融机构与平潭金融同业人民币资金跨境往来便利通道的成功构建。福建自贸试验区挂牌首日,渣打国际商业银行就宣布成功为台企全兴国际水产集团完成其子公司友达贸易(福州)对母公司的跨境人民币付款,在福建自贸试验区跨境人民币支

① 严思屏. 闽台跨境人民币业务推进策略探析[J]. 福建师范大学学报(哲学社会科学版),2014(6).

② 积极创新两岸跨境人民币业务[EB/OL]. 和讯网,http://forex.hexun.com/2014-08-02/167206110.html,2015-04-20.

付交易拔得头筹。可以预期，福建自贸试验区将推动闽台跨境人民币支付结算业务合作创新进一步提速。

目前，上海自贸试验区内的支付机构已经开始和台湾之间开展跨境电商人民币支付业务。2014 年 2 月，快钱公司与台湾关贸网路达成战略合作，实施跨境电商人民币支付业务；2014 年 10 月，快钱宣布与台湾元大银行战略合作，在上海自贸区开展跨境人民币支付业务，双方合作上线的“元大 e 付通”系统是两岸首个跨境支付系统。据快钱公司预测，海峡两岸 B2B 贸易规模可以高达 1500 亿美元[①]。相较于上海，福建自贸试验区与台湾距离更近，在两岸物流货运上成本最低，在日益增长的两岸商贸及电商领域，彼此可取得最佳成本效益。2013 年 9 月，厦门象屿与台商协会签署两岸跨境电子商务协议，2014 年，厦门民生银行与第三方支付机构快钱支付公司合作，为台湾最大的网络平台关网支付采购款。2014 年，象屿集团与台湾吉时航运、关贸网路、新竹物流以及大陆顺丰快递等企业合作，构建海运快递跨境电商干线运输通路，如果全面放开厦门与台湾之间的海运快件业务，仅电子商务一项，一年至少有 250 亿人民币的对台业务量[②]。可见，依托福建自贸区平台，海峡两岸在跨境电商领域及其人民币结算方面进行深入合作的前景非常广阔。

基于此，福建自贸试验区应进一步简化对台贸易与投资人民币结算业务的流程，力争在台湾人民币资金使用、清算、回流等方面有更大突破；鼓励自贸试验区内银行和支付机构与台湾银行和支付机构开展更为广泛深入的跨境支付合作。

（三）资金管理业务创新，助推总部经济发展

当今，总部经济已经成为一种全球化的全新经济模式。以自由贸易账户为载体，福建自贸试验区内的金融机构可以为企业提供更为便捷的本外币资金跨境集中管理服务，特别是对大型企业来说，会带来很大的财务集中集约管理效益，这将吸引更多的国内外大型企业总部进驻试验区，促进总部经济的发展。

---

① 第三方支付逐利跨境支付 快钱与台湾元大开展合作[EB/OL]. 移动支付网，http://www.mpaypass.com.cn/news/201410/15085452.html，2015-04-20.

② 福建自贸区申请整体打包“海西自贸区”呼之欲出[EB/OL]. 每经网，http://www.nbd.com.cn/articles/2014-08-14/856114.html，2015-04-20.

1. 跨境人民币双向资金池

(1) 跨境人民币双向资金池业务模式

跨境人民币双向资金池业务是指企业集团根据自身经营和管理需要,以试验区内注册成立的成员企业所开立的资金池账户作为顶点账户,搭建跨境双向人民币资金池,实现境内人民币资金池与境外人民币资金池内资金的双向流通,以便集团内境内外成员企业之间开展跨境人民币资金余缺调剂和归集的业务。其业务模式如图 5-3 所示:企业集团总部指定一家区内注册成立并实际经营或投资的成员企业作为办理跨境双向资金池业务的主体,通过其所开立的人民币专用存款账户(该账户不得与其他资金混用),将境内资金池和境外资金池对接,通过上存、下划的方式,实现公司境内外资金(入池资金应为企业生产经营活动和实业投资活动的现金流)的双向自动归集和成员企业之间的自由划转,由此集团可以自主统筹调配境内外资金。

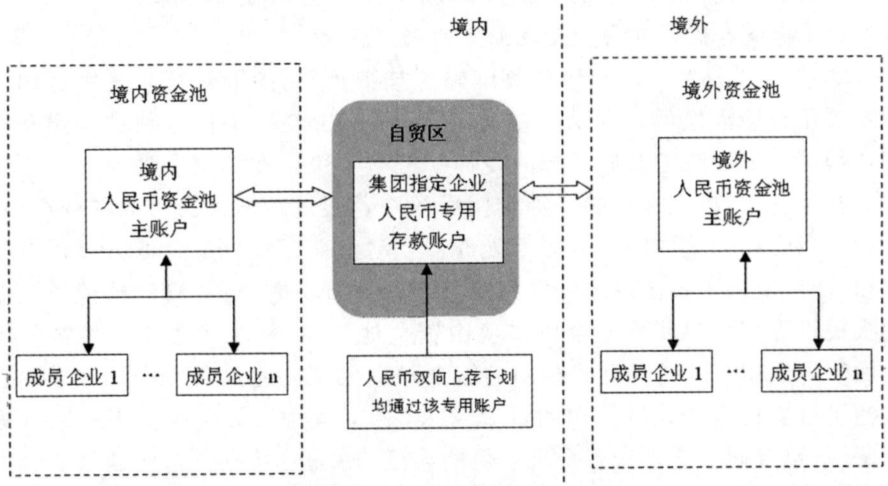

图 5-3 跨境人民币双向资金池业务模式

以渣打银行与上海集达投资管理有限公司合作开设跨境双向人民币资金池为例。集达公司由宝信汽车集团有限公司投资设立,全面行使宝信集团在上海和浙江地区的资金管理职能,首要目标是根据母公司的业务范围领域实现境内外资金的集中、有效管理。在自贸试验区跨境人民币金融创新政策出台之前,因为境内企业无法方便地通过境外借款,宝信集团一直面临境内外多家企业之间流动资金分散、不均衡、无法实现共享的问题。与此同时,集团内各子公司的运营资金状况存在差异,虽然部分子公司有资金闲置,但却无法直接划给资金短缺的子公司,只能寻求银行贷款支持,或利用有限的外债额度借外债等，造成集团整体对外融资成本过高。这也是在中国的跨国企业所面临的普遍问题。在2014年2月央行上海总部出台扩大人民币跨境使用的相关通知之后，上海集达即与渣打银行（中国）有限公司合作开展了集团内跨境双向人民币资金池业务，主要用于支持其境内外的流动资金需求、跨境人民币贸易结算等。

上海集达作为宝信集团的境内牵头企业，在中国境内建立了自动扫款模式人民币资金池，通过渣打银行业务系统自动运行，并实现对境内企业的余额共享；同时与位于香港的集团公司建立了跨境双向人民币资金池，在境内外资金池之间实行手动扫款，且无额度限制，可以实现当天提出需要当天完成扫款，以满足灵活的资金调度需求。通过这种跨境双向人民币资金池业务，宝信集团实现了境内外流动资金的统一管理和控制，将境内外各子公司多余的资金集中、调配运用，无需再借助利率较高的境内银行借款等方式，实现集团层面的资金集约化管理和整体对外融资成本的降低。

（2）跨境人民币双向资金池业务的创新优势

2015年4月21日，福建自贸试验区挂牌当日，中国银行与9家区内企业签署了跨境人民币双向资金池业务合作协议；渣打银行分别在福州和厦门获得了人民币跨境双向资金池委任。跨境人民币双向资金池业务的创新优势在于：一是极大地提高了资金使用效率。通过跨境人民币双向资金池，企业可以定期将境内资金池的闲置资金自动上存至境外资金池人民币专用账户；而当境内资金池内运作发生经营性资金敞口时，也可自动从境外资金池人民币专用账户调配资金以供境内资金池使用，便利了集团内境内外资金的统筹运用。二是降低了集团的综合融资成本。通过跨境人民币双向资金池可以支持境外成员公司的资金需求，避免境外成员企业在当地陷入融资困境，也打通了境外资金合规入境的渠道，使境内外成员企业盈余资金共享，互补长短，从而减少融资，降低集团综合融资成本。三是拓宽了跨境人民币资金双向流动的通道。简单说来，跨境人民币双向资金池属于资本项目，不需要贸易背景就可以划转资金，且跨境流动回流资金不设额度限制，从而拓宽了跨国公司和我国“走出去”企业的资金及收益流动的双向通道。

2. 外汇资金集中运营管理

（1）外汇资金集中运营管理业务模式

所谓外汇资金集中运营管理业务，是指跨国公司可以集中运营管理境内外成员单位外汇资金，实现境内与境外成员单位外汇资金的双向互通。其业务模式如图5-4所示：符合要求的区内企业可以开立国内外汇资金主账户，办理经常项目外汇资金集中收付、经常项目轧差净额结算、集中结售汇、国际贸易结算中心业务；还可同时开通与境外资金往来自由的国际外汇资金主账户，进一步通过国内外汇资金主账户连通国际外汇资金主账户，在规定额度内，两个账户的资金可以自由划转。

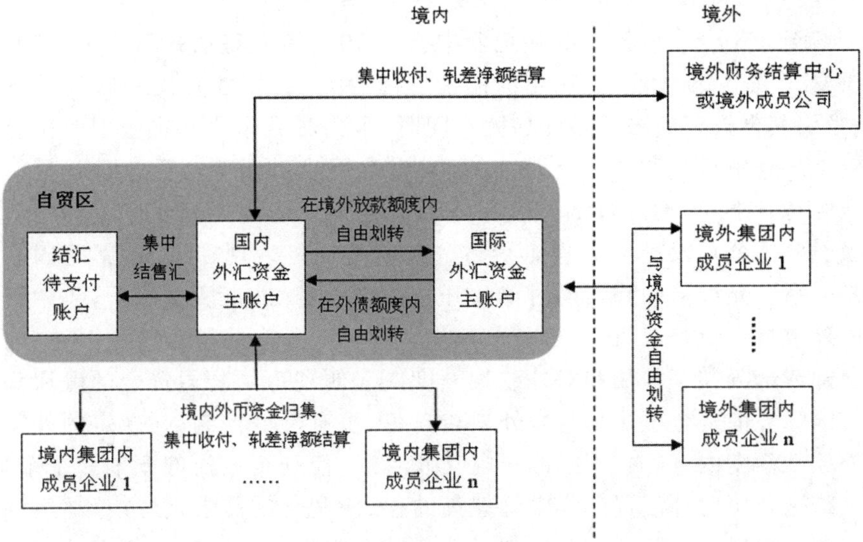

图 5-4　外汇资金集中运营管理业务模式

例如[①]，2014 年 5 月，花旗银行(中国)有限公司与史丹利百得集团旗下的自贸区企业史丹利(上海)五金工具有限公司合作，首批获得上海自贸区《自贸区跨国公司总部外汇资金集中运营管理试点资格证明》和国家外汇管理局上海市分局的《自贸区跨国公司总部外汇资金集中运营管理试点业务备案通知书》，率先获准正式在自贸区内开展包括外币跨境双向资金池、经常项目轧差净额结算、集中结售汇在内的多项跨境外汇资金集中运营管理业务。

在花旗银行的方案之中，公司地区总部将授权其在自贸区内的公司为主办企业，集中境内外资金，并通过花旗银行全自动的双向额度控制跨境资金池系统连接境内外两个资金池，从而将集团在中国的剩余资金有效利用起来，支持集团在全球的扩张。同时，公司还可实施外币经常项目轧差净额结算业务，通过其在自贸区内的主办企业，将外币经常项下的跨境结算集中

① 花旗银行在上海自贸区内为实体经济提供外汇资金集中运营管理解决方案[EB/OL]. http://www.china-shftz.gov.cn/NewsDetail.aspx?NID=2f84aa2e-f347-4615-ba62-d81c82475c2a&CID=bd0ea19f-38a2-4dfe-8cc9-0ecd40cca99a&MenuType=1.

起来，合并一定时期内外汇收付交易为单笔外汇交易的方式，利用花旗银行的全球净额结算系统与其境外的财资中心或净额结算中心直接结算，从而大大提高集团内资金利用效率，降低跨境收付成本，节约集团内融资和汇兑成本，为集团企业提供便捷有效的跨境收付渠道。

（2）外汇资金集中运营管理业务创新优势

截至2014年，世界500强企业中已有70家在福建省投资168个项目，总投资180.8亿美元[①]。从当前的情况看，跨国公司在我国的布局基本完成，吸引其再投资新项目难度加大。同时，国内各省市之间在吸引跨国公司投资上的竞争日趋激烈。此外，还存在发达国家鼓励资金回流等情况。在这样的背景下，福建自贸试验区在外汇资金集中运营管理业务上的创新将在吸引跨国公司投资上更具竞争力。其创新优势表现在：①创新跨国公司账户体系。允许跨国公司同时单独开立国内、国际外汇资金账户，集中管理境内外成员企业外汇资金，开展资金集中收付汇、轧差净额结算，账户内可以全部或部分共享外债和对外放款额度。②便利跨国公司资金的融通和管理。国际外汇资金主账户与境外划转自由，没有额度控制；在规定的外债和对外放款额度内，国内、国际账户内互联互通，便利企业内部调剂资金余缺，满足跨国公司对外汇资金集中管理集约化、便利化的需求，促进总部经济和新型贸易发展。③降低财务成本。外汇资金集中运营管理大幅提升了跨国公司全球资金的运营效率，为集团企业提供了便捷有效的跨境收付渠道，从而降低跨境收付成本，节约集团内融资和汇兑成本。此外，账户对资本金结汇采取负面清单管理和意愿结汇，还能有效规避汇率风险。

3. 闽台跨境资金管理业务合作创新

近年来，福建进一步优化台商投资环境，加快了闽台产业转移的进程。目前，以台资为主的电子、石化、机械等三大支柱行业占福建省规模以上工业总产值的50%以上。台资企业在福建的发展不但吸引了岛内众多大企业，也吸引了一批国际跨国公司与之配套。跨境人民币双向资金池和外汇资金集中运营管理是跨国公司全球资金统筹调配和高效管理的工具，将特别便利于在闽投资的台湾大型企业优化其对两地人民币资金的管理与运用，进而通过统筹集团在两地企业的总资金支持子公司在国内其他地区的资金需求。在闽台跨境资金管理业务上，近期福建已经有所作为。2014年8月，中国银行厦门分行和台资企业宸鸿科技等两家跨国公司达成跨境人民

---

① 跨国公司投资福建效果明显[N]. 人民日报(海外版)，2014年09-19:03.

币双向资金池合作协议。

中国人民银行已于2014年11月1日发布《中国人民银行关于跨国企业集团开展跨境人民币资金集中运营业务有关事宜的通知》，正式推出跨境人民币集中运营业务，分别针对跨国公司跨境人民币资金的集中运营管理与经常项目跨境人民币资金的集中收付业务进行深化改革。在此基础上，福建自贸试验区内先行先试的力度可以更大，尤其是在推动两岸业务创新合作方面。试验区可以探索降低区内跨国公司外汇资金集中运营管理准入条件，下调收支规模要求；允许跨国公司以外币资金池、内部结售汇等方式开展外汇资金集中管理，放宽企业境外资金运用限制，便利企业外汇资金使用；允许区内跨国公司通过国际外汇资金主账户实现境外资金融入，用于区内企业自身使用，不受额度限制；允许试点企业开展经常项目集中收付汇和轧差净额清算；国际资金主账户内资金存放不受外债指标控制；资本项下在规定额度内，实现资金流入等等。

(四) 跨境投融资业务创新，拓展转型增长新空间

跨境投融资便利化是我国自由贸易试验区建设的主要目标之一。在风险可控和宏观审慎政策框架下，试验区内开展的跨境投融资业务创新，能够为区内企业和金融机构"走出去"参与国际竞争创造更为平等的起跑线。

1. 跨境双向人民币融资业务

(1) 跨境双向人民币融资业务模式

跨境双向人民币融资业务，是指自贸试验区内符合条件的金融机构和企业通过多种方式在境内外融通人民币资金的业务。现阶段，区内可以探索试行以下几类业务模式。

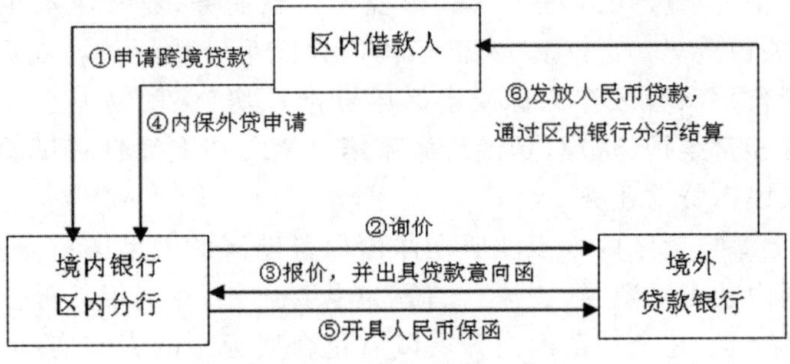

图 5-5　跨境人民币贷款业务模式

① 跨境人民币贷款业务。该项业务模式(如图5-5所示)：自贸试验区

内的金融机构和企业根据自身经营的需要,通过境内银行区内分行,向境外贷款银行借入人民币资金并可调回自贸试验区内,用于区内生产经营和项目建设,也可用于境外项目建设。

② 人民币资产跨境双向转让业务。该项业务模式如图 5-6 所示:区内企业依托跨境人民币结算的贸易业务,向金融机构提出跨境人民币贸易融资的借款申请,办理贸易融资项下的借款业务,区内金融机构向境外转让人民币贸易融资资产,利用跨境资产转让引入境外人民币资金。

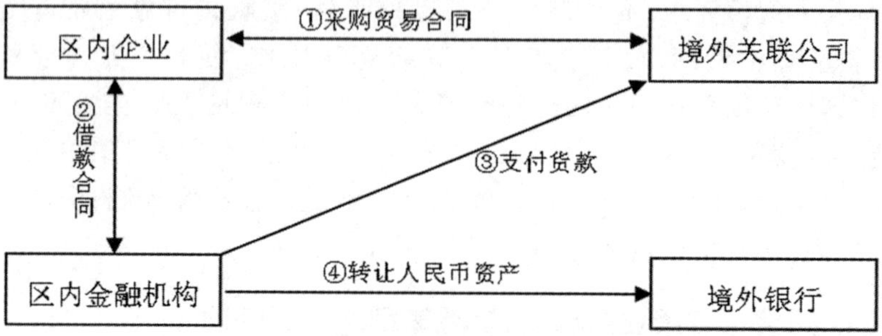

图 5-6　人民币资产跨境转让业务模式

③ 跨境发行人民币债券。符合条件的区内企业和金融机构,利用境外市场借款利率较低的条件,赴境外发行以人民币作为结算单位的债券,所募集的资金可根据需要调回自贸试验区内,支持自贸试验区的开发建设。人民币债券到期后,以境内所取得的人民币收入偿还其本金和利息。

以中国银行在上海自贸区内开展的人民币境外借款业务为例 ,区内一家注册在自贸试验区洋山保税港区的中资企业,是洋山保税港区的开发主体,承担自贸试验区洋山保税港区的开发、建设、投资、招商等任务。在中国银行上海市分行的牵头安排下,2014 年 2 月 21 日,中国银行澳门分行和新加坡分行携手为该公司办理了人民币境外借款业务,业务成本主要包括贷款利息、相关税费等,合计仍大大低于国内人民币借款的平均成本。该笔借款资金用于自贸试验区洋山保税港区内标准厂房、保税物流仓库以及办公大楼的日常经营维护、管理,是银行体系第一笔支持上海自贸试验区主体建设的跨境人民币贷款业务。

又如,上海自贸区内一家注册在洋山保税港区的大型国有企业,以经营有色金属国内及国际贸易、物流仓储等为主要业务,并利用其母公司的丰富资源及雄厚背景,在全球范围内开展以有色金属为主的大宗商品贸易业务。公司向中国银行外高桥支行提出了跨境人民币贸易融资借款的需求。在中国银行上海市分行的牵头下,通过海外分行资金为其办理贸易融资项下的融资业务。该笔资金用于区内贸易款项支付,实际融资期限与企业贸易周期相匹配。

再如,上海自贸区内一家注册在外高桥保税区的大型跨国企业,主要从事大宗商品国际贸易、区内贸易等业务,公司的实缴资本金到位。中国银行外高桥支行了解到该公司有从海外关联公司借入人民币借款的需求,在中国银行上海市分行的指导下随即为其在中国人民银行完成额度备案,并在中国银行外高桥支行开立了跨境人民币借款专户后,该公司与其海外关联公司签署了借款协议,于2014年3月、4月从其海外关联公司分批借入了等值实缴资本的跨境借款,资金通过中行的香港人民币清算系统顺利汇入其专户。该笔业务是新政策后首笔使用新模式的海外关联公司借款业务。

(2) 跨境双向人民币融资业务创新优势

第一,简化区内企业引入外债资金的流程,有效解决了中资企业借外债难的瓶颈。以往跨境人民币融资有着严格的额度限制,中资企业申请境外借款额度需要以个案报批。跨境双向人民币融资业务,拉平了中外资企业对外借款政策待遇,通过建立健全外债宏观审慎管理制度,解决了自贸试验区内企业特别是中小企业"融资难"的问题。

第二,拓宽了区内企业和机构的融资渠道,大大降低融资成本。目前跨境借款的年利率约为2.5%左右,同期境内贷款基准利率为5.35%,在不考虑利率上浮及相关成本的情况下,跨境人民币借款一年大约可为企业节约2.85%的财务成本,即借款1亿元,一年就可节省财务成本约285万元人民币①。跨境人民币融资业务为区内企业提供了便捷的低成本资金渠道,充分体现了自贸试验区金融服务实体经济的特点。

第三,加快推进人民币资本项目可兑换。跨境双向人民币融资业务,有利于扩大人民币在跨境贸易中的使用、推动人民币通过各种途径"走出去",形成跨境人民币资金循环,从而提高人民币的国际地位、为推进人民币资本项目可兑换创造条件。

2. 跨境融资租赁业务

(1) 跨境融资租赁业务模式

跨境融资租赁是指区内企业通过融资租赁公司,以租赁的方式引进生

---

① 自贸区企业可跨境融资融"便宜钱"可节约2.85%成本[EB/OL]. 中国经济网,http://fj.ce.cn/n02/201504/23/t20150423_2114612.shtml, 2015-04-27.

产经营所需的境外设备，通过融物的方式来实现融资。跨境融资租赁业务涉及到区内企业(承租人)、融资租赁公司(出租人)、境外设备供应商、境内外银行等多个机构。具体业务模式如图 5-7 所示：区内企业(承租人)根据自身的目的选择所需的境外设备和供应商，同时选择融资租赁公司(出租人)，向其提出融资租赁申请；双方签署融资租赁合同后，融资租赁公司通过向银行融资，购买企业指定的设备并交付给企业使用；企业按照租赁合同约定分期向出租人支付租金；租赁期满后，企业付清余款，并取得融资租赁资产的所有权。

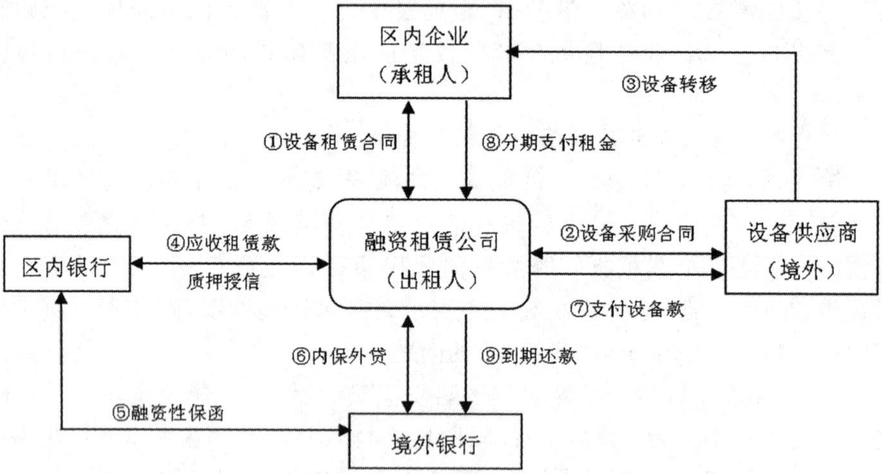

图 5-7　跨境融资租赁业务模式

(2) 跨境融资租赁业务创新优势

首先，以“融物+融资”代替单一的融资。依托境外设备引进和技术升级的目的，直接进入以境外设备为载体的资本活动领域，能够保证资金直接进入实体经济，转化为生产性资本。

其次，拓宽企业的融资渠道。跨境融资租赁业务中，作为承租人的企业只需自筹 10%-30%的资金作为租赁保证金和首付款，就可获得所需的境外设备；而融资租赁公司 85%以上的“租赁资金”均来源于境内外的金融机构。目前，在发达的工业化国家，融资租赁是仅次于银行贷款的设备投资方式，融资租赁市场渗透率达到 20%-30%，部分国家甚至高达 30%以上[①]。

① 融资租赁为“核心产业”市场渗透率最高达 30%[EB/OL]. 和讯网，http://news.hexun.com/2014-06-23/165962016.html，2014-06-23.

第三,降低企业的税收支出。自贸试验区内的企业以融资租赁方式购入设备享受与其他购买方式同等的各项政策。对于开展工程设备、船舶等大型设备保税融资租赁业务,试行承租企业分期缴纳租金,对融资租赁货物按照海关审查确定的每期租金征收关税和增值税。同时,通过加速企业折旧的计提,合法降低了企业的所得税支出,实现资产的合理流转。

以交银金融租赁有限责任公司为例,该公司是交通银行全资子公司,为上海地区资产规模最大的金融租赁企业。交银租赁于2013年9月29日获批筹建交银航空航运金融租赁有限公司,并于2014年8月18日获得上海银监局开业批复。通过保税区操作飞机、船舶等大型设备租赁业务,是国际成熟模式,也是中国租赁行业发展的重要业务方向。

自贸试验区成立之前,交银租赁通过上海综保区特殊目的公司(SPV)操作机船租赁业务,在业务发展过程中面临一些困难,例如操作手续较为繁琐、境外债权需要逐笔审批、较难借用境外人民币降低资金成本等。自贸试验区成立后,央行取消了金融类租赁公司境外租赁等境外债权业务的逐笔审批,实行登记管理;还允许自贸试验区内企业从境外借用人民币资金,有助于自贸试验区子公司开展跨境人民币业务,既降低资金成本,又实现期限和币种匹配。

根据相关政策,自贸试验区融资租赁类专业子公司在经营范围、项目拓展、跨境投融资等方面都较项目公司具有更多的功能和更大的优势,有助于提高租赁公司管理资产、处置资产和控制风险的能力,这将对国内金融租赁行业的发展和创新具有重要意义,同时也将助力中国先进装备制造业走出国门、走向世界。

目前交银租赁在自贸试验区内飞机、船舶租赁资产余额约110亿元,其中66亿元投放为自贸试验区成立之后。未来,交银租赁将继续依托交通银行集团综合化、国际化经营优势,充分发挥自贸试验区专业子公司的平台优势,大力拓展机船租赁业务,走专业化经营之路,积极参与全球航空航运市场竞争,尤其是在交银租赁订购了国产C919大飞机和ARJ21支线客机之后,也有利于中国客机走向全球。

3. 跨境股权投资业务

(1) 跨境股权投资业务模式

跨境股权投资,是指自贸试验区内企业和个人通过对外投资的方式取得境外项目的部分或全部股权,以获取经济利益的行为。其业务模式如图5-8所示:区内企业和个人可以使用自有金融资产进行对外直接投资、自由承揽项目。境内外合伙人也可以通过在区内设立跨境人民币股权投资基金，实现对外投资。符合条件的自贸试验区内机构均可在限额内自主开展直接投资、并购、债务工具、金融类投资等交易。

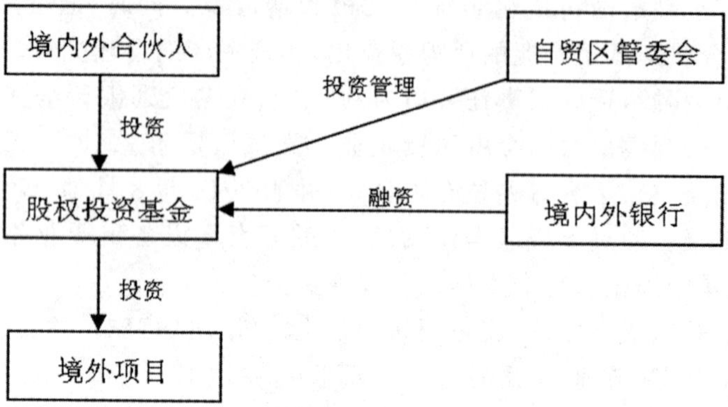

图 5-8　跨境股权投资业务模式

以弘毅投资为例，这是首家在自贸试验区内开展跨境投资的股权投资企业。2013 年 11 月下旬，弘毅开始与上海自贸区管委会财金局和经发局研究，拟通过注册在区内的股权投资管理公司开展境外投资活动事宜，并多次沟通架构设立问题，希望通过在自贸试验区搭建一个跨境投资平台，与其注册在英属维京群岛的投资平台进行对接。2013 年 12 月中旬，弘毅在区内设立基金主体——弘毅创领（上海）股权投资基金合伙企业（有限合伙）并开始办理境外项目投资备案手续，于 2014 年春节前取得备案证书。2014 年春节过后，弘毅在外汇局上海市分局办理了购汇核准，并于 2014 年 2 月 25 日在招商银行办理购汇并汇出境外。本次投资金额为 3 039 万美金，用于收购注册在英属维京群岛的 PPTV 项目的控股股东股权。弘毅从备案到换汇投资仅用了 5 个工作日，相比原来的多部门后置审批程序大大提高了审批效率与确定性。

(2) 跨境股权投资业务的创新优势

首先，以备案替代审批，极大地节约了时间成本。自贸试验区成立之前，企业跨境股权收购审批慢、程序复杂，整个流程需要耗费 3-6 个月的时间，才能最终获得主管部门的批文。自贸试验区成立后，对一般境外投资项目和设立企业实行备案制，属省级管理权限的由自贸试验区负责备案管理。同时建立对外投资合作“一站式”服务平台，简化了跨境股权投资的审批环节，极大地节约了时间成本。

其次，简化直接投资外汇管理，提高了投资效率。为了促进跨境股权投资业务的发展,自贸试验区内直接投资外汇登记下放至银行办理,实行外商直接投资项下外汇资金意愿结汇,并提高了对外放款比例。

第三,有效降低了跨境股权投资的资金成本。自贸试验区内有着十分便捷、高效的资金融通渠道。区内企业和个人可以利用境内外两个市场、两种资源,实现跨市场、跨境的投融资交易,有效地降低了跨境股权投资的资金成本,使自贸试验区成为企业"走出去"的窗口和综合服务平台。

4. 闽台跨境投融资业务合作创新

(1) 闽台合作跨境借款业务

闽台合作跨境借款业务能拓宽福建自贸试验区内企业的融资渠道,降低融资成本,促进两岸资金跨境双向融通。福建自贸试验区《总体方案》提出:"允许自贸试验区银行业金融机构与台湾同业开展跨境人民币借款等业务。支持台湾地区银行向自贸试验区内企业或项目发放跨境人民币贷款。"依托福建省的对台区位优势和自贸试验区的政策优势,在区内开展闽台人民币跨境借款业务,不仅能够吸引在台人民币资金进入,满足区内企业庞大的资金需求,而且有助于促进人民币资金在闽台之间的循环,助推台湾离岸人民币市场发展。

(2) 闽台合作跨境发行人民币债券

自2013年2月中国信托商业银行在台发行首笔人民币债券(金额约合人民币10.55亿元)以来①,陆续有企业和机构在台发行人民币债券。福建自贸试验区的成立为闽企在台发行人民币债券提供了新的平台,应进一步支持符合条件的区内企业赴台发行人民币债券,并将一定比例的资金调回区内使用;推动福建法人金融机构赴台发行人民币债券,募集资金用于补充其区内分支机构、附属机构的营运资金,进一步促进在台人民币回流境内。

(3) 闽台合作跨境股权投资

闽台合作跨境股权投资业务的开展有利于实现闽台两岸金融资本的对接与产融结合。福建自贸试验区《总体方案》提出:"支持省内股权交易场所拓展业务范围,按照国家规定为台商投资企业提供综合金融服务。"这一举措将为闽台跨境股权投资提供一个新的平台,有利于建立两岸产业金融综合服务和双向投资通道,促进台资企业在大陆落地生根,加速两岸产业链整合,带动两岸产业升级转型。

---

① 台湾首笔人民币债券获准发行[EB/OL].财新网,http://app.xinhua08.com/print.php?contentid=1187962,2015-04-27.

(4) 闽台合作跨境融资租赁

2014年4月,台湾第一商业银行在厦门设立首家台资租赁公司,为在福建的台商及当地企业提供融资租赁、售后回租等业务。同年10月,台湾第一银行厦门分行获准筹建,并于次年4月获准开业,该行采用分行搭配租赁的模式将融资租赁业务与银行业务绑定发展。福建是台资企业重要的群聚地,利用自贸试验区的政策优势,开展闽台跨境融资租赁业务,在拓展区内企业多元化融资渠道的同时,可以促进广大台商及本地企业实现产品升级和技术更新。

六、创新的敌人:福建将如何控制金融风险

服务实体经济和促进贸易投资便利化是福建自贸试验区金融开放创新的出发点和落脚点,金融制度创新是其中的核心任务,而防范金融风险则是重要底线。自贸试验区的金融开放创新与风险监管必须同步进行。

(一) 福建自贸区金融开放创新的主要风险

自贸试验区的金融开放创新必然伴随着风险。以资本项目可兑换和人民币国际化为主要内容的金融开放与利率市场化为代表为金融体制改革同时进行,对于自贸试验区来说,将面临较大的挑战。

1. 资本项目可兑换的风险

一般来说,资本项目可兑换的风险主要表现在以下几方面。一是资本大规模跨境流动可能带来境内汇率波动加剧的风险,影响实体经济,特别是外向型经济的发展;二是可能带来境内利率波动加剧的风险,特别是在我国境内利率未完全市场化的条件下,国内资本要素价格存在扭曲,可能给出错误的价格信号,误导资本流入或流出,使金融体系的稳定性受到冲击;三是使我国货币政策的独立性面临挑战;四是对金融和资本市场产生冲击,短期逐利资本可能大量流入,如果没有对其限制,会扩散到实体经济部门,对金融体系的稳定性产生威胁。因此,目前我国自贸试验区内资本项目可兑换采取的是分类别、有步骤的渐进式开放,即只对实体经济有迫切需要的部分实施可兑换,其他如衍生工具、短期资本流动、短期外债项目等不实施,进一步地,对部分可兑换项目也要施加必要的宏观和微观审慎管理,包括银行境外拆借的额度、企业的外债规模、自贸试验区总体资金流入量等都要进行监控。

2. 人民币跨境使用的风险

我国自2009年7月试点跨境贸易人民币结算以来，跨境人民币结算业务发展迅速，人民币已经成为我国跨境收支的主要结算币种。以服务实体经济、促进贸易和投资自由化便利化为目标，自贸试验区将在人民跨境使用上实施更多的开放创新举措，这将进一步加强中国与世界的经贸联系。但与此同时，资本跨境流动潜在的风险也日益增加。人民币跨境流动加速必然带动人民币离岸市场的发展以及人民币衍生产品的创新。如果不对跨境人民币投融资活动进行有效的管理，就会对我国的国际收支平衡和汇率利率稳定产生不利影响。例如，在人民币资本项目尚未实现完全可兑换的条件下，境内外人民币汇率和利率的差异，就会导致人民币跨境套利。这类套利活动可能吸引国际市场上的热钱以离岸人民币的形式流入，加剧跨境资金流动的波动性，进而对国内经济发展造成冲击。

3. 利率市场化的风险

从国际经验来看，放开存款利率管制是利率市场化的最为关键的一环，风险也最大。显而易见地，如果放开存款利率管制，那么商业银行之间就有可能通过利率竞争来吸引存款。一旦这种价格竞争失控，过高的利率水平将给银行带来很大的经营风险。美国在20世纪70年代放开利率管制后，就出现过大量银行因为财务压力过大而倒闭的情况。埃及、韩国以及一些北欧国家也都曾出现过利率市场化过快而引发市场剧烈波动，继而利率化倒退的例子。以韩国为例，早在1988年12月就放开了除部分政策性贷款以外的所有贷款利率以及期限2年以上的存款利率，但1989年初，韩国宏观经济环境恶化，由此带来了金融市场的连锁反应，市场利率大幅上升，最后不得不以“行政指导”的方式重回利率管制。尽管从上海自贸试验区的实践来看，放开外币小额存款利率管制并未产生“存款搬家”等现象，但其中的风险仍需十分谨慎对待。

(二) 完善福建自贸区金融风险监管的措施

由于历史沿革的因素，我国的金融监管一直以来采取合规性监管模式，即通过体系化的法律法规来规制市场活动。这种监管模式，对于控制市场风险较为有效，但它以限制市场的自由度为代价，不利于促进金融业务创新和金融机构综合竞争力的提高。因此，自由贸易试验区的金融开放和创新是一个很好的契机，要在开放创新和风险控制之间寻求平衡，就必须进一步完善现有的监管制度，从合规性监管为主转向合规性监管与风险性监管并重，以适应区内金融市场与国际接轨的要求。

1. 建立自贸区金融监管协调机制

根据《总体方案》，福建自贸试验区将“探索在自贸试验区内建立有别于区外的金融监管协调机制，形成符合自贸试验区内金融业发展特点的监管体制”。在自贸试验区金融开放创新政策推动下，新的金融业态之间容易形成重复监管和监管真空的情况，产生监管效率下降和风险控制分工不清的问题。因此，需要探索形成以国家金融管理部门（一行三会）驻闽机构为主体的金融监管协调机制，在自贸试验区内建立由银监系统、证监系统、保监系统、外汇管理系统等共同参与的金融综合监管机构或协调机制，解决新设机构和新创业务上下归口协调的问题，完善自贸区金融综合监管机构的内部职能设置与风险控制设置，做到上有监督、下有落实。

2. 优化对区内金融机构的监管

根据《总体方案》，福建自贸试验区将“健全符合自贸试验区内金融业发展实际的监控指标，实现对自贸试验区内金融机构风险可控”。自贸试验区内的金融机构是开展金融开放和创新活动的主体，处于金融风险监管的第一线。因此，金融机构自身的风险监管能力和自律水平是至关重要的，它们将是自贸试验区金融风险监管的第一道“防火墙”。要防范跨境资本流动风险，就需要强化对金融机构的宏观审慎监管，增强区内金融机构应对跨境资本流动冲击的弹性。

首先，监管部门要以金融机构和相关责任人的内部控制责任为抓手，促进金融机构提升内部风险控制水平，调整和优化监管部门与金融机构在市场中的职责边界，提高区内金融业的自律监管能力。

其次，针对自贸试验区内的金融机构，建立相对独立的特色监测报表制度，从业务和机构两个维度加强对金融创新发展和风险情况的持续监测分析，为加强事中事后监管，切实守住区域性、系统性金融风险底线提供必要的信息保障和支撑。

第三，为应对利率市场化推进中可能出现的风险，监管部门应针对金融机构做好政策宣讲和窗口指导，组织进行压力测试，提前防范运行中可能出现的不稳定因素，完善银行内部的利率和流动性风险管理。

此外，在加强监管的同时，监管部门还应完善对金融机构的监管服务。例如，对区内金融机构进行走访调研和现场检查；就近提供监管政策法规咨询与辅导；协调区内相关单位共建银政企交流对接机制等。

3. 完善资本异动的监测和预警

根据《总体方案》，福建自贸试验区将“完善金融监管措施，逐步建立跨境资金流动风险监管机制，完善风险监控指标，对企业跨境收支进行全面监测评价，实行分类管理。做好反洗钱、反恐怖融资工作，防范非法资金跨境、跨区流动”。在稳步推进资本项目可兑换的背景下，以自由贸易账户管理体系为基础，福建自贸试验区可以研究探索完善资本项目统计监测机制，填补资本项目与经常项目间的管理空白，完善本外币跨境资金流动监管的体制机制，进一步提升对本外币全口径跨境资金流动的监测分析能力，加强对跨境人民币资金流动的监测分析和预警。在跨境资金流动监测系统中增加多种交易类别的宏观预警功能，包括货物贸易、服务贸易、直接投资、证券投资、外债等，在各业务系统中体现某一类交易和交易主体预警功能，包括银行部门、企业和个人。将整体预警与细化预警结合，将具体风险点与趋势风险有机结合，为达到对国际游资大进大出的有效控制和风险防范奠定技术基础。强化跨境资金流出入的统计监测，加快监测的频率和时效性，尤其是对苗头性和趋势性的新情况和问题要及时进行跟踪反馈。在已有系统资源的基础上，进一步完善功能，提高甄别异常信息的准确性。特别是，建设和完善短期资本监测与预警系统，对境外区内短期跨境资本的可能流动趋势作出准确判断，未雨绸缪，减少短期资本异动对自贸试验区的不利影响。

总的来说，一方面，自贸试验区金融开放和创新体现的是放松行政管制，在境外、区内两个市场上更好地发挥市场配置金融资源的决定性作用；另一方面，又要通过完善金融监管以维护金融稳定，牢牢守住不发生系统性、区域性金融风险的底线。

参考文献

[1] 陈茜.海峡西岸经济区对台金融合作的市场空间探析[J].福建金融，2011(10)：42-44.

[2] 管涛. 自贸区红利：金融开放试点的意义与影响[J]. 新金融，2014(2)：4-7.

[3] 经绍阳.跨境融资租赁的机会来了[J].中国外汇，2014(9).

[4] 林采宜. 上海自贸区金融自由化之路[N]. 上海证券报，2014-02-02：A01.

[5] 罗素梅、周光友. 上海自贸区金融开放、资本流动与利率市场化[J]. 上海经济研究，2015(1)：29-36.

[6] 马君潞、刘学新. 自贸区建设中的金融开放与政策推广[J]. 现代管理科学，2014(2)：18-20.

[7] 上海财经大学自由贸易区研究院. 赢在自贸区：寻找改革红利时代的财富与机遇

[M]. 北京:北京大学出版社,2014 年版.
[8] 尚荣. 上海自贸区自由贸易账户体系的建立:自贸区政策的新突破 [J],上海金融,2014(8):3-7.
[9] 孙立坚. 打造自贸区价值链金融服务体系[J]. 中国金融,2013(20):43-45.
[10] 孙立坚. 上海自贸区总体方案的金融开放战略[J]. 新金融,2013(12):9-14.
[11] 吴大器,肖本华,殷林森. 以金融自由化为背景的上海自贸区金融改革创新的思考[J]. 上海金融学院学报,2014(3):15-23.
[12] 肖本华. 上海自贸区金融服务业对外开放研究[J]. 上海金融学院学报,2014(5):16-22.
[13] 严思屏. 闽台跨境人民币业务推进策略探析[J],福建师范大学学报(哲学社会科学版),2014(6):39-45.
[14] 叶琳. 发展深圳跨境人民币资产转让业务研究[J]. 特区经济,2014(3):28-29.
[15] 殷德生. 上海自贸区金融开放的核心价值[N]. 中国社会科学报,2014-06-16:B01.
[16] 于勲,吕琳. 驾驭跨境人民币融资之机[J]. 中国外汇,2014(5):62-63.
[17] 袁志刚. 中国(上海)自由贸易试验区新战略研究[M]. 上海:格致出版社/上海人民出版社,2013 年版.

第六章

投资自由化:福建自贸区要做什么,怎么做

一、投资自由化(一):国际成功经验借鉴

(一) 发达国家(地区)贸易自由化的成功经验

贸易自由化是通过消除各种贸易壁垒,推进商品和服务跨境自由流动,加大对外开放,以促进全球资源合理配置的过程。世界贸易组织一直在力推全球经济向贸易自由化和便利化的方向迈进。但由于WTO多哈回合谈判多年来始终无法突破,而区域性贸易投资谈判日益活跃。目前,全球向世界贸易组织申报的区域贸易协定总数超过500个,已经生效的超过300个。[①] TPP、TTIP,以及RCEP等重要区域贸易协定也正在谈判中。贸易和投资自由化日益成为双边或区域性贸易投资谈判的重要内容,主要体现为要求各国在管制跨国经济交往中逐步降低关税,消除非关税壁垒,为外国资本、技术和服务提供市场准入;逐步扩大外国资本的准入范围;逐步开放本国资本市场,允许资本自由流动。目前大多数参与TPP、TISA等谈判的国家和地区,都已经在相当程度上认可了这些新规则(尤其是在服务贸易和投资协定方面的新标准),并正积极参与其中。

虽然我国已加入世界贸易组织,并与多个国家或地区签订了自由贸易协定,但在贸易与投资自由化上的标准和要求较低,与现在新一轮自由贸易新规则和新标准差距较大。世界贸易投资新规则重塑对我国经济发展提出严峻挑战,我国唯有主动参与和应对。对接世界贸易投资新规则,意味着我国服务市场必须增加对外开放的广度和深度,这必然给我国一些缺乏竞争力的行业带来前所未有的冲击。为了尽可能地降低市场开放带来的负面影

① 王婧.多边磋商艰难推进 2014年全球贸易新格局显现[N].经济参考报,2014-12-30.

响，中国必须在全面开放之前积极进行试验，主动做好迎接开放的准备。目前国务院已经批准设立上海、广东、天津、福建四个自贸试验区，自贸试验区在探索本土创新的同时应当着重加强对 TPP、TISA 等国际贸易和投资规则最新发展的对接。

1973 年国际海关理事会签订的《京都公约》将自由贸易区定义为："指一国的部分领土，在这部分领土内运入的任何货物就进口关税及其他各税而言，被认为在关境以外，并免予实施惯常的海关监管制度。"独立的监管、自由地进出、发达的离岸金融和高效的物流是自贸区的主要特征。① 自贸区的功能不同，称谓也有所不同，包括出口加工区、保税仓库区、经济自由区、自由港等。为了满足不同国家的需求，"自由贸易区"的概念一直在发生变化，其功能也在从货物贸易转向服务业。世界自由贸易区正在往实现货物自由、投资自由以及金融自由三方面努力。

截至 2013 年，全球约有 1200 个国内自由贸易区，按不同的类型，可分为以香港、新加坡为代表的自由贸易港、以巴拿马科隆自贸区为代表的贸易型自贸区、以韩国马山为代表的出口加工区、以阿联酋为代表的工贸结合型自贸区和以荷兰鹿特丹为代表的保税仓库区②。下面以美国纽约港自由贸易区、德国汉堡自由港、阿联酋迪拜港自由港区为例分析发达国家自贸区的经验做法。

1. 美国纽约港自由贸易区

美国是世界上设立自由贸易园区最多、发展最快的国家。美国自由贸易区始于 1934 年的《对外贸易区法》出台。1936 年，美国第一个对外贸易区在纽约布鲁克林成立。上世纪 60 年代末 70 年代初，美国自由贸易区开始蓬勃发展。据不完全统计，1970 年美国各类自贸区只有 7 个，目前已经发展到 277 个，还有 500 多个分区。③ 如今，自由贸易区遍布美国东南西北所有区域，尤其在边境口岸城市。美国的自由贸易区内实施关税减免、延迟等多种税收优惠政策，还降低其通过海关所需要的时间、文件手续和相应的费用。商品可以在区内进行组装、展示、生产、加工、重新包装等活动。制造业和以物流为主的生产性服务业是美国对外贸易区的两大支柱产业，且其中以加

① 有之炘. 世界主要自贸区各有"高招"[EB/OL]. 新华网，http://news. xinhuanet. com/fortune/2013-09/29/c_117563618. htm，2013-09-29.

② 刘东、王川. 全球主要自贸区成功基石：开放、法制与税收[N]. 21 世纪经济报道，2011-11-08.

③ 李正信. 美国遍布自由贸易区[N]. 经济日报，2014-02-13.

工制造产业为主。

美国纽约港自由贸易区又称纽约港第49号对外贸易区,于1979年由美国国会批准设立,是全美自贸区中面积最大的自贸区之一,该区以围网分隔封闭,主要功能是货物中转、自由贸易。区外还设有若干分区,发展制造业、加工服务业,涉及石化、汽车、饮料、制药、手表等加工业务。纽约港自由贸易区在推进自由贸易方面的政策措施可以归纳为以下四个方面:

一是商品进区自由,区内贸易活动自由。任何国外或国内的商品,除法律禁止或由管理局规定为有害公共利益、健康或安全者外,皆可不受美国海关法的限制而进入对外贸易区。国际贸易活动均可在区内开展,可以存储、展示和销售、重新包装、组装、分类、清洁、搭配国内货物进行加工。在自贸区内,只要没有零售销售,商品可以自由买卖。货物进入对外贸易区不受配额的限制。无配额的货物准许进入区内暂存,待有配额再进口,也可以无限期在区内保存。一旦配额开放,商品就可以第一时间通过海关运入美国。[①]

二是通关便捷,费用降低。自贸区的货物可以24小时无限制地通过海关。美国对外贸易区内可享受的便利化措施包括:①国内货物入园手续减免,相较于进口货物,国内的货物在进入对外贸易区时免除报关程序。②周报关制度。园区使用者对进口货物的申报或出口货物的申报可申请为一周集中申报一次。由于每次申报都会产生报关费用,园区使用者集中申报可为企业节约报关费用。③直接通关程序。园区使用者可向当地海关负责人在货物抵达前提出申请,当进口货物抵达时可直接运往园区而免除向海关申报,有效提高企业对物流的支配和调度能力。④电子化申报。对外贸易区的企业可使用电子化申报系统来填写部分海关报关程序。[②]

三是税收优惠。主要包括:①推迟缴纳进口关税。运进自贸区的货物不需要立即缴纳进口关税。只有当货物通过海关运入美国时才需要支付关税。②倒置关税率节省关税。通过在自贸区设厂,企业可以自由选择支付原料的税率还是成品的税率,由此可以选择其中税率低的支付,有利于吸引内外资企业到这里加工组装生产。③少交关税。自贸区设厂企业进口原料中的废品以及生产过程中浪费的原料无需支付进口关税,在保税区加工消耗的商品一般是不缴纳关税的。无需为人力和行政开支付税。在自贸区生

---

① 识局.上海自贸区与世界主要自贸区的政策比较[EB/OL]. http://www.ftzsino.com/cn/information/20141116/MTQXNJEZMTQ5NZK.html,2014-11-16.

② 崔迪.从欧美自由贸易园区发展经验看上海建立自由贸易园区研究[J].江苏商论,2013(6):38-42.

产的产品运入美国海关时，进口价格中由于人力成本，行政开销和企业利润的那部分不需要缴纳进口税。很多企业需要在不同的自贸区间转移货物，这都是免关税的。只有最终通关进入美国的时候才需要支付关税。企业在自贸区设厂可以不需要支付任何进出口关税实现出口。自贸区内展品从海外运进自贸区不需要进口关税。①

四是更宽松便捷的监管环境。一线放开，二线管住，监管退至自由贸易区和国内市场的通道口。行政限制少，手续简化。对区内企业货物及生产进行不定期抽查。企业可以先免关税进口商品进入自贸区，经过质检合格后再支付进口税通过海关进入美国，不合格的产品可以免税退回或者销毁。

2. 德国汉堡自由港

德国汉堡港是德国最大的港口，年吞吐量高达数千万吨，占据该国港口吞吐量的三分之一。汉堡港自由港区建于1888年，为世界上最早的自由港，也是欧洲典型的经济自由区，被称为“通往世界的门户”。汉堡自由港依托汉堡港而立，由一条长约23.5公里、高3米的金属栅栏与其他港区隔开。该自由港面积大约15平方公里，承载了货物中转、仓储、流通、加工和船舶建造的功能。德国汉堡自由港采取关内关外的分离管理方式，与外界保持沟通则靠辖内20多个进出自由港的陆上通道关卡和10多个水路通道关卡。②

汉堡自由港主要政策包括：自由港不在关税管辖区，不是海关的监管区域，装卸、转船和存储货物不受海关限制；货物可以自由从水上进出该区，原材料可在区内加工，不需申报及征收关税。按联邦法规定，该区可视同第三国地位，货物只有从自由港输入欧盟市场时才须向海关结关，交纳关税及其他进口环节税。

境外货物可以自由进入汉堡自由港，区内视同德国关境外。无论是进出口货物还是转口货物，它们都可以不受海关限制地在自由港区装卸、转船或者储存，船只出入汉堡自由港不需要向海关结关，船舶航行时只要在船上挂一面海关关旗，就可免去海关的任何干涉。凡进出或转运货物在自由港装卸、转船和储存不受海关的任何限制，货物进出不要求每批立即申报与查验，甚至45天之内转口的货物无需记录。货物储存的时间也不受限制。[5]由此可见，汉堡自由港对进出的船只和货物给予最大限度的自由，提供自由和便捷的管理措施，贯穿于从货物卸船、运输、再装运的整个过程中。

---

① 周佳. 纽约港自贸区21条优惠政策[N]. 第一财经日报，2013-07-26.

② 世界主要自由贸易区概况[EB/OL]. 财新网，http://economy.caixin.com/2013-07-12/100555198_all.html，2013-07-12.

1994年起，汉堡港自由港区改建为自由贸易区。按欧盟规定，自由贸易区可设在港口及以外的任何区域，属欧盟关境内享受特殊政策的区域，但不再视同为第三国地位。而随着欧洲统一市场的不断完善，欧盟内部大部分货物实现了免税流通，关税减免作用降低，而且区域内加工功能日渐萎缩，已基本无实质性业务，为此，德国政府决定，从2013年1月起，终止汉堡港自由贸易区，所有汉堡港区内的公司将同其他欧盟关税区内的海港一样根据同样的海关管理规定进行运营。

3. 阿联酋迪拜港自由港区

在世界所有自由贸易区的类型划分中，迪拜被认为是贸工结合、以贸为主的典型。尽管迪拜的自贸区设立在本国领土内，却被认作海外生产中心；在自由贸易区内经营的公司均被视为境外实体，或独立于阿联酋法律监管外的公司。根据迪拜政府的相关规定，自贸区内企业可享受100%外资拥有、50年免除所得税、期满后延长15年免税期、无个人所得税、进口完全免税、资本金和利润允许100%遣返不受任何限制、货币可自由兑换不受限制、注册手续简便、无烦琐的官僚办事程序、企业在雇工方面无国籍限制以及充足的廉价能源等政策。[①]

迪拜港自由港区建于1985年，由港口和自由贸易区组成，面积135平方公里，是目前世界上最大的自由港区。区内共有企业5000余家，其中贸易物流业占74%，加工制造业占22%，相关服务业占4%。[②] 货物在区内存储、贸易、加工制造均不征收关税及其他税收。主要功能为港口装卸、仓储物流、贸易及加工制造。该区为海关监管区域，陆域设立围网，进行封闭管理。主要政策包括：货物在区内存储、贸易、加工制造均不征收关税及增值税，如进入阿联酋关税区时再征税，入关后再出口的商品给予全部退税；公司和企业进口其生产所需要的机器、设备、零件和必需品一律免征关税；海关对区内货物采取随时抽查的方式进行监管。外国货物从海上进出该区均须向海关和港口进行申报。

4. 经验小结

发达国家自由贸易区对于进出的船只和货物给予最大限度的自由。简化各种手续提高效率，普遍采用多项便利化监管措施，提供便捷的管理服

① 刘东、王川．全球主要自贸区成功基石：开放、法制与税收[N]．21世纪经济报道，2011-11-08.

② 祁欣、孟文秀．全球自由贸易园区发展模式及对比分析[J]．对外贸易实务，2010(06)：20-23.

务。采取“一线放开，二线管住，区内不干预”的海关监管模式。此外，为了吸引更多的国内外投资者入驻自由贸易区，各国及地区政府制订了许多优惠政策措施：一是税收优惠，包括不同程度和范围的关税豁免优惠以及所得税和其他税收的减免优惠；二是金融优惠，主要包括放松外汇管制、放宽信贷、提供各种补贴优惠等措施；三是包括开放内销市场、加速资本折旧、特殊安全保障在内的其他优惠①。

但要注意，发达国家自由贸易区基本以转口贸易、进出口贸易、加工贸易为主体功能，以保税仓储、展示批发、商业性服务为辅助功能，与我国现有的出口加工区、保税区、保税港区等海关特殊监管区域类似，比较注重货物贸易，对服务贸易涉及甚少，哪怕是最先进的美国也不例外。这是因为美国、德国等发达国家自身对金融和贸易管制较少，因此自贸区并没有金融开放等内容，一般只赋予关税优惠、宽松监管等政策。我国的四个自由贸易试验区与海外这些传统意义的“自由贸易区”有根本的区别，因为服务业和金融业开放是整个自由贸易区的核心发展内容之一，而不仅仅是作为“制造加工＋转口贸易”的基础和补充。因此，我国自贸试验区在货物贸易自由化方面可以学习其他国家自贸区的经验做法，而在服务贸易自由化方面可资借鉴的经验并不多。

（二）发达国家（地区）投资便利化的成功经验

积极推进投资便利化是福建自贸试验区主动对接国际投资新规则的基本要务。而投资便利化的前提是政府放权、减冗提速，其核心内容则是在福建自贸试验区内实行准入前国民待遇加负面清单的外商投资管理模式。因此本文将重点考察和研究主要发达国家的负面清单管理模式，为福建自由贸易试验区的建设提供经验借鉴。

1. “准入前国民待遇”和“负面清单”的内涵

国民待遇原则是国际双边或多边投资协定中普遍采用的一项基本原则。投资国民待遇是指一国给予另一国国民的不低于本国国民的投资待遇，这种待遇主要体现在“准入前”和“准入后”两个阶段。其中，“准入前国民待遇”是指在市场准入阶段，即企业的设立、取得、扩大阶段，给予外国投资者不低于本国投资者的待遇。但是，并不存在“完全的准入前国民待遇”，在给予外国投资者“准入前国民待遇”的同时，缔约国大都会采用“负面清

① 祁欣、孟文秀. 全球自由贸易园区发展模式及对比分析[J]. 对外贸易实务，2010(06)：20-23.

单”方式保护本国相关产业或活动。[①]

“负面清单”(Negative List)是与“正面清单”相对应的概念，又称“否定清单”“否定列表”“负面列表”等，通常是各类投资协定中“不符措施”的代称，即在外商投资准入阶段不适用国民待遇原则等管理措施的汇总。[②] 与“正面清单”相比，“负面清单”具有两大方面特征：一是更高的开放度，负面清单管理模式遵循“法无禁止即可为”的解释逻辑，是一种“非列入即开放”的模式，实际上相当于定出一个投资领域的“黑名单”，对于没有被列入负面清单的服务部门、服务模式，对外国投资者全面开放，视同东道国本国企业，享有国民待遇。二是更大的风险性，“正面清单”采用一种循序渐进的方式，只需要考察本国的优势产业并将其列入清单即可，承担较低的义务标准，可以预留更多的时间和空间应对投资自由化带来的各种风险；而“负面清单”则需要以前瞻性的视角，为本国新兴产业发展预留必要且合理的空间，还要设计细致、系统的清单，工作压力及面临风险较大。[③]

2. 发达国家负面清单管理模式的实践与经验[④]

负面清单最早源于1953年美国与日本签订的友好通商航海条约，其中列举了造船、公用事业等行业的国民待遇的例外。美国在20世纪80年代的双边投资条约中最早使用了列表形式的负面清单，最早采用负面清单的自由贸易协定则是1992年签订、1994年生效的《北美自由贸易协定》(NAFTA)，它对美国及世界各国的投资协定都产生了极其深远的影响。亚洲国家中新加坡是较早与美国达成自由贸易协定的国家，之后，负面清单管理模式被亚洲多国仿效，但做法各不相同。[⑤] 目前，外商投资准入的负面清单管理模式已逐渐成为国际投资规则发展的新趋势，世界上至少已有77个国家采用了此种模式。[⑥]

---

① 胡加祥.国际投资准入前国民待遇法律问题探析[J].上海交通大学学报(哲社版)，2014(01).

② 沈开艳、黄钟等.中国(上海)自由贸易试验区建设：理论分析与实践探索[M].上海：上海社会科学院出版社，2014年版：62.

③ 上海财经大学自由贸易区研究院、上海发展研究院.2014中国(上海)自由贸易试验区发展研究报告[M].上海：上海财经大学出版社，2013年版：45.

④ 除特别注明外，本部分内容根据“张磊，徐琳.发达国家负面清单管理模式对中国(上海)自由贸易试验区的借鉴[A].制度创新与管理创新—中国(上海)自由贸易试验区建设研究报告集[C].上海：上海人民出版社，2014年版：58-64”整理所得。

⑤ 李亚.上海自贸区“负面清单”投资管理模式国际经验的借鉴[J].嘉兴学院学报，2014(03).

⑥ 中华人民共和国商务部.已有77个国家采用准入前国民待遇和负面清单模式[EB/OL].人民网，2013-07-12.

（1）《北美自由贸易协定》中的负面清单管理模式

《北美自由贸易协定》最早创设了负面清单的投资规则模式，并且首次用具有固定格式的列表形式的负面清单来体现协定中的“不符措施”，即一系列对国民待遇、最惠国待遇以及其他义务的例外措施。实践中，《北美自由贸易协定》中的负面清单根据“不符措施”适用的时间段分别列入两个附件：附件1是现有“不符措施”的保留清单，该附件包括所有在协定生效后东道国希望保留的“不符措施”；附件2是未来可以实行新限制性措施的部门或领域，不论现有“不符措施”是否存在于这些部门或领域之中。附件2和附件1的区别在于允许引入新的“不符措施”。

（2）美国投资协定范本中的负面清单管理模式

1982年，美国首次公布了双边投资协定范本。该范本界定了投资的定义，解释了何谓投资的高标准开放、全面的国民待遇（含准入前与准入后），并对例外行业和措施以负面清单形式列出。此后，该范本经历了1994年、2004年和2012年三次修订，其基本原则没有变动。美国把这个范本运用到了所有双边投资协定谈判中，也运用到了诸如TPP和TTIP等区域投资协定谈判中。[①] 也就是说，在与相关国家缔结的双边投资条约或签订的包含投资章节的自由贸易协定中，美国几乎都采用了负面清单模式，这些协定与条款都是以美国双边投资协定范本为基础进行谈判和签约的。

2004年范本之前，美国的例外模式相对比较简单，一般采用“投资待遇条款”（包括国民待遇和最惠国待遇）例外规定加附件的形式。“投资待遇条款”首先规定了缔约方的投资者和他们的投资可以享受全面的国民待遇和最惠国待遇，但同时规定附件中列举的产业部门或措施可以不适用这些国民待遇和最惠国待遇的规定。在有些投资协定中，还允许缔约一方在一定条件下对附件中涉及的领域进行进一步的例外。

2004年范本专门列出了一条“不符措施条款”的规定，要求缔约方列举可以不适用“国民待遇条款”“最惠国待遇条款”“高管和董事成员条款”以及“履行要求条款”要求的措施清单，并且根据情况不同建议用三个附件详细列出。这些具体措施基本都是与特定行业挂钩的[②]，具体包括：

一是缔约一方现存的中央和地方各层级的不符措施（不可加严措施）。

---

① 贸易投资自由化与上海自贸区建设——石良平教授在上海海关学院的演讲[N].解放日报，2014-03-22：007.

② 梅盛军.双边投资协定例外条款模式研究[R].上海WTO事务咨询中心工作论文，2013(11).

这些措施在协定的附件1或附件3中详细列出。附件1和附件3基本是相同的,只是附件3集中列出了有关金融服务的例外措施。与2004年之前的范本相比,每项措施不仅要列出涉及的行业,而且要说明每项措施对上述4条款中哪些条件作出保留、措施属于中央还是地方层级、措施的法律依据以及对措施的具体描述。另外,对于这些措施,2004年范本加入了"不许加严条款",即这些措施只能朝更加开放的方向进行修改,不允许再有更为严格的限制。

二是缔约一方现存的并且未来可以采取新的或者更多限制的不符措施(可加严措施)。这些措施在附件2中列出,但与附件1不同,附件2通常列出具体行业条款的例外,但对于不符措施不进行具体描述,缔约方保留对这些行业维持或采取某方面限制的权力。缔约方对于列入附件2清单的行业实际可以根据发展的需要采取新的限制措施,这为缔约方保留了一定灵活度。

(3)日本投资协定中的负面清单管理模式

近年来,在日本签订的双边投资条约与协定中也广泛采用了负面清单模式。

首先,在这些采用负面清单的协定中,不符措施颁布机构一般有三种:中央政府、郡/省/州政府和除郡/省/州之外的地方政府。大多数协定包含这三类政府的不符措施。在三级政府框架下,中央政府或省/州/郡政府颁布并在协定生效之日仍在实施的不符措施都要按要求纳入指定附件,并通知对方,其他政府颁布的不符措施则没有规定纳入附件和通知对方的义务。而在少数只包含两级政府框架的协定中,只有中央政府颁布的措施要求列入附件,并要履行通知义务,地方政府颁布的措施则没有纳入附件并通知对方的义务。日本现有的不符措施一般针对4项原则或规则提出保留,即国民待遇原则、最惠国待遇原则、高管国籍要求、禁止业绩要求等,但并非所有协定的保留都涉及这些原则或规则,其中涉及最多的还是国民待遇[①]。

其次,在这些采用负面清单的协定中,具体的不符措施一般纳入两类清单。一种是现有措施清单,对此清单中措施的基本要求是保持现状,即纳入本清单中的措施或清单中指定部门或事项的措施,不论是中央政府还是地方政府颁布的都可以延续、展期、变更和修改,但不允许采用新的措施;另一种清单是指定部门和事项清单,凡针对清单中的部门和事项采用和维持的

---

① 赵玉敏.国际投资体系中的准入前国民待遇[J].国际贸易 2012(03).

措施都免于履行国民待遇、最惠国待遇以及禁止业绩要求等义务。该清单的特点是在指定的部门或事项中不但可以维持现有的不符措施，还可以采用新的不符措施，除了在提交格式上的要求外，几乎所有协定对这个清单中的措施都没有具体的要求。

最后，日本负面清单的不符措施主要有以下几项特点[①]：其一，现有不符措施集中在服务业。日本现有不符措施一般有22项，他们按覆盖的部门可分为5类：服务业、制造业、农林渔业、矿业和所有部门。其中服务业最多，16项，占全部措施的72%。其二，以要求履行必要行政程序为主。这些措施从内容上可分为5类，即履行行政程序、禁止准入、股权限制、有条件许可和其他。其三，未来不符措施比较简明扼要。日本未来不符措施一般包括10项，其中涉及航天工业、武器及爆炸物制造业、渔业、能源产业、广播业、公共执法等6项产业，对于这6项产业，日本保留采取与投资这些行业有关措施的权力。其余4项措施分别是：保留禁止外国人参与国有资产处置的权力；保留采取与补贴有关的措施的权力；垄断行业开放后，仍保留采取与维护、指定和取消公共垄断（包括私营化）有关的措施的权力；在互惠基础上处理外国投资者与土地所有权、租赁权有关的事项。

（4）加拿大投资协定中的负面清单管理模式

加拿大对外投资协定基本都采用负面清单的形式，列出了缔约国需要保留的条款，主要涉及“准入后的国民待遇条款”和“准入后的最惠国待遇条款”“高管和董事人员条款”和“履行要求条款”等，这些协定会在条款直接列出或用附件的形式具体列明缔约方需要保留或实行例外的行业部门，有些还详细列出所保留产业的具体内容和相关法律依据。由于美国对外投资协定是根据其范本签订的，因此在例外条款的模式上基本统一。但加拿大不同，没有统一的范本和模式，具体投资保护协定在列举负面清单时也呈现不尽相同的表现形式，较美式标准更加灵活。[②]

（5）发达国家负面清单管理模式实践经验的总结

首先，负面清单管理模式在外商投资准入的自由化和透明度方面要求较高，但并不排除灵活性，没有剥夺东道国根据国内外法律规范外国直接投资的权利，各国可以自己选择未来实行新限制性措施的部门和活动领域。

其次，负面清单下的不符措施一般针对4项原则和规则提出保留。从各

① 赵玉敏.国际投资体系中的准入前国民待遇[J].国际贸易2012(03).

② 梅盛军.双边投资协定例外条款模式研究[EB/OL].上海WTO事务咨询中心工作论文，2013(11).

国实践情况来看,负面清单下的不符措施一般都是针对国民待遇、最惠国待遇、业绩要求及高管人员等 4 项原则和规定提出保留,其中针对国民待遇的不符措施最多。

第三,负面清单具体表现形式主要为“行业列表”(列举保留将来采取不符措施权利的行业或活动)叠加“不符措施列表”(列举现存不符措施),但具体内容会因国情不同而有较大差异。

(三) 发达国家(地区)自由港建设的成功经验

自由港的概念在历史上源于欧洲,从早期的简单功能和单一管理制度到现在已有近五百年的历史。自由港(Free Zones 或者 Free Port),又称自由贸易港或自由口岸,是指一国在“境内关外”划定的“全方位、零关税、无障碍”的特殊开放区域。区内货物与人员可自由进出不受海关管辖,企业在区内可进行装卸、储存、制造、加工、组装等各种物流活动,拥有货物自由、投资自由、金融自由和经营人员出入境自由,进出口商品进出港时原则上不征关税也无关税限额。只有将货物转移到自由港所在国国内消费者手中时才需缴纳关税,但外国船舶进出时仍须遵守有关卫生、移民等政策法令。根据自由港的开放度不同,自由港可分为完全自由港和有限自由港。凡对外国货物一律免征关税,并可在自由港内不受海关监督的进行储存、拣选、改装、加工等自由作业的自由港称为完全自由港,对少数指定进口货物征收关税或实施不同程度的贸易限制,其他货物享受免税待遇的自由港称为有限自由港。尽管完全自由港在历史上曾经盛行过,但出于对本国工业保护等原因,目前世界上的自由港多为有限自由港,如新加坡、吉布提等均属于有限自由港。

自由港与自贸区(FTZ)不同的是,自贸区不只限于港口或城市的某个特定区域,还可设在内陆区域,而自由港必须是港口或是港口的一部分,且都处于外贸货物吞吐量大、国际航线多、联系的国家和地区多、腹地外向型经济发达的港口。此外,从业务范围看,自由港也包含自由工业区、出口加工区和自贸区(FTZ)。可以说,自由港是自由区中自由度最高、容纳层次最多、内容最为复杂的一种海关特殊监管区域。此外,从环境条件来看,自由港不仅要有良好的硬环境,各项基础设施、服务设施完善,能满足航运业的各种要求,陆上集疏运条件优越,信息现代化程度高,而且要求有良好的软环境,有一系列特殊政策和措施,并形成法规,要有高的办事效率和良好的文化生活环境,还应有各种适应外向型经济的专门人才。

目前世界上有 600 多个自由贸易港,荷兰、美国、新加坡、香港、日本、韩国等国家和地区，都有自由贸易港或类似的贸易经济区，成为主导国际间贸易的枢纽、集散地和交易中心。著名的自由港有香港、新加坡、亚丁、巴拿马等20多个。综观国际上的自由港，其设立的核心都是通过放松管制，加快货物进出、人员往来、资金流动和信息传递，在政策制定方面通常也表现为三大自由：一是贸易自由，不存在关税壁垒和非关税壁垒，凡合乎国际惯例的货物进出均畅通无阻，没有任何国界限制。二是投资自由，投资没有因国别差异带来的行业限制与经营方式限制，包括投资自由、雇工自由、经营自由、经营人员出入境自由等。三是金融自由，外汇自由兑换，资金出入与转移自由，资金经营自由，没有国民待遇与非国民待遇之分。现将主要发达国家（地区）自由港的建设经验介绍如下：

1. 中国香港

香港自由港的范围包括整个中国香港地区，内设7个自由区，可以称为自由港城，即包括港口及所在城市全部地区，历经一百多年的发展，已由单一的转口贸易港发展为经济结构多元化的自由港，至2014年，香港已连续20年被美国传统基金会评选为全球经济最自由的地方。香港将其全部区域划为非关税地区，外商可自由居留及从事有关业务，所有居民和旅客均享受关税优惠。一般货物不仅可以免税自由进出，而且可以加工、制造；一般人员不仅可以自由进出，而且可以定居、投资、结社；一般资本不仅可以自由进出，而且可以自由在港流动，或投资金融、商业，或转变为房地产资本，或投资制造业的任何领域。这些自由政策使得香港成为全球重要的航空及航运枢纽和全球最自由的自由港之一。香港政府的自由政策主要体现在：

（1）自由贸易制度[①]

自香港宣布为自由港以来，一直反对保护主义，支持国际贸易自由化，主要体现在四个方面：一是对进出口贸易不设置管制。出于履行国际义务和维护港区安全原因，香港除对21种出口货物和26种进口货物进出口实施法律管制外，进出口贸易（包括商品种类、贸易主体的身份和进出口市场的选择等）均不受管制，享有极为广泛的自由空间。二是提供关税减免和税收优惠。香港是一个独立的关税地区，除了酒类、烟草、碳氢油类及甲醇等四类商品（无论进口或本地生产）须缴付消费税外，一般进口或出口货物均无须缴付任何关税，也没有任何关税限额或附加税。此外，也不设任何增值税或一般服务费。在香港设立的公司，原则上只有在香港取得的收入才需要

① 此处根据香港海关 http://www.customs.gov.hk 相关内容整理。

缴纳利得税,在香港境外的收入无须纳税。同时,香港与主要贸易国家均有签订消除双重课税协议,大大减轻企业税负。三是进出口手续极为简便。除少数受贸易管制的商品需进行事先申请并获批准后才能进出口外,一般商品的进出口无须报批,只需14天内向香港海关提交一份填写完整的电子报关表格即可。此外,香港海关还采用"空运货物清关系统""道路货物资料系统"和"电子货物舱单系统"等电子货物清关平台提升清关效率。

(2) 投资自由制度

投资的自由化主要通过企业经营自由实现。香港的企业经营自由主要体现在三方面,一是企业进入及经营门槛极低。投资者可以在香港成立有限公司,担保有限公司及无限公司,手续简便,香港政府规定香港有限公司最低注册资本为一万港元,人数最少为一人就可在香港注册公司,如果文件齐备,最快可在四个工作日内完成;海外公司在香港建立营业机构,可在29个工作日获得公司登记证明书。二是经营自由。在香港,政府只对金融、电讯、公共运输、公用设施及部分大众媒体等行业进行监管,其他绝大多数投资领域的进入及经营均是由投资者自我决策。企业只要依法经营,政府绝不干涉其经营活动。对向外及外来投资都无限制。同时,香港奉行低税率制和简单税制。企业利得税率仅为16.5%,并只设三种直接税(企业利得税、个人薪俸税和物业税)及设有免税额制度,对销售税、消费税、增值税、预扣税、资本增值税、股息税等税种实行免征制度。三是国民待遇制度。在香港设立经营企业,外资持有股权并无限制,企业或行业的拥有权也无国籍限制。不管资金来源和资产所有人,均享受"国民待遇",企业不因身份不同而受到歧视或偏袒,营商环境颇为公平。

(3) 人员出入境制度

香港一向实施宽松和开放的出入境政策,香港居民及境外人士进出香港十分自由且所办手续也十分方便。约有162个国家和地区的居民可豁免签证来港旅游7至180日不等。持有香港特区护照的香港居民赴海外旅游或办理商务在许多国家也可享受免签证入境待遇。即使是未与香港订立免签证入境协议的国家居民,办理签证进入香港也极为方便。同时,香港还允许输入劳工,只要雇主向香港特区劳工处的申请办事处递交申请及取得原则上的批准即可。此外,香港提出"输入内地人才计划",该计划不设限额,亦不限行业,输入的优才和专才数目由香港本地人力市场的需要自行调节。旨在吸引一些具有认可资历的内地优秀人才和专业人才来香港工作,以满足香港人才的需要。

(4) 发展航运业计划[①]

航运业是香港重要行业之一。为了巩固香港作为国际航运中心地位，香港政府成立香港航运发展局，发展及推动香港航运业。香港实行世界上最开放的自由港航运政策：航运企业可自由经营，个人和企业均可在港投资经营航运业，不受国籍和投资比例与形式的限制；各国船舶可自由通航，外来船舶免办进港申请及海关手续，实行非强制引水，关检及卫检手续简便，并豁免港口行政费；香港船东所拥有的船舶可自由选择在任何国家和地区注册登记；任何国家的船舶，只要符合香港船舶注册法例的规定，均可在港注册。

2. 新加坡港

新加坡位居马六甲海峡的要点，锁控东南亚海运航线并拥有深水港，拥有500多条航线连接世界600多个港口，是亚太地区重要的航运中心和全球第四大国际金融中心。新加坡自由港中的六个自由贸易区都是处理海运货物，进行货物进出口、包装及转运，而新加坡樟宜国际机场是唯一一个空运货物自由贸易区。早在1819年，新加坡就是外国商船自由进出的海港，进出口货物免征关税的完全自由港。1959年，新加坡为保护本国工业才转为有限自由港，政府在保持转口贸易优势的同时大力发展国际贸易，利用完善的基础设施和良好的商业环境，使新加坡成为著名的自由港。新加坡政府的自由政策主要体现在：

(1) 自由贸易政策

新加坡自由港一直奉行自由贸易，其贸易政策主要体现在：一是提供免税区吸引外商投资。新加坡一直实行低关税乃至零关税政策，始终将应征关税的商品项目控制在适当范围内，货物首次进口到新加坡自由港区时可以暂时免缴消费税(GST)(除酒类、烟草产品、石油产品以及车辆等四大类商品需要课税)，只有货物进入海关区域在新加坡国内市场销售时才会被征收7%的消费税。此外，新加坡为了鼓励全球贸易商在新加坡开展国际贸易业务，对政府批准的"全球贸易商"给予5-10年的企业所得税优惠，税率减低为5%或10%。

二是通关电子化。新加坡充分应用高科技实现贸易便利化，它通过一个国家范围内的电子商务系统连接整个航运界，包括相关政府职能部门、代理、海关、港务集网、港口用户等，并逐步向世界其他港口延伸，企业通关只

---

① 此处参考香港航运发展局官方网站(http://www.mic.gov.hk)相关内容。

需填写一份电子表格并传送到贸易发展局24小时服务的电脑，再以电子化资料转传其他政府贸易审核机关，原则上，海关可在5分钟内批准，95%的货物必须在8分钟内处理完毕，贸易商在十分钟内可拿到许可证书，一年可以节省的费用高达十亿美元之多。此外，新加坡的码头作业系统也使得货柜通关港区大门只需25秒，并实现全程自动无纸化。通过这样一个全社会共享的电子信息平台，新加坡平均每年可处理超过7000万宗交易，高效实现其自由港功能。

（2）金融自由制度

作为国际知名金融中心，新加坡允许资金自由流动，不设外汇管制。但是为了保护新元，1983年以后新加坡实行新元非国家化政策，主要限制非居民持有新元的规模，包括银行向非居民提供500万新元以上融资用于新加坡境内股票、债券等投资的，需向金管局申请等。此外，外资企业可向新加坡本地银行、外资银行、各类金融机构申请融资业务，由银行或进入机构审核批准。可申请的贷款或融资类型包括短期贷款、汇款融资、应收账款融资、出口融资、分期付款等。

（3）投资自由制度

新加坡投资环境宽松，对外资准入政策也十分宽松，具体表现在：①除国防相关行业及个别特殊行业外，对外资投资基本没有限制。在股权比例上，除金融、保险、证券等特殊领域需向主管部门报备外，绝大多数产业领域对外资的股权比例等无限制性措施。②新加坡制定了特许国际贸易计划、商业总部奖励、营业总部奖励、跨国营业总部奖励等多项措施，鼓励外商投资。同时还在研发、贸易、企业扩张等方面制定了系列优惠或奖励措施，如新加坡企业发展计划、企业家投资奖励计划、全球贸易商计划等，对新加坡政府重点发展的投资领域，政府甚至给予免征5-10年所得税的优惠待遇。

（4）重点发展航运产业

在亚太地区，新加坡因港而兴。它不仅是重要的国际贸易、国际金融和国际航运中心，更是全世界航运业的楷模之一。近年来，新加坡海事港务局(MPA)陆续出台了一系列的政策，其主要以税收政策为主。这些政策主要包括海事投资企业计划(AIS)、船旗转换优惠政策(BTS)、海事金融激励计划(MFI)、核准船务物流企业计划(ASL)等等。这些优惠措施大大减轻了企业负担，如新加坡规定集装箱船享有的20%港口税豁免永久化和豁免海事福利费，这两项规定每年分别可为相关企业节省约1100万新元和700万新元开支。新加坡还与世界许多国家签订了自由贸易协定，实行自由港政策，这些对促进航运服务业的发展起到了突出作用。截至2012年底，在新加坡登记的船舶总吨位为6500万吨，是全球船舶登记总吨位最大的十个港口之一。

3. 中国台湾自由贸易港

中国台湾在2002年提出“2008发展重点计划”，并提出“营运总部计划”，而设置自由港区则是“营运总部计划”的第一大策略，台湾同时在2003年通过自由贸易港区设置管理条例，计划在国际港口或空港附近，通过简化贸易管理和海关监管程序，促进货物自由流通，扩大港区深加工增值业务，提高货物中转集散能力。台湾已形成“六海一空一区”的自贸港格局，即基隆港自由贸易港区、台北港自由贸易港区、台中港自由贸易港区、安平港自由贸易港区、高雄港自由贸易港区、苏澳港自由贸易港区、桃园航空自由贸易港区及屏东农业生技园区。台湾自贸港具有以下特点：

(1) 港区管理体制

台湾“交通部”成立“自由贸易港区跨部门推动小组”，负责审议自由港发展政策及计划，各自由港区内设“自由贸易港区工作小组”，提供单一窗口的行政服务，并协调处理港相关业务。但港区内采取高度的厂商自主管理制度取代政府管理限制，减少政府干预，使得自由港区内的货物及人员可以自由流动，货物实行免审、免验和免押运。

(2) 放宽人员流动限制

为了外籍商务人士(含大陆同胞)进入自贸港从事商务活动的方便，台湾允许外籍商务人士经自由港区企业代向自由港区管理机构申请办理“选择性落地签证”，简化入境手续。同时，放宽自由港区内企业雇用外国劳工比例至40%。

(3) 港区贸易自由化

国外货物进出自由港区或自由港之间货物流动时，货物通关模式原则上采取免审查免检验放行，当货物流入关境内或与保税区之间流通时，采取每月申报制度，以提高流通效率。同时，货物在自由港区内可进行重整、加工、制造，可从事零件组装等深加工活动，从事物流的自由港区企业，经核准后可区外做实质的转型加工活动，港区内也可允许开展贸易和展览活动。

(4) 活络资金流通

台湾自由港允许国际金融机构办理自由港区内企业的外币信用证、通汇、押汇、进出口托收、外币汇兑和外汇交易业务。同时，允许外资向自由港区管理机构申请设立以境外投资为专业的控股公司，专门从事海外投资。

(5) 享受赋税优惠

自由港区企业自外国运入区内供营运的货物(包括为其他企业从事仓

储、物流、组装、重整货物）及自用机器、设备免征关税、货物税、营业税、推广贸易服务费及商港服务费等相关税费；为符合供应链运作需求，台湾课税区或保税区销售与自由港企业共同营运的货物、机器设备或劳务适用营业税零税率。同时，外资企业自行申报或委托自由港区企业在自由港区内从事货物储存与简易加工，并将该外国企业的货物销售至境内外的，可免征其营业所得税。

二、投资自由化（二）：福建要出什么招

（一）推进福建自由贸易试验区贸易自由化的主要举措

按海关监管方式划分，福建自贸区包括海关特殊监管区域（象屿保税区、象屿保税物流园区、福州保税区和福州出口加工区等）和非海关特殊监管区域。根据《中国（福建）自贸试验区总体方案》，自贸试验区内的海关特殊监管区域重点探索以贸易便利化为主要内容的制度创新，开展国际贸易、保税加工和保税物流等业务；非海关特殊监管区域重点探索投资体制改革，推动金融制度创新，积极发展现代服务业和高端制造业。

1．推动货物贸易自由化

福建自贸试验区在海关特殊监管区域内开展国际贸易、保税加工和保税物流等业务，探索贸易便利化为主要内容的制度创新，从而推动货物贸易自由化，发展制造加工和转口贸易。通过转变政府职能，减少行政干预，清理各种行政收费，促进通关改革，优化营商环境等措施提升贸易便利化水平。探索选择性征收关税和其他进出口税。发挥对台优势，推动对台货物贸易自由化。

（1）通关便利化

构建以“信息互换、监管互认、执法互助”为核心的通关合作机制，推进福建自贸试验区内各区域之间通关一体化改革。推进国际贸易单一窗口、深化海关和出入境检验检疫局合作“三个一”，就是一次申报、一次查验、一次放行。海关和检验检疫局共用“一站式”查验平台，查验同一进出口货物时，关检同时进场、联合查验、监管互认。只需一次开箱查验，节省时间和成本。推进通关无纸化改革，推广集中汇总征税。对台湾地区输入区内的农产品、食品等产品试行快速检验检疫模式。通过通关便利化改革，提高通关

效率，减少通关成本，减轻企业负担。

(2) 创新监管服务模式

学习发达国家经验，比照中国(上海)自由贸易试验区内的海关特殊监管区域有关监管模式，实行"一线放开""二线安全高效管住"的通关监管服务模式，推动海关特殊监管区域整合优化。除废物原料、危险化学品及其包装、散装货物外，检验检疫在一线实施"进境检疫，适当放宽进出口检验"模式，在二线推行"方便进出，严密防范质量安全风险"的检验检疫监管模式。①

推出"先进区、后报关""区内自行运输""保税展示交易""批次进出集中申报"等多项海关监管创新制度。创新海关特殊监管区货物分类监管制度。建立信息化的电子围网和视频监控联网，实时监控企业进出库操作情况；设立进出区专用通道，提供专门的进出卡口通道，实施卡口智能化管理。对智能化卡口识别条形码系统进行改造，实现车辆过卡自动对比、自动识别、自动验放等智能化管理。

(3) 创新税收服务和税收优惠

复制推广上海自贸区10项创新税收服务措施，如电子发票网上应用、网上自主办税、网上按季申报、网上审批备案等等。推出新10项措施，包括国地办税一窗化、自助业务一厅化、出口退税无纸化等。② 实现出口退税无纸化，简化办税程序，减轻企业的办税负担。在自贸试验区海关特殊监管区域内进行货物加工、储存、运输、包装、装卸、展示，不需征收关税，货物只有从区内进入国内市场时才须向海关交纳关税及其他进口环节税。探索促进贸易的选择性征收关税、其他相关进出口税收等政策。平潭综合实验区可以探索实施更优惠的税收政策。

(4) 支持发展跨境电商等新型贸易业态

积极培育贸易新型业态和功能，建设服务实体经济的国际国内大宗商品交易和资源配置平台，开展大宗商品国际贸易，拓展东盟水产品交易所功能。发展跨境电子商务，完善与之相适应的海关监管、检验检疫、退税、跨境支付、物流等支撑系统，对国际快递或邮寄入境的个人物品快速检验。打造保税展示交易平台，在自贸区开展进口商品保税展示交易。符合条件的地区如平潭可按规定申请实施境外旅客购物离境退税政策。允许境内期货交易所开展期货保税交割试点。支持开展汽车平行进口试点。大力发展转口

---

① 国务院关于印发中国(福建)自由贸易试验区总体方案的通知[EB/OL]. 中国政府网，http://www.gov.cn/zhengce/content/2015-04/20/content_9633.htm，2015-04-20.

② 上海自贸区10项税收创新举措已在全国推广[N]. 人民日报，2015-05-04.

贸易，放宽海运货物直接运输标准。

（5）优化营商环境

优化环境，保障创业自由、经营自由和贸易公平。对于自贸区内企业，实行更为宽松的商事登记制度，取消股比/资质备案制，实行注册资本认缴制、先照后证制、年报公示制、一口受理制。建设“一站式”综合服务平台，实现企业设立“网上申请、一口受理、一表申报、一照三号”“三证合一”。推行电子营业执照，加盖登记机关电子印章，赋予企业“电子身份”，方便企业商务交易、办理行政事务手续。进一步规范进出口环节经营性、服务性收费，减少行政事业性收费，切实减轻企业负担。加强反垄断审查，促进贸易公平。

2. 推进服务贸易自由化

中国的服务贸易仍处于较低的发展水平，而且中国服务贸易逆差呈现日益扩大的趋势。《服务贸易总协定》(GATS)将国际服务贸易定义为包括：过境交付、境外消费、商业存在和自然人流动。目前我国对不同提供方式的服务贸易自由化程度不一，其中对跨境交付和境外消费较为放松，对商业存在和自然人流动限制较多。中国加入 WTO《具体承诺减让表》未对自然人该种提供模式做出任何承诺；数据跨境的自由流动极大威胁发展中国家的信息安全；中国服务业整体竞争力仍然较弱，市场集中度较高的银行、能源供应、电信服务等行业又以国有企业为主导。如果我国要加入 TISA，必须扩大服务业开放，改革调整现有的市场支配模式和国内的相关政策。

服务贸易自由化是我国自贸试验区试点的重头戏。扩大服务业开放可能给我国一些比较脆弱的服务行业造成冲击。因此需通过自贸试验区先行先试，防范和降低开放可能带来的风险。福建自贸试验区应发挥对台优势，扩大对台服务贸易开放，促进闽台服务要素流动。

（1）扩大服务贸易开放

通过进一步扩大服务业的开放，发展壮大服务业，提升我国服务贸易的国际竞争力，这是自贸区的目标之一。福建自贸区率先对台开放服务业，主要包括电信服务、运输服务、商贸服务、建筑业服务、产品认证服务、工程技术服务、专业技术服务等领域。赋予平潭制定相应从业规范和标准的权限，在框架协议下，允许台湾建筑、规划、医疗、旅游等服务机构执业人员，持台湾有关机构颁发的证书，按规定范围在自贸试验区内开展业务。探索在自贸试验区内行政企事业单位等机构任职的台湾同胞试行两岸同等学力、同等任职资历对接互认，研究探索技能等级对接互认。对台商独资或控股开发的建设项目，借鉴台湾的规划及工程管理体制。①

(2) 积极发展现代服务业

积极发展现代服务业，特别是知识密集型服务业，如信息、咨询、法律、金融、设计、创意、分销、运输、环境服务等等，为服务贸易发展奠定坚实的基础。创新服务贸易模式，改善贸易配套条件和增值能力，促进外贸向产业链高端延伸，推动制造业企业从OEM(原始设备制造商，俗称“贴牌”或“代工”)向ODM(原始设计制造商)和OBM(原始品牌制造商)升级，积极推动文化艺术、广播影视、新闻出版、教育等文化服务出口，大力促进文化创意、数字出版、动漫游戏等新型文化服务出口，加强中医药、体育、餐饮等特色服务领域的国际交流合作。大力支持发展融资租赁、商业保理等非银行金融业务和对台离岸业务。

(3) 提升航运服务功能

贸易离不开运输。提升航运服务功能，有利于我国对外贸易的进一步发展。探索具有国际竞争力的航运发展制度和运作模式。允许设立外商独资国际船舶管理企业。放宽在自贸试验区设立的中外合资、中外合作国际船舶企业的外资股比限制。简化国际船舶运输经营许可流程。加快国际船舶登记制度创新，充分利用现有中资“方便旗”船税收优惠政策，促进符合条件的船舶在自贸试验区落户登记。允许自贸试验区试点海运快件的国际和台港澳中转集拼业务。允许在自贸试验区内注册的大陆资本邮轮企业所属的“方便旗”邮轮，经批准从事两岸四地邮轮运输。允许中资公司拥有或控股拥有的非五星旗船，试点开展外贸集装箱在国内沿海港口和自贸试验区内港口之间的沿海捎带业务。②

(4) 扩大对外文化贸易和版权贸易

在厦门片区发展文化保税业务，建设文化保税展示交易中心和收藏品交流中心。支持企业开展文化艺术品创意设计、制作、保税仓储、物流、艺术品展示、保税拍卖、保税交易、版权交易等业务，以及设立博物馆、艺术品银行，开展交易结算、金融、保险、出口退税等业务，以及提供鉴定、修复、文化交流、艺术教育与培训等综合服务。③

(5) 优化服务贸易发展环境

清理和规范服务贸易相关法律法规和部门规章，统一内外资法律法规。

---

① 国务院关于印发中国(福建)自由贸易试验区总体方案的通知[EB/OL]. 中国政府网，http://www.gov.cn/zhengce/content/2015-04/20/content_9633.htm，2014-04-20.

② 同上。

③ 上海自贸区10项税收创新举措已在全国推广[N]. 人民日报，2015-05-04.

逐步建立和完善服务贸易各领域法律法规体系，规范服务贸易市场准入和经营秩序。建立与国际接轨的服务业标准化体系。培育各类市场主体依法进入公平竞争的营商环境。强化服务贸易人才培养，大力培养服务贸易人才，加快形成政府部门、科研院所、高校、企业联合培养人才的机制。加大对核心人才、重点领域专门人才、高技能人才和国际化人才的培养、扶持和引进力度。鼓励各类市场主体加大人才培训力度，开展服务贸易经营管理和营销服务人员培训，建设一支高素质的专业人才队伍。

(二) 福建自贸区投资自由化的主要举措

全面推进投资便利化，福建自贸试验区应解放思想，切实转变政府职能，着力改革外商投资管理模式，合理划定负面清单涵盖范围，尽快完善相关配套政策法规，逐渐形成与国际接轨的投资管理体制。

1. 着力改革外商投资管理模式：福建自贸区投资便利化的基本前提

(1) 实施“负面清单＋备案制”管理模式

福建自贸试验区应借鉴上海自贸试验区经验，探索对外商投资实行准入前国民待遇加负面清单管理模式。对负面清单之外领域，按照内外资一致原则，外商投资项目实行备案制(国务院规定对国内投资项目保留核准的除外)。现有的外商投资管理体制实行核准制，即先由外国投资者将企业设立、变更的合同章程等一系列文件送交地方商务主管部门，地方各级商务主管部门再根据《外商投资产业指导目录》和投资金额，匹配自己的审批权限，对其进行审批，并颁发“外商投资企业批准证书”，企业根据商务主管部门批准的经营范围到工商部门进行登记。[①] 这种审批体制，虽然可以排除或降低外资进入国内市场可能造成的负面影响，但已经很难适应国际投资形势不断发展变化的要求，而且很容易造成有关权力部门权力过大，引起权力寻租。作为改革创新的试验田，福建自贸试验区应取消审批，将核准制改为备案制，外国投资者可将自己所从事的经营内容和负面清单进行比对，清单以外的项目不用经过商务主管部门核准，直接到工商部门进行登记，办理营业执照。这种备案制简化了外商投资管理程序，一方面能提高政府的办事效率，降低审批人员的寻租空间；另一方面，能更好地体现了公平、公正、开放的投资原则，充分尊重投资者的微观主体地位，让外国投资者对其投资行为

① 沈开艳、黄钟等. 中国(上海)自由贸易试验区建设：理论分析与实践探索[M]. 上海：上海社会科学院出版社，2014 年版：55-58.

有一个相对稳定的预期，有利于外国投资者充分发挥自身优势进行经营业态和经营内容的创新。

(2) 改革商事登记制度①

首先，取消注册资本的最低限额和出资期限。目前，外商投资注册资本要求遵行现行《公司法》规定，即有限责任公司为一人有限责任公司时，最低注册资本为10万元人民币，其余情况下最低注册资本为3万元人民币，法律法规对注册资本有明确规定的除外。为方便资金不足的创业型企业设立，福建自贸试验区应借鉴上海自贸试验区经验，将企业的注册资本由实缴登记制改为认缴登记制，取消注册资本的最低限额，允许外国投资者可以用任意金额设立企业，并不再收取验资报告。需要指出的是，取消注册资本最低限额限制，可以使外国投资者以任意低的资金来注册公司，但如果企业要在市场中具有竞争实力，还是需要有与之经营匹配的注册资金的；同样，由于政府还将会对企业后续资金到位实施监管，取消注册资本最低限额也不代表注册资本越高越好。关于外商投资注册资本的缴纳期限，根据现行《外资企业法》规定，外资投资者应当在公司营业执照签发之日起90天内至少缴纳注册资本的15%，其余在三年内缴清；或是根据现行《公司法》规定，首期出资不低于公司注册资本的20%，其余在两年内缴清。为降低首创企业的资金成本，提高资金运作效率，同时为避免出现由中介公司进行"垫资"等作假行为，福建自贸试验区应取消对区内成立外资企业出资期限的限制，允许"零首付"创办公司，对于资金不充足的外国投资者可以不必非在前三个月内到位首期注册资本。

其次，取消虚拟注册。为防止一些外国投资者为取得税收优惠或政策扶持只注册不经营，也不用缴纳注册地的租赁费等情况发生，提高那些不想真正从事经营的外国投资者的作假成本，在福建自贸试验区设立企业，必须取消虚拟注册，要有至少20平方米的独立办公场地和简易的办公设备。

第三，取消法人资格成立前的前置审批。现有的外商投资管理体制下，在"外商投资批准证"和工商"营业执照"取得前，都存在着较多的关于办理相关资质的前置审批，这大大拖延了获得营业执照的时间，给企业日常业务的开展带来了极大不便。为此，福建自贸试验区应提高办事效率，可实行"先照后证"登记制，在公司营业执照取得前不需要一切前置审批，公司营业执照取得后即可开展一般性营业活动，在取得相关许可证和批准文件后再

① 沈开艳、黄钟等．中国（上海）自由贸易试验区建设：理论分析与实践探索[M]．上海：上海社会科学院出版社，2014年版：55-58．

进行相应许可内容的活动。例如，成立一家咨询公司，如果经营范围中有“代理记账”业务，在商务部门进行审批之前，必须要在财政局获得前置资格许可，否则此项业务内容就不可以写在经营范围中，而如果实行“先照后证”，企业就可以先获得营业执照，从事企业管理咨询、投资咨询等其他业务，需要从事“代理记账”业务时再去相关部门获得行政许可。

第四，取消对外资企业的联合年检。在当前的外商投资管理体制中，每年都要由商务、工商、税务等相关部门进行联合办公，以对区内外资企业进行联合年检，耗费了政府各部门和企业大量的时间和人力、物力。为节约成本，福建自贸试验区可取消联合年检而代之以企业年报公示制度，把政府对企业的监督变成了企业自身的一种自我约束或“自检”。

2. 合理划定负面清单涵盖范围：福建自贸区投资便利化的核心内容

一方面，由于负面清单需要对国内相关产业进行详细的评估，如果某一产业因评估不当而没有被列入清单，则可能会导致该产业发展受外资冲击而受阻；另一方面，我国正处于转型升级发展的关键时期，新兴产业不断出现，投资模式不断创新，负面清单很难预测今后经济情况的发展变化。此外，列入负面清单的“不符措施”还可能是涉及国家安全的行业或战略性行业，其发展环境将会因保护壁垒的减少而产生诸多的不稳定。因此，科学合理地制定既能体现投资便利化要求，又能体现产业保护利益、并具有前瞻性的“不符措施”是负面清单管理模式成败与否的关键。为了规避可能出现的风险，福建自贸试验区应借鉴国际及上海经验，在负面清单制定上谨慎而为，要根据中国国情和福建省情，综合考虑产业竞争力、市场监管力等因素，科学合理划定地需要保护、适度开放或完全开放的行业。

总体而言，可遵行“有限行业内实施负面清单管理，并逐步扩展到全行业”[①]的路线来探索制定“可复制”“可推广”的“保留”与“例外”措施。也即，首先圈定一些行业范围，这些行业在国内竞争力较强，且在外资进入后能够通过监管来保证国内市场有序竞争，在这些圈定的行业范围内实施外资准入的负面清单管理，而对竞争力较弱的行业要进行适当保护。目前，福建自贸试验区应先行选择航运服务、商贸服务、专业服务、文化服务、社会服务及先进制造业等领域扩大对外开放，稳步推进外商投资商业保理、典当行试点。这一方面日本的经验值得借鉴，日本通过对国内产业进行归类，对竞争

① 沈开艳、黄钟等. 中国（上海）自由贸易试验区建设：理论分析与实践探索[M]. 上海：上海社会科学院出版社，2014 年版：52.

力不强需要大力保护的产业部门适度保护,而关系到国计民生的产业部门则不开放。其次,随着经验的积累和国内行业的发展壮大,可逐步扩大实施负面清单管理的行业范围。最后,负面清单管理行业范围最终涵养全行业,此时的负面清单将是一个基本符合国际水准的市场准入清单。

3. 尽快完善相关配套政策法规:福建自贸区投资便利化的有力保障

(1) 尽快完善政府监管制度

自贸试验区外资准入由核准制改为备案制,实施负面清单管理,倒逼政府职能转型,使政府对外资管理的重心由注重事前的审批转向了事中的跟踪、事后的监管。为适应新的开放环境与政府权力边界,福建自贸试验区需积极对接国际先进理念和通行规则,建立成熟完善的法治环境,透明高效的政务环境、竞争有序的市场环境,形成一套全新高效的政府监管机制。①

首先,要实现行政性监管向法治化监管的转变。必须根本扭转行政性监管主导的思路,与国际通行的法律规则进一步接轨,加强和完善注册设立、业务经营、投资并购、知识产权、审计会计、劳动就业、环境保护等领域的法律法规体系建设,建立起强有力的法治化监管环境,实现对外商投资、企业营运的"无为而治"。

其次,要实现政策性监管向制度性监管的转变。必须摆脱以政策手段为主的监管模式,更加注重监理体制机制的构建与完善,将有利于市场准入、市场竞争等的相关措施以制度形式加以固化,营造适应市场经济要求的稳定公平的制度环境,保障市场主体的合法权益,降低企业营商成本,促进实现规则公平、机会公平、权利公平。在负面清单管理模式的实施中,不仅要按照规定格式提供所有"不符措施"的详细信息,而且在实施这些措施的同时保持高标准的透明度;不仅要一般披露政府有关投资的法律法规,而且要详细披露包含在法律法规中的投资限制性措施的性质、范围水平等,还要定期公布新的负面清单内容与变动事项。

第三,要实现政府直接监管企业向企业自我约束的转变。必须重新审视政府和市场之间的关系,加快政府管理职能转变,尽量减少政府的直接干预,强调根据市场规律制定管理规则,引导企业自我约束、自我管理,进而实现资源要素的自由流动和合理配置。

此外,还要在自贸试验区内开展对外资的安全审查管理。例如,美国就

---

① 肖林、马海倩等. 国家经验:中国(上海)自由贸易试验区制度设计[M]. 上海:上海人民出版社、格致出版社,2014 年版:102.

非常注重保护国家政治与经济利益的安全，其中对外投资委员会（CFIUS）的国家安全审查机制最为典型。

(2) 尽快修订各类法律法规

完善的法律法规是欧美日等发达国家实施负面清单管理模式的基础。我国负面清单管理模式还处于探索试验阶段，真正实践负面清单管理，需在全面厘清产业发展现状和竞争力的基础上，对现有法律法规进行系统地梳理和整理，尤其是涉及到服务业相关的法律法规，要进行新一轮废、改、立，及时废止严重过时的、不符合开放发展需求的法律法规；调整和修订部分过时的条款；对于法律一直缺位的行业，根据开放发展的新形势，制定出部门法律法规。例如，要在自贸试验区内暂停实施并尽快调整外资三法即《外资企业法》《中外合资经营企业法》《中外合作经营企业法》及《公司法》《台湾同胞投资保护法》，为审批改为备案提供了法制保障；再如，由于法律的滞后性，负面清单不可能做到无可争议，在具体实践当中还是会引起理解上的争端或纠纷，为此，要从地方立法来确定此种纠纷的管理主题与解决程序。

在制定这些配套法律法规的过程中，尤其要注意规避国家立法与地方法规的冲突、负面清单实践与其他法律法规的冲突，为此，要重视收集和整理与负面清单管理相关的各项中央和地方法律法规，并安排专门力量对既有各级法律法规进行梳理调整，确定每个法律法规的适用范围与优先顺序，确保相关法律法规与负面清单管理措施相一致。例如，通过国家立法来承认自贸区的备案证明在区外的可适用性；通过地方性立法来确定区内其他行政部门前置审批中对备案制的承认。

(3) 尽快完善相关政策环境

福建自贸试验区的定位是制度创新而非政策优惠，负面清单管理模式将外资准入由审批制转向备案制，更加强调市场机制的作用，更加注重公平透明的投资环境，政府必须转变自身职能，不能再过度干预外资，不能再轻易推出鼓励类与支持类投资目录，那些不具备市场竞争能力的产业将难以依靠政策红利来发展。负面清单管理模式顺应了国际经济发展的新趋势，与我国正在推行的行政审批制度改革的方向一致，对于打破垄断和激发市场主体活力将起到一定积极作用。但是，其真正有效地践行，有待于各类隐性政策壁垒的消除和政策环境的完善。例如，在区内项目审批程序上保持公开透，尽量减少寻租空间，在公共财政以及金融支持等方面的配套改革及时跟进，等等。

（三）率先推进对台湾地区贸易投资自由化

福建同台湾的渊源深厚而久远，具有对台交往的独特优势。80%以上台湾民众祖籍地在福建。改革开放以来，随着闽台经贸交流政策的逐步开放，闽台经贸往来日益频繁。特别是在2008年马英九"上台"之后，两岸关系发生重大积极变化，闽台经贸合作进入制度化协商阶段。2009年5月，国务院出台《关于支持福建省加快建设海峡西岸经济区的若干意见》，提出要"发挥海峡西岸经济区独特的对台优势和工作基础，努力构筑两岸交流合作的前沿平台，实施先行先试政策，加强海峡西岸经济区与台湾地区经济的全面对接，推动两岸交流合作向更广范围、更大规模、更高层次迈进。"①2011年国务院出台的《海峡西岸经济区发展规划》提出，积极探索对台交流合作新的体制机制，争取率先突破。2015年4月国务院出台的《中国(福建)自由贸易试验区总体方案》提出，"充分发挥对台优势，率先推进与台湾地区投资贸易自由化进程，把自贸试验区建设成为深化两岸经济合作的示范区""创新两岸合作机制，推动货物、服务、资金、人员等各类要素自由流动，增强闽台经济关联度"。② 率先推进对台湾地区贸易投资自由化主要从三个方面入手：一是率先推进闽台贸易自由化，二是率先推进闽台投资自由化，三是率先推进闽台人员往来自由化。

1. 率先推进闽台贸易自由化

(1) 闽台贸易的发展历程及现状

改革开放以来闽台贸易从无到有，从小到大，从货物贸易为主逐渐过渡到货物和服务贸易并重，服务贸易从依附于两岸货物贸易与投资活动，到逐渐成为与货物贸易和投资紧密联系但又具有一定独立性的贸易方式。闽台贸易发展分为两个阶段：

一是1979至2008年处于闽台贸易缓慢发展阶段。自1979年全国人大常委会发表《告台湾同胞书》后，海峡两岸各项交往开始逐步恢复，但由于台湾方面对经贸往来设置了重重障碍，尤其是两岸"三通"(通邮、通商、通航)未能实现，致使闽台贸易往来处于民间性的自发状态，特别是2000年后陈水扁推动"台独"，台湾当局采取"戒急用忍"政策，控制台商大企业在大陆的投资并抑制两岸经贸往来，使闽台贸易往来受到阻碍。此阶段闽台贸易

---

① 关于支持福建省加快建设海峡西岸经济区的若干意见[N]. 福建日报，2009-05-31.

② 国务院关于印发中国(福建)自由贸易试验区总体方案的通知[EB/OL]. 中国政府网，http://www.gov.cn/zhengce/content/2015-04/20/content_9633.htm，2015-04-20.

往来的特点是规模较小，以货物贸易为主，服务贸易主要以传统领域的服务贸易为主。

二是2008年至今闽台服务贸易迎来发展新契机。伴随着2008年两岸关系的积极变化，2010年两岸签署《海峡两岸经济合作框架协议》（ECFA），2013年两岸签署《海峡两岸服务贸易协议》，两岸经贸关系逐步步入正常化、制度化和机制化的轨道。在此阶段，闽台交流与合作不断向纵深拓展，闽台贸易规模不断扩大，贸易形式更加多样化。特别值得一提的是，闽台在旅游业、文化产业等服务业上不断增强经济互动，以往制约闽台贸易发展的限制性政策较大幅度放开，闽台服务贸易从传统类型向金融、信息等现代类型扩展。

虽然闽台贸易取得很大的成效，但闽台贸易水平仍有待提高：一是不少福建市场并不对外开放，管制规范不明确，甚至有些地区"人治"色彩浓厚，对闽台企业而言，在合作过程中存在共同获益后的利益分配问题如果处理得不好，合作可能难以持续；二是闽台贸易涉及的法律问题较多，如行为权利、服务权利、产业标准等方面，但相关法律规定较为模糊。

(2) 推动闽台贸易自由化的政策建议

近年来，两岸签署了一系列经贸协议，有力推动了闽台经贸发展。但是由于民进党的阻扰，个别协议签署后一直未能得到审查。例如，2014年3月台湾爆发了所谓"反服贸冲突"，导致两岸服务贸易协定未能有效实施。但不论对于台湾还是福建，推动闽台贸易自由化都是必然趋势。自贸区背景下推动闽台贸易自由化从以下几方面入手：

一是推动对台货物贸易自由化。推动对台货物贸易自由，必须加快"建立闽台通关合作机制，开展货物通关、贸易统计、原产地证书核查、'经认证的经营者'互认、检验检测认证等方面合作，逐步实现信息互换、监管互认、执法互助。"[①]对台湾地区输往自贸试验区的农产品、水产品、食品和花卉苗木等产品试行快速检验检疫模式，优化从台湾地区进口部分保健食品、化妆品、医疗器械、中药材的审评审批程序。试点开展对台湾认证认可结果和检测结果的采信，逐步推进与台湾方面检验检疫电子证书数据交换核查和检验检测认证结果的互认，加快实现"一张证书、两岸互认"。改革和加强台湾原产地证签证管理，便利证书申领，强化事中事后监管。

二是扩大对台服务贸易开放。第二次世界大战之后，整个自贸区发展

① 国务院关于印发中国（福建）自由贸易试验区总体方案的通知[EB/OL]. 中国政府网，http://www.gov.cn/zhengce/content/2015-04/20/content_9633.htm，2015-04-20.

的趋势要求从过去的货物贸易为主发展到货物贸易与服务贸易并重，但更加注重服务贸易的新趋势。自贸区时代，福建要加快经济的转型升级，必须“推进服务贸易对台更深度开放，促进闽台服务要素自由流动。进一步扩大通信、运输、旅游、医疗等行业对台开放。”[①]

① 在电信和运输服务领域，允许台湾电信服务商在自贸区内试点设立合资或独资企业，提供离岸呼叫中心业务及大陆境内多方通信业务、存储转发类业务等各类业务。允许台湾电信服务商在自贸区内直接申请设立独资海员外派机构并仅向台湾船东所属的商船提供船员派遣服务。

② 在商贸服务领域，进一步放开旅游和展览行业，“允许申请成为赴台游组团社的 3 家台资合资旅行社试点经营福建居民赴台湾地区团队旅游业务”，[②]允许台湾导游、领队在福、厦、岚执业。

③ 在建筑业服务领域，允许符合条件的台资独资建筑业企业承接福建省内建筑工程项目，允许取得大陆一级注册建筑师或一级注册结构工程师资格的台湾专业人士作为合伙人，按相应资质标准要求在自贸试验区内设立建筑工程设计事务所并提供相应服务。

④ 在产品认证服务领域，允许台湾检测机构在自贸区内与大陆指定机构开展合作认证检测任务。

⑤ 在工程技术服务领域，允许台湾服务提供者在自贸试验区内设立的建设工程设计企业聘用台湾注册建筑师、注册工程师。对符合条件的台商，投资自贸试验区内服务行业的资质、门槛要求比照大陆企业。允许持台湾地区身份证明文件的自然人到自贸试验区内注册个体工商户支持自贸试验区发展两岸电子商务。检验检疫部门对符合条件的跨境电商入境快件采取便利措施。

三是优化闽台服务贸易产业结构。目前，福建服务贸易所占比重低，竞争力低，服务贸易结构主要以劳动密集型为主。而台湾地区服务业所占比重较高，但国际市场的占有率较低，服务贸易结构以技术密集型为主。闽台两地可以结合各自服务业的经营特色，优势互补，加快推动闽台贸易自由化，提升福建承接台湾新兴产业特别是现代服务业转移的新态势。福建自贸区应借鉴台湾地区服务贸易发展的成功经验，在充分发挥具有比较优势的劳动密集型服务业的基础上，积极发展知识密集型与技术密集型服务，提

---

① 国务院关于印发中国（福建）自由贸易试验区总体方案的通知[EB/OL]. 中国政府网，http://www.gov.cn/zhengce/content/2015-04/20/content_9633.htm，2015-04-20.

② 同上。

高国际竞争力。台湾应加快其服务贸易结构的转型,将技术密集型转化为知识密集型或者资本密集型服务业,充分利用福建自贸区建设的大好机遇,增加其服务贸易的市场占有率和竞争力。

四是完善闽台贸易保障机制和争端机制。在贸易过程中建立紧急保障措施机制,可以保持贸易往来操作的规范性。在区域服务贸易的安排中,《中国—东盟自由贸易协定》在紧急保障措施的建立上做了有益的尝试。福建自贸区应借鉴这方面的成功经验,闽台双方应从以各部门总体适用的"水平型"架构模式发展成为各部门分立的"垂直型"构架模式建立保障机制。从争端解决机制看,闽台双方在保持独立自主的原则下,以最大的诚意作出对双方有利的退让,在磋商与仲裁的基础上,完善闽台的相关立法,在司法层面上加强约束。

2. 闽台投资自由化研究

(1) 台商对福建投资的发展历程及现状

改革开放以来,台商就积极投资于福建制造业,投资规模不断扩大,合作领域逐步拓宽,合作区域日益拓展。台商投资先后经历了三次热潮:即从第一波以轻纺为代表的劳动力密集型产业转移,到第二波以石化为代表的资本密集型产业跟进,再到第三波以电子为代表的技术密集型产业涌入。[①]截至2012年底,福建实有台资企业3 953户,同比增长1.8%,占大陆台资企业总数15.8%,排在江苏、广东之后,居大陆第三位;注册资本57.44亿美元,占大陆台资企业注册资本总数12.5%,排在江苏之后,居大陆第二位。[②]在福建各地中,平潭综合实验区台商投资增长尤快,2012年新增台资企业48户,同比增长近1.3倍。[③] 然而,在第三波台商投资热潮中,以电子信息为代表的技术密集型产业大多转移至长江三角洲地区,福建吸引台资的成效,不仅明显不如前两波利用台资的业绩,而且还远落后于长三角和珠三角地区。究其原因,一方面是投资门槛过高影响引资力度:台资企业在福建投资设厂的经营成本越来越高,劳动力和土地价格上涨过快影响到台资企业产品在国际市场上的竞争力;另一方面是福建行政服务效率不高,地方产业链不完整,缺乏相关企业的配套合作。

(2) 福建对台湾投资的发展历程及现状

改革开放以来,福建企业对台湾的直接投资则经历了从被"禁行"到"松

---

① 李非.两岸经贸关系发展与海西区先行先试[R/OL].中国经济特区论坛,2008.

② 罗钦文.闽台2012年双向投资活跃[J].福建轻纺,2013(1).

③ 同上。

绑”,再到正式实施不断推进的曲折过程。长期以来,台湾当局始终奉行“不准大陆资金进入台湾”的政策,对祖国大陆入台资金加以严格管制。从1979年到2001年间,台湾当局严格禁止大陆企业直接投资台湾,闽台投资出现了严重失衡的现象。2001年到2008年间,台湾当局开始为大陆企业的入岛投资松绑,逐步开放陆资的入岛投资。这一时期是闽台相互投资的冰释期,但台湾对大陆企业入岛投资的限制仍然较多,致使福建企业进入台湾投资的计划最终没有真正实现。2008年台湾正式放开大陆企业的入岛投资。2008年5月,台湾当局提出了欢迎大陆企业到台湾投资的“爱台十二建议”,福建企业开始进入台湾进行投资。2010年两岸签署的《海峡两岸经济合作框架协议》,标志着闽台相互投资取得了重大的历史性突破。伴随着两岸关系的不断改善,福建企业对台投资规模不断扩大。据统计,2012年福建企业对台投资(含增资)8 302.1万美元,比上年增长25倍;其中,福建财贸集团成为大陆首家以人民币直接投资方式开展对台投资的企业。① 虽然福建企业对台投资规模快速增长,但是投资规模较小,仍处于试验性的小型投资为主阶段,主要集中于劳动密集型、资源消耗型的传统产业。

(3) 推进闽台投资自由化对策建议

为建立高效便捷的管理和服务模式,促进闽台投资便利化,要加快实施好两岸投资保护协议、积极营造法制化营商环境,利用好开放的投资领域、促进投资互动、协调分工和布局。

一是积极营造法制化投资环境。《海峡两岸投资保护和促进协议》为促进两岸投资提供了制度化、法律化的保障,其设计的创新性制度是两岸“求大同、存小异”的体现。但鉴于两岸现有的政治关系,协议中的一些规定不尽完善,福建自贸区可在几个方面取得突破:其一要在自贸区实行台资企业投资准入前国民待遇加负面清单管理模式。负面清单之外的领域,按照内外资一致的原则,台资企业投资项目实行备案制;台资企业投资企业设立、变更及合同章程审批实行备案管理。② 其二要制定“进一步落实《两岸投资协议》办法”,通过制定地方法规的途径构建完善的法律体系,侧重制定有关台资企业组织管理、企业税收优惠及管理和金融、服务业管理以及经济纠纷解决办法等条例,颁布有关与涉台法律及法规相配套的实施细则和政策措施。其三要建立多部门的联动服务体系,聘请知名律师作为法律服务团成

① 罗钦文.闽台2012年双向投资活跃[J].福建轻纺,2013(1).

② 中国(福建)自由贸易试验区管理办法[EB/OL].闽南网. http://www.mnw.cn/news/fj/892259.html, 2015-06-21.

员对台商提供法律咨询和法律宣讲,解决台商对自贸区法律、法规存在的疑惑;聘请台商担任涉台民商事纠纷诉调对接工作调解员,在解决纠纷过程中充分发挥台商调解员熟悉台商企业运作的优势。

二是引进台资到自贸区投资。福建自贸区要积极采用股权转让、收购兼并、合资基金、证券投资、产权置换等多种方式扩大利用台资。一方面,要加强对台招商的针对性,通过召开台资企业座谈会等形式及时了解台湾企业对外投资动向,抓好有投资意向的台资大企业项目的引资工作,特别是加强对台大企业的招商;另一方面,要建立项目跟踪服务制度,做好台资企业的服务和管理工作,扶持重点,尤其是对台湾大企业投资项目实行全过程服务,及时为台资企业排忧解难。

三是加快推动自贸区企业赴台投资。对台投资是福建企业实施"走出去"战略的重要内容,是建立闽台"全面、双向、直接"投资格局,实现闽台经贸健康发展的重要路径。在投资区位选择方面,自贸区企业应重点选择在台湾北部地区。台湾北部地区包括台北县、台北市、基隆市、桃园县、新竹县、新竹市及宜兰县,这些区域是台湾地区的经济中心,也是台湾 IT、生物技术以及光电产业的集聚地,选择在这些地区投资风险较小。在投资领域方面,自贸区企业应以企业竞争优势为基础,以岛内政策规划为依据,寻找市场空隙,合理选择具有比较优势且岛内市场需求大的项目进行投资。在投资资模式方面,对台投资自贸区企业可根据资本运作的能力、行业技术水平,灵活采用合资合作、收购兼并、非股权参与等不同的投资方式。

3. 闽台人员往来自由化

在众多的社会联系交流中,人的交流是前提和基础。没有人的交流交往,也就无所谓经济、政治、文化的交流。闽台交流也不例外,民间人员往来是推动两岸关系和平发展的重要动力。

(1) 闽台人员往来的发展历程及现状

自 1949 年后的近 40 年间,两岸同胞处于长期隔绝状态。1987 之前,闽台之间探亲访友,只能辗转第三地进行。两岸民众企盼骨肉团圆的心情,终于在 1987 年底冲破了长期阻隔的藩篱和坚冰。1987 年 10 月,公安部就台胞探亲旅行证件和管理工作的问题做出规定,同时委托香港中旅集团,为来大陆探亲的台胞办理旅行证明。与此同时,国民党中常会最终通过了台湾居民赴大陆探亲的方案,称"基于伦理和人道原则,除现役军人及公职人员外,凡在大陆有血亲、姻亲、三等亲以内之亲属者,均可申请到大陆探亲"。此后,台湾居民来闽探亲,要先在香港办理入境证件后,从大陆开放口岸入境。1995年4月1日，台“经济部”发布《大陆地区人民来台从事经贸相关活动许可办法》，正式准许大陆经贸人士来台参访。2001年底，台当局先后允许在其他国家或地区工作、学习、定居或短期考察的大陆公民（所谓“第三类”与“第二类”大陆民众）赴台团体游，但在大陆工作、生活的居民（即“第一类”大陆居民）不得赴台旅游。陈水扁上台之后，极力鼓吹“一边一国论”，全面推动“渐进式台独”，出台了一系列政策，为两岸交流设置障碍，如出台“公务员忠诚查核办法”，加强对公务员的管控，严惩违规赴大陆任职的退休“公职人员”，制定“高科技人员进入大陆地区任职许可办法”和“国家科技保护法”，以达到“科技戒严”的目的，并将大陆一些知名学者、记者列入黑名单等。[①] 虽然台方领导者出台政策抵制两岸交流，闽台人员往来受到一定影响，但大陆一直推行相对宽松的对台人员往来政策。

2008年国民党重新执政后，两岸在多方面达成共识并制定了多项政策方便人员往来。当年12月15日两岸海运直航、空运直航、直接通邮全面启动，宣告两岸“三通”时代来临。由于两岸“三通”，闽台人员往来更加便捷。伴随着两岸关系的不断改善，闽台人员往来规模持续扩大。福建海关数据显示，2008—2013年，闽台海空直航共运送旅客突破千万，达到1 042万人次；其中，海上运送旅客745.35万人次，占两岸海上客运量的98%以上。[②] 目前，福建成为大陆第一个被授权为台胞办理五年期《台湾居民来往大陆通行证》的省份，唯一一个能够为未入境的台湾居民办理证件和暂住福厦的外省人办理赴台证件的大陆省份，台胞只要持有效的《台湾居民来往大陆通行证》及有效出入境签证来往福建，不受时间、口岸、交通、形式、活动范围、办证模式限制。对无证件的台胞，临时情况需来往福建的，可在公安部授权的口岸落地办证。

虽然闽台人员交流交往呈现出快速发展的良好势头，但存在的问题不容忽视：一是闽台人员往来政策不对等，台胞来福建相对容易，福建居民赴台湾难。目前台胞只要持有效的《台湾居民来往大陆通行证》及有效入出境签注来往福建，不受时间、口岸、交通的限制；但福建居民赴台难，入台手续烦琐，入台许可办理时间长、要求严、所需项目繁多。二是闽台两地出入境管理同行缺乏交流交往。自从福建沿海与金马澎直航以来，不仅闽台人员往来密切，闽台等许多行业间都已建立密切联系，但作为服务两地人员往来的出入境管理机关，至今不相往来。

---

① 两岸往来十年：迅猛发展大势所趋[N]. 法制日报，2012-12-11.

② 林晓伟、李非．福建自贸区建设现状及战略思考[J]. 国际贸易 2015，(1).

(2) 推进闽台人员往来自由化的政策建议

闽台有着割不断的血脉联系，两岸同胞要交流交往是共同心愿，是任何势力都不能阻挡的历史潮流。福建自贸区建设给闽台人员往来自由化带来了又一次新的机遇。闽台人员流动的便捷程度，不仅将对自贸区内金融、投资、商贸等领域产生直接影响，而且也是自贸区能否对台湾产生吸引力的重要因素之一。必须通过制度创新，加快实现闽台人员流动的简便、安全与高效。

一是推动闽台人员往来便利化。利用自贸区"境内关外"的特点予以变更规定，履行一定手续后可以直接在境内就业，在自贸试验区实施更加便利的台湾居民入出境政策。"对在自贸试验区内投资、就业的台湾企业高级管理人员、专家和技术人员，在项目申报、入出境等方面给予便利。"[①]尽量简化就业许可手续对限制领域的自然人流动，不再需要主管部门批准，一律经劳动行政部门报批，避免多层、多头管理，拖延时间。"为自贸试验区内台资企业外籍员工办理就业许可手续提供便利，放宽签证、居留许可有效期限。对自贸试验区内符合条件的外籍员工，提供入境、过境、停居留便利。"[②]对于现有签证制度中没有覆盖到的类型，如外国实习生等可通过政策予以明确。对于商务签证入境，应制定灵活的可转化为工作居留签证制度，为人才流动提供便利。"推动两岸社会保险等方面对接，将台胞证号管理纳入公民统一社会信用代码管理范畴，方便台胞办理社会保险、理财业务等。"[③]

二是推动闽台交通工具便利进出境政策。随着人员流动的加快，必然会带来车辆、游艇等交通工具的出入境。应尽快推动闽台交通工具便利进出境政策，"加快落实台湾车辆在自贸试验区与台湾之间便利进出境政策，推动实施两岸机动车辆互通和驾驶证互认，简化临时入境车辆牌照手续。"在自贸试验区内将全方位实现智能化卡口验放，实现车辆过卡自动比对、自动判别、自动验放等智能化管理，大幅提升通关效率，实行"区内自行运输"[④]，企业在海关特殊监管区可以不再使用海关监管车辆，无需施加关封，通过信息化系统数据比对。

---

① 国务院关于印发中国(福建)自由贸易试验区总体方案的通知[EB/OL]. 中国政府网，http://www.gov.cn/zhengce/content/2015-04/20/content_9633.htm，2015-04-20.

② 同上。

③ 中国(福建)自由贸易试验区管理办法[EB/OL]闽南网. http://www.mnw.cn/news/fj/892259.html，2015-06-21.

④ 国务院关于印发中国(福建)自由贸易试验区总体方案的通知[EB/OL]. 中国政府网，http://www.gov.cn/zhengce/content/2015-04/20/content_9633.htm，2015-04-20.

三是尽快与台湾地区出入境管理机构建立联系机制。两岸交流，闽台先行，闽台合作，出入境要先行。考虑到出入境管理的特殊性，推动自贸区出入境管理部门与台湾出入境管理部门建立交流平台，加强互相沟通，促进深入了解，建立联系机制，及时通报新出台的出入境政策和人员往来情况，并共同做好宣传工作。探索更加方便闽台人员往来的管理办法，将出入境对台服务向前延伸。加强协商合作，简化自贸区人员赴台旅游等审批手续，取消不必要的限制，为人员流动提供更好的出入境服务。

（四）推进对东盟地区贸易投资自由化

福建是全国著名侨乡，全省拥有众多侨胞，其中 90%聚居在东南亚国家。[①] 华商在东盟国家有着巨大的经济实力和基础，福建在东盟国家的重点侨商有 45 家，财富总额 1 518 亿元，东盟对福建投资约有 70%为当地华人华侨企业，其中，菲律宾、马来西亚、印度尼西亚和新加坡的闽籍华人华侨企业投资较多。[②] 众多海外侨胞凭借与福建的血脉关系成为福建—东盟区域经济一体化的桥梁及纽带。为此，《中国（福建）自由贸易试验区总体方案》提出要“充分发挥对外开放前沿优势，建设 21 世纪海上丝绸之路核心区，打造面向 21 世纪海上丝绸之路沿线国家和地区开放合作新高地。”[③]福建自贸区应充分发挥华商企业市场网络多、商业渠道广、国际经营能力强等优势，通过他们牵线搭桥，合资经营，联合投资。

1. 福建—东盟贸易投资发展现状

东盟是福建省的传统贸易伙伴，双方在经贸合作上具有很大的优势：一是区位优势，福建居于中国东南沿海，是中国距东南亚最近的省份之一。福建拥有诸多天然良港，海洋运输条件优越，这为福建和东盟加深经贸往来提供了极大的便利。二是华侨优势，全省拥有 1 512 万侨胞，其中 78%（1 200 万人）聚居在东南亚国家。[④] 华商在东盟各国有巨大的经济实力和基础，在中国—东盟自由贸易区经济一体化的进程中，凭借自身优势，闽籍商人在推动福建—东盟交流与合作中发挥着重要作用。三是经济互补性强。

---

① 吴崇伯. 福建与东盟经贸合作及深化合作的政策建议[J]. 郑州航空工业管理学院学报 2008(30).

② 黄茂兴. 历史与现实的呼应：21 世纪海上丝绸之路的复兴[M]. 北京：经济科学出版社，2014 年版.

③ 中国(福建)自由贸易试验区总体方案[EB/OL]. 人民网，http://finance.people.com.cn，2015-06-21.

④ 吴崇伯. 福建构建 21 世纪海上丝绸之路战略的优势、挑战与对策[J]. 亚太经济 2014(6).

福建与东盟各国在产业结构、资源构成等方面各具特色，互补性强，经贸合作的潜力巨大。加强福建—东盟贸易投资化,有利于实现二者的优势互补。

近年来，随着中国—东盟自贸区建设进程的加快，福建与东盟经贸往来更加频繁，对东盟贸易规模不断扩大。一是对外贸易方面,2013 年福建与东盟双边贸易额达 242.9 亿美元,东盟成为福建第二大贸易伙伴,主要贸易伙伴为马来西亚、菲律宾和印尼;在贸易量迅猛增长的同时,双方贸易结构不断优化,机电产品和高新技术产品所占比重逐年扩大,贸易互补性进一步显现。① 二是在投资方面,东盟已成为闽企“走出去”的重要地区。截至 2013 年底,福建在东盟设立的境外企业和分支机构达 156 家,累计对外投资额 4. 5 亿美元。福建也是东盟“引进来”的重要地区。2013 年福建实际利用来自东盟的外资达 3. 47 亿美元,东盟是福建第四大外资来源地。投资领域遍布农林牧渔业、加工制造业、服务业等各个行业,涌现出了中华映管、华映光电、友达光电、NEC 东金等大型跨国企业。② 三是在人员往来方面,福建省每年接待大量来闽探亲访友、观光游览的东南亚游客,新、马、印尼三国已成为福建省重要的入境旅游客源市场。2011 年福建省旅游业列前 10 位的客源国中,东南亚国家有 4 个,即马来西亚、新加坡、印尼和菲律宾。

2. 推动福建—东盟贸易投资自由化的对策建议

2013 年 10 月,习近平在印尼访问提出,东南亚地区自古以来就是海上丝绸之路的重要枢纽,中国愿同东盟国家加强海上合作,共同建设 21 世纪海上丝绸之路。作为 21 世纪海上丝绸之路核心区,福建要以东南亚为重点,努力打造成为海上丝绸之路互联互通的重要枢纽、经贸合作的前沿平台、人文交流的重要纽带。在推动投资自由化上,我们的建议如下:

一要加快推动福建—东盟贸易自由化。加快推动福建—东盟港口、造船、渔业、农业资源合作力度。其一是加大与东盟各大港口合作力度,加强与东盟国家在港口、码头建设管理等方面的合作,做大做强港口经济。福建自贸区企业应加强福州、厦门等港口与马来西亚、新加坡、菲律宾、印尼、越南等国的大港口合作,积极与新加坡港务集团和航运公司合作,增加船舶和集装箱在新加坡市场的占有份额,使港口合作在中国—东盟海上丝绸之路建设进程中扮演重要的角色。其二是要立足良好的造船工业基础,积极研发海洋石油平台、浮式生产系统、海洋石油开发专用船舶等,推进传统船舶

① 吴崇伯.融入国家“21 世纪海上丝绸之路”战略的优势与对策论析[J]. 华侨大学学报,2014(4).

② 同上。

工业向海洋工程装备制造业转型，并推动自贸区船舶企业走出去，与印尼、泰国等国大型船企开展合作，投资船舶制造业。其三是加大与东盟国家的渔业资源合作力度。通过海外侨胞穿针引线，自贸区渔业企业带着先进的技术、雄厚的资金，走出国门发展远洋渔业和境外水产养殖，开展渔业生产合作，可提升彼此的市场竞争力，带动当地渔业经济发展。

二是加快推进福建—东盟投资自由化。其一，要实施“引进来”战略，加大招商引资力度。根据全省支柱产业和重点发展行业规划，围绕电子信息、机械装备和石油化工三大主导产业，主动吸纳东盟国家的转移产业。探索对东盟投资实行准入前国民待遇加负面清单管理模式。自贸区对东盟外商投资负面清单之外领域，按照内外资一致原则，外商投资项目实行备案制。将东盟外商投资企业设立、变更及合同章程审批改为备案管理，备案由福建省负责办理。加快吸引东盟企业投资自贸区金融、通信、交通运输、文化娱乐、批发零售等服务行业。其二，要实施“走出去”战略，鼓励自贸区企业对东盟国家投资。改革境外投资管理方式，确立企业及个人对外投资主体地位，支持企业在东盟国家设立股权投资企业和专业从事境外股权投资的项目公司，支持设立从事境外投资的股权投资母基金。鼓励自贸区企业开展对东盟国家的投资，扶持具有相对比较优势的电子、机械、轻工、纺织等行业到东南亚发展，从事境外加工贸易，开展工程承包和劳务合作业务。

三是加强福建—东盟人员往来自由化。自贸区出入境管理部门要按照等同优先、适当放宽的原则，制定更加灵活开放的出入境管理政策。加强与东盟国家在出入境管理方面的沟通和联系，相互深入了解，建立联系机制，及时通报新出台的出入境政策和人员往来情况。福建与东盟保持友好交往关系，进一步发展与东盟国家在经济贸易各个领域的合作，需要一大批了解东盟语言的人才。为此，必须建立福建—东盟产业人才教育培养基地，在东盟国家设立教学点，重点培训福建与东盟互补发展的产业技术人才，为福建自贸区和海丝核心区建设提供充分有力的人才支撑。

（五）探索平潭自由港运行模式

平潭作为福建第一大岛屿，位于福建省东部海域，东临台湾海峡，是大陆距离台湾最近的区域，与台湾新竹仅距 68 海里，是规划中的台湾海峡海底隧道入口处和规划中的京台高速公路大陆终点站。特殊的地理位置使平潭岛成为大陆腹地与台湾岛经济交往的一个重要中转站和集散地，具有对台合作的独特区位优势。2011 年 11 月，国务院正式批准《平潭综合实验区总体发展规划》，提出要把平潭建设成为“两岸同胞合作建设、先行先试、科学发展的共同家园”。2015 年 4 月 8 日,国务院正式批准《中国(福建)自由贸易试验区总体方案》,将平潭片区 43 平方公里纳入自贸区,提出平潭要重点建设“两岸共同家园和国际旅游海岛,在投资贸易和资金人员往来方面实施更加自由便利的措施”。因而要发挥平潭在两岸关系中不可替代的作用,打造平潭开放开发新优势,可以利用平潭独特的地理优势,借鉴国际自由港的先进经验,从管理模式、贸易、投资、航运和国际岛建设等方面整体规划平潭自由港建设。

1. 制定规范的自由港法规,实现地方政府协调共建

国际上自由港的设立国(或地区)一般都设立专门机构负责管理与协调,自由港区内的各项基本政策通常都是由国家以立法的形式加以明确的。目前在我国内地尚未有对自由港进行全国统一的立法。为了建设平潭自由港,福建省人大可在借鉴国际上成功的自由港立法的基础上,制定规范的自由港法规。同时,对于平潭自由港的管理要定位清晰。按照平潭现有的港口经济基础,将平潭自由港定位为中转型自由港,充分利用对台自由港优势,建立地方政府协调共建模式。平潭自由港和台中自由港都处于台湾海峡要道,容易发生恶性经济竞争,为此平潭自由港与台中自由港可组建港务机构协调港口资源配置,发挥合作精神,同时引入第三方控股合作,通过股权收购、基础设施投资等方式让航运公司、货主企业或航运联盟体等港口使用者参与港口资源整合,例如中国香港和记黄埔、欧洲联合码头公司等都是很好的例子。和记黄埔参与香港和深圳盐田港的港口经营实现两港错位发展,欧洲联合码头公司投资多个欧洲港口避免重复建设。所以,可以在行政上彼此协调合作,借助第三方股权合作实现资源合理配置,有助于提升两岸自由港的整体服务质量。

2. 全面推动信息化,推动两岸货物贸易便利化

平潭综合实验区实施“一线放宽、二线管住、人货分离、分类管理”的分线管理模式,这种模式实质上是自由港海关监管模式。要建立平潭自由港模式,可借鉴新加坡和香港的电子化平台模式,推动两岸货物贸易便利化。

一是探索两岸通关合作机制。对两岸货物通过、贸易统计数据、原产地证书核查、经营者的资质互认,逐步实现两岸信息互换、监管互认和执法互助。依托两岸检验检疫数据交换中心,推进对台检验检疫电子证书数据交换核查、检验检测认证结果互认。对农产品可以探索采信台湾的认证结果和检测结果,加快通关效率。

二是建立“单一窗口”服务。依托电子口岸,推进国际贸易“单一窗口”

建设，推进关检合作“一次申报、一次查验、一次放行（三个一）”等口岸相关部门“一站式”作业，同时将政府相关部门全部纳入电子口岸系统，实现信息共享，推动“无纸化”审批，完善大通关管理体制。

三是用电子舱单替代备案清单申报。平潭自由港要发展转口贸易，就要在确保有效监管的前提下，放宽海运货物直接运输判定标准，以舱单电子申报替代备案清单作为入区申报方式，进一步简化入区申报手续。探索企业自主报税、自助通关、自动审放模式，将稽查重点放在通关征管作业和货物分类监管。

四是通过数据在线处理推动跨境电商发展。自由港可以对符合条件的合资或独资台商，提供在线数据处理与交易处理业务（仅限于经营类电子商务），开放区内银行和支付机构与境外银行和支付机构开展跨境支付合作，对跨境电商货物进口依托电子口岸，建立口岸管理部门与电商、物流、支付等企业系统联网对接的信息平台，提前掌握跨境电子商务交易各环节的准确数据和状态，实现口岸监管的前推后移、分类通关，科学统计，以及全程无纸化通关管理，方便企业快速通关，有效解决企业出口结汇、退税等问题。

五是监管权限下放。对平潭口岸进口的台湾地区的水生动物、营养素补充剂、非特殊用途化妆品等可以下放至福建省相关部门①，对平潭与台湾之间的进出口商品原则上不实施检验②。

3. 推动服务业开放，实现对台服务贸易自由化

服务业的开放，不仅能够引进竞争机制，还可以通过引进国内薄弱及亟待发展的服务部门，改善投资环境及经济增长环境，给予后进国家学习赶超先进国家的机遇。平潭自由港由于历史原因，服务业的发展处于较落后状况，因而可以积极发挥对台优势，借助台湾先进成熟的服务业管理制度和建设经验，开发港内服务业的发展。

推动自由港的服务贸易自由化，首先在 ECFA 框架内，在自由港范围内，对符合条件的外资企业给予国民待遇和部分国内需借鉴引进的产业实行“超国民待遇”，如探索港区内举办中外合作经营性教育培训结构和职业技能培训机构，允许台湾教育服务业机构的执业人员持台湾机构颁发的证书在区内开展业务，允许台湾在自由港内设置独资、合资和合作的医疗机

---

① 根据《中国（福建）自由贸易试验区平潭片区实施方案》，对平潭口岸进口的来自台湾地区的水生动物的检疫审批权将下放至福建检验检疫局，对进口台湾部分营养素补充剂、非特殊用途化妆品、I类医疗器械、中药材的管理权限将下放至省食品药品监管局。

② 除废物原料、危险化学品及其包装、大宗散装货物以及国家另有特别规定的之外。

构、疗养院、养老院。

其次,可探索进一步放宽服务业内台湾籍的自然人流动限制。对建筑、医疗、旅游、教育等服务机构的执业人员,自由港内承认持台湾有关机构颁发的证书,按规定范围在规定区域内开展业务。

三是对台湾服务业提供者进一步放开服务业开放领域,如允许台湾从业者开设独资外籍子女学校,在区内设立由台方控股或占主导地位的合资、合作音乐厅、剧场等演出场所经营单位;允许台资在区内设立独资的互联网上网营业服务场所并可通过合资或独资企业,提供大陆境内多方通信服务业务、存储转发类业务、呼叫中心业务、因特网介入服务业务、信息服务业务等。

4. 探索航运开放制度,推动自由港航运自由化

自由港的基础是成熟规模港口和发达的航运业。平潭位于国际主航道附近,是国际航海运输的必经之路,每天经平潭东部海域航行的中外轮船2 000多艘,具有拓展两岸市场,开展国际物流、国际中转、出口加工等优势,也有成为两岸综合交通枢纽和物流集散分拨中心的潜力。同时,平潭具备良好的港湾和深水岸线,适宜建设大中型港口。尤其是草屿作业区,具有良好的深水港建设条件,码头建成后,可满足当前超大型油轮、集装箱船、散货船船舶全天候进出港停靠。尽管国务院在2014年3月允许开放平潭口岸且平潭也已开放至台客运和集装箱货运服务,但要建设成一个开放的自由港,还需要在现有航运自由化政策的基础上进一步引入国际知名航运企业在平潭落户并发挥“先行先试”的作用,探索具有国际竞争力的航运发展制度和运作模式,对总部或者地区分部设在自由港的海运企业,不仅提供原有的税收优惠,对其进入形式、持股比例均有一定程度的放宽,具体体现在:

第一、放宽国际海运服务持股比例。在自由港设立的中外合资、中外合作国际船舶运输企业、船舶管理企业,中外合资船舶代理企业中外商持股比例可放宽至51%;推动设立外商独资国际船舶管理企业。特许台湾航运企业在平潭设立独资或控股企业,从事内地与港澳台海上运输、国际海运、船舶代理及船舶管理业务,所属船舶在大陆登记并悬挂五星红旗。

第二、推动船籍港建设,简化国际船舶运输经营许可流程,并发挥平潭船籍港政策优势,吸引平潭籍船舶回归注册;推动外国船籍社和船检机构在平潭设立分支机构。

第三、简化船舶进出港口手续,国内航行船舶进出口港海事实行报告制;

第四、探索航运新业务。充分利用平潭地理优势，试点海运快件国际和台港澳中转集拼业务，并先行先试外贸进出口集装箱在国内沿海港口和自贸试验区内港口之间的沿海捎带业务。在自贸试验区内注册的内地资本邮轮企业所属"方便旗"邮轮，经批准可从事两岸四地邮轮运输。

5. 加快旅游产业要素转型升级，全面建设国际旅游岛

平潭拥有良好的区位和海洋旅游资源优势，可按照国际通行的旅游服务标准，推进旅游要素转型升级。

一是要做好整体规划，根据岛内要素禀赋开发旅游项目，如海上运动、冬季阳光旅游、潜水等旅游项目；允许台湾企业在平潭设立经营性演出场所和从事体育赛事的经营服务。

二是可以结合台湾文创产业优势，引进台湾文创产业资源与平潭的旅游项目相结合，推出以海洋文化创意为主题的旅游活动，并举办大型旅游文化演出和节庆活动以及国际体育赛事，以提高平潭知名度。

三是发展与旅游业相关的现代服务业。平潭可积极承办各种面向两岸的会议展览，允许台湾服务提供者以跨境交付方式在区内试点举办展览。培育两岸会展品牌，允许台湾企业在区内举办展览，并进一步推动区内举办涉台经济技术展览会。对入境参展商品给予税收优惠和通关便利。同时，设立进境口岸免税店，扩大旅游购物消费，争取实施境外游客购物离境退税政策①。

四是充分发挥对台优势。允许设立的外资、台资合资旅行社，经营大陆居民出国(境)(不包括赴台湾地区)的团队旅游业务，推动申请成为赴台游组团社的一家以上台资合资旅行社试点经营福建居民赴台湾地区团队旅游业务。允许台湾合法导游、领队经区内旅游主管部门培训认证后在平潭执业。对在区内居住一年以上的持台湾方面身份证明的自然人申领导游证后可在大陆执业。同时台湾服务提供者在自贸试验区内投资设立旅行社，可无年旅游经营总额的限制。

① 根据《财政部关于实施境外旅客购物离境退税政策的公告》(中华人民共和国财政部公告2015年第3号)文件精神，自2015年1月6日起，在全国符合条件的地区实施境外旅客购物离境退税政策。

三、投资自由化(三)：收益与风险并存

投资自由化趋势的产生，一方面反映了发展中国家大量引进外资的需要，另一方面也是发达国家不断施压，要求发展中国家开放外国投资市场的结果。福建自贸试验区致力于推动和促进投资自由化发展。

(一) 福建自贸区投资自由化效应

1. 负面清单——外资准入“自由化”

外资准入问题在传统国际投资法中一直是个敏感的问题，各国一般都将外资能否进入和在何种程度与范围进入本国经济领域的自由裁量权视为外资管辖权的重要组成部分。目前为止，我国的投资开放都是基于单边措施进行的，对外签订的投资协定都是仅限于投资保护、投资促进和投资便利化领域，基本上还没有涉及投资自由化问题。随着对外投资的迅速增加，我国日益感受到了投资壁垒的阻碍。

“负面清单”这一投资自由化模式开始被接受了。负面清单管理模式的要义并不在于“负面”，而在于国家对国民待遇等“正面”义务的承担；其重点也不在于“清单”或列表，而在于将非歧视、市场化、贸易投资自由化等确立为基本原则。上海、广东、天津、福建四大自贸区试点统一的负面清单，统一透明，让四个自贸区管理方面处于统一起跑线，避免产生恶性竞争。同一张负面清单，一方面有利于未来的可复制；另一方面，同一张负面清单也有利于将来进行的双边多边自贸谈判，不各自为政。

2. 国民待遇——促进投资平等互利，求同存异

最近美式双边条约和一些多边投资条约出现了一贯为发展中国家所反对的最低国际法待遇标准，这些条约实际上是想进一步确立片面有利于西方国家的某些所谓国际法规则的优先地位，从而进一步贬低东道国法律的地位，外国投资者可能依据所谓“国际法标准” 寻求在东道国的特权地位或故意逃避东道国管辖。

我国自贸试验区设计之初就提出了投资准入国民待遇原则。福建自贸试验区在投资自由化方面探索建立了以“准入前国民待遇”为主的投资管理制度框架。国民待遇可以有效地促进各类投资平等互利，求同存异。自贸区环境下，各类国有企业将面临公平竞争环境，政府部门透明度增强，与国

外高标准的投资贸易规则相衔接。

3. 服务业开放——助力投资自由化进程

扩大服务业的开放已经成为一种世界潮流。在服务贸易领域,保护主义倾向仍然存在,市场准入限制依旧严格。随着世界产业革命的深入和供应链的整合,服务业整合制造业已经成为一种趋势,并且服务贸易的数量已经超过了货物贸易的数量。鼓励货物贸易流动而限制服务贸易流动,已成为阻碍国际贸易和国际投资的最大不便利因素之一。

我国对外开放战略的一个重要目标就是成为跨国公司总部,助力"总部经济"战略。基于此,在服务业投资领域完全取消对外资持股比例或经营范围的限制成为趋势。中国(上海)自由贸易试验区的建立则标志着中国服务业的全面开放,是中国改革开放史上又一个重要的里程碑。自贸试验区内第一批选择开放六大领域,如金融服务、航运服务、商贸服务、专业服务、文化服务和社会服务等。随着服务业在全球范围内越来越变得可贸易,我国未来每年12万亿美元的服务业产值中约有4-6亿美元的产值可对外资开放。这不仅显示出了巨大的国际性商机,也意味着,我国服务业的开放一定会成为全球密切关注的重大事件。福建自贸试验区利用服务业开放的契机,积极推进投资自由化进程。

4. 改革金融服务——顺应投资自由化需要

上海自贸试验区总体方案中,金融领域的改革试点涵盖人民币资本项目可兑换、利率市场化、跨境人民币、外汇管理改革、金融机构设立开放、国际大宗交易平台建设等方面,旨在构建本币为主、本外币一体化,银行分账经营、独立核算架构下,实现自贸区面向国际的金融服务,构建与投资、贸易便利化改革相适应的金融政策框架。从目前公布的相关金融领域政策内容看,主要亮点是通过账户区隔构建了与境内其他市场有限隔离、与国际金融市场高度接轨的独立金融环境。

上海自贸试验区在"一线放开、二线管住"原则下,通过银行分账经营、独立核算,服务对象涵盖区内居民和境外非居民,实质上在区内构建了一个涵盖离岸和在岸业务、本外币一体化、与国际金融市场高度接轨的金融环境。这一制度设计不仅为进一步深化金融开放和创新提供了实现路径,而且进一步支持了投资、贸易自由化和便利化改革目标,有效隔离了境内其他市场,实现了与国际金融市场紧密接轨,为区内构建人民币离岸市场,人民币资金"走出去"和回流开辟广阔渠道,助推了人民币国际化。也为满足投资便利化环境下境内外企业更高的金融服务需求提供了有效渠道,构建了一个更加开放环境下的金融服务与产品创新池，促进了金融深化和创新，与境内外金融机构合作，更好满足了境内企业“走出去”、境外企业“走进来”对金融服务的需求。上海自贸试验区金融领域的改革试点可复制到福建自贸试验区，这些金融改革举措顺应了投资自由化额需要。

5. 履行要求的禁止——投资“自由化”逆推投资政策措施改革和创新

大多数国家，尤其是发展中国家，主要借助于各种形式的投资措施，包括履行要求来对外资进行适当引导，以期外资符合本国经济发展目标。东道国对外资施加履行要求的权力，一向被认为是其外资管辖权的体现。但国际投资立法已经开始对东道国这一固有权力提出质疑。政策措施推进投资自由化的同时，投资自由化逆推政策措施创新。

为了推动投资自由化发展，福建自贸区的投资政策措施创新改革方案正在修订当中。突破的重点是实施投资管理体制改革，构建良好的营商环境。参照上海自贸区的管理模式，构建高效、国际化的投资、营商环境；在金融、航运、商贸、通讯、教育、旅游、文化等领域对内、外资实行统一的市场准入制度；创新贸易发展方式，推进外向型经济转型升级；积极推动贸易便利化。比照上海自贸区做法，允许进出口货物“先入区、后报关”，对货物状态实施分类监管模式等举措。这些改革和创新将为福建自贸试验区投资自由化进程创造良好的政策环境。目前，福建自贸区迈上了快车道。“一带一路”规划方案已公布，作为21世纪海上丝绸之路的核心区，整个福建的开放型经济将迈向新的格局，打造新的区域经济增长极。

6. 调整法律适用——软化投资“自由化”环境

“法无禁止皆可为”。只要法律没规定禁止的，都可以鼓励公众和企业进行大胆地创新。福建自贸区建设可在法律框架内大胆尝试。福建自贸区建设可在有法律依据的基础上进行自主改革和尝试。法律、行政法规在中国（福建）自由贸易试验区调整实施有关内容的，福建省有关地方性法规应作相应调整实施。福建省其他地方性法规中的有关规定，与《中国（福建）自由贸易试验区总体方案》不一致的，也应作调整实施。有关地方性法规的调整实施在三年内试行，对实践证明可行的，修改完善有关地方性法规；对实践证明不宜调整的，恢复施行有关地方性法规。

当前，福建调整实施台湾同胞投资保护法，为自贸试验区投资自由化促进扫清法律障碍。中国（福建）自由贸易试验区内，对国家规定实施准入特别管理措施之外的台湾同胞投资，暂时停止实施《福建省实施〈中华人民共和国台湾同胞投资保护法〉办法》有关行政审批的规定。福建自贸试验区投资立法调整有效地软化了投资自由化发展环境。

7. 投资争议解决方式的国际化

当地救济原则在解决外国投资者与东道国政府或其自然人、法人之间投资纠纷中的作用不断削弱，而重视以国际法作为可适用的法律规定。而且随着越来越多的投资问题纳入到WTO框架下，WTO争端解决机制的适用会越来越多。

（二）福建自贸区贸易投资自由化风险

多哈回合谈判后，全球经济合作出现三个新趋势：一是由注重货物贸易为主，向注重货物贸易和服务贸易并重转变；二是由注重贸易功能为主，向注重贸易功能和投资功能并重转变，注重投资自由化和便利化；三是由注重境外贸易壁垒为主，向注重境外贸易壁垒和境内贸易壁垒并重转变，关注境内贸易壁垒的消除。以上三个新趋势表明在新一轮的全球化进程中，各国都在力争向更开放的贸易和投资自由化、便利化新标准推进，并且尤其注重投资自由化问题。因为，投资自由化比之贸易自由化要求更高，这是自贸试验区设计和开放过程中必须加以重视的。

1. 投资自由化实施要以利国利民为基本，实现投资者和东道国双赢才有持续性

实现投资自由化要考虑有关国家特别是发展中国家人民的福祉，只有在实现这些国家自身经济高度发展和繁荣的前提下，投资自由化进程才能顺利推进。促进投资自由化，必须符合这一目标，否则就难以为继。而在讨论投资自由化时，应将生产性资本和投机性资本准确地分开，区别对待。鼓励生产性投资，严格限制金融投机活动。

推进投资自由化，还应全面考虑投资者和东道国双方利益，实现共赢。既要强调保护投资者利益，也应尊重东道国的经济和社会发展目标。在促进跨国直接投资活动方面，一些国家建议就跨国直接投资制定多边规则，这历来是一个有争议、难度大的话题，应充分和耐心地听取各方意见，着眼于共同促进跨国直接投资的稳定、有序和均衡流动。我国自贸试验区设计方案助推投资自由化发展，但投资自由化发展方向及其导致的局面将随着试验区的运行逐步显现，投资自由化能否体现利国利民，实现投资者和东道国双赢还有待评估。

2. 投资自由化带来的国际资本流入监管难题

国际资本移动风险包括长期资本移动风险和短期资本移动风险（即短

期投机资本或国际游资)。投资自由化允许资本在国家间更自由地流动,要求各国政府减少对国际资本的监督和管制。但是,鉴于目前国际金融市场和金融业的发展过于迅猛,且有失控的危险,投资自由化发展带来的国际资本流入监管难度提升。

虽然国际资本流人会带来降低国内资金成本、增加投资等收益,但是过量资本流入可能对新兴经济体宏观经济管理带来多方面挑战。一是宏观经济的风险。资本过度流入会严重冲击一国内外币值稳定、国际收支平衡等经济政策目标,导致国内投资和消费等总需求过度扩张,加大通货膨胀压力,导致金融管理失控和宏观经济过热。同时,过度资本流入还将提高本币资产需求,引发本币大幅升值。二是对金融稳定的挑战。国际流动资本会对起中介作用的国内金融体系造成较大影响。资本持续流入还会造成国内融资环境长期宽松,从而引发过度风险。一方面流入资本直接降低国内融资成本和长期利率,另一方面为了避免本币升值压力,货币当局难以实施紧缩的货币政策,这些都将导致国内融资环境比较宽松。三是资本流动逆转的风险。当基于套利交易的国际资本在短期内突然停止或反转时,会引发一国外部账户剧烈调整,严重影响经济金融稳定。我国自贸试验区设计致力于推进投资自由化进程,国际资本流入增加,如果有效破解监管难题成为一大挑战。

3. 海外投资遭遇国际层面阻碍

近年来我国对外投资迅速增加,日益感受到了投资壁垒的阻碍。这不仅仅体现在发达国家通过国家安全审查对中国投资项目进行限制,也体现在一些发展中国家在某些领域迅速提高税费标准和其他壁垒。目前,在投资自由化领域,美式双边条约将国民待遇扩大使用于投资准入阶段。这一规定有力地排除了东道国对外资进入领域和条件的普遍审查权,而只能在条约附件中基于国家安全理由或在经双方同意的少数部门领域拒绝外资进入。多边层面,一些多边投资文件也开始采用明确规定投资准入义务的立法方法,如世界银行《外国直接投资待遇指南》倡导将开放外国投资准入作为外资立法目标,《北美自由贸易协定》有关外资设立的国民待遇和最惠国待遇的规定,经合组织的多边投资协议中的准入自由化规则。WTO 框架下的《与贸易有关的投资措施》(TRIMS)协议确立了国民待遇原则,使用于准入阶段,更具约束力。

在这种情况下,我国的海外投资急需获得国际法层面上的保护,单单依靠目前单边投资自主开放而没有国际法层面上的保障,即便实现了表面上的投资自由化，也将是十分脆弱的。

4. 扩大服务业开放挑战政府职能

在服务贸易领域，市场准入限制依旧严格。扩大服务业的开放，也已经成为世界各国签订自由贸易协定或投资协定时的基本标准。按现在我国服务经济不够开放的状态，尤其是金融体系不够开放的状态，给贸易和投资带来的不便利很明显，给进一步吸引跨国公司入驻带来困难。

这次自贸区投资领域的开放，重点就是开放服务业。而探索投资的负面清单管理模式，以及由此引发的政府管理职能转变，都是由开放服务业这一主要目标所引致而来的改革任务。我国的现代服务业才刚刚起步，未来每年 12 万亿美元的服务业产值中约有 4-6 亿美元的产值可对外资开放。这不仅显示出了巨大的国际性商机，也意味着，我国服务业的开放一定会成为全球密切关注的重大事件。我国全面开放服务业是一项十分艰巨的任务。

5. 推进对台投资辐射空间拓展障碍依然存在

目前看，除了对台的区域考虑，福建自贸区的优势并不明显。虽然福建拥有对台的“五缘”优势，但在吸引台商方面，与上海、浙江和江苏几个地方相比，还存在一定差距。台商在大陆的投资中，投在福建省内的并不是最多，同时，福建本身在基础设施、投资环境、政府服务水平等方面有待提升。

福建在对台方面只是具备充分的“潜在优势”。日前，台湾对大陆在台投资项目出台了更严格的规定。台湾“经济部投资审议委员会”在生效的新规中表示，“委员会”不会通过具有政治敏感性的交易，并要求更多大陆投资公司提供其财政信息。“经济部投资审议委员会”指出，被认定为具有政治、社会或文化敏感性的企业将被吊销投资许可，这一规则对那些制造垄断、威胁安全或危害经济发展或金融稳定的公司同样适用。新规还指出，实收资本在 3 000 万新台币以上的大陆公司如今必须提交财务报表，之前的门槛为 8 000 万新台币。“委员会”还指出，台湾当局不会批准任何会危及安全或公共利益的大陆投资公司对台湾公司进行股权收购。台湾对电信资产的限制规定导致中国移动收购远传电信的计划在历经四年的等待后落空。中国工商银行斥资 6.7 亿美元收购台湾永丰金融控股公司 20%的计划也悬而未决。2013 年大陆资本赴台创新高，台湾对大陆投资续减。据统计，2013 年大陆资本赴台投资金额 3 亿 6 088 万余美元，年增 10%，但台湾对大陆投资部分，2013 年核准 440 件，投资额 86 亿 8 490 万余美元，分别衰退3.08%、20.5%，已连续 2 年呈现负增长。福建自贸试验区打出对台牌，但对台辐射空间拓展障碍依然存在。

(三)福建自贸区贸易投资自由化的风险防范

福建自贸试验区最大特色是立足深化两岸经济合作,率先推进与台湾地区投资贸易自由化。在投资自由化推进的过程中,投资自由化导致的风险始终存在,为了有效地规避和控制风险,推进投资自由化发展进程,可以从以下几个方面进行调整和完善。

1. 定位福建自贸区投资布局

上海自贸区的经验,一是贸易便利化,二是投资管理简单化,三是资本项目的可兑换和金融服务业开放,此外是政府职能的进一步转变。福建自贸试验区最核心的特色在于三个方面,首先是要深化两岸的经济合作,其次是建设21世纪海上丝绸之路核心区,再次蓝色经济即海洋经济,这也是中央的定位。

自贸试验区、"一带一路"都是新一轮高水平对外开放的重要内容,福建自贸区应立足于自身特色和优势,两岸经济合作、海丝核心区、海洋经济就是自贸区的重要内容。从上海自贸区建设经验来看,福建自贸区的物流供应链发展面临重要机遇。福建尤其要引进台湾物流等现代服务业。对接台湾。对于福建推进建设21世纪海上丝绸之路核心区,有序拓展"一带一路"沿线的物流发展,加强与东盟、中东、西非等港口联系和物流合作,把福建打造为海丝之路重要物流枢纽。从上海自贸试验区借鉴已有经验,衔接福建自贸试验区优势,可以更好地发挥自贸试验区的政策优势,推动服务业开放和投资自由化进程。对接台湾被普遍认为是福建自贸区建设的最大特色,福建自贸区与台湾对接合作,将形成两岸共赢。

2. 突出"侨、台、海"三大优势,拓展投资空间

福建自贸试验区对台"潜在优势"的发挥取决于政治、经济等多方面考量,因此,突出"侨、台、海"三大优势可以拓展自贸试验区发展空间。"侨""台"和"海洋"是福州跻身自贸试验区"国家队"的最大资本。

依据福建自贸试验区发展规划,福州片区发挥"两马"特色与"海丝"相连。福州片区将立足于自身功能定位,建设与国际接轨的营商环境,实现打造先进制造业基地、"海丝"重要经贸平台、两岸金融创新合作示范区和两岸服务贸易合作示范区。福州经济技术开发区将强化两岸高新产业合作、服务贸易合作,突出两岸及东盟海洋经济合作,建成"海丝"建设核心先行区。马尾将着力对接台湾高科技园区,加速两岸产业融合发展,拓展两岸金融合作。"平潭自贸试验区充分发挥'自贸区+试验区'叠加优势,突出先行先

试，突出两岸合作窗口、国家对外开放窗口的作用。”厦门片区定位是建成两岸区域性的金融中心、两岸服务中心、东南航运中心，着力打造成为金融、高端商贸、服务贸易为主的综合性平台。福建自贸试验区突出“侨、台、海”三大优势，依托发展规划，为投资自由化发展开拓更大的空间。

3. 推动服务业开放带动投资自由化

我国自2001年加入WTO以来，在服务贸易方面的开放度一直比较低。尽管我国在加入WTO后认真地履行了开放的承诺，但在不少领域仍然保留着当初加入WTO时的限制措施。这也是我们与全球新一轮贸易投资自由化标准差异最大的地方。但是，随着世界产业革命的深入和供应链的整合，服务业整合制造业已经成为一种趋势。在很多领域，服务业与制造业已经不可分离，并且服务贸易的数量已经超过了货物贸易的数量。鼓励货物贸易流动而限制服务贸易成为阻碍国际贸易和国际投资的最大不便利因素之一。因此，扩大服务业的开放，已经成为一种世界潮流，也已经成为世界各国签订自由贸易协定或投资协定时的基本标准。这次自贸区投资领域的开放，重点就是开放服务业。而推进贸易发展方式的转变（包括支持发展离岸贸易、建立大宗商品交易和资源配置平台、培育跨境电子商务功能等）、提升国际航运服务能级、深化金融领域开放创新等任务，都可以归属于开放服务业的目标范围之内。

当然，我国全面开放服务业是一项十分艰巨的任务，必须有更大的开放举措，才能更快地提高服务业的开放力度。据最保守的估计，2025年中国的GDP将超过美国，达到22万亿美元，而那时中国服务业的占比也会上升到56%左右。也就是说，未来12年内，中国每年的服务业产值将会扩大到12万亿美元。这很有可能是未来国际资本蜂拥而至、竞相争夺的重要目标，进而带动和促进投资自由化发展。

4. 金融开放服务投资自由化进程

我国自贸试验区先行先试金融服务改革和放开，致力于服务投资便利化、自由化。企业将面临四大发展机遇：第一，为外资企业尤其是境外服务业企业“走进来”提供新渠道。扩大投资领域开放是自贸区重要改革内容，为外资企业尤其是境外服务业企业进入中国市场提供新渠道、新机遇。第二，为国内企业“走出去”、增强国际经营能力提供新窗口。自贸区打造了连通境内外市场的缓冲过渡区，有助于企业走出去更好地适应国际市场环境。第三，为区内客户全球贸易和跨国资金管理活动提供更便捷的新平台。自贸区一系列投资贸易便利化措施的出台和配套的金融开放创新，为企业跨境融资、跨境资金流动、全球投资布局以及大宗商品交易等贸易活动提供更丰富选择和渠道。第四,总部经济效应将逐步凸显,将为相关行业带来更多业务发展机遇与空间。

5. 以两岸经贸核心制度创新助推投资升级

自贸区获批对福建来说意义重大,福建自贸区在投资管理体制、外向型经济转型、贸易便利化、金融开放等四个方面或有所突破。

政策创新存四大突破口,首先是实施投资管理体制改革,构建良好的营商环境。参照上海自贸区的管理模式,构建高效、国际化的投资、营商环境;在金融、航运、商贸、通讯、教育、旅游、文化等领域对内、外资实行统一的市场准入制度。其次是创新贸易发展方式,推进外向型经济转型升级。重点打造国际贸易结算中心,保税展示交易平台、国际大宗商品交易中心、国家对外文化贸易基地、两岸贸易中心等,借鉴台湾自由经济示范区"前店后厂"的思路,以自贸区为总部经济基地以及产业飞出地,辐射、引领全省经济的腾飞。再次是积极推动贸易便利化。比照上海自贸区做法,允许进出口货物"先入区、后报关",对货物状态实施分类监管模式。在ECFA后续协议中,争取闽台先行先试互认通关单证、查验结果、海关封志和原产地电子证书,促进贸易便利化。最后是深化金融领域开放创新。开展跨国公司总部外汇资金集中运营管理,开办两岸人民币跨境双向贷款试点,争取设立在自贸区的企业或项目可接受台湾地区银行机构发放人民币贷款;允许区内银行机构提供担保,且不纳入银行融资性担保余额管理;积极开展人民币跨境再保险业务。这些福建自贸试验区两岸经贸核心制度创新将为投资自由化发展创造全新的政策环境。

6. 调整实施台湾同胞投资保护法等为投资自由化扫清法律障碍

福建自贸区建设可在法律框架内大胆尝试。福建自贸区建设可在有法律依据的基础上自主改革,大胆尝试。福建省十二届人大常委会第十四次会议,表决通过《关于在中国(福建)自由贸易试验区暂时调整实施本省有关地方性法规规定的决定》,福建省一些地方性法规暂时做相应的调整。根据决定,在中国(福建)自由贸易试验区内,对国家规定实施准入特别管理措施之外的台湾同胞投资,暂停实施《福建省实施〈中华人民共和国台湾同胞投资保护法〉办法》有关行政审批的规定。同时,法律、行政法规在中国(福建)自贸试验区调整实施有关内容的,福建省的有关地方性法规也作相应调整实施。本省其他地方性法规中的有关规定,与《中国(福建)自由贸易试验区总体方案》不一致的,也调整实施,这项调整在三年内试行。有关地方性法规的调整实施在三年内试行，对实践证明可行的，修改完善有关地方性法规；对实践证明不宜调整的，恢复施行有关地方性法规。中国（福建）自由贸易试验区内，对国家规定实施准入特别管理措施之外的台湾同胞投资，暂时停止实施《福建省实施〈中华人民共和国台湾同胞投资保护法〉办法》有关行政审批的规定。此举是为了进一步深化改革、扩大开放，加快政府职能转变，为中国（福建）自由贸易试验区建设扫清法律障碍。

7. 积极参与国际投资协定和立法等促进资本"走出去"

中国的海外投资急需获得国际法层面上的保护。今年 1 月份进行的第 11 轮中美双边投资协定谈判(BIT)中，中方同意以"负面清单"的方式进行谈判，并同意这一协定将涵盖各阶段的国民待遇，特别是准入前国民待遇问题。这是我国第一次在对外投资协定中作此类表态。由于基于负面清单的准入前国民待遇要求是投资自由化进程中的核心议题，因此我国的这种表态表明，我国已经开始要求自己用更高标准模式来开展今后的投资自由化谈判了。

尽管接受这种投资自由化模式也伴随着风险，但若与丧失对全球投资规则建设的发言权相比、与在下一轮全球化进程中被边缘化的风险相比，这一风险显得要小得多。

参考文献

[1] 陈力. 上海自贸区投资争端解决机制的构建与创新[J]. 东方法学，2014(03).
[2] 樊一帆. 新加坡自由港模式对中国(上海)自由贸易试验区的启示[D]. 天津：天津师范大学研究生论文，2014.
[3] 洪山. 世界自由港的发展及其特点[J]. 对外经贸实务，1996(10)：32-43.
[4] 霍伟东、石力. 全面加快海峡两岸服务贸易自由化进程研究[J]. 山东社会科学，2014(1).
[5] 江清云. 中国投资自由化的路径问题以及上海自贸区制度创新[A]. 全面深化改革与现代国家治理——上海市社会科学界联合会第十二届学术年会论文集[C]，2014(09).
[6] 蒋硕亮. 中国(上海)自贸试验区制度创新与政府职能转变[M]. 北京：经济科学出版社，2015 年版.
[7] 金庆培. 中国(上海)自由贸易试验区政策点评[M]. 北京：中国金融出版社，2014 年版.
[8] 李鸿阶. 世界自贸区发展趋势与福建自贸区建设选择[J]. 学术评论，2014(04).
[9] 李萍. 中国自由贸易区发展理论与实践[M]. 北京：中国社会科学出版社，2014 年版.
[10] 梁雪，邢进生. 上海自由贸易区外商投资准入的管理模式研究[J]. 湖北函授大学学

报，2014(08).

[11] 陆晓扬.浅析上海自贸区对我国投资改革的影响[J].经济论坛，2014(01).

[12] 罗清，朱黎冰.关于深圳建设自由港的思考[A].2010年中国经济特区论坛：建立中国经济特区建立30周年学术研讨会论文集[C].2010年.

[13] 梅冠群.世界港口发展模式、演进方向与经验借鉴[J].中国流通经济，2012(12)：69-75.

[14] 蒙少祥.解读：创新带来改革红利[N].福建日报，2015-04-28.

[15] 孟小龙.中国(上海)自贸区外商投资备案管理研究[J].上海政法学院学报，2014(07).

[16] 秦诗立.借鉴国内外经验，积极探索建设舟山自由港[A].建设浙江海洋经济发展示范区舟山群岛新区研讨会论文汇编[C].2011年.

[17] 商务部国际贸易经济合作研究院、商务部投资促进事务局、中国驻新加坡大使馆经济商务参赞处.对外投资合作国别(地区)指南——新加坡(2014年版)[EB/OL].http://fec.mofcom.gov.cn/index.shtml，2014-09.

[18] 上海财经大学自由贸易区研究院.赢在自贸区：寻找改革红利时代的财富与机遇[M].北京：北京大学出版社，2014年版.

[19] 上海对外经贸2011计划办公室、上海对外经贸大学科研处.2014年中国(上海)自由贸易试验区研究蓝皮书[M].上海：格致出版社、上海人民出版社，2014年版.

[20] 上海市社会科学界联合会.中国(上海)自由贸易试验区150问(第二版)[M].上海：格致出版社、上海人民出版社，2014年版.

[21] 上海自贸区10项税收创新举措已在全国推广[N].人民日报，2015-05-04.

[22] 申远.中国自由贸易区贸易和投资管理制度优化研究：基于粗糙集理论与方法[J].河海大学学报(哲社版)，2014(12).

[23] 台湾经贸网[EB/OL].http://www.taiwantrade.com.tw.

[24] 汪立峰、曹小衡.两岸服务贸易格局的变迁与前瞻[J].国际贸易，2014(9).

[25] 吴崇伯.福建构建21世纪海上丝绸之路战略的优势、挑战与对策[J].亚太经济，2014(6).

[26] 吴崇伯.福建与东盟经贸合作及深化合作的政策建议[J].郑州航空工业管理学院学报，2008(30).

[27] 吴崇伯.融入国家“21世纪海上丝绸之路”战略的优势与对策论析[J].华侨大学学报，2014(4).

[28] 吴文芳.上海自贸试验区的人员自由流动管理制度[J].法学，2014(3).

[29] 伍艳.试论上海自贸区外商投资准入管理体制改革[J].当代经济，2014(11).

[30] 香港海关网站[EB/OL].http://www.customs.gov.hk.

[31] 香港航运发展局网站[EB/OL].http://www.mic.gov.hk.

[32] 新加坡政府网站[EB/OL].http://www.gov.sg/government/web.

[33] 余文鑫.闽台投资格局的变迁、趋势与对策[J].福建省社会主义学院学报，2002

(4).
[34] 袁志刚.中国(上海)自由贸易试验区新战略研究[M].上海:格致出版社、上海人民出版社,2013年版.
[35] 张小明,张建华.上海自贸区"负面清单"投资管理模式的国际经验借鉴[J].商业经济研究,2015(02).
[36] 赵风.闽台人员往来与出入境管理[J].福建警察学院学报,2009(5).
[37] 祝碧衡.香港自由港:自由、便利[EB/OL]. http://www.libnet.sh.cn:82/gate/big5/www.istis.sh.cn/list/list.aspx? id=8107.2014-7-14.

第七章

企业红利：福建自贸区企业转型的机遇与挑战

一、国际化机遇：自贸区内企业的红利

自由贸易试验区（以下简称“自贸区”），是新形势下推进改革开放的重大举措之一。在“自贸区 2.0 版”进一步有序推广的新形势下，中国打开了开放型经济的“第二季”，自贸区的发展也为企业的发展带来了深远的改革红利。随着企业面临的市场环境发生了新的变化，自贸区各项政策红利不断鼓励和推动企业从国际和国内两个市场出发推动企业改革创新，提高市场资源配置的水平，积极推动中国经济向高端发展。

（一）高度融合国际市场，引领企业形成全球战略眼光

1. 融入全球价值链，全面对接国际市场

随着国际竞争加剧，中国劳动力等生产要素比较优势的逐渐减弱，我国低端要素加入全球价值链的红利已经透支，中国改革已经行至深水区。在境内建立自贸区正是突破当前改革瓶颈的一次尝试，以开放倒逼改革。通过建立自贸区先形成局部区域对接国际市场的小窗口，然后逐渐将国际市场的一些高标准映射到整个中国制造业和服务业，推动改革创新和对内开放，经济呈现新活力，最后再进一步扩大推广并实现整个中国经济全面对接国际市场。从区域层面上看，通过产业关联或功能互补形式与自贸区的联动发展，可以推动周边地区改革创新，促进企业升级使其获得国际承认的生产率和质量标准，并使其竞争压力和创新动力通过国内价值链向其他地区传导，拉动其他地区企业和政府改革创新。此外，自贸区通过引进国外高级要素、培育高附加值服务活动的能力和价值链治理者，我国企业将更快实现从实体性经济活动到非实体的高附加值服务活动的转变，从过去制造业凭借低廉的生产要素参与产品内国际分工而被定位在全球价值链的低端环

节，向全球价值链两端攀升，从而增强中国企业“走出去”与向发达国家企业逆向发包的能力，为中国企业加入全球创新链打下坚实的基础。[①]

2. 嵌入全球创新链，积极融入全球化经济

自贸区对全球经济至关重要，可谓是过去20年世界经济舞台上最重要的创新。[②] 过去20多年，经济全球化迅速推进，其中科技全球化趋势不断增强。科技全球化意味着科技发展的相关要素在全球性范围内得到优化配置，科技和创新能力正大规模地跨国界转移，并逐渐成为全球性的系统。

在加入WTO的10多年期间，中国与世界经济结合得越来越紧密，我国企业自主创新的意识不断增强。我国大部分企业放远眼光，正以自贸区为契机，探索更多“全球智慧为我所用”的机会和路径，想方设法嵌入全球创新链，积极融入全球化经济。在这种大环境中，我国企业必须将自主创新嵌入到全球创新链中，抓住科技全球化的机遇，利用国内国外两种资源和两个市场，在全球范围内优化资源配置，集成全球优势要素，最终增强企业的竞争力和可持续发展能力。因此，我国上海、广东、天津和福建四大自贸区将发挥业已形成的对外开放优势和地处两大经济体系交汇地带的区位优势，利用跨国投资引进技术、收购兼并拥有核心技术的海外企业、在海外建立研发中心、建立技术开发联盟、委托第三方专业研发和设计机构进行技术开发等形式积极将自主创新切入全球创新链中，使技术引进和自主创新的良性互动关系不断向更高水平推进，提升本土企业在全球产业和技术分工格局中的地位和在更高水平上利用经济全球化、科技全球化机遇的能力。

3. 渗入全球供应链，共建共享全球互联互通

随着全球运输业和信息技术的迅猛发展，各种资本不断进入物流领域，物流市场得到快速发展，除了传统的运输、仓储、配送外，全球供应链体系下的现代物流也发展迅速。在经济全球化的背景下，全球供应链管理已经成为世界各国企业紧密联系在一起的重要工具，其中服务离岸外包是全球供应链的产物，也是提升自贸区竞争力和促进开发开放的重要议题。2015年2月5日中港网发布的2014年全球10大集装箱港吞吐量统计排名依次为，上

---

① 陈爱贞、刘志彪. 自贸区：中国开放型经济“第二季”[J]. 学术月刊，2014，1(46)：20-28.

② Salma Ali Saif bin Hareb. 自贸区：全球经济最重要的创新[EB/OL]. 迪拜新视野，http://visiondubai.cn/articles/column_salma_ali_saif_bin_hareb，2015-01-19.

海港、新加坡港、深圳港、香港港、宁波—舟山港、釜山港、青岛港、广州港、迪拜港、天津港。其中中国港口共包揽七席,世界第一大集装箱港口仍为我国的上海港,完成3 528.5万标箱的吞吐量,以3 500万标箱量级的巨大体量傲视全球,连续5年稳坐全球第一的宝座,同时,上海港、深圳港、广州港、天津港分别处于我国的上海自贸区、广东自贸区和天津自贸区三大自贸区。前十大港口中,中国港口“军团”完成的集装箱吞吐量所占比重为68.6%,与上年68.7%的水平基本持平。①

与大贸易量相伴随的是大物流量,自由贸易园区实际上是一个供应链集成平台,一切按照产业链、供应链、服务链的需要来运作,建设完整的“微笑曲线”。同时,自由贸易园区作为全球供应链的一个中间环节,也发挥了很大的作用,制造业的集聚、进出口贸易的集聚,必然会带动各种要素市场的集聚,也必然会推动物流业的集聚,从而积极推动国内贸易、投资、金融体制在更高水平上与国际规则接轨。未来,还要通过国内与国际联轨,构建包括跨境的生产和贸易供应链、跨境的金融供应链、跨境的基础设施供应链、跨境的人才供应链、跨境的公共服务供应链,以大幅度降低中国和周边地区的互联互通成本,继续推动更大范围的开放。我国各大企业在供应链管理上已着眼于全球,并且在此基础上制订战略决策,这对企业选择工厂和分销中心的地址有很大影响。

(二)开放营商环境,拓展企业更广袤的创新空间

1. 自由、宽松营商环境,鼓励企业自主创新

党的十八大提出,要深化行政审批制度改革,继续简政放权,推动政府职能向创造良好发展环境、提供优质公共服务、维护社会公平正义转变,自贸区“负面清单”管理正是在切实推动体制改革并向全国铺开,进一步营造自由、宽松的营商环境。

对企业而言,法无禁止即可为;对政府而言,法无授权不可为。自贸区主要是关税和海关监管政策上的“特区”,主要体现在免除进口关税、简化海关监管方面,因此不管是发展中国家还是发达国家的境内自贸区,都可以通过免除进口关税、简化海关监管来吸引投资、扩大出口和提高国际竞争力,这些政策改革都可以降低企业交易成本,为企业自主创新创造有利

① 中港网. 2014全球10大集装箱港吞吐量排行榜[EB/OL]. http://www.askci.com/chanye/2015/02/05/104043yjlu.shtml.

条件。

与此同时，政府转变职能的过程，也是规范权力运行的过程。我国政府正思索从自贸区摸索和尝试出一套可以推向全国的改革的模式，逐渐推动自贸区内外的体制改革，促进自贸区内外的民营企业进行公平竞争，抵制自贸区外的垄断特权获得垄断资源和垄断利润，为本土企业自主创新创造市场条件。面对在自由的市场化环境中成长的竞争优势明显的跨国公司，以及在长期保护中积累了较多资源的国有企业，不但需要民营企业通过各种合作方式增强进入自贸区参与竞争的基础，还需要在自贸区外通过各种方式为民营企业更快发展提供自由竞争的环境，为更多民营企业参与自贸区内竞争储备力量。

君信融资租赁(上海)有限公司总裁邓宓称，作为自贸区成立后投资1亿元成立的区内首家外资融资租赁公司，我们看重的是这里友善的营商环境和创新的制度氛围。因此，在更具竞争优势的跨国公司大量进驻自贸区过程中，要充分利用自贸区自由、宽松的营商环境，扶持和发展民营企业，中国企业才能不断提升自主创新能力。

2. 法制化、国际化营商环境，提升企业监管效率与质量

《2015营商环境报告：监管效率与质量并重》[①]发现，123个经济体的本地企业家认为在过去一年监管环境有所改善。从2013年6月至2014年6月，这份涵盖全世界189个经济体的报告记录了230项营商改革，其中145项旨在降低遵守营商法规的复杂性和成本，85项旨在加强法律制度。培育法制化的营商环境，这对于自贸区建设至关重要，而司法改革也是自贸区改革的一个重点。一个企业在选址生产、投资的时候，不仅考虑到能够创造多大的利益，还会考虑到利益能否得到有效维护。

在自贸区内设立仲裁院，不仅给企业经贸活动提供了便利，也增强了政府对自贸区的法制监管。同时，这种制度创新所能带来的制度红利是可复制、可推广的，将为全国范围的改革提供成功经验。自贸区的试验目的是为我国参与高标准的国际投资和贸易规则制定提供先试先行的经验，并在积累经验的基础上，提升我国在国际投资和贸易规则制定中的话语权。

2015年营商环境报告中的营商便利度排名是基于前沿距离分数，能评估经济体随着时间推移在监管环境上的绝对改进，它由189个经济体其中的每一个与营商监管全球最佳实践经济体之间的距离计算得出，分数高表示

---

① World Bank, Doing Business in 2015: Going Beyond Efficiency, Washington, D. C.

营商环境效率较高，法律制度较强，其中中国香港以 84.97 分的前沿距离得分居于全球排名的第 3 位，而上海、北京的前沿距离分别以 62.72 分和 62.42 分并列第 90 名。可见，上海、广东、天津和福建四大自贸区的意义远远大于过去推行的局部的、单方面的投资政策优惠，它提倡的是公平竞争的投资环境，这是适应国际经济环境变化的要求。

（三）投资贸易便利化与服务系统化，创造企业更好的成长条件

1. 积极开展金融试点改革，推动企业融资创新

上海自贸区作为第一个自贸试验区，成立以来，金融领域的改革创新尤为外界期待，也是 2015 年上海自贸区建设的重中之重。在过去一年半的时间里，上海自贸区积极探索并大胆开展金融业务创新，落实人民银行金融改革 51 条，以及 2015 年春节前颁布的境外融资相关细则等金融改革措施，形成了存款利率市场化创新等第一批 9 个有特色的金融创新，这些政策红利效果显著。

同时，第二批自贸试验区，包括天津自贸区、广东自贸区和福建自贸区的金融创新业务也实现了良好的开局。如天津自贸区挂牌首日，有 20 家银行获得金融许可证、入驻自贸区，其中 8 家开展了金融业务；自贸区内企业开立 26 户账户；区内区外银行共为自贸区企业办理跨境收支 11 734 万美元，结售汇 8 403 万美元，贸易融资 4 025 万美元；中行等 5 家银行累计办理跨境人民币结算业务 2.5 亿元人民币，业务主要包括货物贸易、服务贸易、外商直接投资业务、跨境人民币借款业务等。①

FT 账户外币功能启动前，入驻上海自贸区的企业普遍反映，跨界人民币借款和双向资金池是 FT 账户中最受欢迎的两项金融创新业务。截至 2015 年 3 月底，上海自贸区银行和金融机构中已开立超过 1.2 万个自由贸易账户；完成跨境人民币境外借款 200 多亿元；累计有上百家区内企业发生跨境人民币双向资金池业务，资金池收支总额 1000 多亿元。② 四大自贸试验区金融创新发挥了改革新高地、开放新标杆的积极作用，达到了试验的阶段性目标和试验效果，给企业带来了无限机遇。

表 7-1 显示，四大自贸试验区因定位有所差异，在金融业务创新方面也各有侧重，上海自贸区以资本项目可兑换和金融服务业开放为目标，继续在推进投资贸易便利化、货币兑换自由、监管高效便捷以及法治环境规范等方

① 李庶民、寇霭婷. 天津自贸区金融创新业务实现良好开局[N]. 金融时报，2015-04-30.

② 徐蒙、杨群. 金融创新：实体经济"新引擎"[N]. 解放日报，2015-05-06：01.

面担当“领头羊”；天津自贸区将开展利率市场化和人民币资本项目可兑换试点，推动跨境人民币业务创新发展，鼓励在人民币跨境使用方面先行先试，鼓励企业充分利用境内外两种资源、两个市场，实现跨境融资自由化；而福建自贸区则借地缘区位优势将率先推进与台湾地区投资贸易自由。作为自贸区四大创新中的金融创新已经在利率市场化、支付结算、融资、资金管理、对外直接投资、机构集聚等六个方面初步显现出“溢出”效应，其中，企业融资创新成效更为显著。自贸区内多家金融机构如建设银行、交通银行、招商银行，根据人民银行有关支持自贸区扩大人民币跨境使用的相关政策举措，与自贸区内多家企业和非银行金融机构办理了从境外借入人民币资金业务，从而进一步拓宽了区内企业和非银行金融机构的境外融资渠道，降低了企业的融资成本。原先境内中资企业向境外贷款，门槛和难度都较大，但自贸区内中资企业未来或可向境外贷款，这相当于打通了境内外融资渠道，企业可根据资金成本的高低来选择。据福建行业内人士透露，“一套业务下来，企业的平均融资成本在5.2%左右，但境内贷款成本至少6%，对大金额融资来说，财务成本节约不少。”①

表7-1 四大自贸区金融创新侧重点②

上海自贸区	天津自贸区	广东自贸区	福建自贸区
将探索实施外商投资负面清单制度，减少和取消对外商投资准入限制。上海自贸区以资本项目可兑换和金融服务业开放为目标，继续在推进投资贸易便利化、货币兑换自由、监管高效便捷以及法治环境规范等方面担当“领头羊”。	将开展利率市场化和人民币资本项目可兑换试点，推动跨境人民币业务创新发展，鼓励在人民币跨境使用方面先行先试，鼓励企业充分利用境内外两种资源、两个市场，实现跨境融资自由化。同时，支持跨国公司本外币资金集中运营管理。	推动跨境人民币业务创新发展，推动人民币作为自贸试验区与港澳地区及国外跨境大额贸易和投资计价、结算的主要货币。	率先推进与台湾地区投资贸易自由。例如：福建自贸区将研究探索允许台资金融机构设立合资基金管理公司，台资持股比例可达50%以上。

数据来源：深圳商报，http://szsb.sznews.com/html/2015-04/21/content_3201441.htm

2. 制度创新降低企业运营成本，推进自贸区企业贸易便利化

自贸试验区的制度创新可以帮助企业降低交易费用，提高要素的流动

① 黄弘妍.榕多家银行提前发力自贸区金融[N].东南快报，2015-02-09：A08.

② 余璐、胡思幸.四大自贸区金融创新各有侧重[N].深圳商报，2015-04-21：A03.

性和生产率,进而提高资源的配置效率。这方面可以在金融服务、专业化服务平台等创新案例中得到体现。2014 年 10 月 10 日,上海自贸试验区管委会首次举行的"中国(上海)自由贸易试验区企业创新案例发布会",会上指出,中国银行通过自贸区分账核算单元,为某金属资源公司发放首笔近 2000 万元的贸易融资款,成本低于境内平均融资成本,"粗略计算,这些境外融资的成本比境内融资低 18%左右"[①]。同时,表 7-2 显示,自贸区内企业在制度创新和政策红利下,不断推动企业创新,如太平名威物流有限公司正式开展国际中转集拼,预计业务成熟后,相比新加坡和中国香港,将为客户的中转业务节约 15%的运作成本、20%的运作时间。据上海海关估计,在通关方面,上海自贸区内海关、检验检疫、海事部门采用"先入区,后报关"的 61 项举措,实施了"一次申报、一次查验、一次放行"试点,并启动实施国际贸易"单一窗口"管理制度,建立包括仓储、贸易、运输和加工的综合管理服务平台,这些举措使上海自贸区进口货物平均通关时间比区外缩短 41.3%,出口货物平均通关时间比区外缩短 36.8%。[②] 如表 7-2 所示,上海畅联国际物流股份有限公司利用海关'先进区、后报关'的政策,为博世分拨中心设计的运作模式,不仅提高了货物分拨效率,还为企业降低了 20%左右的物流成本等等。企业可以充分利用制度创新,享受随之带来的降低成本、节省时间和优化结构方面的实际效益。

自贸区将鼓励企业从国际和国内两个市场出发,把本企业的经营实际与试验区的制度创新有机结合,拓展企业新型贸易业务内容,不断强化企业创新的市场导向机制,汇聚社会各方创新的合力,支持企业创新活动,在公司业务创新和市场拓展方面形成更多可复制、可推广的经验,不断检验和深化自贸区的制度创新。

---

① 何欣荣.降成本、省时间、优结构——自贸区制度创新给企业带来诸多红利[EB/OL].新华网,http://news.xinhuanet.com/fortune/2014-10/10/c_1112772218.htm,2014-10-10.

② 申孟哲."一带一路""一区"如何驱动中国[EB/OL].中国改革论坛.http://www.chinareform.org.cn/open/view/201412/t20141230_215532.htm,2014-12-30.

表 7-2 上海自贸区 20 家企业创新案例

序号	企业名称	创新内容	序号	企业名称	创新内容
1	德尔福汽车系统(中国)投资有限公司	地区总部资金管理	11	上海外高桥国际机床展示贸易中心	机床保税展示与交易;机床零部件分拨;进口机床现场法定检验;进口机床融资租赁
2	国家对外文化贸易基地	境外图书保税展示;展示交易模式	12	上海药明康德新药开发有限公司	研发用生物材料适用检验检疫监管新模式
3	弘毅创领(上海)股权投资基金合伙企业(有限合伙)	跨境投资备案制管理;“一表申请、一口受理”	13	上海银行、上海瑞垦投资有限公司	FT 账户项下对外投资
4	建设银行、外高桥(集团)有限公司	FT 账户项下跨境融资	14	上海元初国际物流有限公司	“先入区、后报关”;“批次进出,集中申报”;“智能化卡口验放管理”模式应用
5	交银金融租赁有限责任公司	金融类租赁公司境外租赁等境外债权业务登记管理;境外借用人民币资金	15	上海运力集装箱服务有限公司	集装箱远期订舱平台
6	曼恩供应链管理(上海)有限公司	船用发动机保税维修	16	斯凯孚分拨(上海)有限公司	跨境双向人民币资金池;货物状态分类监管;“批次进出、集中申报”
7	美药典标准研发技术服务(上海)有限公司	保税研发测试服务	17	索尼物流贸易(中国)有限公司	亚太营运总部供应链管理
8	浦发银行、大宗商品市场、上清所、第三方仓单公示平台	合作建设自贸试验区大宗商品现货交易平台项目	18	微软游戏游艺设备(上海)有限公司	游戏游艺设备生产销售

续表

序号	企业名称	创新内容	序号	企业名称	创新内容
9	上海畅联国际物流股份有限公司	第三方物流服务创新	19	渣打银行、上海集达投资管理有限公司	跨境双向人民币资金池
10	上海外高桥保税物流园区太平名威物流有限公司	国际中转集拼	20	中国银行	全球网络化金融服务创新案例

资料来源：《自贸区发布20家企业创新案例》，东方早报。①

3. 多种服务型企业进驻自贸区，加快产业转型升级

在中国经济转型的新时期，应时而起的自贸区对区内外产业未来的转型和发展具有重大的意义。自贸区建设的中心在于产业，产业的转型和升级是必然的结果。在这种特殊的机遇下，企业争相入驻自贸区，其中以贸易型和服务型企业为主。

2015年4月22日国务院副总理汪洋向全国人大常委会作报告时指出，截至2015年2月，上海自贸区新增企业1.62万家，超出过去20年累计设立的企业总数，其中多为现代服务型企业。据上海市工商局数据，初步统计，从新设企业行业分布看，主要集中在批发和零售业、租赁和商务服务业，服务型企业加快集聚。截至2014年6月，自贸区已经集聚金融类企业2 297家，占新设企业总数的24%，其中，拥有持牌类金融机构57家，融资租赁和股权投资类金融机构321家，金融信息服务、资产管理等金融相关类企业1 919家。② 自贸区的部分服务业务呈现爆发式增长，出现了国际贸易离岸业务、贸易服务等新兴业务，例如万国数据服务有限公司利用自贸区带来的企业集聚效应，大力发展数据中心建设，支持服务和云服务，总体业务量飞速增加。

与此同时，生产型企业被迫转型升级。与其他地方相比，上海自贸区内生产型企业面对的政策环境并不具备优势，且经营成本不断提高，迫使一些企业不得不谋求转变。比如，利勃海尔机械服务（上海）有限公司计划将总部概念引入自贸区，积极申请加入亚太运营总部计划，重点做员工培训、产品销售和售后服务，谋求向服务型、总部型企业转型；索威斯胶带（上海）有

① 胡苏敏.自贸区发布20家企业创新案例[N].东方早报，2014-10-11：A20.

② 杨群.中国（上海）自由贸易试验区一周年特别报道[N].解放日报，2014-09-29：A12.

限公司计划把位于漕河泾的总部放入自贸区,把生产厂迁移到自贸区外。当前,世界经济仍处于国际金融危机后的深度调整期,我国经济发展步入"新常态",着眼于保持中高速增长和迈向中高端水平的"双中高"目标。

上海、天津、广东和福建四个自贸区将按照中央的部署,认真实施国务院批准的自贸区总体方案,以开放促改革、促发展、促转型,为国家试验制度,为地方谋求发展,努力打造制度创新新高地、转型升级新引擎、开放经济新动力、区域协同新平台,通过实施投资自由化、贸易便利化、金融国际化、行政高效化的制度创新,着力推动实体经济加快发展,实现产业转型升级。

(四)接轨国际人才市场,积极引进与培养企业国际化人才

1. 国际化高端人才引领人才素质结构大幅提升

真正的国际化接轨不仅仅是硬件的接轨,更重要的是技术、制度和文化等软件的接轨,这些软件的基础就是人才,人才的国际化,是中国实现全球化和一体化的基础保障。自贸区涉及国际贸易、国际金融、国际物流、国际法律等多种服务业,对人才能力的框架提出了新的要求,迫切需要相关领域的国际化专业人才和复合型人才来为自贸区服务。

自贸区将致力于助力国际化人才集聚,服务自贸区参与国际人力资源竞争。自贸区是开放程度相对极高的对外交流平台,会同全球国家及其企业开展金融、航运、商贸、文化等全方位的交易与合作。而发展跨境服务贸易,需要有熟悉国际金融交易的人才,需要有熟悉外资银行和大型跨国企业的人才,需要有熟悉政策环境的人才,才能营造自贸区国际化服务环境,因此国际化高端人才是自贸区发展的最基本的保障。与此同时,上海、天津、广东和福建4个自贸区方案都提出扩大开放人才中介服务领域,降低外资人才中介机构注册资本,允许设立中外合资人才中介机构,甚至允许港澳服务提供者设立独资人才中介机构。高端猎头方面,国外特别是发达国家的大中型人才中介机构,乃至港澳人才中介机构,在为内地企业挖掘国际高端人才方面具有先天优势。这些自贸区人才服务的改革,赋予了中外合资人才中介机构更大的活动空间,促进国内外高端人才的双向流动,使国内人才得到更为规范的国际化培训,对于增加国际化人才储备具有直接的作用。

2. 借鉴国际经验推动人才服务环境进一步优化

随着自贸区挂牌,一大批国际化企业落户自贸区,高端人才需求上涨,高层次人才高度紧缺。而自贸区在积极实施海外人才引进战略,不断拓宽海外高层次人才回国创业就业的渠道的同时,也高度重视本土人才培养,健

全人才支撑体系。同时,自贸区建设的过程中,也会借鉴学习国际经验,充分发挥自贸区的效应,落实各项人才激励政策,改善人才服务环境,促进企业人力资源管理。一方面,从税收激励政策层面来看,可以效仿新加坡、阿联酋等地在自由贸易区建设发展中都制定了极具竞争力的个人所得税激励政策。从2002年开始,新加坡实行旨在降低高技能人才个人所得税、鼓励出境活动的政策。

中国四大自贸区应充分借鉴新加坡、阿联酋经验,对试验区内企业以股份或出资比例等股权形式给予企业高端人才和紧缺人才的奖励,实行已在中关村等地区试点的股权激励个人所得税分期纳税政策。另一方面,则是应以自贸区建设为契机,区域环境得以充分改善,优化配套生活环境,形成与自贸试验区发展相适应、相匹配的公共配套服务环境,为人才提供更加方便、舒适的工作和生活空间,进一步增强对高端人才的吸引力。因此,借鉴国际经验,进一步营造现代化、国际化、多元化的人文环境,逐步凸显出四大自贸试验区文化品牌的凝聚力和感召力。

二、不转型不行:自贸区内企业的倒逼挑战

企业在享受自贸区“红利”的同时,将直接感受一个门槛更高的国际标准,面临着自贸区深度融入国际市场所带来的多方面压力,包括企业将直接面对全面的国际市场竞争,其国际化运营能力将面临严峻考验,原有的经营理念与经营模式在全新的环境中可能已经无法适应,面对一个开放式的国际人力资源市场该如何建设与维持稳定的人才队伍等等。尤其是中小企业在入区后对这些挑战的感受将更加深刻。这些压力对于入驻自贸区的企业来讲将无可回避,企业只能在自贸区环境的倒逼下尽快实现战略转型,才能最终适应自贸区的市场生态法则。

(一)与国际市场的高度对接让企业面对全面的国际竞争压力

我国大陆地区多数企业长期着眼于大陆市场经营,缺乏国际市场竞争的感知。自贸试验区把国际市场的边界移到我国境内特定区域,入驻自贸区的大陆企业相当于一定程度上跨出国内市场边境而进入一个高度开放的国际市场空间,因此其将面临新的市场竞争状况,许多企业面对这种状况可能一时无法适应。这种变化主要体现在几个方面:

1. 市场竞争环境迥异

许多企业常年精耕大陆市场，在同质文化背景下对本国市场的政策法律走向、经济发展环境与趋势、市场合作者与竞争力量的分布基本上了然于胸，大中小微型企业都能在长期的市场耕耘中依靠自己独特的市场定位找到生存发展空间。但一旦进入开放式的国际市场，对许多企业来讲都在一定程度上成为市场的新手，面对的是国际市场的竞争规则和政治、文化背景等千差万别的市场参与者。虽然按地域空间理解自贸区还在我国国境线内，但由于制度创新力度大以及市场参与者多元化，事实上已经导致市场环境多要素都发生改变，可以说自贸区企业进入了准国际市场环境。

2. 市场竞争规则变化

设立自贸试验区的一个重要目的是通过制度创新疏通国内与国际市场对接的通道。而推进制度创新的过程很大程度上是要顺应国际市场规则，是要按照国际市场规则来确立市场运行秩序。作为 WTO 成员国，尤其是要按照 WTO 的规则行事。我国很多企业长期以来主要立足于国内市场开展生产经营，而由于历史及现实的种种原因，我国国内市场的很多规则与国际市场有较大区别。正如吴敬琏先生所言："中国企业长期在一个不完善的市场环境下运作并从事它们的经营活动。"在中国以人格化交换为主的"熟人市场"上，契约的订立和执行主要靠"关系"而不是靠法治和规则。所有这些，都不能不影响中国企业的组织制度、行为习惯乃至文化风尚。如果不对自己的治理结构、经营战略、组织管理、企业文化等进行改造，将很难在法治国家规则明确的市场上立足。"[①]虽然我国加入 WTO 已经有十多年的时间，但 WTO 的规则还远未进入广大企业意识深处。如果入区企业习惯于国内规则，不研究甚至难以接受国际规则，那么在区内营商环境下就很难适应。

3. 市场竞争对手复杂化

自贸试验区为入驻企业搭建了一个登高望远的平台，让企业有机会放眼全球，提升企业的战略眼界。但同时自贸区也基本上消除了全球各类市场参与者进入的壁垒，市场参与者的复杂性远非国内市场可比。区内企业除了可能面对同为国内企业的竞争压力，还将面对来自世界各地的企业的竞争压力，这些来自世界各地的企业可能有着千差万别的文化传统与背景，其市场竞争理念与手法也必然多元化，我国企业必须学会理解并适应与这

① 吴敬琏.从"站起来"到"走出去"[J].中国企业家，2012(5)：141.

些竞争对手在同一市场空间中共存和竞争。

（二）国际化营商环境使企业传统经营理念与模式更加难以持续

在经济全球化日益加速的大背景下，全球市场间的商品及生产要素流动对全球市场的参与者都已经或正在产生新的压力，传统的生产及营销的模式与理念都面临着巨大压力。我国境内自贸试验区的设立，将境内部分区域更加直接地融入了国际市场，使我国自贸区企业这方面的压力尤为明显。这一方面是由于在一个开放性的国际市场中，市场参与各方处在一个多元文化融合的区域内，企业以原来的单一、同质文化背景下的生产营销理念与模式很难简单移植。企业面对的消费者及合作者都有可能具备多元文化特征，许多营销策略都无法采用标准化的方式，这事实上需要企业在深入摸清利益相关各方底细的基础上对各环节进行不同程度的创新。另一方面，国际上最新的理念及趋势第一时间进入，使自贸区市场时刻处于发展的动态之中，成为新思想的聚集地和试验场。这也使得许多企业原来陈旧的生产经营理念无处藏身，必须时刻捕捉新理念和新模式，以适应市场的变化。当然，这并不是一朝一夕所能达成，很多企业可能将经历一个痛苦的适应期，这种痛苦将产生于几个方面：

1. 文化融合与适应中的自我参照准则可能阻碍企业的战略转型

很多企业经营者都是在同一文化背景下成长、创业和管理企业的，当他们进入多元文化的国际市场，不自觉间就用自己长期形成的文化价值观去衡量和评判其他各方的市场行为，这就是文化的自我参照准则。自我参照准则的存在事实上是对不同文化进行了价值判断，默认自己所秉承的文化是优秀的，而这正是国际市场环境下所忌讳的。应该很明确地认识到，在国际市场中，不同文化没有好坏之分，只有差异。但由于文化本身的保守特性与惯性，自我参照准则经常是在无意识中产生，因此这种转变对于许多企业来讲恰恰是困难的。

2. 我国诸多企业传统盈利模式无法适应国际市场需要

我国很多企业尤其是中小型企业传统的盈利模式主要是依靠低廉生产要素的大量投入，通过高能耗低效率的生产方式生产产品，并主要依靠成本低廉来取得市场竞争优势。但在一个开放性的国际市场中，尤其是绿色、环保意识深入人心的今天，传统的这种盈利模式的市场空间越来越小，甚至在可预见的未来将寸步难行。许多国家的贸易政策也加大对此类产品的限制，包括设置产品进入的绿色壁垒等等非关税壁垒，对许多此类产品频频启动双反调查等等。

3. 传统保守的营销理念无法吸引市场注意

中华内敛的传统文化美德塑造了一大批低头实干、默默创业的企业经营者。在传统的中国市场中，踏实锤炼产品品质，用好产品赢得市场无疑是企业成功的一个重要途径，也正是这种成功路径配合着注重自身修为、内敛的传统美德，形成了重生产、重产品而轻宣传、轻营销的类似“酒香不怕巷子深”的众多市场理念。在这些理念的长期影响下，我国许多企业骨子里不重视营销，并由于缺少研究与经验积累而不擅长国际营销。而在同类产品极大丰富、产品信息爆炸式增长的国际市场中，缺少系统、高质量的营销对企业在国际市场中的成长是极为不利的。

（三）复杂的国际市场环境使企业面临国际化经营能力的考验

改革开放之前我国并不存在真正意义的市场，改革开放早期虽然逐步认识到市场机制的重要性，但市场体系发展完善是一个长期的过程，在市场发展很不成熟的状况下，全面与国际市场接轨不利于我国市场的稳定发展。虽然我国于2001年加入了世界贸易组织，WTO的规则在我国各领域也逐步得到推广，但由于长期以来我国市场与国际市场的融合度并不高，我国很多企业也主要是立足国内市场，与其他国家市场的往来并不多，国际市场的经营能力没能得到系统和厚实的积累，通过自贸区与国际市场高度融合后，我国许多企业提升国际化经营能力可能受到几个方面的制约。

1. 缺乏国际竞争意识

随着自贸试验区建设的推进，我国自贸区企业将获得国际化经营的机会，区内企业也应当把自贸区作为自己走向国际市场的一个跳板。但很多企业尤其是中小企业管理者思想保守，缺乏国际竞争意识，对参与国际竞争缺乏信心和热情，认为开展国际化经营风险大、收效慢，与发达国家企业竞争可能处于下风，自己还是应以国内市场为主体不必参加国际竞争。

诚然，中小企业技术创新能力低下在国际竞争中处于劣势，但随着消费者对差异性产品需求越加强烈，大企业并不能在国际市场所有领域中都占据绝对优势，尤其是随着经济全球化及电子商务的快速发展，消费者对个性化产品的重视程度不断提高，大企业在国际化经营中也无法占据绝对的优势。这为中小企业从事国际化经营提供了机会，在不少发达国家中小企业已经成为国际化的主体。因此不同规模、不同类型的企业，只要其在某个产业价值链上的某个环节具有相对优势，就可以参与国际竞争，都能在国际市场中找到属于自己的位置。各类企业都应努力培养国际竞争意识,不能只专注于国内市场,从自己相对优势领域着手,加大国际投资与贸易的力度。

2. 缺乏国际市场经营经验

自贸区企业将更多直接面向海外市场,会面临一个完全不同的市场环境,需要强大的管理能力。我国很多企业缺乏必要的管理规范,经营管理粗放,国际市场经营的操作经验更加缺乏,进入开放的国际市场将面临几个方面的不适应:其一,对于国际市场消费者消费行为的不适应。由于社会文化环境的影响,各国消费者往往会有其独特的购买方式与消费嗜好,这也是国际市场营销中最棘手的问题之一;其二,对于“走出去”的途径比较生疏,分销渠道的设计面临新的挑战。自贸试验区是国内企业适应国际市场的试验场和实习基地。我国众多企业长期以来面对国内市场进行生产与销售,构建起国内市场的稳固通路,在进入自贸区并往广阔国际市场辐射的过程中,营销渠道的建设将从很大程度上决定我国企业融入国际市场的程度,以及企业的产品在国际市场中的进入深度甚至竞争优势;其三,对于国际市场风险认识不足,跨文化管理经验缺乏。这导致企业国际市场经营中在产品定价、促销等方面都容易走弯路,在对外投资及并购等经营行为中容易碰壁。有数据表明,国际市场中60%的企业并购失败,其中2/3的失败源于并购后的文化整合。

3. 创新能力弱,核心竞争力缺失,难以充分把握机遇

从新一轮全球经济结构调整的现实看,谁掌握了世界经济主导产业和战略产业的核心技术,谁就掌握了竞争的主动权,谁就能占据产业链的高端,赢得竞争优势。为加快产业结构调整,提升我国在国际分工中的地位,把握经济发展主动权,必须大力提升企业的自主创新能力。

我国企业在技术创新方面仍然存在一些问题,如技术创新人才缺乏及分布不均衡,从事科研开发的科技人员绝大多数集中在数量较少的大企业中,数目众多的中小企业从事技术创新的人员不足且流失严重;多数企业尤其是中小企业创新资金来源不足,难以应对技术创新成本高、回收周期长等风险;创新服务能力弱,已有的各类科技中介机构服务产品少,服务面窄,服务缺乏深度,部分机构可持续发展的能力较弱;信息不畅,很多企业获取信息途径少,信息化水平比较差,企业之间的信息共享机制尚未形成。此外,很多企业长期采用OEM发展战略,不注重自身研发力量的培养和市场的长远布局。这些问题造成大多数中国企业在核心竞争力上与西方发达国家企业相比还存在相当大的差距,主要表现在两个方面:一是缺乏关键领域的原

创性技术;二是缺乏自己完善和稳定的销售渠道网络。于是往往在产业链附加值最高的部分,即宏碁集团创始人施振荣先生所说的"微笑曲线"两端上受制于人,自己只能赚一点辛苦钱。机遇是为有准备的人准备的,我国很多企业在核心竞争力培育方面的"准备"不足,从很大程度上制约了企业充分抓住自贸区建设带来的机遇。

(四)人才配置的全球化让企业面临人才流失的威胁

国际化经营管理人才是企业立足国际市场的重要根基,没有人才的支撑,企业在国际市场中将困难重重。自贸区企业在国际化人才的引进、培养和稳定方面将面临巨大压力,企业将从两个方面直接感受这种压力:一是理念与文化的冲突导致引进及留住外来的国际化人才面临困难。东方历史源远流长,中西方文化差异巨大。对于员工,如何在思维、理念的开放性方面尽快与国际接轨,如何快速克服文化差异,形成跨文化沟通和管理能力,这对于自贸区企业来讲是一个巨大的挑战。在国际市场经营过程中,从国外市场直接引进成熟人才是企业适应国际市场竞争的一个捷径。在经济全球化不断加速,全球市场融合度越来越高的今天,吸引国际市场的成熟人才加盟已经是国际化企业经营中的常态。自贸区与国际市场的对接使自贸区企业与国际人才市场的管道畅通,为自贸区企业引进国际人才创造了便利条件。但对于国际市场经验较为缺乏的我国很多企业,如何实施跨文化的人力资源管理将成为一个重大课题。文化的冲突和观念的隔阂一方面可能使自贸区企业对国际人才的吸引力弱化,对于我国企业的管理模式和人才成长环境的担忧可能导致许多人才不愿进入中国企业;另一方面,对于已经加盟企业的海外国际化人才,如何避免激烈的文化冲突,实现文化的融合与观念的相容对于企业来讲也是一个难题,文化的冲突和观念的差异可能导致无法留住国际化人才。

二是开放式的环境导致企业自己培养的国际化人才外流变得容易。人才国际化是企业国际化的重要内容,从长期来看,通过培训来推动企业内部人才的成长是解决国际化人才缺乏的根本途径,存量人力资源是企业立足市场,参与国际竞争的基础。但自贸区企业面对的是一个高度开放的国际市场,人才在国际企业间流动的管道畅通无阻。当企业花费大量资源培养出成熟的国际经营人才,能否留住他们对企业来讲也是一个现实的威胁。随着自贸区建设的推进,自贸区外资、合资等性质的企业数量将不断增加,融入国际市场的自贸区人才需求信息获取更加便利迅捷,中外企业间各方面条件的对比也将变得直接和容易,在不同企业间的转换成本也更加低廉,我国企业与国际企业间薪酬的差距、工作软硬件环境的差异、人才发展空间的不同等等都有可能导致培养成熟的人才外流,越是稀缺、高端的人才,在国际市场间的选择余地越大。这些因素都给企业人才队伍的不稳定造成很大困扰。

三、不创新不行:创新企业治理与价值链的挑战

(一)依托融入自贸区契机,实现产业链拓展

近些年,我国企业发展迅速,为我国GDP的增长做出了重要贡献,也促进了各地区就业的显著增长,并随着世界经济一体化进程的加快,也逐步融入到全球一体化进程,但总体而言,在价值分配上仍处于国际产业链的低端环节,企业生产模式也存在着过分依赖国外技术和市场的现象,核心技术及品牌研发等环节基本由国外跨国公司掌控,因此当前企业应借融入自贸区契机,基于国际价值链视角的产业升级路径,即由工艺升级—产品升级—价值升级,最终实现由价值链低端环节向高端环节攀升,从而提升企业竞争力和盈利能力。

1. 从成本导向转向价值导向,实施产品战略

企业要融入自贸区,实现与跨国公司接轨,就需要提升自身的管理能力和竞争力。而近年来,随着我国劳动力成本的增加及原料价格的提升,我国企业传统的竞争优势正逐步丧失,因此,要提升国际价值链中的地位,改变传统的企业成本战略,转而实施产品优化战略,一方面应注重企业核心技术的研发,提升产品的技术含金量,逐步转型为集研发设计、制造乃至经营为一体的技术密集型企业,进而实现企业功能的升级;另一方面,应建立健全符合国际产业化标准的产品质量管理体系,实施全面质量管理,涵盖产品研发、生产制造及相关资源配套进程方面,保证产品的高质量及品质的稳定性,同时也注重产品售后服务能力的培育,提升企业品牌形象,从而有效对接国际价值链进程。

2. 提升资源配置能力,实现传统产业与高新技术的有效结合

企业在行业价值链中地位的提升,既要通过大量资本和劳动力增量的投入带动规模效应的上升,也要注重自身既有资源存量的调整,即资源的再配置。因此,当前我国企业要想提升全球价值链的地位,就应提升企业现有

资源再配置能力。而从国家政策层面来讲，政府相关部门也应通过各种经济行政手段，调动资源在国民经济各行业之间的流动，或者通过企业资产重组、破产重整等方式实现有限资源在同一行业内部从低效率的企业向高效率的企业转移，带动整体产业的升级。当然，企业的兼并收购或者重组是产业升级转型的一条捷径，也是各个企业提升国际价值链地位的有效途径。此外，借助自贸区的相对宽松环境，随着各个国家公司的进入，通过企业技术引进，带动传统产业结构升级，也是产业升级转型的有效途径。因为经济转型并不意味着传统行业而终结，相反其借助先进技术，在经济转型中会得到更大程度的改造和提升。因此，实现高新技术与传统产业的有效融合，带动传统产业内容产品结构调整和功能体系的升级换代，提升我国传统产业的竞争力，也是产业转型升级的有效途径。

3. 加强自主品牌建设，提升企业自主创新能力

品牌是创新的灵魂，某种意义上当今时代企业之间的竞争主要就是品牌的竞争，而自贸区政策的实施及推广则会带来更多的国际高端品牌涌入我国，企业品牌之间的竞争更为激烈。对于目前我国众多缺乏品牌效应的企业而言，良好的品牌有助于提高品牌贡献率，对提高产品附加值和国际竞争力乃至整个行业形象有着显著的作用。因此，当前应着力改变我国众多企业单一的 OEM 模式，转向利润率更高的 OBM 模式，即基于当前知识信息管理技术，充分挖掘消费者的需求和分析市场演变，打造从产品研发设计、生产制造及营销推广、售后服务等整体合一的自主品牌，从而有助于企业在行业产品价值链中创造更大的价值或者在价值分配中获得更大的价值。

而要树立我国企业自主品牌形象，就应在努力经营好国内市场的基础上，依托长期以来 OEM 所形成的“中国制造”品牌形象，努力开拓国外市场。一方面在品牌打造过程中应当充分吸收中国传统文化元素，将传统文化特色融入到产品中，将自身文化特点深深印刻在品牌内涵上，使得我国特有的民俗民风和悠久的文化沉淀成为企业品牌的独特闪光点；另一方面，应时刻关注外界信息的变化，广泛搜集国外市场的动态信息，深入了解海外消费者的消费倾向及诉求，不断在企业战略管理、技术研发乃至文化塑造等方面积极创新，以便与国外市场实现有效对接。此外，企业要真正走出国门，融入国际市场，实现产业链拓展，就应深化与国外大企业的合作，由以往简单的订单合作拓展到涉及更多领域的实质性合作，进而在国外市场建立健全自己的营销系统。当然我国企业要在海外市场真正实现品牌本土化策略，还

应深入了解当地相关法律法规,熟悉国际市场营销游戏规则,从而有效规避关税壁垒或者绿色壁垒,降低物流成本,消除文化差异所带来的负面影响,更加扣紧当地消费者需求,逐步确立企业自有品牌的国际化形象,使得我国企业更易打进海外市场。

4. 规范政府行为,构建社会信用体系

自贸区本身是一个涉及众多领域改革的试验区,众多相关政策还处于摸索当中,也包括企业之间的信任体系构建等方面。而一旦社会信任体系崩溃,则会动摇到自贸区政策实施的根基。比如近几年我国一些地方所发生的民间借贷问题所引发的社会信用体系缺失,进而导致企业之间的连锁债务日益庞大,使得个别企业的资金问题扩散到整个行业中,从而引起众多企业都面临着资金链断裂的风险。因此,众多企业为降低风险,纷纷选择加入低附加值但资金规模要求不高的劳动力密集型低端产业链,这就使得我国企业陷入到一个恶性循环。因此,当前各级政府应协调市场机制与政府调节的作用,加强各行业及各地区之间的互动协调,为企业发展提供类似相关支持性产业和机构的公共产品或者辅助服务,构建社会信用体系,从制度上解决企业的信用约束问题,充分发挥中介组织的功能机制,协调好企业巩固本土市场与国际市场的开拓,并逐步向国际产业链的高端转移,进而推进整个行业的升级。

(二)推进商业模式国际化,优化企业资源配置

自二十世纪中期以来,围绕商业模式的研究已成为管理学界的热点话题,这主要是基于当前市场竞争形式日益多样化,商业模式的发展及创新力度已然取代单纯的技术及产品创新,成为企业间竞争力的主要工具。而伴随着互联网技术的普及和全球经济的迅猛发展,商业模式在一国经济发展和企业发展中所起的作用日益显现出来。

所谓商业模式,其实质是企业围绕实现利润最大化的目标,通过何种方式来统筹经营和管理企业,使得企业经营模式更加合理化,从而实现利润的上升。可以说,商业模式是企业资源配置的顶层设计,是企业既有资源运用最大化的依托。当前在经济全球化背景中,企业所面临的经营环境日益复杂和激烈,创新商业模式已然成为众多企业充分挖掘现有资源的有效手段,即通过创造性的商业策划,结合现有电子商务及新兴媒体等手段充分挖掘客户需求价值,由单纯的产品价值观转变为产业价值观,实现与国际主流消费文化接轨。因此,要实现企业现有资源优化配置,就应推进商业模式国际

化，进行企业价值链重构，使企业商业模式更加适应当前市场竞争的模式组合。而当前随着自贸区政策的实施及推广，众多跨国公司的涌入必然带来先进的商业模式，对于众多国内企业而言，这既是一个碰撞，但更是一个近距离借鉴对方的优势组合模式的契机。

1. 优化价值链，整合企业资源关系，提升企业资源配置能力

如上所述，商业模式实质是资源关系的运营模式，而在市场经济条件下，企业之间的资源可通过市场运作机制进行相互兑换，从某种意义上来讲，企业之间竞争力的差距不在于资源，而在于资源协调运作能力，在于如何有效地获取企业所需资源，形成企业资源优势，从而打造为自己的核心竞争力。

因此，企业商业模式的优化就是使得企业资源运作能力市场化和商业化，乃至常态化，从而引导企业更加明确自身内外部资源，树立市场导向意识，形成企业整合资源的能力。而在整合资源关系方面，企业应注重针对自身的资源状况，明确其内部价值链上具有竞争优势的关键环节，形成核心竞争力，保持自身优势。当然随着市场环境的变化，企业价值增值环节往往也会随之发生相应变动，因此企业商业模式的优化就应注重价值链的重构，根据内外部环境的变化适时调整价值链，注重资源渠道的开拓和评价，提升资源种类的互补效应和组合效应，在保持自身竞争优势的同时加强劣势环节。如通过组织结构扁平化运作，缩短企业经营流程，将企业内部相关业务流程有机组合，形成一条紧密的信息共享的价值链，从而在降低运营成本的同时有效提高企业内部资源配置效率。此外，在优化内部价值链的基础上，应注重外部联盟，推进企业内外部价值链各个环节的优势互补，实现有效协作，使得在增强自身内部竞争力的同时也能获得价值链集成效益。

2. 重新界定客户价值，创新企业盈利模式

商业模式的设计本身就是出于从挖掘需求开始，到实现客户需求结束，进而实现企业盈利，因此客户需求是企业获取利润的根本，拓展企业价值创造能力是其利润增长的根基。

可以说，对顾客价值主张进行定位及分析是商业模式创新的首要要务。一方面要对潜在客户需求和偏好意愿进行深入分析，重新界定细分客户市场，形成新的价值主张。在客户价值主张形成当中，基本有两种定位客户价值的主张方式，一种是向新客户提出新的价值主张，一种是向原有客户提出更有吸引力和竞争力的价值主张。在此基础上，通过对顾客种类和消费需求进一步研究和分类，逐步针对性的进行产品和服务细分，不断提升企业产

品的效用价值,进而提升企业盈利能力。另一方面,要做到准确的顾客价值定位,就应做到准确的产品或服务细分,从而满足新的价值主张或服务。客户价值主张的实现最终是要通过企业的产品或服务来实现,因此能否最大限度地满足顾客需求,关键在于能否实现产品或服务与顾客价值主张有效契合。此外,以何种方式满足顾客价值也是直接影响到顾客需求的满足效率。

因此,借鉴当前电子商务运营模式或者互联网便捷渠道,改变传统的产品或服务渠道,缩短或者压缩分销渠道,提高产品或服务的流通效率,进而增加企业产品市场覆盖率及消费便捷程度,从而为顾客创造出更大价值,也实现了企业更多的盈利。总而言之,优化商业模式,在于合理评价收益对象和拓展销售渠道,革新收益模式。

3. 重塑产业边界,整合资源流程

随着市场经济体系日益一体化,产业之间的融合程度也日益紧密,尤其是产业之间互补效应日益增强,各种资源可实现有效对接。这就要求企业应跳出原有的思维,打破产业之间的格局,重塑产业边界,有序地探索跨越现有产业的局限性,整合企业内外资源,实现整体资源的充分发挥。一方面,加强与相关企业合作,将企业外部资源纳入企业内部运作中,成为企业商业模式创新运作的重要元素,另一方面,应充分利用企业现有资源,充分挖掘其内在潜力,产生最大程度的作用机制,而要达到这一目标,就应重塑企业整个经营流程,应从产业边界内整合资源的角度来重新审视企业现有运作流程,这是因为企业生产运作流程本身是一个复杂系统化的流程,因此应剔除掉流程内部附加值较低的环节,专注于某些关键价值创造环节,通过建立与之相匹配的弹性信息架构,实现企业各个流程的无缝对接,从而提高企业的经营效率和速率。具体而言,可通过 ERP 系统构建一个协同运作平台,建立一个信息资源共享机制,实现与企业上下游环节,涵盖供应商和销售商的信息共享,从而达到以供应链整合为焦点,围绕市场需求进行采购、生产产品,协同营销的新型运作模式。

(三) 实现企业治理结构优化,提升国际竞争力

改革开放三十多年来,无论是国有企业还是民营企业都得到了显著发展,为我国国民经济的迅猛发展也做出了不可或缺的贡献,但在企业不断壮大的同时,公司的治理结构问题也日益凸显。国有企业由于长期受到计划经济的集权式思维的影响,仍保留着自上而下的集权管理风格,而我国民营

企业大多数是以家族式企业的组织形式出现，企业的控制权及所有权都掌握在家族成员手中，普遍形成了“唯我独尊”的股权结构，家族式企业所设立的机关往往都成为企业拥有者操控的工具。而伴随着众多民营企业进入二次创业热潮，家长式的管理风格渐渐陷入管理困境。特别是自贸区的相关政策有别以往，包括财务、法制等各方面都有较大的差异，对企业自身的素质要求较高，这就需要企业管理风格逐步转变为职业化管理风格，而这就需要当前企业治理结构不断进行优化。

1. 优化企业股权结构，明确企业产权关系

我国众多企业尤其是民营企业在创办之初，往往产权关系很不清晰，家族内部成员凡有出资即是企业股东，并在企业内部各自担任重要职务，这在企业创办之初往往能很好地推动企业的发展，但随着企业规模变大之后，这种内部模糊的产权关系则会造成企业内部管理混乱，特别是当企业由家族治理模式向职业治理模式转变时，往往会造成职业经理人不知何从。

因此，企业内部应厘清产权关系，尤其是家族成员内部之间的责、权、利关系，甚至在引入职业经理人制度之后，可成立家族成员委员会来选举出代表来参与企业管理，其余成员则应退出企业日常管理，只享有股东的利益，而由职业经理人与代表成员共同经营企业，共同分享企业的剩余控制权。此外，长期以来我国企业股权结构往往处在一两个大股东控股的不合理的股权结构之中，这样往往会引起控股股东会与企业高级管理层过度重合，从而导致一两个控股股东对控制权的过度滥用，董事会或监事会无法对其进行有效监督，最终会损害到各中小股东的利益。

因此，除了明确企业内部成员的产权关系之外，还应推进产权制度变革，通过对股权的分散处理来降低大股东的控制程度，也就是其股权集中度。具体而言，可通过以下几种方式来进行分散股权，一是通过稀释股权，定向增发股权，促使更多中小股东所拥有的股权有所增加，从而稀释掉大股东所占的股权比例；另一方面是借鉴第三方评价平台，引进外部优质投资者，进而依托以长期持股投资受益为目标的外部投资者来对原先家族企业形成权力制衡作用。当然相比之下，前者所产生的效用相对较低，因为中小股权受制于自身实力的影响，无法直接对抗控股股东。因此，从外部培育乃至引进优质投资者，显然更为合理，甚至在条件允许的情况下，可适当吸纳职业经理人进来，通过给予其适当的企业股份，使得其能真正享有企业的经营管理权。其实，吸纳职业经理人融入企业股权结构中，这体现了当前企业治理结构中的人本管理元素，由传统的“资本雇佣劳动力”的思维转变为人

力资本管理,不仅能够使得企业决策机制趋向合理化,也有益于在企业主与职业经理人之间建立信任基础。

2. 企业内部管理的契约化,建立健全人才激励与约束机制

在集权式管理体系下,企业内部的治理制度往往是以非正式契约治理为主,人情关系代替了合同契约的功能。而要建立现代企业治理制度,就应转变家族企业的任人唯亲观念,彻底摒弃企业内部体制中不符合现代企业治理制度的人力资源政策,由过往的"人治"管理转变为"法治"管理,通过制定相关制度,明确规定各个岗位的职责和权限范围,并依托正式的聘任合同,明确界定职业经理人的职权范围以及相关违约行为处理方式,在此基础上既保障企业拥有者的利益不受损失,也有效约束了职业经理人的行为,在双方之间建立了信任基础。此外,在员工管理方面也应引入契约式管理风格,一方面要建立定期考评考核制度,对于员工的工作能力进行细化评价,并形成阶段性的考核方式,以提升整个企业技术的创新竞争力,另一方面通过正式合同,将企业的经营绩效及效益与经营者的收入联结起来,业绩突出的员工可获得更高的收入,对于某些特别优秀的员工应进行重点奖励,以激励员工的工作积极性,也可吸引更多的优秀人才进入企业管理中。

3. 完善相关法律制度,优化企业外部的治理环境

要确保现代治理模式能有效运转,就离不开企业内外部环境的同时改善。而法律制度显然是当前企业生存中最重要的外部环境,尤其在当前我国构建社会市场经济体系进程中,法律法规的完善直接关系到企业的良性发展。而目前我国还处在经济转轨中,法律制度的供给显然还较为缺乏。因此,要进一步优化我国企业治理模式,并使之固定化,显然离不开政府法律制度的支持。一方面,从宏观层面上来看,企业要完善对公民个人财产权的保护,这是激发投资者投资和创业者创业积极性的关键,另一方面从企业微观层面来看,进一步完善企业股权结构是保护各股东尤其是中小股东利益的关键。当前在众多上市公司中,大股东侵犯中小股东的行为屡有发生,究其原因主要是中小股东缺乏维护自身权益的法律武器,因此有必要通过完善有关股权结构,从法律层面形成对大股东行为的制衡作用,比如通过建立健全独立董事制度,充分发挥独立董事的监督权、否决权和提议权,来制衡大股东的行为。

(四) 深化创新战略,着力打造企业"创新链"

"互联网+"概念的提出,蕴含着企业传统经营战略的转变,需要企业创

新能力的提升，这就需要众多国内企业借融入自贸区契机，深化创新战略，转变传统经营方式。所谓“创新链”，即是指围绕着某一个创新目标，以市场潜在需求为导向，通过技术创新或知识创新等活动将涵盖企业、科研机构及高等机构、政府组织等相关创新主体联结在一起，并且通过合理的分工和协作，形成优势互补，实现知识技术的经济化或者创新系统的优化，最终转化为生产力成果并逐步扩散的全过程，而在转化过程则涵盖着各个环节的环环相扣，形成从创新理念、研发设计、生产制造到营销管理等一体的链式结构。由此可以看出创新链条实质是由各个创新活动所组成的链条，而打造创新链条，深化创新战略实质是呈现出知识创新的研发、转移及扩散的流程，是以企业技术创新为基础，以提升企业竞争力为目标，多个创新主体共同参与创新产品的研发设计并使之商业化而形成的有序链接。其中，创新主体是创新链条上各个环节活动的参与者，是技术的研发供给者；各个创新活动则是由各技术活动所组成的技术链条，最终产品的功能的实现则要依托该技术链条；创新主体之间的交互关系是创新链稳定的关键因素，会直接影响到创新链条上各个环节的创新活动及传递渠道的通畅。

进入21世纪以来，无论国际市场环境还是国内市场环境，各企业之间的竞争日益激烈，全球化并购、联合、竞争日益成为新经济的“常态化”。在此背景下，企业要实现可持续发展就应不断进行创新，不仅在经营战略上进行创新，也要在经营理念上进行创新。而要真正实现创新，关键要实现各个创新链条的有效畅通，因为创新链条的断裂就会中断了创新的连续过程。因此，当前重在培育企业创新链，重在系统分析和整体优化创新链，强调分工协作，共同实现创意产品的市场价值。

首先，着力培育创新主体之间的协同创新能力，提升创新资源的使用效能。在企业研发创新之中，由于个体创新能力的资源不足往往需要一个团队乃至一个机构的介入，共同推动进行研发创新。但往往创新主体的多元化会导致创新资源的分散化，企业内部的管理文化、组织结构与流程等因素制约了各创新主体间协作行为，研发人员与团队无法共享资源和展开合作，这就造成很多技术创新项目效率不高，项目收益也没有实现预期收益。因此，应充分发展政策的“黏合”效应，着力培育各创新主体之间的协调创新机制，扫除企业创新协作中的障碍，有效整合企业创新资源，发挥出创新资源的最大效能，比如缩短研发创新与成果转化之间的时间。当前我国科技研发与经济间“两层皮”问题仍然较为严重，每年我国各所高校及科研机构产出了很多科研成果，申请很多专利数，但缺乏市场化运作，真正转化为市场产品的专利或成果却很少，更别提产业化等等。但与之相对，目前我国各企业研发创新能力却存在着不足,核心竞争力不强,缺乏持续创新能力,大量企业还未形成创新驱动发展模式,因此通过协同创新,建立产学研合作平台,形成高效科研机构与企业合作的直接通道,让创新主体的研发创新直接围绕着产业价值链,由高校与科研机构负责基础研究及实验研究,并将创新研发成果转移到企业,由企业围绕市场需求对研究成果进行产品设计及工业化运作生产,最终再通过市场营销推向市场,这直接缩短了创新向成果转化的时间,也提升了研发创新成果的转化率。

其次,应着力培养企业技术创新能力,提升企业竞争力。提高企业技术创新能力是构建企业"创新链"的基础性要务,也是整个创新链条中的核心环节。因此,一方面企业应提高创新资源投入能力,合理分配研发及非研发等相关经费,使得企业人力、设备等相关软硬件资源得到最优化配置,同时能将研发创新成果或者创新理念转化为符合市场需求的产品,并进行规模化、批量化制造。这就要求企业应大力加强企业制造能力,应改进企业装备及工艺水平,还有员工队伍的技术运用能力及适应新技术的能力。另一方面,企业管理者应提高创新管理能力,要有相应发现和评估创新机会的能力,包括能够了解到应在哪一个领域研发新技术,开展何种技术,以及技术创新合作的商业模式等等。对于一个卓越的领导者来说,要有善于创新的倾向和企业家冒险精神,同时也要有善于在企业的不同发展阶段推行不同的创新战略。

第三,要着力培育企业创新文化,形成企业持续创新氛围。企业文化是其创新链的动力源泉。当前从企业创新系统发展演变来分析,其动力机制已从已往单纯的经济因素推动创新,如规模经济或者范围经济等等,转变为"社会—文化"的根植性。创新活动不是企业一时的行为,也不是简单的利益推动行为,更多是需要各个持久的、可持续的创新行为,才能带动企业质的飞跃。而文化因素对企业管理的影响往往是无形又极其深刻持久的,也包括对企业的创新机制所带动持久性的影响。但在文化培育方面,往往落后的文化总是阻碍着创新的进程,先进文化则是推动着创新的步伐和社会的进步。因此,当前我国企业要深化创新战略,就应突破传统文化理念的桎梏,大胆创新,进一步营造尊重人才、鼓励知识创新、容忍一时失败的氛围,注重知识产权和创新成果的保护,促进人才的合理正常流动。人才是企业创新链条中的决定性因素,是推动企业创新的主体。因此,在打造企业创新链进程中,要着力打造一个多层次、横跨各个领域的企业创新人才队伍,形成以企业家为主导,以高端技术人员或高校专业学科带头人为研究骨干,并以企业工程师为主体,以企业生产技术工人为基础,相互协调、相互补充,多层次的互动创新人才队伍体系。

四、自贸区制度创新能为企业带来什么

(一)扎实推进制度创新,着力打造利于企业战略转型的营商环境

1. 加快政府职能转变,实现企业协同管理创新

我国作为一个“后发”国家,在经济发展和赶超方面,政府的作用自然不可小觑。而企业战略转型本身就不是一个封闭式的自我转型,而是与外部环境紧密依存,不可分割的,特别是在当前我国市场经济体制还不是很完善的情况下,企业进行战略转型,实现协同创新本身就体现一定的国家意志。而良好的外围环境,是企业协同创新的催化剂,政府的适度引导是企业战略转型的动力,但政府的作用应重在消除阻碍创新的相关制度,提高协同创新效率,实现企业可持续发展,最终达到国家创新能力的提升。因此,政府应转变以往单纯的行政配置资源模式,积极转变政府职能,以市场为基础进行配置资源,即提供完善的法制保障、稳定的宏观经济环境及符合需求的资金支持。

第一,政府应优化市场政策环境。市场需求是企业创新的动力机制,也是其利润的主要源泉,但市场体系的稳定性直接影响到企业利润获取渠道的稳定性。因此,政府应积极培育市场体系,通过改变进出口税收体系、调整金融政策及完善市场服务体系等途径,来为企业提供更为完善的市场机制,鼓励企业加大科研创新等方面投入力度。同时通过采取切实有效措施为我国企业获得公平的竞争环境,如加大知识产权保护力度、规范进出口产品技术标准及进口配额,甚至是反倾销等措施,来支持本国企业参与国际竞争。当然在我国相对薄弱的行业,也可通过大范围的政府采购,实现以“需求拉动”方式来带动我国企业的技术创新。

第二,进一步优化我国技术创新环境。要保障企业发展所需要的技术,就要有技术及时有效供应的保证。为此,当前我国各级政府应加大对基础研究及应用、实验研究的投入,包括建立涵盖高校、科研机构及企业孵化基地的错位并存的科研体系,引导科研机构或者高校起到引领作用和骨干核心作用,专职于核心技术及关键技术的研发活动,而非停留在企业低端层次的研发设计活动,避免了与企业争夺市场,从而实现合理化创新体系分工,

同时也要加大对高校及科研机构研发创新的资助力度，弥补其技术研发前期利益的空白，从而提升各级科研工作者的研发积极性。

第三，优化人才培育环境。创新人才是企业战略转型的灵魂，也是企业创新能力的保障。因此，政府要优化人才培育环境，一方面要加大对创新人才的培养力度，建立高质量的人才培养体系，形成涵盖高等教育机构培养基础性创新人才和企业等非专业研究机构培养实践性创新人才的多层次的人才培养体系。在学校教育方面，可依托现代信息手段，在注重学生理论学习的基础上提升其实践操作能力，切实提升高校的人才培养水平，为企业输送合格人才。至于企业等非教育机构，则应重在鼓励其在岗积极学习，为其创造二次教育机会，提升其创新能力。另一方面，要加大对创新人才的引进力度，培育人才流动、吸引人才和激励人次的机制。创新人才的培养是需要一定的周期，不可能在短时间既有质上的提升也有量上的扩张。因此，可通过各种激励手段，包括高薪及优越的科研工作环境来吸引人才前来，也可以通过给予留学生创业优惠等措施来吸引国外优秀人才融入到企业创新活动中。当然，也可借鉴国际上通行的人才交流机制，来引导跨企业、跨地区及跨行业人才的交流互动，实现创新人才的优化配置。

第四，优化创新的信息平台环境。有效的协同创新离不开协同创新平台的构建，通过协同创新平台可以缩短科学创新与产业发展的距离，特别是产学研平台的构建既能吸引企业主动前往科研技术研发者购买技术，同时也为各所高校等研发者及时将成果转化为产品提供方便。因此，政府应重在建设一批支撑产业技术研发及产业化运作的中介平台，同时加强信息基础设施建设，完善信息中介服务体系，建立信息沟通平台，从而有效支持和发展协同创新平台。

第五，进一步优化法制政策环境。企业战略转型本身是一个复杂系统运行的进程，涉及众多领域，因此推进企业战略转型或者创新离不开政策和法律的有效支持，尤其是在企业创新进程中伴随着各种创新成果的出现，对各种政策及法规的影响进行定期评估显得更为关键。

2. 构筑对外开放促进体系，扩大投资开放领域

当前我国应以构筑对外开放促进体系为目标进行配套改革制度，坚持“走出去”与“引进来”并举改革，扩大开放领域，加快内外对接的开放型经济体系建设，进一步优化开放结构，提高开放质量，形成依托自由贸易实验区的对外开放新格局。

首先，构建新型贸易体系，转变贸易发展方式。一方面应加快推进自贸

区2.0建设，充分发挥各自贸区的特点，积极构建内外对接的贸易体系，从而推动当前我国传统的市场经济经营模式向国际化的经营模式转变，着力发展开放型的总部经济，尤其凸显其科研中心、财务结算中心、金融借贷中心等功能，为企业拓展市场空间提供相应的资源配置；另一方面，进一步优化我国进出口贸易结构，重点发展资源环保型、高新技术产业特点的加工贸易，促进我国传统贸易转型升级，转向各产业链条的高端、高附加值的环节，从而巩固我国贸易优势。当然，要实现我国贸易结构转型升级，稳步提升我国面向欧美等西方国家的市场份额，就应推动出口产品由以往简单的加工制造向质量效益型转变，深入实施“品牌强贸”战略，鼓励和引导处于低端环节的代理加工企业向研发品牌或者设计制作发展。此外，要进一步做大做强专业化贸易，还需优化培育各类型的贸易主体。通过构建具有国内外市场资源配置能力的市场体系，不仅吸引众多国内外大型企业融入进来，也积极引入现代国际贸易的中介服务机构，从而达到集聚各种经营活力强的贸易主体，进而提升各种商品和服务的技术含量。

其次，应着力打造引进外资平台，提升引进外资质量。结合各自贸区区域，充分发挥其招商引资主力军作用，提升其国际贸易、保税、仓储配送等综合功能，完善自贸区物流服务体系，整合提升产业功能区，使之成为引进优质外资的重要平台。同时结合自贸区负面清单制度，鼓励引进研发设计、服务外包、文化创意、金融借贷、仓储物流等现代服务业项目，包括一些新能源、节能环保等战略性新兴产业重大项目，从而进一步优化利用外资结构，提升外资质量。

最后，提升企业“走出去”能力，扩大投资开放领域。从政府决策层面，应积极鼓励企业走出去，支持企业到国外设立营销网点，优化企业“走出去”环境。一方面，完善企业的相关扶持政策，建立企业对外投资指南，并逐步健全企业投资贸易壁垒安全预警、信息通报和应急处理机制，同时也着力发展国际性中介服务机构，为企业对外投资提供信息咨询、法律援助及项目资本运营等服务；另一方面，要合理引导企业对外投资，鼓励其在发达国家建立研发中心，甚至并购国际品牌，拓展企业营销渠道，建立各层次的服务中心。

3. 构筑符合要求的贸易规则和投资体系，完善法制领域的制度保障

当前我国设立自由贸易试验区出发点在于能够在新的国际贸易投资规则中获取话语权，从而改变传统贸易规则体系下的被动地位。因此，我国设立自由贸易试验区，实质在于构建开放型的经济新体制。那么这就需要营

造一个国际化、法制化和市场化程度高的经营环境,形成一个高标准国际投资和贸易体系。

首先,应完善法制制度,加快形成与自贸区相适应的高标准投资和贸易规则体系。特别是围绕当前自贸区试点内容,停止实施有关行政审批,结合自贸区的区域特点,实施准入前负面清单管理制度和国民待遇等方面的深化改革,并及时通过试点中的制度保障问题。同时也应进一步建立或者探索与自贸试验区相适应的税收政策,在符合我国税制改革方向的前提下,研究实施适应境外股权投融资及离岸业务的税收政策。

其次,加快金融制度创新,扩大金融领域的开放力度。要打造符合要求贸易规则和金融体系,就应扩大金融领域的改革力度,一方面积极探索面向国际市场的外汇管理制度改革,可在试验区先行先试人民币资本项目兑换制度以及金融市场利率市场化,建立与自由贸易试验区相适应的外汇管理体制,实现企业贸易投资的便利化。另一方面,应推动金融服务体系开放力度,增强其功能效应。吸纳民营资本和外资金融机构融入到金融服务业中来,并逐步允许境外机构参与到商品期货交易中来,鼓励金融产品创新,从而构建起与国际贸易规则相适应的综合金融服务平台。

(二) 彻底变革观念,做好企业融入国际市场的软硬件建设

1. 研究国际规则,转变经营理念

自贸区给企业提供的最大红利是融入国际市场的平台和机遇,我国企业进入自贸区不应只为了享受自贸区的优惠政策,而应当把进入自贸区作为倒逼企业实现战略转型的强大动力,应着眼企业的长远发展。因此,在入驻自贸区开始就应当给自身一个科学的国际市场定位,把自身融入国际市场并在其中发展壮大作为目标。这就要求企业认真、深入研究国际市场的营销规则。

对竞争及政策法规等环境因素理解不充分被普遍认为是中国企业国际化的主要瓶颈因素之一。自贸区企业除了将面对国际化的消费者之外,还将越来越多地跟世界各国的企业展开合作与竞争。中西方企业对市场合作与竞争的理念不同,对法律的认识也存在一定的差异。西方企业的经营理念是法律先行,先理解国际贸易的法律、法规,在法律的框架下制定商业模式,开展商业经营和竞争;而中国企业往往是商业为先,先制定商业战略和商业模式,开展经营和商业竞争。对规则思维的认识与理解的不同,我国企业"走出去"最终会遇到大量的法律、规则方面的麻烦。因此,企业进入国际

市场之前,应多了解国际市场的规则。

一方面要认真研究国际通行的市场规则,形成国际化思维和理念。具有"经济联合国"之称的世界贸易组织是当今最重要的国际经济组织之一,成员国的贸易总额达到全球的97%左右,因此WTO的相关规则已成为国际市场的基本规则。我国作为成员国,对WTO的规则应该有深刻的理解,自贸区企业更应当深入研究WTO规则体系,尤其在当前面临国际贸易保护主义势力逐步抬头的背景下,需要更认真地研究贸易中可能遇到的各种规则,如双反规则等,还有一些常涉及的重要规则如原产地规则、习惯规则以及竞争中立原则等国际贸易投资中的最新变化。

另一方面,在进入具体国家市场进行投资贸易时要研究和适应东道国的市场规则。要对东道国社会环境和社会秩序、法律规制有较深的了解,在文化方面要克服自我参照准则。由于我国法律规定与所在国法律有所不同,甚至还不属于一个法律体系,我国企业对当地法律不够了解或对法律约束不够重视,遭遇投资或经营挫折的情况经常发生。

不同国家在文化上的差异更是应当重视。文化的差异对市场行为的影响经常不像法律那样显化,而是渗透在组织和个体的思想、理念中,并影响企业与消费者的市场行为。在进入异域市场的时候必须避免文化冲突,要克服自我参照准则以适应东道国文化,比如在营销组合策略上,必须符合东道国的文化传统和商务习俗,包括产品的设计、定价、传播、促销等环节,注意不要与东道国文化产生冲突而受到排斥。

为更好地适应国际市场环境,自贸区企业可以借鉴欧美发达国家的发展历史经验,通过行业协会、商会等组织,了解国外市场规则,例如行业协会可以跟踪出口产品市场价格变化和市场波动,捕捉进口国产业动向和贸易政策变化。协(商)会与国际惯例接轨较早,与世界许多国家和地区法律、商务机构有合作关系,这为我国企业"走出去"提供了条件,作为一个行业集体组织而非政府机构,也避免了国外政府的政治敏感。在进入具体国家市场的时候,可以聘请当地的雇员或通过咨询了解当地市场,或是通过代理商帮助企业使用当地的规则和商业习惯,降低进入新市场的风险。当在海外市场站稳脚跟时,对东道国做全方位的研究,包括国情、政体、法律体系、员工素质等,利用国际共同遵守的规则维护自身的合法利益。

2. 培育核心竞争力,紧握环境便利

核心竞争力是企业立足国际市场并取得竞争优势的依托,是自贸区企业充分利用自贸区政策所打造的国际化便利条件的重要基础。自贸区虽然打开了企业通向国际市场的方便之门,但国际市场是有门槛的,核心竞争力缺失,企业很可能就无法跨越这道门槛。要培育核心竞争力,企业必须努力掌握核心技术,提供能满足顾客需要的产品或服务,同时要努力建设自己的营销网络,提升自己的品牌价值。这要求企业一方面要加大创新的投入,另一方面要精耕市场,以国际视野的战略眼光做好企业长远的市场发展规划。

党的十八大以来我国开始了创新驱动发展战略,提出要使企业成为技术创新的主体。国际上通常以研发投入(R&D)总量及其在GDP中的占比来衡量一个国家的创新力度,以研发投入占销售额的比重来衡量一个企业科技创新的力度。从国家层面看,近年来我国研发投入增长速度比较快,根据科技部统计,2014年,我国全社会研发投入预计达到13 400亿元,占GDP比重预计可达2.1%,其中企业支出占76%以上;全时研发人员总量预计达到380万人年,位居世界第一,其中企业研发人员占77%。[①] 因此总量上看,我国从国家到企业研发的力度都比较大,但作为世界第二大经济体,我国市场体量庞大,企业数量众多,因此,如果从平均数上看,研发投入就变得很少,即便是一些规模很大的企业,其研发投入也显得不足,与西方发达国家企业比还是存在较大差距。根据欧盟委员会发布的2014年全球企业研发投资排行榜,全球研发投入前50名的企业中,中国只有华为一家企业上榜。[②] 这与中国庞大的经济总量极不相称。因此应当引导企业更加重视创新,建立依靠创新驱动企业成长的机制,形成稳定的企业研发投入增长机制,提高研发投入和销售收入的比例,与创新型国家的标准看齐。

一方面政府部门要引导和鼓励企业建立研发中心。通过鼓励企业加大科技创新投入,提高自主创新能力,真正使企业成为科技投入与研发的主体。尤其应重视加大对有成长潜力的中小企业创新的扶持力度,积极制定优惠政策,保障中小企业在科技创新中享受政策优待,加快设立创新基金,满足中小企业发展需要。现阶段,我国中小企业的科技研发投入比例低,总体上还不能满足国际化发展需要,为了在激烈的国际竞争中谋得生存,企业必须加大科技研发投入,重视科技创新,以提高其产品的科技含量。另一方面企业与学校、科研机构及企业之间可建立合作平台,共同研发。从我国台湾地区的发展经验来看,企业与企业及企业与学校、科研机构的合作是企业技术创新较为实用的组织形式,该组织形式可以使学校、科研机构的技术和人力资源与企业的技术创新有机结合,大大提高企业技术创新能力。科研

---

① 中研网,http://www.chinairn.com/news/20150113/085730840.shtml,2015-01-13.

② 新华网,http://news.xinhuanet.com/2014-12/05/c_1113532972.htm,2015-12-05.

机构人才优势转化为企业的技术优势，需要一个适当的组织形式。同时，可以通过企业联合起来搞科技创新，弥补彼此劣势，整合彼此的创新资源，提高企业的整体创新实力。

3. 着眼长远发展，做好人才储备

市场竞争说到底是人才的竞争，国际市场同样如此。企业的国际化发展，除了国际化业务的拓展以外，关键是依靠一批具备国际化视野和能力的员工来实现。自贸区企业要想通过自贸区平台进入国际市场并在其中站稳脚跟、发展壮大，就必须放眼长远，建设一支相对稳定的国际化人才队伍。这不仅要求企业通过引进和培养来壮大人才队伍，还要求企业通过科学的管理和激励等措施加大企业的吸引力来防止人才的大量外流。

一是要把引进人才与培养人才相结合，壮大国际化人才队伍。一方面，要在企业原有基础上，适当拓宽人才获取渠道。先期，实施成熟人才引进，到社会上进行招聘，是一个比较快捷的途径，可以引进一些熟悉国际化规则、精通相关业务的高端人才，通过以点带面，推进员工队伍国际化。从长远看，应当从校园招聘环节进行设计，结合公司国际化发展的实际需要，在招聘员工专业和素质模型中考虑相关因素，如小语种专业人才、乐于接受新事物等特质。海外分支机构还可以考虑通过属地化招聘人才为企业所用，因为当地人员熟悉当地的习俗、文化和语言，便于企业在海外开展业务，而且容易树立当地企业的形象，易被当地客户和公众所接受，加上外派人员的成本较高，雇用当地员工可能会适当降低成本。

另一方面，企业可考虑结合员工队伍的实际情况，开展国际化能力的专项提升计划，从国际化意识导入、国际化基础能力提升、国际化视野拓展、国际化精神塑造等四个方面进行提升。国际化意识导入旨在通过国际化趋势、国际惯例、跨文化沟通等相关课程的学习，提升全体管理人员的国际化意识，营造提升国际化能力的良好氛围。国际化基础能力提升旨在通过语言等方面的学习，带动员工国际化基础能力的提升。国际化视野拓展旨在通过邀请国际知名企业经营者授课，选派人员赴海外知名院校研修等，力求使更多管理人员拓展国际化视野。国际化精神塑造旨在通过开展中西方文化精髓、国际化思维、国际化运作及国际化心理素质等等国际化精神方面的专项培训，提升内在素养。

二是要把科学管理和有效激励相结合，稳定国际化人才队伍。一方面，随着企业国际化经营的不断深入，会逐步出现国外投资、国外贸易、生产实体等跨国经营模式。随之将发生管理人员、业务人员甚至是操作人员的派遣,以及当地招录用工等情况。企业的人力资源管理应在相关业务人员国际化能力提升的同时,建立企业内部的海外人才后备库,通过下属部门推荐、员工自我报名等形式,经过业务能力、外语水平、综合素质等方面的测评,选拔一批有志于从事海外事业、具备跨文化沟通能力的人员作为海外派遣人员储备,并进行针对性的岗位锻炼和专项培训,在企业海外事业拓展,有人员需求时能随时派出。在企业国际化经营的过程中,同样要加强对当地劳动用工政策的收集和掌握,在招聘录用当地员工的过程中,避免因不熟悉当地劳工法律法规,而带来的不必要的法律风险。这一点也往往是许多企业在海外经营中考虑得较少的,但是由此带来的影响是不可估量的,甚至是致命的。企业可以通过聘请律师事务所的律师,得到相关帮助和咨询,已确保规范管理。另一方面,对于国际化派遣员工,在企业现有激励政策的基础上,进行一定激励水平的上调。同时,可基于以下因素的考虑,进行适当的激励:第一,对于派往不同地区的员工,考虑该地区生活质量及成本指数,设置相应的比例系数作为地区激励的一部分;第二,考虑派出工作的时间,按年限长短给予相应的补贴;第三,考虑派出地区的安全风险和艰苦程度,可适当给予一定的特殊补贴。

三是要把畅通组织内部交流管道和浓厚人文关怀相结合,提升企业对人才的吸引力。一方面,要不断保持员工队伍的活力,企业应当建立有序的岗位交流互动机制,如国内外岗位的交流、国外岗位之间的交流,这不仅有利于工作激情的保持,也有利于人才的培养。特别是对于派出至海外工作的员工,可考虑实行工作任期制,一般工作不超过两个任期,任期届满必须进行工作调动,从制度上保证员工队伍的定期、有序流动。同时,将海外工作经历作为员工重要的职业生涯经历,纳入员工综合发展的考量因素,明确为员工岗位晋升的重要参考依据,进一步鼓励优秀员工投身企业的国际化发展。另一方面,以人为本,实现企业与员工共同发展,是现代企业人力资源管理的重要理念。企业人力资源管理的终极目标就是实现企业价值最大化的同时,实现与员工的共同发展,一些国际知名企业也已经开始用年度员工幸福指数调查来取代原先的员工敬业度调查。对于致力于企业国际化事业发展而远离自己熟悉的工作、生活环境的员工,企业应该给予充分的考虑和特别的关心,从人力资源制度设计层面,除了在薪酬激励、职业生涯发展方面的考虑外,还应当考虑其生活的保障、家庭的照顾、子女的学习、本人的心理等多方面的因素,以保证其安心工作。如结合当地市场行情,对于在外租住房屋的员工,给予适当的租房补贴。在员工或家属探亲方面进行适当放宽,并根据派出国家和地区的实际情况,争取家属随任的政策,如有条件,可以为家属提供参加当地相应培训的机会，以帮助其更好融入当地社会。对于在外随任就读的子女，可以考虑在经费上给予一定的支持。实施员工心理援助计划（EAP），为员工配备第三方专业人员，通过定期沟通、辅导等方式，及时了解员工的思想动态与有关诉求，并及时设法解决、疏导，使其在繁忙的工作中能时刻能感知到企业的关心，帮助员工保持良好的工作状态和职业心态。

参考文献

[1] 陈劲、阳银娟. 协同创新的理论基础与内涵[J]. 科学学研究，2012(02)：56-60.

[2] 陈延林. 广东加工贸易转型升级对策研究[J]华南师范大学学报（社会科学版），2008(02)：26-31.

[3] 广东省对外贸易经济合作厅. 促进广东加工贸易转型升级研究[M]北京：中国经济出版社，2005 年版.

[4] 李峰、赵怡虹. 新时期我国企业走出去的再思考[J]. 中国市场，2014(11)：96-98.

[5] 李回雄. 对接上海自贸区！推进城乡一体化[N]. 浙江日报，2014-10-01.

[6] 刘伟. 产业规划属性与趋势：资源配置的价值探究[M]广州：广东经济出版社，2007 年版.

[7] 路小平. 广东促进加工贸易转型升级 [J]大经贸，2007(06)：58-62.

[8] 迈克尔·波特. 竞争优势[M]. 北京：华夏出版社，2005 年版.

[9] 潘悦. 加工贸易产业升级和技术进步[J]. 经济研究参考，2003，(11)：35-39.

[10] 王鹏飞. 中小企业国际化的主要障碍及应对措施[J]. 特区经济，2010(06)：209-211.

[11] 吴敬琏. 从"站起来"到"走出去"[J]. 中国企业家，2012(05)：141.

[12] 尹东耀. 国际化战略下企业人力资源管理的思考[J]. 东方企业文化，2012(16)：72-74.

[13] 原磊. 商业模式体系重构[J]. 中国工业经济，2007(06)：16-23.

[14] 张汉东. 上海自由贸易区与浙江应对[J]. 政策瞭望，2013(10)：63-65.

第八章

法治化：福建自贸区的根本保障

一、世界其他自贸区法律制度概况

依照党的十八届三中全会公报，自由贸易试验区（以下简称“自贸试验区”）本质上属于自由贸易园区（以下简称“自贸园区”）。① 以2013年9月上海自贸试验区的挂牌为标志，中国自贸园区建设揭开了崭新的一页。至2015年5月1日，国家共设立了上海、天津、福建、广东四个自贸试验区。较之过去“法治为改革让道”的理念，在全面推进法治中国建设的新形势下，中国政府更加重视以法治方式凝聚改革共识。因此，有必要以全球视野分析自贸园区的国内和国际法律实践的特点，在此基础上结合中国自贸园区法律建设的历史演进，论证作为新一代自贸园区之福建自贸试验区法律实践（法治范式）的主要特色和发展方向。

（一）自贸园区国内法律规制的代表实践及特点

自贸园区的雏形最早可见于1547年意大利的里南那港口，此类自贸园区通常设在港口或邻近港口的区域，以发展贸易为主。② 1959年，在爱尔兰香农镇设立的自由工业园（Industrial Free Zone）被认为是第一个现代意义上的自贸园区。③ 尽管如此，在自贸园区立法方面较为完善的当数美国和欧盟。欧盟与美国的贸易总量分数世界第一和第二，④是当前为数不多的专门

① 党的十八届三中全会公报明确提到“建立中国上海自由贸易试验区是党中央在新形势下推进改革开放的重大举措，要切实建设好、管理好，为全面深化改革和扩大开放探索新途径、积累新经验。在推进现有试点基础上，选择若干具备条件的地方发展自由贸易园（港）区”。

② 孙远东．从海关特殊监管区域到自由贸易园区——中国的实践和思考[M]．北京：首都经济贸易大学出版社，2014年版：24.

③ GOKHAN AKINCI. Special Economic Zones: Progress, Emerging Challenges, and Future Directions[M]. Washington: World Bank Publications, 2011.

④ WTO. The World Trade Report 2014[R/OL]. https://www.wto.org/english/res_e/reser_e/wtr_e.htm, 2015-05-20.

就自贸园区进行立法并不断修订完善的国家，其法律实践值得深入研究。与此同时，迪拜、也门、加纳、纳米比亚、毛里求斯等严重依赖出口的发展中国家，他们通过设立自贸园区吸引投资、促进外贸的立法经验也值得关注。以下分述美国、欧盟和部分发展中国家的法律实践。

1. 美国

美国将自由贸易园区称为“对外贸易区”，由1934年联邦《对外贸易区法》(Foreign Trade Zones Act of 1934)以及《对外贸易区委员会条例》专门调整。前者就对外贸易区的设立、运行等有关事项进行调整，后者提供有关做法和程序的具体操作细则。美国开辟此类区域的目的在于，消除1930年《斯穆特—霍利关税法案》的高关税壁垒以及烦琐的通关程序对转口贸易的消极影响，[①]促进国内经济复苏，提升就业。迄至2015年4月1日，美国《对外贸易区法》历经1950年、1970年、1984年、1986年、1988年、1990年、1992年、1993年、1996年以及1999年十次修改，目前共包含21个条文(位于联邦法案第81a-81u条)。以下首先对美国《对外贸易区法》的历次修改进行分析，在此基础上论证该部法案涉及的法律问题。

(1) 修改要点

在《对外贸易区法》十次修正案中，1950年修正案、1986年修正案、1988年修正案的影响较大。1934年国会制订《对外贸易区法》和《对外贸易区委员会条例》的目的有三方面。其一，简化海关程序。其二，利用美国先进的基础设施以及有利的地理位置，建设国际货物的转运中枢。其三，促进对外贸易区及周边地区的就业。《对外贸易区法》实施初期的效果并不明显。继1936年美国在纽约市的布鲁克林(Brooklyn of New York)设立了第一个对外贸易区之后，直至1950年，美国境内设立的对外贸易区仅5个。为了改变国内对外贸易区制度几近休眠的状态，美国国会在听取企业意见的基础上，修订《对外贸易区法》，形成1950年修正案(即博格修正案，Bogg Amendment)。该修正案扩大了对外贸易区的功能，从原来的加工贸易到允许发展制造业和保税展示交易。根据该修正案，美国对外贸易区委员会制定了相应的规章，允许企业申请设立具有特定用途的辅区(subzone)。

① William G. Kanellis, Reining in the Foreign Trade Zones Board: Making Foreign Trade Zone Decisions Reflect the Legislative Intent of the Foreign Trade Zones Act of 1934[J]. Northwestern Journal of International Law & Business, 1995(15): 606.

《对外贸易区法》1986年修正案在原来第81c条之下增加了(c)项,就包含工业酒精的货物的退税问题做出补充,允许那些利用已在提纯酒精工厂享受过免税优惠的工业酒精为原材料的货物,享受与对外贸易区其他货物相同的退税优惠。1988年修正案主要有两处修改。一处是在原来第81c条之下增加了(d)项,对外贸易区内炼油生产的相对价值的计算做出规定;另一处是对第81c条(a)项进行补充,规定《北美自由贸易协定》(NAFTA)生效之后,于对外贸易区制造的货物,除非仅涉及清洁、测试和重新包装,否则不得出口到加拿大。

1993年修正案对第81c条(a)项进行补充,规定那部分已在NAFTA项下享受退税优惠的材料之货物,在重新进行关税评估之前,不得出口到NAFTA其他缔约国境内。1996年修正案第81a条(b)项进行修改,将原来对外贸易区委员会的组成人员从原来的"由商务部部长、财政部部长、国防部部长组成,其中商务部部长兼任委员会的主席和执行官"改为"由商务部部长和财政部部长组成,其中商务部部长兼任委员会主席和执行官"。1999年修正案在原来第81c条之下增加了(e)项,规定为对外贸易区内生产而进口的物品,如属设备,及至装配、安装完成、测试并投入使用时才征税。

美国《对外贸易区法》的历次修改,澄清了对外贸易区的制度障碍,促成了美国对外贸易区数量的增加。截至2013年底,美国对外贸易区数量增至177个,加上辅区(subzone),实际活跃的贸易园区多达289个。[①] 美国大力发展对外贸易区的原因有五个方面。第一,能够利用美国境内的劳动力、技术和管理经验。尽管海外经营的劳动力成本可能低于美国,但海外尤其是发展中国家往往缺乏类似美国本土的高技术劳动者以及成熟的管理经验。第二,充分利用美国既有的现代化基础设施,以此降低企业的生产成本。第三,资本投资在美国远比在国外安全,可以扭转外汇储备逆差。第四,关税监管设施的设计由美国陆军工程师兵团负责监督,并由财政部负责维护。这些设施可以为企业节省安保费用,并将减少它们在保险费方面的支出。第五,尽管区内产品享受相当程度的贸易自由待遇,但对外贸易区的境内关外的优惠主要针对关税和部分国内税,区内制造的产品仍被视"美国制造",政府在其他方面仍然拥有监管权力。

---

① PENNPRITZKER, JACOBJ. LEW. 75th Annual Report of the Foreign-Trade Zones Board to the Congress of the United States[R/OL]. http://enforcement.trade.gov/ftzpage/annualreport/ar-2013.pdf, 2015-04-24.

（2）主要制度

美国对外贸易区委员会关于“对外贸易区”的界定如下：作为公共实施，享受特殊政策的独立的封闭区域；毗邻港口，拥有装货、卸货、分拣、操作、制造和展示货物的功能，并能够安排通过陆上、水上、航空运输转运；任何国内或国外货物，除非法律禁止或对外贸易区委员会明令加以排除的，否则都可以在区内以任何方式储存、展示、制造、配制或操作，但《对外贸易区法》和其他可适用的法律或规章另有规定的除外；若此类货物只是转运到其他境外地点，则不征收任何关税，但若其进入美国的关税区域，则必须缴纳关税。[①]美国对外贸易区设立与运营过程中所涉及的法律问题包括如下六个方面。

第一，对外贸易区的申请与审批。美国的对外贸易区依申请设立，数量不限，每个入境港口至少可以申请设立一个对外贸易区。设立的审批权归对外贸易区委员会。公共公司或私营公司均可申请设立对外贸易区，但同等情况下公共公司拥有优先权。经批准的申请人称为受让人(grantee)，被授予设立、经营和管理权对外贸易区。申请者需要论证的内容包括：选址地图；与入境港口的关系；适合建立对外贸易区的原因；与关税区的区分方法；区域扩展的可能性；既有的可利用的设施和设备以及拟增加的设施和设备的初步计划及成本预算；建设、提供设备和设施的时间表；项目的融资方法。受让人负有提供与维护区域内公共设施的义务。[②]

第二，对外贸易区的运营协议和使用协议。对外贸易区一旦获批，受让人可自行经营对外贸易区，也可经对外贸易区委员会批准，与经营人(operator)达成运营协议。[③]

对外贸易区获批之后，使用人(user)(包括公司、合伙人或个人)将就利用对外贸易区存储、处理或加工货物与受让人或经营人达成使用协议。对外贸易区是公共设施，受让人对使用人不得歧视，所有服务收费必须公平合理。

第三，监管关系。对外贸易区委员会在整个监管结构中处于主导地位。美国海关与边防局(CBP)作为主要的执法机构，对受让人、经营人和使用人的贸易活动进行监督。与此同时，对外贸易区委员会与其他公共管理机构具有相互合作的义务，这些部门包括公安部门、卫生检验检疫部门、海关、邮

---

① MARSHALLV. MILLER. Foreign Trade Zone Manufacturing: The Emergence of a Free Trade Instrument[J]. Virginia Journal of International Law, 1968, 9(2): 444.

② See 19 U. S. C. 81f(a).

③ See 19 U. S. C. 81m.

政部门、公共卫生部门、移民与归化部门以及其他拥有管理权的联邦公共服务机构。[①]

第四，优惠内容。除非法律另有禁止（如进入对外贸易区的可回收废物原料，需根据其性状、数量和重量征收进口关税），否则境外进入区内的货物，区内货物出口境外、区内货物的处理不受关税法的调整。但若货物进入境内区外，则必须遵守与货物进口有关的法律和规章的约束。进入区内的货物免受配额限制，免除关税或国内税收。[②] 区内个人有形财产免于适用州和地方政府的从价征税。从境外进入区内的有形个人财产可在区内储藏、销售、展示、重新包装、加工、组装、销售、展示、混合、清洁、制造、加工。对于原产于美国的个人有形财产从区内出口境外，免于适用州和地方政府的从价征税。[③]

第五，经营限制和优惠的撤销。除非受让人和委员会同意，对外贸易区不得开展零售贸易。[④] 若受让人恶意违反本章的条款，对外贸易区的优惠将被取消。取消优惠应提前一个月通知受让人，后者享有书面申辩机会，并有权上诉。[⑤]

第六，公共利益维护与罚则。美国的对外贸易区允许居民居住，对外贸易区为居民和企业员工提供出入便利。禁止危害公共利益、健康与安全的货物或工艺入区。[⑥] 任何人，包括受让人、政府官员、代理人或雇员，若违反《对外贸易区法》以及根据该法制定的规章，将处以 1000 美元以上的罚款。若拒绝改正，适用累计处罚。[⑦]

(3) 特点小结

根据上述分析可见，美国对自贸园区的法律实践具有以下五方面的特点：

其一，以贸易自由化为主，基本不涉及投资内容；

共二，项目建设主要依托私人融资；

其三，日常管理主要借助服务外包，由私人承担；

其四，由于私人在对外贸易区的建设、运营中承担重要义务，相应地，在

① See 19 U. S. C. 81h、81i、81j.

② See 19 U. S. C. 81c(a).

③ See 19 U. S. C. 81o(e).

④ See 19 U. S. C. 81o(d).

⑤ See 19 U. S. C. 81r.

⑥ See 19 U. S. C. 81o(c).

⑦ See 19 U. S. C. 81s.

面临区内的优惠被取消的决定或裁定时，他们也被赋予较为完善的救济权利；

其五，自贸园区允许居民居住，强调政府对区内公共事项的监管。

2. 欧盟

自贸园区在欧盟法律中称为自由区（Free Zone）。1992年原欧洲共同体12国（比利时、丹麦、德意志联邦共和国、希腊、西班牙、法兰西共和国、爱尔兰、意大利、卢森堡、荷兰、葡萄牙、大不列颠及北爱尔兰联合王国）根据《马斯特里赫特条约》成立了欧盟，对外实行统一的关税政策。迄至2015年4月22日，欧盟成员已扩至28个，接受《共同体海关法》是成为新成员的必备件之一。《共同体海关法》历经1997年、1999年、2000年、2005年、2006年、2008年六次修改。2008年欧盟理事会和欧盟国会联合发布第450/2008规章对《共同体海关法》进行全面修改，修正案被誉为是现代版的《共同体海关法》。[①] 2013年，欧盟理事会和欧盟国会又通过第952/2013号规章，废除了之前第450/2008规章，将《共同体海关法》更名为《欧盟海关法》。《欧盟海关法》于2013年10月30日开始实施。以下将概述《欧盟海关法》的历次修订，重点分析2008年修正案关于自由区的规定，以期论证欧盟自由区法律制度的发展趋势。

（1）2008年之前的历次修改

1997年修正案简化了海关程序规定，包括自由区海关债（应缴关税）和海关控制程序的简化以及共同体区域内（包括自由区）清关程序的简化，以便成员可以更有效地实施《共同体海关法》。[②]

1999年修正案主要澄清并完善共同体区域内（包括自由区）涉及转关的卸货程序以及被授权使用该程序的主体的责任，其中还包括转关操作的债务担保以及所引起债务的偿还程序。[③]

2000年修正案旨在便利自由区内、临时入境、海关控制下的货物的加工。[④] 内容包括：引入预防欺诈的程序；进一步简化海关规则和操作程序，使之更为理性化；便利电子清关申请的处理；便利区内加工、海关控制下的加

① 欧盟网站[EB/OL]. http://ec.europa.eu/taxation_customs/customs/customs_code/union_customs_code/index_en.htm，2015-04-26.

② Summaries of EU Legislation[EB/OL]. http://europa.eu/legislation_summaries/other/l11010_en.htm，2015-04-26.

③ 同上。

④ 同上。

工、临时入境货物对自由区程序的利用;对那些依据优惠条件进口的货物实施善意保护。

2005 年修正案旨在加强货物跨国境流动的安全保障。[①] 根据该修正案,自由区内的经营者在进口或出口之前需要向主管海关提交具体的货物清单。修正案引入"经认证的经营者"(Authorized Economic Operator,简称 AEO)制度以提高监管效率。成员国可以依据欧盟确定的共同标准授予任何一个在自由区内经营的主体以"经认证的经营者"地位。这些共同标准包括企业的控制系统、清偿能力、守法记录。成员国被要求依据共同体统一的标准进行风险分析。

2006 年修正案主要是细化 2005 年修正案内容的分阶段实施日期。[②] 据此,2005 年修正案中关于风险管理、为出口电子报关需要而进行的数据交换、所有的新定义、所有要求加强向警察部门和其他主管部门报告的数据传递的规章,可在 2006 修正案公布之日(2006 年 12 月 19 日)起 7 天后生效。新版的 AEO 要求于 2008 年 1 月 1 日生效。所有的进口、出口、所有经过欧盟(包括自由区)的货物所适用的出口前和进口前报关的新规则于 2009 年 7 月 1 日生效。

(2) 2008 年的修改

鉴于欧盟内外法律环境的重要变化,即对内(共同体层面)煤钢共同体协定于 2002 年失效、来自东欧的新成员增加;对外(国际层面),《京都公约》的修改对作为缔约方的欧盟成员提出的实施要求,欧盟理事会和欧盟国会认为之前几次修正案的规定远远不够,故而需要对《共同体海关法》进行全面修改。

2008 年修正案并没有对关税区和非关税区作出明显区分,包括自由区在内的所有海关控制的区域,都涉及以下海关程序问题的协调:[③]

第一,统一那些征收不同增值税税率地区的货物贸易的海关程序,以体

---

① Summaries of EU Legislation[EB/OL]. http://europa.eu/legislation_summaries/other/l11010_en.htm, 2015-04-26.

② CARSTEN WEERTH. European Community Customs Code: The Small Customs Code Revision and Americanization of European Customs Law [J]. Global Trade and Customs Journal, 2007,2(10).

③ 2008 年修订的《共同体海关法》文本来源 Regulation(EC) No 450/2008 of the European Parliament and of the Council of 23 April 2008 laying down the Community Customs Code (Modernized Customs Code), Preface [EB/OL]. http://eur-lex.europa.eu/LexUriServ/LexUriServ.do? uri=OJ:L:2008:145:0001:0064:EN:PDF,2015-05-10.

现共同体货物自由流动的特点；

第二，统一影响进出口关税和其他进出口措施的各种要素，并统一共同体原产地证书的发行规则；

第三，简化海关立法，允许利用现代技术手段促进海关立法的统一以及海关控制手段的现代化，以确保简易高效的清关程序。据此，海关程序被合并或统一，其数量将精简到那些具有经济正当性的措施，以提升企业的竞争力；

第四，统一海关债的执行主体为企业营业地所在的海关；

第五，要求货物入境前提前报关，由海关迅速放行，并由经营者所在地的海关实施控制；

第六，基于共同的风险管理框架和实施的电子系统对海关控制进行协调，加快海关角色从关税壁垒的维护者向共同体边界安全的捍卫者转变，发挥其在国际贸易监督和管理方面的领导作用，促进成员国及其企业竞争力的提升；

第七，建立快速、标准的海关程序，以应对贸易欺诈，促进合法的贸易；

第八，引入守法激励。守法的经营者被授予"享受海关简化的认证经营者"或"具备安全保证的认证经营者"的特殊地位(也可同时被授予两种地位)，享受最大限度的海关简化措施以及最小程度的海关控制；

第九，要求那些未按规定申报或未正确申报的货物必须提供海关担保，以平衡共同体及其成员之间的财政利益，预防贸易欺诈，保护善意第三人的利益。

(3)《欧盟海关法》关于自由区的规定

欧盟海关法在自由区方面的规定总体呈现如下六方面特点。

第一，立法简化。相比 2008 年修改之前的《共同体海关法》，2008 年修改后的自由区的规定条款由原来的 16 条精简到 7 条。内容方面，关于自由区的界定，如"境内关外""境外入区货物免于进口关税和其他进口措施""共同体货物和非共同体货物均可进入自由区""享受优惠政策的货物不用于生活消费""仓储期不受限制"等，2008 年之前的《共同体海关法》作了较细的规定，[①]而 2008 年修改后的《共同体海关法》未做规定。如此简化的原因可能是，这些取自《京都公约》自由区的规定，已是为绝大多数国家[②]采纳的通行

① 分别参见 2006 年修订的《共同体海关法》第 166 条、168 条、第 171.1 条、第 175.1 条、第 178.2 条，法律文本内容参见[EB/OL]. http://ec.europa.eu/taxation_customs/customs/customs_code/community_customs_code/index_en.htm，2015-04-26.

② 截至 2013 年底，《京都公约》的缔约国已达 179 个，几乎涵盖所有的发达国家和绝大多数发展中国家。

做法。并且，欧盟对内实行货物免关税流动，对外统一关税壁垒，目前一再削减的工业品进口关税（低于3.6%），[①]已经使得自由区与非自由区的界限变得模糊。

第二，海关程序简化。2008年修正案删除了之前要求经营者"做好存货记录以便海关部门可以识别货物及其流动""经营者在自由区内开展营业活动之前必须将这些存货记录交海关审批""货物一抵达自由区或自由仓库，就必须将其登入存货记录，以便反应实时存储信息"之义务；[②]仅在第137条对自由区和非自由区做出统一规定，即"除非过境，否则货物应该按照海关规定的格式加以记录"。

第三，突出海关控制（customs control）。成员国可以自行指定关税管辖区的一部分作为自由区，该区域必须采取围网管理，成员国应该指明自由区的面积和出入口，围网和出入口由成员国海关负责监管，人员、货物和交通工具出入自由区接受海关的管控。[③] 区内任何建筑物的建造必须事先经海关部门批准。[④] 自由区的海关部门可以基于货物的特定性质、海关监管的要求及安全考虑，禁止或限制某些活动在自由区内开展，并可禁止那些不能保证遵守海关法律的主体在自由区内开展活动。[⑤] 进入自由区的货物以履行报关和其他海关手续作为一般要求，包括下列情况：货物直接从共同体境外进入自由区；货物虽然位于自由区内，但已经完成了某一海关程序；货物为了退税而置于自由区的程序之下；其他共同体的法律如此要求。[⑥]

第四，显示投资自由。在事先通知海关的前提下，自由区允许依法开展各种工业、商业或其他服务业。[⑦]

第五，严格区分货物的原产地。共同体货物可以进入自由区，可在其中储存、移动、利用、加工和消费。在此情况下，它们被视为不适用自由区程

---

① 依据是，早在1999年欧盟对工业品征收的关税平均仅3.6%，作为WTO的成员国集团，欧盟的关税削减遵循"棘轮式前进"的原则，因此，关税水平将会越来越低。参见H CHRISTIAN A W SCHELZE. The Free-Trade-Zone Programmes of Namibia and Mauritius and the Latest Developments in Europe: Lessons for South Africa[J]. Comparative and International Law Journal of Southern Africa, 1999,32(2):198.

② 参见2006年修订的《共同体海关法》第176条。

③ 参见2008年修订的《共同体海关法》第155条。

④ 参见2008年修订的《共同体海关法》第156条第1款。

⑤ 参见2008年修订的《共同体海关法》第156条第3-4款。

⑥ 参见2008年修订的《共同体海关法》第157条第1款。

⑦ 参见2008年修订的《共同体海关法》第156条第2款。

序，即属于共同体内部的正常流转，免予缴纳关税。① 相比之下，尽管非共同体货物也可以在自由区内流通，开展来料加工，暂准进口或用于终端使用，但不排除适用共同体的农业或商业政策所规定的进口税或措施。② 为了更好地区分货物的原产地，2008 年修正案规定，应有关主体要求，海关部门应该为下列货物指明共同体的身份：进入自由区的共同体货物、在自由区内加工的共同体货物、在自由区内自由流动的共同体货物。③ 与此同时，尽管除共同体法律另有规定外，自由区的货物可以从共同体的关税区出口或转出口，或者进入共同体的其他关税区；但是除非拥有海关颁发的共同体原产地证明，否则它们将被视为非共同体货物。这样的严格区分具有重大意义，因为欧盟对内适用零关税，货物的非共同体身份是欧盟适用反倾销、反补贴、保障措施等贸易保护措施的前提。

第六，激励守法。欧盟在包括自由区在内的口岸区实行 AEO 制度，享受 AEO 认证的企业可在欧盟自由区出区享有综合性担保或免于担保，使用专用关封，免于按照规定线路行驶要求，享受铁路、集装箱、空运、海运、管道运输货物的专门简化程序；或享受入区即时申报数据手续简化、提前通知查验等便利措施。然而，由于 AEO 制度认证条件严格，一般的企业尤其是外国中小投资企业因为不熟悉欧盟的法律文化与法律制度，很难达到与欧盟本土企业相同的守法条件，获得认证的难度较大。鉴于此，也有学者认为，AEO 制度实为全球跨国企业与资本集团量身定制的 VIP（贵宾）通关制度。④

3. 部分发展中国家

截至 2012 年底，设立自贸园区的国家已超过 135 个，⑤其中绝大多数是发展中国家。自贸园区的英文称谓在发达国家有异，而在发展中国家差别更大。⑥ 例如，迪拜、印度与美国一样，称为“对外贸易区”（Free Trade

---

① 参见 2008 年修订的《共同体海关法》第 158 条第 1 款。

② 参见 2008 年修订的《共同体海关法》第 159 条第 1-2 款。

③ 参见 2008 年修订的《共同体海关法》第 158 条第 2 款。

④ 刘奇超. 欧美自由贸易区贸易便利化经验及对中国的启示[J]. 西华大学学报（哲学社会科学版），2014(6)：79.

⑤ SUSAN TIEFENBRUN. U. S. Foreign Trade Zones, Tax-Free Trade Zones of the World, and Their Impact on the U. S. Economy[J]. the Journal of International Business & Law, 2013(12): 151.

⑥ SUSAN TIEFENBRUN. U. S. Foreign Trade Zones, Tax-Free Trade Zones of the World, and Their Impact on the U. S. Economy[J]. the Journal of International Business & Law, 2013(12): 161.

Zone)，加纳、也门、马德拉群岛称为“自由区”(Free Zone)，墨西哥称为“跨境加工区”(Maquiladoras)，爱尔兰称为“出口自由区”(Export Free Zone)，韩国称为“免税出口加工区”(Duty Free Export Processing Zone)，哥斯达黎加、菲律宾、纳米比亚、毛里求斯称为“出口加工区”(Export Processing Zone)，斯里兰卡称为“投资促进区”(Investment Promotion Zone)。有些国家则根据不同的功能定位，采取多种表述，例如中国的“保税区”(Bonded Area)，“出口加工区”(Export Processing Zone)、“跨境工业区”(Cross-board Industrial Area)、“保税物流园区”(Bonded Logistics Zone)等。

与美国等发达国家较早利用自贸园区发展外贸经济不同，发展中国直到20世纪60年代年末才开始注意发挥自贸园区在促进本国国际贸易方面的作用。自贸园区在发展中国家的运用得益于联合国的努力。1967年8月4日，联合国经社理事会通过第4429决议，肯定自贸园区对改善发展中国家的港口、海关和贸易区设施的功能起重要作用，是发展中国家实现整体性贸易自由化、出口结构多元化、外贸总量增加的推进器。会后，联合国工业发展组织制定了一份自贸园区计划模板供发展中国家参考，其中包含的自贸园区行政管理、基础设施、免税和其他投资激励等内容，在指导发展中国家建设和运营自贸园区方面起到了非常重要的作用。自1970年开始，发展中国家的自贸园区计划如雨后春笋，尤其是东南亚国家，在外向型经济战略推动下，特别经济区和出口加工区的数量迅速增加。

受益于20世纪70年代末以来新自由主义经济理念主导下的全球化进程，尤其是自20世纪90年代末和21世纪初以来，全球化的广度、深度、频率加增，自贸园区的发展获得了良好的外部环境和发展动力。多数发展中国家在借鉴联合国工业发展组织的自贸园区计划范本的基础上，于20世纪80、90年代制定了专门的法律加以调整。根据已收集到的迪拜1996年《关于国际航空港建立自贸园区的2号法令》、也门1993年《自由区法案》及《自由区法案实施条例》、加纳1995年《自由区法案》、纳米比亚1995年《出口加工区法案》、毛里求斯1990年《出口加工区法案》以及关于马德拉群岛、哥斯达黎加自贸园区立法的介绍，以下对发展中国家的自贸园区的立法实践进行不完全的概括，其主要特点如下：

第一，确认自贸园区的产权归属国家。例如，迪拜《关于国际航空港建立自贸园区的2号法令》第4条规定，自贸园区的产权归国家，总统拥有制定自贸园区的规制、向企业颁发经营许可、应企业要求提供技术、管理等方面的公共服务等权力。也门《自由区法案实施条例》第4条规定，自由区属于共有机构，由中央政府管辖。

第二，自贸园区的运营多数由政府部门负责，但部分发展中国家已经尝试将自贸园区的运营交给私人。例如，纳米比亚《出口加工区法案》第10条规定，由贸易与工业部部长指定专门的管理公司，负责出口加工区的开发和管理。1996年成立的纳米比亚鲸湾港出口加工区管理公司成为世界上首个经营自贸园区的私人。[①]

第三，允许开展的商业活动呈现多元化特点。与美国自贸园区立法实践主要针对国际贸易的单一内容不同，这些发展中国家自贸园区立法允许的商业活动既包括贸易，也包括投资；既包括传统工业项目，也包括高新技术项目、新型制造业，甚至还包括金融、旅游、酒店、交通等服务产业。例如，迪拜《关于国际航空港建立自贸园区的2号法令》第5条允许的商业活动就包括：转口贸易、某些进口产品的包装与研发、设立轻工业、高科技产业以及为转口贸易服务的装配工厂；银行、保险、航空运输、其他行业服务。也门《自由区法案》第9条及《自由区法案实施条例》第53条允许的活动除了工业项目基础设施、安装、装配、创新型制造业、半制造业、国内外产品的进出口、储存、利用和消费、货物加工（如清洁、包装、维护）等传统项目外，还包括银行、保险、商业服务、酒店、旅游、运动设施、船舶航行补给服务以及其他自由区所需的营业活动。

第四，政策优惠力度大。与美国和欧盟的立法实践类似，这些发展中国家的自贸园区都实行进出口关税豁免。较之发达国家一般不对区内企业的经营所得以及股东、员工个人所得予以免税，这些发展中国家的立法实践无一例外都以免征企业经营所得、个人所得税等国内税收优惠政策吸引企业入驻。[②] 与发达国家对用于区内消费的货物一般不予免关税不同，部分发展中国家（如迪拜）甚至规定，即便进入区内的货物用于消费，这些货物同样不征收关税。[③]

---

① H CHRISTIAN A W SCHULZE. The Free-Trade-Zone Programmes of Namibia and Mauritius and the Latest Developments in Europe: Lessons for South Africa[J]. Comparative and International Law Journal of Southern Africa, 1999,32(2):172.

② 迪拜1996年《关于国际航空港建立自贸园区的2号法令》第12条规定，所有区内的设施、企业、个人及劳动者免予就自贸园区有关的活动征收包括收入税在内的一切税收，免税期限为15年，期满之后，经治理者发布规章，可以延长免税期。1993年也门《自由区法案实施条例》第11-13条规定，区内企业自设立起，企业及其雇员至少享受15年的公司所得及个人所得免税；免税期届满之后，经董事局提议、内阁同意，可以再次延长至少10年的免税期。毛里求斯1990年《出口加工区法案》第5条规定：免征公司所得税，免征股息和红利所得税，土地和建筑物登记费用减半征收，免予征收营业税、进出口关税、印花税、转让税，免予征收个人所得税。

③ 参见1996年迪拜《关于国际航空港建立自贸园区的2号法令》第4条。

第五,实行自由的雇用政策。这些发展中国家的自贸园区立法多数实行自由化的雇用政策,除少数例外情况,企业可以根据需要雇用外国员工。如迪拜《关于国际航空港建立自贸园区的2号法令》第13条规定,区内经营者可以自由雇用员工,但阿拉伯联合酋长国在政治和经济上予以联合抵制的国家国民除外。也门《自由区法案》第13条规定,企业有权雇用所需要的员工,但同等技能条件下,应优先雇用也门国民,且不得雇用也门政府参与联合抵制的国家国民。

第六,包含基本的公共利益保护。例如,迪拜《关于国际航空港建立自贸园区的2号法令》第19条规定,禁止输入区内的货物包括:违背公共道德的货物、与国内保护商业、工业和文化艺术的法律相冲突的货物;已被政府禁运或准备禁运的货物、标识含有与国内宗教信仰相冲突的货物、毒品成品或原材料、军用货物(迪拜酋长特别许可的除外)。也门《自由区法案》第9条和第10条、《自由区法案实施条例》第54条规定禁止入区的货物包括:腐烂变质货物、有害环境且不适合人类和动物消费的废物和废料;放射性材料;成瘾药品及其衍生品;军事用品;违背公共道德和宗教信仰的货物;侵犯版权之货物。

第七,纳入争端解决方式。例如,也门《自由区法案》第24条、《自由区法案实施条例》第108条规定:与投资有关的任何争议可以提交仲裁机构或法院解决;一审法院应该依据《法院组织法》设在自由区内。加纳《自由区法案》则明确,政府与外国投资者的投资争端应先通过友好协商解决,若无法达成协议,可以提交给联合国国际贸易法委员会仲裁。

第八,与国内其他法律的冲突问题。部分发展中国家将自贸园区置于国内法之上,由此可能导致自贸园区成为"飞地"。例如,迪拜《关于国际航空港建立自贸园区的2号法令》第14条规定,所有区内的设施、企业个人及劳动者的行为不受迪拜经济部发布的规章的约束,也不受当地主管部门的管辖。该法令第21条进一步规定,与本法冲突的法律和规章无效。

(二)自贸园区的国际法律规制及特点

目前调整自贸园区的多边规则主要是《关于简化和协调海关业务制度的国际公约》(《京都公约》)和WTO的有关协定。

1.《京都公约》

随着20世纪70年代以来自贸园区的大量兴起,对于其所适用的特殊关税程序、国内税等问题引起了国际社会的关注。1973年,由当时的海关合作理事会(现改为"世界海关组织")主持通过的《关于简化和协调海关业务制度的国际公约》,下设专章对自贸园区涉及的法律问题做出规定。该公约于1974年生效。公约对自由贸易园区进行界定,确立成员国在简化海关程序方面的标准,阐明该区域所适用的特殊关税政策,并就国内法的适用等问题做出规定。该公约历经2000年、2006年两次修改,在简化海关程序,创设具有透明性、可预见性的贸易便利法律环境方面进行持续不断的努力。截至2015年6月20日,该公约2006年修正案共有缔约方102个①。以下将分析公约涉及的主要问题,并就中国与公约的关系展开论述。

(1) 主要制度

根据2006年修订的《京都公约》专项附件D第2章的规定,自贸园区所涉及的法律问题如下:

其一,自贸园区的表述及其与国家主权的关系。《京都公约》将自贸园区称为"自由区"(Free Zone),其定义为:某个缔约方的部分领土,对于运往该区域的任何货物,就进口关税和其他进口税而言,被视同在关境之外而免予征税。②可见,公约在确认自由区"境内关外"特点的同时也认可,自由区是一缔约方的主权领土范围,缔约方享有主权权利。此外,《京都公约》还明确其目的旨在"试图消除可能阻碍国际贸易或其他国际交易的海关程序和措施,以此获取国际贸易便利的明显利益而无需统一海关控制的标准"③"不排除国内立法关于货物禁止或限制方面的海关控制之适用"。④ 由此可见,自由区仍在一国国内法的管辖之下,并不具有"治外法权"。

其二,海关程序简化及其前提。《京都公约》旨在通过海关程序的简化,营造国际合作环境,有效促进国际贸易和交易的发展。⑤为此,公约确立了"货物输入区内的自由、不得要求提供担保"⑥"简化报关单的提交要求"⑦"有关要求应该透明"⑧"一般情况下不限制货物在区内的停留时间"⑨"允许区内

---

① Argentina Becomes 102nd Contracting Party to the WCO Revised Kyoto Convention[EB/OL]. http://www.wcoomd.org/en/media/newsroom/2015/june/argentina-becomes-102nd-contracting-party-to-the-wco-revised-kyoto-convention.aspx, 2015-06-20.

② 参见2006年修订的《京都公约》专项附件4第2章之定义。

③ 参见2006年修订的《京都公约》序言第2-4段。

④ 参见2006年修订的《京都公约》第3条。

⑤ 参见2006年修订的《京都公约》序言第2-4段。

⑥ 参见2006年修订的《京都公约》专项附件4第2章第6条、第10条。

⑦ 参见2006年修订的《京都公约》专项附件4第2章第9-10条。

⑧ 参见2006年修订的《京都公约》专项附件4第2章第11-12条。

⑨ 参见2006年修订的《京都公约》专项附件4第2章第14条。

货物所有权的转移"[①]"允许自由区之间货物的自由流动，一般不要求提供货物随运文件之外的其他文件"等标准。[②]

《京都公约》要求海关程序简化必须基于六个原则。[③]其一，可预见性、一致性和透明性原则。其二，提供给所有利害关系方所有必要的信息。其三，采纳诸如风险管理、以审计为基础的控制、尽可能最大化利用信息技术等现代化管理技术。其四，与非缔约国国内主管部门、其他海关管理部门以及贸易集团合作。其五，实施有关的国际标准。其六，为受影响的当事方提供行政和司法审查救济程序。

其三，基本的海关监管。自由区"境内关外"的特性并不意味着该区域免于海关监管。事实上，《京都公约》明确"海关应有权利随时检查储存在自由区内的货物"[④]"基于维护公共道德、公共秩序、公共安全、公共健康、动植物的检验检疫以及保护专利、商标或版权的需要，可以禁止或限制货物进入自由区"。[⑤] 也正因此，为了避免误解，公约在1999年修改时，删除了自由区原定义中的"并免于实施贯常的海关监管制度"。值得注意的是，公约要求，缔约方因公共利益保护而禁止或限制货物进入自由区时，必须遵循非歧视原则。[⑥]

其四，区内税收优惠与进入境内区外的征税。《京都公约》要求缔约方对进入自由区的货物适用优惠的税收政策，不仅包括进口关税，还包括国内税。[⑦] 即便是用于区内消费的货物，公约也要求进行适当的税收减免，规定"国内法令应该列举货物在区内被消费时可以免征关税和其他进口税的具体情况，并明确相应的条件"。[⑧] 然而，若区内货物进入境内区外，则必须征收进口关税和国内税。[⑨]

(2) 中国与《京都公约》的关系

中国于1983年加入世界海关组织，于2000年成为《京都公约》的缔约方。[⑩] 由于在《京都公约》包含的三大块（即主文、一般附件、专项附件）内容

---

① 参见2006年修订的《京都公约》专项附件4第2章第15条。

② 参见2006年修订的《京都公约》专项附件4第2章第16-18条。

③ 参见2006年修订的《京都公约》专项附件4第2章序言。

④ 参见2006年修订的《京都公约》专项附件4第2章第4条。

⑤ 参见2006年修订的《京都公约》专项附件4第2章第4条、第6条。

⑥ 参见2006年修订的《京都公约》专项附件4第2章第4条。

⑦ 参见2006年修订的《京都公约》专项附件4第2章第6条。

⑧ 参见2006年修订的《京都公约》专项附件4第2章第13条。

⑨ 参见2006年修订的《京都公约》专项附件4第2章第19条。

⑩ 资料来源世界海关组织官方网站[EB/OL]. http://www.wcoomd.org,2015-04-25.

中，缔约方仅被要求遵守主文和一般附件，而对于专项附件的内容可以选择接受或作出保留。自由区的规定位于第四个专项附件第2章中，多数国家并未对此部门作出承诺，中国也尚未接受该章内容。[①] 因此，严格而言，公约关于自由区的规定对中国并不具有约束力。尽管如此，与多数缔约方一样，中国在国内自贸园区的制度建设中，非常注意吸收公约的相关规定，诸如"自由区的设立和取消""商品准入与监控""区内商品消费""所有权变更""货物移动""进入境外区内税费补缴"等，也是中国自贸园区法律制度的基本内容。

中国尚未承诺《京都公约》关于自由区的专项附件的原因在于，公约要求的"国内法令应该列举货物在区内被消费时可以免征关税和其他进口税的具体情况，并明确相应的条件"以及"若进入区内的境外货物已经附随相关信息，则不能要求提交报关单"在目前中国的海关特殊监管区还未能实现。[②]

2. 世界贸易组织（WTO）协定

截至2010年6月1日，153个WTO成员中就有102个国家设立了自贸园区。[③] 截至2015年5月1日，WTO成员已增至161个，涵盖了超过全球98%的贸易量。中国是WTO的第143个成员。因此，WTO成员境内自贸园区的贸易与投资法律和政策是否与WTO协定相一致的问题值得关注。

多数国家在自贸园区所采取的贸易与投资的激励措施主要有五类。其一，基础设施投入，如交通、物流、通讯、居住、其他共同服务方面的升级。其二，采取诸如"单一窗口""一站式服务""通关绿色通道""简化许可程序"等贸易和投资便利措施。其三，财政激励，如对从境外进入区内的货物免征关税，区内企业从事国际服务免征营业税或增值税；区内货物出口或服务输出免征营业税；将免税期、公司收入的退税或减免与公司的出口业绩或出口占生产总量的比例相挂钩；间接补贴（诸如对教育和培训的补贴）和直接补贴（诸如低于市场价格供应的水电）。其四，放松监管，包括放开市场准入与外商的投资比例，放松劳动保护、环境保护和知识产权保护、外汇管制，放开土

---

① 资料来源联合国官方网站[EB/OL]. http://www.un.org/en/sc/ctc/specialmeetings/2007-nairobi/docs/WCO1.pdf，2015-04-25.

② 孙远东. 从海关特殊监管区域道自由贸易园区——中国的实践和思考[M]. 北京：首都经济贸易大学出版社，2014年版：27.

③ SHERZOD SHADKHODJAEV. International Regulation of Free Zones: An Analysis of Multilateral Customs and Trade Rules, World Trade Review[J]. 2011, 10(2):195.

地的租赁与购买。其五,出口促进服务,包括商业顾问服务、营销支持、出口信贷在内的融资支持。这些措施可能违反 WTO 框架下《补贴与反补贴协定》(SCM)、《与贸易有关的投资措施》(TRIMs)、《与贸易有关的知识产权协定》(TRIPs)。以下结合具体协定展开分析。

(1)《补贴与反补贴协定》对自贸园区的影响

自贸园区作为一国促进贸易和投资的重要方式,在其建设和发展过程中常会涉及国家的补贴。WTO 成员领土范围内的自贸园区均受《补贴与反补贴协定》的约束。根据《补贴与反补贴协定》第 1.1 条,补贴的主要形式为:政府或任何公共机构提供的财政资助,其中包括资金的直接转移(如赠款、贷款和股权投资)、潜在的资金或债务直接转移(如贷款担保)、放弃或未征收应征收之税(如税收抵免)、除一般基础设施之外的货物或服务或购买货物、向某一筹资机构付款或委托某一私营机构履行政府的该项职能;任何形式的收入或价格支持;授予一项利益。WTO 成员针对其自贸园区所实施的补贴,因其类型与方式不同,所承担的国际法后果也不同,以下分三种情况展开。

首先,针对自贸园区实施补贴的"红线"。根据《补贴与反补贴协定》第 3 条,绝对不可在自贸园区实施的补贴有两类,即出口补贴和进口替代。前者指以出口实绩为获得补贴的条件或条件之一,而后者以使用国产产品为获得补贴的条件或条件之一。WTO 一成员方在起诉另一成员方此类补贴时,只需证明补贴的存在,争端解决机构即可直接认定该补贴违反 WTO 的规定。

其次,针对自贸园区实施补贴的"争议线"。根据《补贴与反补贴协定》第 2 条,WTO 成员可以对自贸园区实施补贴,但必须把握"非专向性"前提。具体包括:不可实施带有"企业专向性"的补贴,即不可将补贴的获得限于其管辖范围内的特定企业或企业群;不可实施带有"产业专向性"的补贴,即将补贴的获得限于其管辖范围内的特定产业;不可实施带有"地区专向性"的补贴,即将补贴的获得限于其管辖范围内的特定区域的企业或产业。根据《补贴与反补贴协定》第 2 条和第 5 条,WTO 一成员方在起诉另一成员方此类补贴时,需要证明同时具备"补贴措施的存在""具有专向性""造成不利影响"这三个要件。其中"专向性"包括法律专向性和事实专向性,前者指补贴授予机关或其运作所根据的立法将补贴的获得明确限于其管辖范围的企业、产业或产业群,后者指不包含法律专向性的某项补贴的"中性标准或条件"在实施过程中没有得到严格遵守,以致只是有限数量的某些使用补贴,某些企业主要使用补贴,或特定企业产业被授予不成比例的大量补贴。"不利影响"则包括"损害申诉方的国内产业"、"导致申诉方根据《关税与贸易总协定》直接或间接获得的利益丧失或减损"或"严重侵害被申诉方的利益"。尽管如此,被申诉方可以论争该三个要件没有同时具备,请求专家组不支持申诉方的主张。

再次,针对自贸园区实施补贴的"安全线"。根据《补贴与反补贴协定》第8条,只要某一补贴不具有法律或事实上的"企业专向性""产业专向性"和"地区专向性",即为不可诉性补贴。另外,三类特殊的补贴,虽然带有专向性,也属于不可诉补贴,即"针对公司研究活动的援助,或对高等教育机构或研究机构与公司签约进行的研究活动的援助,其比例控制在不超过工业研究成本的75%或竞争前开发活动成本的50%的范围内""对落后地区的援助,但必须在符合条件的地区内具备非专向性""为促进现有设施适应法律或法规实行的新的环境要求而提供的援助,如其属于一次性临时措施、比例不超过适应新要求所需费用的20%、与公司减少废弃物和污染直接联系且成比例、不涵盖替代和实施受援投资的费用(此类费用由公司承担)、面向所有能够适应新设备或生产工艺的公司提供"。

基于此,WTO成员为自贸园区提供基础设施投入、财政激励、出口促进的融资服务时,应优先考虑提供不可诉补贴,守住实施补贴的"安全线"。在此基础上,WTO成员应在授予补贴的法律文件或其他官方文件中突出"非专向性"特征,并在实施过程中恪守"中立标准",尽量避免给其他成员带来不利影响,以便在陷入补贴之诉时拥有辩争空间。最后,WTO成员应该避免对自贸园区企业实施基于"出口业绩"和"进口替代"的补贴,远离WTO设置的补贴"红线"。

(2)《与贸易有关的投资措施协定》对自贸园区的影响

与本部分第(1)点的理由相同,WTO成员在自贸园区的投资管理措施受《与贸易有关的投资措施协定》的约束。根据该协定附件的例示清单,WTO成员在自贸园区不得采取以下五种与货物贸易有关的投资措施:

其一,限制区内企业购买或使用进口产品的数量;

其二,要求区内企业购买或使用当地生产的或来自于当地的产品;

其三,对区内企业进口产品的数量或价值受到该企业出口产品的数量或价值的限制;

其四,区内企业进口产品所需的外汇受到其出口产品创造的外汇的限制;

其五,限制区内企业产品的出口,或出口产品销售的数量、价值,或占当地产品数量或价值的比例。

以上前两种措施又称为“当地成分要求”,将被认为违反《关税与贸易总协定》的国民待遇规则,后三种措施又称为“外汇平衡要求”,将被认为违反《关税与贸易总协定》“普遍取消数量限制”的规定,当然也构成对国民待遇规则的违反。故此,WTO一成员应避免在其自贸园区采取上述投资措施,否则其他成员可根据《与贸易有关的投资措施协定》第8条和《关税与贸易总协定》第22条和第23条,启动WTO争端解决程序。

(3)《与贸易有关的知识产权协定》对自贸园区的影响

该协定确立了WTO成员在知识产权保护方面的最低标准。WTO成员在自贸园区内的对外贸易行为应该符合此协定的要求。

首先,知识产权的保护范围。根据《与贸易有关的知识产权协定》第二部分,WTO成员有义务保护自贸园区内与贸易有关的知识产权的范围,除传统的知识产权类型(版权、商标和专利)外,还包括地理标志、工业设计、集成电路布图设计、未披露的信息(商业秘密)等新类型。其中,版权方面,《与贸易有关的知识产权协定》新增保护计算机程序和电影作品作者的出租权。商标权方面,服务贸易的商标被纳入保护范围。专利权方面,植物新品种被列入保护范围。

其次,知识产权保护的实施。根据《与贸易有关的知识产权协定》第三部分,WTO成员有义务设立知识产权保护的民事、行政和刑事救济程序,并针对假冒商标或盗版货物,采取海关边境保护措施。

可见,自贸园区不是知识产权保护的“飞地”,不享有例外。WTO成员在自贸园区不可以放松知识产权的监管换取对外贸易的发展,而应符合据《与贸易有关的知识产权协定》的方式,创新保护机制,提高保护效率。

3.《京都公约》与WTO协定的关系

《京都公约》与WTO协定系不同的政府间国际组织管辖下的相互独立的公约。尽管如此,两者呈现越来越密切的联系。

首先,2006年修订的《京都公约》的缔约方大多数是WTO成员,因此,多数《京都公约》缔约方的自贸园区同时受到WTO协定和《京都公约》的调整。

其次,《京都公约》通过简化与协调各缔约方的海关程序来促进国际贸易的宗旨与WTO通过协调关税与非关税壁垒促进贸易自由流动的精神不谋而合。《京都公约》所涉及的海关程序同时也是WTO协定所涉的贸易便利措施的调整对象。WTO成员于2013年第九届部长级会议谈判达成《贸易便利协定》,成员之间亦达成将该协定列入WTO协定附件1A的修改议定书。该议定书需要WTO成员2/3多数批准才能生效,目前尚未达此比例。尽管如此,《贸易便利协定》所确立的加速货物流动、放行和清关的多边规则,[①]已经受到世界海关组织的欢迎,并将其列入未来实施计划之中。[②]

再次,《京都公约》的优势在于其专业的海关程序规则。因此,在海关术语、自贸园区的设立和关闭以及相应的海关程序方面,WTO将尊重世界海关组织的专业意见。也正因此,世界海关组织认为,《京都公约》针对缔约方领土(包括自贸园区)内的海关程序标准和技术援助机制将为《贸易便利协定》在全球范围内的统一实施提供强有力的支持。[③]

概言之,在包括自贸园区在内的贸易问题上,《京都公约》与WTO协定并不冲突,《京都公约》将成为WTO促进贸易便利的重要支撑。

(三)中国自贸园区既有的法律实践与福建自贸区法治范式的转变

中国的自贸园区应改革开放政策而生,最初的名称为"出口特区"。自1979年至今,围绕着"改革开放、促进对外经济合作",出现了不同形式、不同称谓的自贸园区,包括"经济特区""保税区""出口加工区""保税物流园区""跨境工业园""保税港区""综合保税区",以及当前的自由贸易试验区(简称"自贸试验区")。中国自贸园区的法律实践经历了与多数发展中国家相类似的"偏重投资保护"的阶段,正朝着"投资权益与社会权益相平衡""市场开放与体制机制创新相结合"的方向转变,其法律实践呈现出"本土化"与"国际化"密切呼应,"国内法治"与"国际法治"良性互动的整体态势。以下将对中国自贸园区法律制度的历史演进展开分析,论证福建自贸试验区法治范式的新特点与发展趋势。

1. 中国既有的自贸试验区法律实践

在2013年9月首个自贸试验区(上海自贸试验区)正式设立以前,中国的自贸园区法律实践大致可以分为两代。

(1)第一代自贸园区的法律实践(1979—1990年)

中国的自贸园区制度建设起步于20世纪70年代末国家给予"出口特区"的特殊政策和措施。1979年5月,在邓小平同志和广东省第一任书记习仲勋的推动下,广东省发布的《关于试办深圳、珠海、汕头出口特区的初步设

---

① See Preamble of Agreement on Trade Facilitation (2013).

② See website of WCO[EB/OL]. http://www.wcoomd.org/en/topics/wco-implementing-the-wto-atf/message-from-sg.aspx,2015-05-10.

③ 同上。

想》提出，引入香港的资本和技术，利用广东的土地和劳动力，发展出口加工业。[①] 1979 年 7 月，中央发布了《中国中央、国务院批转广东省委、福建省委关于对外经济活动实行特殊政策和灵活措施的两个报告》，批准建立深圳、珠海、汕头和厦门 4 个出口特区。1980 年 5 月，经中共中央和国务院正式决定，深圳、珠海、汕头和厦门这四个"出口特区"改称为"经济特区"。1988 年 4 月，根据第七届全国人民代表大会第一次会议决议，在海南岛设立第五个经济特区。及至 1990 年第一个由中央正式批准的保税区——上海外高桥保税区设立之前，中国调整经济特区的相关规定构成了第一代自贸园区的法律实践。

20 世纪 70 年代末设立的经济特区被视为是中国自贸园区的雏形，理由有二。其一，在第五届全国人大第十五次会议上，时任国家进出口管理委员会副主任的江泽民接受国务院委托，对福建和广东两省设置经济特区作出说明，指出"经济特区吸收其他国家的出口加工区的有益经验和通用做法，但比一般的出口加工区范围更广，是综合型经济事业，所以叫经济特区"、"经济特区与内地设置必要的隔离设施，设双重海关，实行内紧外松的原则"。[②] 其二，根据江泽民同志 1988 年率团考察斯里兰卡、新加坡等亚洲六国的初级加工区所撰写的《出口加工区考察报告》，政府当时的设想是，深圳特区参照菲律宾的巴丹区和墨西哥的边境自由区的经验，作为自由区性质的经济特区来建设，按照前松后紧的方针调整部署；珠海、汕头、厦门三个特区以出口加工区为主，同时发展一些住宅、旅游等事业。[③]

这个时期的自贸园区立法主要包括经济特区的条例、经济特区的海关监管规则、税收规则、外汇和融资规则等。整体而言，第一代自贸园区法律实践的主要特点如下。

第一，区分"一线"和"二线"。其中，从境外进出特区的货物、运输工具、行李物品、邮递物品，必须经由设有海关机构的铁路车站、公路道口、港口码

---

① 孙远东. 从海关特殊监管区域道自由贸易园区——中国的实践和思考[M]. 北京：首都经济贸易大学出版社 2014 年版：12.

② 孙远东. 从海关特殊监管区域到自由贸易园区——中国的实践和思考[M]. 北京：首都经济贸易大学出版社 2014 年版：13. 转引自江泽民. 江泽民文选(第一卷)[M]. 北京：人民出版社，2006 年版：1-4.

③ 孙远东. 从海关特殊监管区域到自由贸易园区——中国的实践和思考[M]. 北京：首都经济贸易大学出版社 2014 年版：13. 转引自出口加工区考察组. 出口加工区考察报告[M]. 党的文献，2010(05).

头、机场、邮局通过，并向海关申报，接受海关监管；[①]从内地运进特区的货物，收货人或其代理人应当向海关申报，经海关查验后放行。[②]

第二，境外货物入区免税，加工复出，免征出口关税，严格限制销往境内区外。经济特区建设和生产所需的机器、设备、零件、部件、原料、材料、燃料，予以免税，除国家另有规定者外，严禁转销内地。[③] 特区企业使用免税进口的原料、材料、零件、部件（以下简称料、件）加工装配的制成品，应复运出口，免征出口关税。制成品运往内地须经批准，海关对进口料、件补征税款。[④]

第三，外资准入范围宽泛、形式不限。例如，1980 年《广东省经济特区条例》第 4 条规定，一切在国际经济合作和技术交流中具有积极意义的工业、农业、畜牧业、养殖业、旅游业、住宅和建筑业、高级技术研究制造业，以及客商与中方共同感兴趣的其他行业，都可以投资兴办或者与中方合资兴办。

第四，对外资的税收优惠力度大。税收方面，除了免予征收进出口关税外，设在经济特区的外资企业享受减征、免征企业所得税和工商统一税（包括货物税、商品流通税、营业税和印花税）的优惠。[⑤] 经济特区内的企业从国外引进专有技术，凡是通过在京的外贸总公司支付给客商的特许权使用费，除经批准免税的以外，其所得税仍按 10%的税率征收。[⑥]

第五，对经济特区的经济激励较多。例如，为了促进经济特区的基础设施建设，创造条件吸引外商投资，国家对经济特区的开发性贷款实行差别利率和贴息。[⑦] 再如，对由于部分采用电缆配电和节约场地等原因，使供电工程造价较高，需要提高供电贴费（含配电贴费）的，由各跨省电网或省电力主管部门提出具体意见，报能源部批准后实施。[⑧]

---

① 1986 年《海关总署对进出经济特区的货物、运输工具、行李物品和邮递物品的管理规定》第 3 条。

② 同上书，第 13 条。

③ 同上书，第 9 条、第 11 条。

④ 同上书，第 10 条、第 12 条。

⑤ 1984 年《国务院关于经济特区和沿海十四个港口城市减征、免征企业所得税和工商统一税的暂行规定》第一部分的规定。

⑥ 1986 年《财政部、国家税务总局关于经济特区和沿海开放城市引进专有技术有关税务问题的通知》。

⑦ 1987 年中国人民银行、国家计委、财政部、国务院特区办公室《关于对经济特区、经济技术开发区开发性贷款实行差别利率和贴息的规定》。

⑧ 1991 年《能源部关于经济特区、沿海开发城市经济技术开发区供电管理的若干暂行规定》。

(2) 第二代自贸园区的法律实践(1990 年至今)

第一代自贸园区的一线和二线的区分由于种种原因并没有真正贯彻,经济特区作为特殊关税区的目标并没有付诸实践。[①] 经济特区事实上成为投资特区,偏离了自贸园区的目标。1987 年,深圳特区政府在沙头角自行设立第一个"保税工业区",作为"特区中的特区"先行先试,但未获国务院正式承认。1990 年 6 月设立的外高桥保税区是国务院正式设立的第一个保税区。海关总署专门就该保税区发布了《对进出上海外高桥保税区货物、运输工具和个人携带物品的管理办法》。1990 至 1996 年间,国家共设立 15 个保税区。保税区真正实现了"一线和二线的区分",区内区外设置完善的隔离设施。与第一代自贸园区相区别,保税区内仅设立行政管理机构以及有关企业,除安全保卫人员外,其他人员不得在保税区内居住。保税区严格落实"境外货物入区免税,加工复出,免征关税和工商统一税,严格限制销往境内区外"的税收政策。与第一代自贸园区相比,保税区把重点放在发展出口加工和物流贸易,为此,新增了境内区外货物"入区退税"的优惠政策。由于保税区运营过程出现大量的走私问题,1995 年税务主管部门取消了其"入区退税"的优惠,恢复"离境退税"。1996 年之后,国家未再批准设立新的保税区。

在维持保税区保税优惠的情况下,依据 2000 年国务院办公厅《关于进行设立出口加工区试点的复函》所设立的出口加工区功能更加单一,区内只能从事加工贸易,不得经营商业零售、一般贸易、转口贸易及其他与加工区无关的业务。[②] 同样,为迎接 2005 年 1 月 1 日发达国家依据 WTO《纺织品与服装协定》完全放开纺织品与服装的进口配额所带来的出口机会,中国自 2003 年开始设立保税物流园区。虽然承接了保税区被撤销的"入区退税"优惠,但保税物流园区的功能也很单一,只发展物流产业。[③] 在设立保税物流园区的同时,中国学习美国和墨西哥边境的马魁拉多工业园,设立两个跨境工业区,即珠澳跨境工业区珠海园区和中哈霍尔果斯国际边境合作中心。跨境工业区虽然允许加工制造,但重心依然是加工贸易和物流贸易。[④] 2006 年,在整合原来保税区、保税物流园区、出口加工区基础上设立的保税港区,被誉为是"开放层次最高、政策最优惠、功能最齐全"的海关特殊监管区。保

---

① 孙远东. 从海关特殊监管区域到自由贸易园区——中国的实践和思考[M]. 北京:首都经济贸易大学出版社 2014 年版:15.

② 2000 年《中华人民共和国海关对出口加工区监管的暂行办法》第 6 条。

③ 2005 年《海关对保税物流园区的管理办法》第 7 条。

④ 2007 年《中华人民共和国海关珠澳跨境工业区珠海园区管理办法》第 6 条。

税港区兼具口岸、物流、加工等功能，可以开展的业务包括八个方面，即：存储；国际转口贸易；国际采购、分销和配送；国际中转；检测和售后服务维修；商品展示；研发、加工、制造；港口作业；经海关批准的其他业务。[①] 享受的税收优惠政策也比较全面，主要有四方面，即：国外货物入港区保税；货物出港区进入国内销售按货物进口的有关规定办理报关手续，并按货物实际状态征税；国内货物入港区视同出口，实行退税；港区内企业之间的货物交易不征增值税和消费税。[②] 2006 年开始设立的综合保税区（如苏州工业园综合保税区）则是综合出口加工区、保税物流中心的无水保税港区，享受保税港区的税收和外汇政策。

以保税区、出口加工区、保税物流园区、跨境工业园区、保税港区、综合保税区的海关监管、税收等方面的规则分析，第二代自贸园区法律实践的特点主要包括以下三方面。

第一，功能集中在促进对外贸易，基本不涉及投资准入与对投资的激励措施。

第二，尽管仍然受制于“二线管住”的规则，区内企业与境内区外企业之间的贸易仍然按国际贸易履行相关手续，但对此类贸易的态度已由原来严格限制逐渐转变为允许。这是中国遵守 WTO《与贸易有关的投资措施协定》承诺，废除与贸易有关的投资措施的结果。

第三，随着 2008 年 1 月 1 日内外资企业所得税统一之后，自贸园区企业所得税的优惠基本消失。并且，根据中国削减关税壁垒的入世承诺，传统自贸园区企业关税优惠的优势在弱化。

2. 福建自贸区的战略定位与法治范式转变

较之传统的自贸园区，福建自贸试验区具备全新的战略定位。相应地，其法治范式包含了更深层次的创新要素。

(1) 战略定位

2015 年 4 月国务院印发的《福建自由贸易试验区总体方案》显示，较之保税区、出口加工区、保税物流园区、跨境工业区、保税港区等传统的自贸园区，作为新一代自贸园区，福建自贸试验区具备“贯彻国家一带一路战略，构建开放型经济新体制，探索闽台合作新模式”的全新定位。其对内承担体制机制创新之责，对外肩负最大限度对接符合市场经济体制的国际法律规则，

---

① 2010 年修订的《中华人民共和国海关保税港区管理暂行办法》第 8 条。

② 2005 年《国务院关于设立洋山保税港区的批复》第三条。

为中国参与国际经贸规则的重构积累经验之重任。

(2) 法治范式的转变

基于福建自贸试验区的全新定位,其法治范式也需要转变。具体包括:

第一,从单一分散的规制转向统一的协调与规范。“透明度与一致性”是 WTO 最基本的原则之一,亦是当前诸多经贸协定(如美国和欧盟对外缔结的 FTA)共同强调的内容。传统自贸园区的规制主要依靠海关、外汇管理局等部门出台单一性规章,相关制度比较分散,不利于市场主体对相关规则的熟悉与遵守。鉴于此,作为新一代的自贸园区,福建自贸试验区的相关立法应追求全面统一的规范,进一步提高立法技术。

福建自试验区的相关立法已经初步显示这一特点。例如,《中国(福建)自由贸易试验区管理办法》较全面规范了自贸试验区的行政体制机制、市场开放、投资与管理便利、税收管理体制和权益保障机制,将海关、检验检疫、税务、商务厅、司法机关等多方面的规制进行有机协调,以共同规范区内的商业行为。但也必须承认,福建自贸试验区的相关立法暴露出政策要素偏多,规范内涵不足的缺点,具有进一步提升的空间。就全球范围而言,美国自贸园区的立法技术最高,其《对外贸易区法案》对自贸园区的设立、运营、优惠、公共利益维护、法律责任进行了全面地规范,值得借鉴。建议将来制订《福建自贸试验区的管理条例》及进行更高层级的立法时,更加注意相关制度的体系协调,进一步明确相关监管部门的公权与市场主体的私权之界限,并完善权利救济和责任追究的程序机制。

第二,从被动履行国际义务到主动试验国际规则。入世之后自贸园区的法律建设已开始注意衔接那部分对中国具有约束力的国际规则。在构建开放型经济新体制的背景下,福建自贸试验区不仅需要内化实施已生效的中外经贸协定的相关义务,更需要最大限度试验相关的多边和区域经贸协定谈判(如多哈回合谈判达成的《贸易便利化协定》、中美 BIT、中欧 BIT、TTIP 谈判)中发达国家提出的高水平的经贸规则。福建自贸试验区的立法和执法经验能够助力中国更好地参与这些重要经贸规则的制订与实施。

当前,福建自贸试验区已经开始实施中美 BIT、中欧 BIT 提出的“准入前国民待遇加负面清单”的投资管理模式。其根据相关立法[①]所实施的“相对集中复议权”“规范性文件的法律审查”“经认证的经营者”等部分措施已

① 即 2015 年 4 月实施的《中国(福建)自由贸易试验区相对集中行政复议权实施办法》、2015 年 4 月实施《中国(福建)自由贸易试验区管理委员会规范性文件法律审查规则》、2014 年 12 月实施的《中华人民共和国海关企业信用管理暂行办法》。

达到《贸易便利化协定》的对应要求。但是，为了更好地对接即将生效的WTO《贸易便利化协定》，福建自贸试验区还需在“有关措施生效之前的评论和知悉权”和“信息公开与可及性要求”两方面加以完善。为此，建议福建自贸试验区以《贸易便利化协定》第一部分第2条为参照，在门户网站设专栏，及时公布有关贸易管理的法律法规的制定、修改和废除的信息，并按照国内法程序为贸易商和其他利益相关主体提供评论的机会。同时，建议福建自贸试验区以《贸易便利化协定》第一部分第1条为参照，以中英文在网络上发布“进出口、转运的程序规定”“进出口、转运有关的表格”“信息咨询点的联系方法”“上诉或复议程序”之信息。

第三，从偏重投资权益的保护转向注重投资权益与社会权益的平衡。入世之后，中国自贸园区内化实施入世承诺，尤其是《补贴与反补贴协定》《与投资有关的贸易措施协定》《与贸易有关的知识产权协定》方面的承诺，开始注重对原有的经济激励措施进行规范，更加注意维护国内外市场主体之间的公平竞争。然而，传统自贸园区的法律规制几乎未提及劳动保护等社会权益，投资保护的立法导向较为明显。相比之下，《中国（福建）自由贸易试验区管理办法》开始提及包括劳动权在内的社会权益，反映了福建自贸试验区在平衡投资权益和社会权益方面的初步努力。

不过，既有的规定属于宣示性规定，其实施强度有待进一步提高。为维护经济发展的可持续，福建自贸试验区需要强化社会权益方面的立法。理由在于，与美国、加拿大等发达国家一样，中国目前已是双向投资大国。为了维护作为东道国的利益，美国、加拿大当前的BIT范本均强调自身的社会管制权。福建自贸试验区是中国吸引外资的前沿阵地，理应在维护东道国社会管制权方面具有更高的敏锐性。纳入包括劳动权在内的社会保护条款不仅是对接中美和中欧BIT的外在需要，更是支撑中国经济持续发展的内在要求。鉴于以《劳动法》为核心的劳动法律体系整体呈现的“窄覆盖、宽执行”缺陷[①]已经成为中国对外经贸合作和国内结构性改革的突出问题，建议福建自贸试验区在创新劳动法律的实施方面先行先试，在制订福建自贸试验区的管理条例以及更高层级的立法时，对集体谈判、集体合同、劳动监察等做出细化实施的规定。

第四，突出两岸合作的特色元素。基于其“深度推进闽台交流与合作”的独特定位，福建自贸试验区的立法将包含更多支持两岸合作先行先试的

① 林嘉.《劳动法》开启了我国劳动法制之门[N].工人日报，2014-07-15：6.

内容。台湾地区与香港、澳门地区和大陆同为 WTO 成员。然而,在合作的法律框架方面,福建试验区与台湾的合作显然不同于大陆与香港、澳门地区之间的关系。内地与香港和澳门地区的合作是通过《内地与香港关于建立更紧密经贸关系安排》和《内地与澳门关于建立更紧密经贸关系安排》,后两者是 WTO 框架下的两个区域自由贸易协定。相反,福建自贸试验区与台湾地区的合作是通过前者的相关立法,该立法属于国内立法。由此将产生的问题是,相较内地与香港、澳门地区之间更优惠的贸易安排,可以享受 WTO《关税与货物贸易总协定》第 24 条的区域贸易协定的最惠国待遇例外,通过福建自贸试验区的相关立法给予来自台湾地区产品的优惠必须遵循最惠国待遇原则,立刻无条件给予其他 WTO 成员。同理,《补贴与反补贴措施协定》《与贸易有关的投资措施协定》《服务贸易总协定》《与贸易有关的知识产权协定》等 WTO 协定也需对台湾和其他成员一视同仁。

基于此,福建自贸试验区为深度推进两岸经济合作所进行的立法应避开贸易领域,将重心放在目前尚未有多边法律规制的投资领域。建议福建自贸试验区在《海峡两岸经济合作框架协议》和《海峡两岸投资保护和促进协议》框架下,推动两岸双向投资、涉台投资准入、涉台投资管理便利等方面法律制度的完善。

二、法治化:福建自贸区怎么做,做什么

福建自贸试验区,是在我国不断深化改革过程中设立的改革创新试验田。自贸试验区各项工作的顺利开展,离不开法治的引领和规范作用。不论是推进体制机制创新,还是促进政府转变管理经济方式,抑或是良好的营商环境,都离不开运用法治思维和法治方式来解决深化改革过程中可能遇到的各种阻力。营造自贸区试验区的法治环境,是保障自贸试验区健康发展的必由之路。

(一)福建自贸区法治建设的战略意义

1. 法治建设是促进自贸区政府转变职能的重要保障

加快政府职能转变,是进一步深化改革的重要内容之一,也是自贸试验区需要推进的重点工作之一。政府职能转变,强调要由事前审批更多地转变为事中事后监管,由管理型政府转变为服务型政府,并处理好市场与政府

的关系。这就需要对相关法律、行政法规、地方性法规、政府规章等规定的行政审批事项进行必要的修改或者清理，清除政府职能转变道路上的法制障碍，同时，还要及时出台加强事中事后监管的法律法规，明确政府在事中事后监管中的职能，以及当政府不正确履行职能时所需要承担的法律责任。可见，自贸试验区的政府职能转变，需要提升立法质量，加快法律法规的修改与完善，为深化政府职能改革保驾护航。同时，只有把“立、改、废”有机结合起来，才能为政府全面正确履行各项职能提供有力的法治保障。

2. 法治建设是打造市场化、国际化营商环境的根本保障

自贸试验区要打造的营商环境，应当是市场化、国际化、法治化的营商环境。其中，市场化是营造良好营造环境的根本目标，国际化是营造良好营商环境的大势所趋，而法治化则是实现市场化、国际化营商环境的根本保障。市场化的营商环境，应当充分尊重市场规律，充分发挥市场活力，这就需要完善以保护产权、维护契约、统一市场、平等交换、公平竞争、有效监管为基本导向的市场经济法律制度。国际化的营商环境，同样要在融入国际规则和完善国内法律等方面下足功夫。当前，全球投资规则谈判代替贸易规则谈判成为全球经贸规则重构的主流，双边和区域 FTA 谈判成为全球投资规则重构的主要平台，高标准的投资准入规则主导全球投资规则的谈判，中美投资协定谈判成为全球投资规则谈判的方向标。[①] 因此，自贸试验区营造国际化的营商环境，一方面，需要有效应对风云变幻的国际大环境，在科学研判国际经济发展趋势的基础上积极参与国际经贸规则谈判，在国际经贸规则重构的过程中掌握主动权、发言权；另一方面，要加快国内的法律制度建设，依法推进开放型经济的体制机制创新，加快“负面清单＋准入前国民待遇”的外商投资管理模式创新，使自贸试验区的法律制度创新与以 TPP、TTIP、TISA 为代表的国际贸易和投资规则有效对接。

3. 法治建设是促进两岸经贸往来与深入合作的根本保障

作为与台湾距离最近的省份，对接台湾是福建自贸试验区不同于其他自贸试验区的最大特色。福建自贸试验区应当充分发挥对台优势，摆脱对台招商引资和扩大对台贸易的老套路，加快实现闽台之间投资贸易自由和资金人员往来便利等方面的制度创新，比如，在闽台通关合作机制上，探讨“一站式”查验平台机制、对台企试行台商协会总担保制度、采信台湾认证认可结果和检验检测结果等等。在自贸试验区建设与发展的过程中，应当将

① 佚名. 加强自贸区法治环境建设，着力培育法制化营商环境[N]. 联合时报，2013-12-06.

在实践中行之有效的做法法律化、制度化,并及时上升为地方性法规,把两岸经贸往来与合作纳入法治化轨道。

4. 是形成可复制法律制度的有效途径

福建自贸试验区通过自身的法律制度建设,逐步形成可复制的法律制度,并在全国范围内推广,是福建自贸试验区走法治化建设之路的内在要求。在形成可复制法律制度方面,要注重与上海、天津、广东等其他三个自贸试验区形成互补与合力。比如,在负面清单制度创新方面,因为四个自贸试验区共用一张负面清单,它就不是福建自贸试验区制度创新的重点。福建自贸试验区制度创新的重点,应当把重点放在两岸投资贸易自由化的制度创新上,在对台产业开放、货物贸易、服务贸易、金融合作、人员往来等方面的法律制度上进行积极的探索,并力争形成一批在全国范围内可复制、可推广的法律制度。

(二) 福建自由贸易试验区法治建设的主要目标

1. 建立健全法律规则体系

福建自贸试验区的建设,应当紧紧围绕立足两岸、面向世界、服务全国的战略要求,把自贸区建设成为改革创新试验田、两岸经济合作示范区和面向"海丝"沿线国家和地区开放合作的新高地。福建自贸试验区的法治建设,应当从福建自贸试验区的这一发展定位出发,既要维护国内法律的统一性与正确实施,也要尊重国际习惯、对接国际规则,还要注重两岸合作与突出对台优势,不断建立健全相关的法律规制体系。

(1) 福建与台湾仅一水之隔,超过80%的台胞祖籍地在福建,福建自贸区试验区要发挥好地缘近、血缘亲、文缘深、商缘广、法缘久的"五缘"优势,在自贸区法治建设过程中,要高度关注台资企业的需求,注重聆听台资企业的建议。福建是台资企业较为集中的省份之一,相对于其他的外商投资企业,台资企业对投资条件、贸易政策等的研究最透彻、用得也最到位。福建自贸试验区的法治建设,要积极探索两岸合作新模式,以深化两岸经济合作为主线,在实现闽台之间投资贸易便利化、两岸资金人员往来便利化、两岸通关快捷化等方面加快法律制度建设的步伐,为闽台研发创新、打造品牌、制定标准以及建立闽台通关机制等方面的合作提供制度支持。比如,平潭片区已经率先对台企试行台商协会总担保制度,台商协会会员只需缴纳一定保证金,就可享受协会的总担保,可减少企业资金负担,便利企业办理海关业务。[1] 这些制度创新,将有力推动两岸的经贸往来与合作。

(2) 福建自贸试验区的法治建设,要主动融入“海丝”战略,在拓展与“海丝”沿线国家和地区的经贸往来与人员合作等方面加快法律制度建设的步伐。2010年1月1日,中国—东盟自由贸易区正式设立,这是第一个由中国发起商谈的自贸区,中国、东盟之间的合作必将不断深化。福建自贸试验区在“海丝”战略中应当发挥先行先试的作用,加快与东盟国家贸易往来的法律制度创新,比如,马尾的中国—东盟海产品交易所要从“海丝”战略的统一布局出发,加快相关的交易规则设计,进一步完善和拓展其在全球性水产品交易中的功能和作用。

(3) 福建自贸试验区的法治建设,要结合三个片区的各自特点、优势和各自的功能定位,有侧重地加强相关的法律制度建设。平潭片区应当重点建立健全与建设自由港和国际旅游岛相配套的法律规则体系;厦门片区应当重点建立健全与新兴产业、现代服务业、航运、金融、贸易等相配套的法律规制体系;福州片区应当重点建立健全与先进制造业、服务贸易、金融创新等相配套的法律规制体系。

2. 从“法制环境规范”走向“法治环境规范”

党的十八届四中全会提出:“面对新形势新任务,我们党要更好统筹国内国际两个大局,更好维护和运用我国发展的重要战略机遇期,更好统筹社会力量、平衡社会利益、调节社会关系、规范社会行为,使我国社会在深刻变革中既生机勃勃又井然有序,实现经济发展、政治清明、文化昌盛、社会公正、生态良好。实现我国和平发展的战略目标,必须更好发挥法治的引领和规范作用。”福建自贸试验区要实现预想的发展目标,必须在我国全面推进依法治国的大背景下,着力打造规范的法治环境,发挥好法治在自贸试验区建设中的引领作用。

规范的法治环境,要求有完备的法律规范体系、高效的法治实施体系、严密的法治监督体系、有力的法治保障体系。在这方面,上海自由贸易试验区走过一条从规范法制环境到走向规范法治环境的探索之路,对福建自贸试验区的法治建设有着可供借鉴的经验。2013年9月18日,《国务院关于印发中国(上海)自由贸易试验区总体方案的通知》(国发〔2013〕38号)在阐述自贸试验区的总体目标时提出,“着力培育国际化和法治化的营商环境,力争建设成为具有国际水准的投资贸易便利、货币兑换自由、监管高效便

① 林侃.福建自贸试验区试行八项改革创新举措[N].福建日报,2015-04-07.

捷、法制环境规范的自由贸易试验区”；2014 年 7 月 25 日，上海市第十四届人民代表大会常委委员会第十四次会议通过的《中国（上海）自由贸易试验区条例》第三条则有着不尽相同的表述，“培育国际化、市场化、法治化的营商环境，建设具有国际水准的投资贸易便利、监管高效便捷、法治环境规范的自由贸易试验区。”可见，上海自由贸易试验区经历了从法制环境规范走向法治环境规范的探索之路。“法制环境规范”与“法治环境规范”尽管只有一字之差，却有着不同的蕴含。

“法制”与“法治”仅一字之差，但内涵和外延是有很大区别的，“法治”强调的是通过法制对国家和社会事务的管理，它与“人治”是直接对立的。[①] 法制环境规范，强调的是要建立规范的法律制度，是对静态的法制建设的要求；法治环境规范，则强调要实现“良法善治”的目标，不仅要有健全的法律制度，而且这些法律制度要得到有效的运行。对福建自贸试验区的法治建设而言，首先要加强法制建设，完善相关的地方性法规，推动国家层面的立法，把先行先试的举措制度化、法律化，做到法制环境规范；在此基础上，强调依法行政、公正司法、全面守法，努力推动形成办事依法、遇事找法、解决问题用法、化解矛盾靠法的良好法治环境，在法治轨道上推进福建自贸试验区的各项工作。

（三）福建自贸区法治建设的基本理念

自贸试验区是在中国主权领土范围内设立一块制度创新的试验田，但这块试验田并不是独立王国，也不是法外特区。在中国，统一的法治体系只有一个，即宪法和法律在全国范围内容得到统一实施的体系，不能夸大自贸区法治建设的特殊性，自贸区不具有独立的法治意义。[②] 在法律法规的适用上，除了针对自贸试验区的特别立法之外，与中国大陆上的其他地方并没有区别。可见，自贸区的先行先试不能也不应该突破法律的底线。处理好依法办事与先行先试之间的关系，应当树立正确的法治理念。

第一，突破现有法律规则应当有法律的明确授权，遵循“法无授权不可为”的原则。党的十八届四中全会通过的《中共中央关于全面推进依法治国若干重大问题的决定》强调：“实现立法和改革决策相衔接，做到重大改革于法有据、立法主动适应改革和经济社会发展需要。”可见，自贸试验区在先行

---

① 沈宗灵.法理学[M].北京：北京大学出版社，2000 年版：219.

② 刘松山.论自贸区不具有独立的法治意义及几个相关法律问题[J].政治与法律，2014(02)：3-4.

先试过程中需要突破现有法律规则的，必须做到于法有据，法无授权不可为。比如，只有在《全国人民代表大会常务委员会关于授权国务院在中国(广东)自由贸易试验区、中国(天津)自由贸易试验区、中国(福建)自由贸易试验区以及中国(上海)自由贸易试验区扩展区域暂时调整有关法律规定的行政审批的决定》颁布实施之后，才能暂时调整《中华人民共和国外资企业法》《中华人民共和国中外合资经营企业法》《中华人民共和国中外合作经营企业法》和《中华人民共和国台湾同胞投资保护法》规定的有关行政审批。该《决定》同时还规定："国家规定实施准入特别管理措施的除外。上述行政审批的调整在三年内试行，对实践证明可行的，修改完善有关法律；对实践证明不宜调整的，恢复施行有关法律规定。"全国人大常委会和国务院发布的暂时调整实施法律法规的决定，创造了法律完善的一种新的方式。① 应当注意的是，突破现有法律的相关规定，不但要有相应的立法部门作出相应的决定，而且还要明确先行先试的具体内容、先行先试的例外情形和试运行的期限，等等。否则，这种先行先试就是一种违法行为。

第二，在现行法律空白领域的制度创新上，应当遵循"法不禁止皆可为"的基本原则。先行先试在不违反现有法律规定的情形下，应当鼓励进行大胆的制度创新。自贸试验区要成为制度创新的高地，就应当鼓励在"不违法"的情形下大胆创新、先行先试。福建自贸试验区的制度创新，既要借鉴上海自贸试验区在制度创新的有益经验，更要注重发挥好对台优势，做好两岸经贸合作与人员资金往来的法律制度创新。

第三，在自贸试验区的行政管理中，应当遵循"简政放权"的基本原则。简政，就是要树立有限政府的理念。有限政府关键是要把握好政府的权力范围，把握好政府干预的度。政府失败既可能是由于它们做得太少，也可能是由于它们做得太多。② 当前，自贸试验区推行的负面清单制度，是落实有限政府的最重要举措。福建自贸试验区应当在全国四个自贸试验区共有一张负面清单的大背景之下，加快政府职能转变，完善行政管理体制，把有限政府的理念落到实处。树立有限政府的理念，还要处理好行政管理与市场机制的关系转变上政府事前审批的老套路，建立健全事中事后审查机制，并发挥市场在资源配置中的决定性作用，要把政府不该管、管不好的事项还给

---

① 贺小勇. 中国(上海)自由贸易试验区法治建设的评估与展望[J]. 海关与经贸研究，2015(02)：4.

② [美]W. 阿瑟·刘易斯著. 经济增长理论[M]. 梁小民译，上海：上海三联书店，1990年版：87.

市场和社会,激发市场的活力。放权,就是要树立法治政府、服务政府的理念。法治是现代行政的基本依托,是治国理政的基本方式。[①] 法治意味着政府的全部行为必须有法律依据,必须有法律授权。[②] 2004 年《国务院全面推进依法行政实施纲要》确立了我国建设法治政府的目标。在福建自贸试验区的行政管理中,应当首先树立依法行政的理念,在法律的框架内忠实履行好各项行政管理的职责。

(四) 推进福建自贸区法治建设的建议

党的十八届四中全会提出了全面推进依法治国的目标,提出要"实现立法和改革决策相衔接,做到重大改革于法有据、立法主动适应改革和经济社会发展需要。实践证明行之有效的,要及时上升为法律。实践条件还不成熟、需要先行先试的,要按照法定程序作出授权。对不适应改革要求的法律法规,要及时修改和废止。"推进福建自贸试验区应当按照这一基本要求,从政府职能转变与监管体系完善、推进科学立法、完善两岸合作法律规则与加强两岸司法实务合作等方面推进法治建设。

1. 政府职能转变与监管体系完善

自贸试验区在行政管理制度创新的重点,就是将原先的注重事前审批转变到注重事中事后监管。

第一,要转变行政管理人员的工作理念。政府的行政权力表现在两个方面:一是管理,二是服务,在自贸区的发展、建设过程中,政府权力应该更多地表现为服务。[③] 从注重管理变为侧重服务,从审批管理转变为备案管理,这需要政府的工作人员进行一次彻底的行政思维的革新。

第二,要建立健全综合执法体制。《中国(福建)自由贸易试验区总体方案》提出了"整合执法主体,形成权责统一、权威高效的综合执法体制"的要求。在自贸区的行政管理中,不论是"一口受理",还是"综合执法",都是对转变政府职能的具体落实,其根本目的在于提升政府的服务水平和行政效能。

第三,要注重提高事中事后监管的水平与能力。在创新监管方式上,可以通过建立信息共享平台、探索社会信用体系建设、建立综合执法体系、建立安全审查和反垄断审查协作机制、建立健全自贸试验区综合评估机制等

① 江必新. 法治政府的制度逻辑与理性建构[M]. 北京:中国法制出版社,2014 年版:1.
② Joseph Raz. The Authority on Law and Morality . Oxford: Clarendon Press, 1979: 214.
③ 苏宏峰. 自贸区制度创新中的法治要求[J]. 上海金融学院学报,2013(05):29.

方式加以推进，推动政府职能转变和行政体制改革。①

第四，要加强风险防控意识。自贸试验区的制度创新，要处理好放开与管住之间的关系。放开和管住是一对矛盾，不适当的松和紧都会带来消极后果。无论放开还是管住，都需要有明确的规则，规则缺失可能导致国家利益受损。②

第五，探索建立货物状态分类监管模式。货物状态分类监管制度的主要内容是口岸监管部门根据保税货物、非保税货物、口岸货物等三类不同货物状态，进行分类监管，提高通关速度，降低监管风险。福建自贸试验区在货物状态分类监管的模式创新上，可以借鉴上海自贸试验区的有益经验，进一步推进口岸管理制度创新。

2. 科学立法

科学立法是福建自贸试验区法治建设的第一步。在制度创新的实施路径上，可以采取“政策开路、地方立法跟进、国家立法提升”这一循序渐进的立法策略。不论是地方层面的立法，还是国家层面的立法，都需要经过提出法律案、审议法律案(包括征求公众)和表决法律案等一系列的程序，一部法律从提出法律案到审议通过再到颁布实施，往往要耗费较长的时间。这就使得立法进程与推进改革之间存在着一个时间差，立法往往滞后于改革的需要。如果每一项的改革措施都等着法律或者地方性法规的授权，容易错失改革与发展的良机。而弥补这一缺憾的有效手段就是先行出台相关的政策。政策的制定与出台较为灵活，时效性也比较强，可以及时填补法律空白或者法律漏洞的功能。当一项政策试运行一段时间之后，与现实需要不相吻合的部分应当及时予以废除，行之有效的部分应当推动地方立法或者国家立法，将成熟的制度创新上升为地方性法规或者法律。同时，应当明确中央与地方的立法分工，要把成熟的经验和做法及时地加以总结，实现更高层面的立法。

3. 完善两岸合作法律规则与加强两岸司法实务合作

福建自贸试验区的优势和特色在于发挥对台优势，加强两岸经贸往来与合作是福建自贸区试验区的重要任务。随着两岸服务贸易与金融创新的不断推进，两岸交往合作的领域在不断拓展、规模在不断扩大。在两岸的经济融合、文化交流或者人员往来中，避免不了摩擦与分歧，涉及两岸法律层

---

① 王丹. 制度创新和法治精神引领下的改革发展[J]. 中国浦东干部学院学报，2013(6)：126.

② 沈国明. 法治创新：建设上海自贸区的基础要求[J]. 东方法学，2013(06)：126.

面的问题必然会越来越多。保障两岸同胞的正当权益,既需要法律规范的调整,也需要司法的服务保障。

一方面,要注重两岸法律文化的有机融合,充分尊重对方的法律制度,并在此基础上求同存异,形成能够有效规范双方经贸往来的法律规则。近年来,两岸已经签署了《海峡两岸海运协议》《海峡两岸渔船船员劳务合作协议》《海峡两岸标准计量检验认证合作协议》《海峡两岸金融合作协议》《海峡两岸医药卫生合作协议》《海峡两岸经济合作框架协议》《海峡两岸知识产权保护合作协议》《海峡两岸投资保护和促进协议》《海峡两岸货币清算合作备忘录》《海峡两岸核电安全合作协议》《海峡两岸服务贸易协议》等一系列合作协议,对推动两岸经济合作起到了重要的作用。福建自贸试验区应当在此基础上先行先试,进一步推进两岸经贸合作与人员往来的法律制度创新。

另一方面,需要不断推进两岸的司法互助与协作。当发生法律纠纷时,司法救济途径是否通畅成为需要解决问题的关键。这就需要两岸司法机关的紧密配合,不断加强两岸司法实务合作。早在 2009 年 4 月 26 日,海峡两岸关系协会与台湾海峡交流基金会就签署《海峡两岸共同打击犯罪及司法互助协议》,就两岸共同打击犯罪及司法互助与联系事宜达成协议。近年来,两岸的司法协作不断得到加强,两岸司法协作法律问题研究也在不断深化。[①] 当前,福建自贸试验区要在两岸司法协作上先行先试,为两岸司法互助与协作制度化、常态化提供有益经验。

三、福建将如何完善自贸区法律制度

(一) 福建自贸区知识产权法律制度完善

1. 知识产权法律制度建设的网络环境、产业背景与国际视野

自贸区建设以贸易自由化、便利化为主要目的,营造一个符合国际惯例,积极与国际接轨的商业环境。同时为应对 TTIP 和跨太平洋战略经济伙伴关系协定 TPP 这两个被定为 21 世纪最高标准的自由贸易协定的冲击以

---

① 2014 年 7 月 18 日,第六届海峡两岸司法实务研讨会在福州市召开,就"两岸民事裁判与仲裁裁决的认可及执行""两岸罪犯移管与罪赃移交""两岸投资争端解决机构所做调解协议的执行保障"等方面的相关问题进行了深入研讨。《法制日报》、人民网、东南网等媒体对本次会议作了全面报道。

及新一轮的国际贸易规则，加强知识产权保护是自贸区发展的重要保障。福建自贸区应该利用“先行先试”，创新知识产权保护制度，加强知识产权管理和执法，并为知识产权规则的国际协调提供实证支持。①

当前，网络环境下的知识产权保护日益成为知识产权保护的难点和重点。互联网知识产权保护起初主要是数字化作品的信息网络传播问题，随着电子商务的发展，网络环境下知识产权不仅仅涉及著作权，亦涉及商标权、专利权，还引发数据库、计算机软件、网络域名、不正当竞争等新问题。网络环境下知识保护问题，不仅成为国际知识产权领域关注的焦点，也是制约我国互联网产业发展的突出问题。② 应对网络知识产权问题，自贸区可以利用“先行先试”，对电子商务知识产权保护进行地方立法，明确网络交易平台经营者法律责任，确立网络交易平台知识产权侵权投诉规则，③确立电子商务中“通知＋移除”规则，同时建立网络交易监管信息化平台，④加强执法力度。营造自贸区良好的网络环境，有助于推动自贸区文化产业和电子商务的发展，也有助于推动传统产业与互联网融合发展。

随着知识产权的发展，知识产权贸易对国际经济和国际贸易作用日显重要，知识产权产业已经成为发达国家重要的支柱产业。⑤ 知识产权产业表现出以版权和专利为核心、以知识产权制度为发展基础的行业。⑥ 知识产权制度的保护目的之一就是促进知识产权产业的健康发展，成为推动经济增长的重要推动力。近年来，我国知识产权产业有了突破性的发展，知识产权数量持续快速增长：2014 年，知识产权局共受理发明专利、实用新型和外观设计申请 236.1 万件，其中发明专利 92.8 万件，同比增长 12.5%，申请量连续 4 年居世界第一。商标有效注册量 839 万件，继续保持世界第一。⑦ 2014

① 孙益武. WTO 视角下中国(上海)自由贸易试验区知识产权保护问题探析[J]. 上海对外经贸大学学报，2014(01)：66-67.

② 阎晓宏. 大数据时代的版权与文化[EB/OL]. 国家新闻出版广电总局. http://www.gapp.gov.cn/govpublic/96/241836.shtml，2015-1-8.

③ 秦丽丽. 网络交易平台商标侵权投诉规则简介[J]. 电子知识产权，2014(02)：94-95.

④ 冀瑜、邢雁发、洪积庆、李建民. 电子商务市场知识产权保护的制度缺失及其对策[J]. 知识产权，2014(6)：62.

⑤ 李顺德. 知识产权贸易与知识产权产业[J]. 对外经贸实务，2007(11)：4.

⑥ 张劲文. 知识产权产业的定义与统计分类研究[J]. 科学学研究，2015 年(01)：47.

⑦ 2014 年中国知识产权发展状况新闻发布会[EB/OL]. 国家知识产权局. http://www.sipo.gov.cn/twzb/2014zgzscqfzzk/，2015-04-16.

年我国软件著作权登记量从10万件到首破20万件仅用三年时间。[①] 我国已经成为了名副其实的知识产权大国，正在向知识产权强国迈进。[②] 作为维系核心竞争力的关键因素，自贸区应加大力度支持知识产权产业的发展，深入实施国家知识产权战略，支撑创新驱动发展，发挥知识产权行业协会知识产权服务作用，帮助提高企业知识产权管理水平，提高技术成果转化率，促进知识产权交易，使知识产权产业对经济提质增效。

从知识产权历史发展看，国际条约影响着各国知识产权制度。其中，影响最大的《与贸易有关的知识产权协定》奠定了现阶段国际知识产权保护的标准和水平。我国自贸区的建设也是在积极应对新的一轮国际贸易规则的形成，特别是TPP与TTIP，而其中谈判的核心内容就是知识产权的保护。所以自贸区知识产权保护要放眼于国际视野，积极探索和创新知识产权保护制度，为中国未来国际贸易知识产权保护规则争取话语权。[③] 福建自贸区作为第二批“先行先试”的进一步改革开放的试验田，应积极的借鉴上海自贸区知识产权保护制度的有益经验，加强知识产权执法，创新知识产权管理模式，从设立自贸区知识产权派出法庭、建立福建自贸区知识产权仲裁制度两方面创新知识产权司法保护制度，并发挥自身优势，加强两岸知识产权保护合作与交流。

2. 完善自贸区高新企业行业(知识产权)自律组织制度

我国高新企业行业知识产权自律组织主要表现为行业协会。行业协会作为非营利性的社会团体，对于企业知识产权保护和政府知识产权管理工作的展开都发挥着重要作用。行业协会为协会会员开展知识产权管理培训和知识产权法律培训以及新技术、新业务等培训，[④]促进行业内部成员交流与协作，促进行业内部专利许可、技术共享等知识产权策略，形成规模效应，降低经营风险以提升企业的整体竞争力。[⑤] 例如：福建省商标协会指导协会会员争创驰名、著名商标，组织商标理论研究和企业商标从业人员业务培

---

① 人民网-知识产权频道.2014年我国软件著作权登记量首破20万件大关[EB/OL].人民网http://ip.people.com.cn/n/2015/0409/c136655-26817863.html,2015-04-09.

② 参见《深入实施国家知识产权战略行动计划(2014—2020年)》，文件明确提出了建设知识产权强国的新目标。

③ 周春慧.国际贸易新形势下的上海自贸区知识产权保护[J].电子知识产权，2014(02):1.

④ 福建省软件行业协会章程[EB/OL].福建省软件行业协会，2015-04-10.

⑤ 刘雪凤.知识产权全球治理下视角下NGO功能研究[M].北京：知识产权出版社，2012年版：344.

训，开展国内外商标界的交流与合作。[①] 福建省知识产权协会自2009年以来，连续六年开展赴台知识产权系列培训，在台举办了六届高新技术企业CEO知识产权研习班，极大提升了福建参训企业知识产权创造、运用、保护和管理的能力，同时推进了闽台知识产权交流合作，形成极具福建特色的对台交流与合作的品牌和模式。[②]

行业协会服务于政府知识产权管理工作，起到了延伸扩展政府职能的作用。行业协会可以以其专业知识向政府提供知识产权公共服务管理的建议、议案，反映会员要求，[③]为政府制定知识产权公共服务管理决策提供专项顾问服务。行业协会为会员知识产权维权提供行业建议，协调解决成员内部侵犯知识产权行为，协助有关部门调查处理，协助会员解决矛盾纠纷，为会员提供法律法规咨询服务，维权服务。[④]

除此之外，行业协会对于知识产权行业自律也发挥不可或缺的作用，可以制定章程，约束行业行为，[⑤]实现行业自律，以加强本行业知识产权创造、运用、保护和管理，[⑥]有利于营造行业内部企业自主创新的氛围。例如：2006年3月中国建筑卫生陶瓷协会内部签订《中国建筑卫生陶瓷行业自律公约》，明确突出了知识产权问题，并对违反行业自律公约规定、损害行业形象，并造成一定后果的，协会理事会视违规情节给予一定的处分。[⑦] 2007年1月31日，佛山市专利协会和佛山市陶瓷行业协会，签署《佛山市陶瓷行业知识产权保护自律公约》。[⑧] 2009年8月福建省钟表行业协会签订《福建省钟表行业知识产权保护公约》，该公约加强了行业协会成员外观设计的知识产权保护，促进成员品牌化经营。[⑨] 这些都反映了企业行业内部之间相互尊重知识产权，自觉抵制和反对侵犯知识产权行为的承诺与决心，对行业内部形成

---

① 福建省商标协会[EB/OL]. http://www.fjssbxh.com/index.aspx，2015-04-12.

② 省知识产权协会罗旋会长率团赴台举办第六届福建省高新技术企业CEO知识产权研习班[EB/OL]. 福建省知识产权局. http://www.fjipo.gov.cn/html/5/159/5009_2014512054.html，2014-05-12.

③ 福建省通信行业协会协会简介[EB/OL]. http://www.fjcia.cn/xhjj.html，2015-04-10.

④ 同上。

⑤ 福建省软件行业协会章程 http://www.fsia.org.cn/Introduction.html，2015-04-10.

⑥ 刘雪凤. 知识产权全球治理下视角下NGO功能研究[M]. 北京：知识产权出版社，2012年版：350.

⑦ 中国建筑卫生陶瓷协会. 中国建筑卫生陶瓷行业自律公约[J]. 中国建筑为生陶瓷，2006年(03)：37.

⑧ 齐闻. 佛山陶业签署保护知识产权公约[J]. 中国陶瓷，2007(02)：76.

⑨ 福建省钟表行业知识产权保护公约(暂行)[EB/OL]. 福建省钟表行业协会. http://www.fjzbxh.com/ZSCQ/gongyue.htm，2015-04-12.

良好的竞争环境,促进行业健康发展,整体提高行业自主创新的能力,积极应对国际市场竞争,保持中国企业在国际市场的良好形象和地位都有很好的促进作用。

我国知识产权自律组织数量少,起步晚,其中最大的不足为行政色彩浓厚,政府干预过多,导致自主性不强。同时行业协会自律性依然欠缺,规模和社会影响力不大,相应的制度和配套政策没有得到很大的支持,其应有的功能和作用没有得到充分的发挥。《国家知识产权战略纲要》在"战略措施"一部分明确指出:"充分发挥行业协会的作用,支持行业协会开展知识产权工作,促进知识产权信息交流,组织共同维权。加强政府对行业协会知识产权工作的监督指导。"福建自贸区应借助制度建设的契机,完善有助于知识产权行业协会发展的法律政策环境,提高行业协会知识产权服务的作用,形成"政府—行业协会—企业"三位一体的管理模式。

3. 完善自贸区知识产权行政管理制度

(1) 加强知识产权行政管理地方立法,做到有法可依

政府主导知识产权管理是我国知识产权管理制度的突出特色,起着引导和规范的关键性作用。但其管理滞后于形势发展,集中体现在统筹协调机制不完善、市场监管职能有限、公共服务能力滞后、社会管理体系缺乏等方面。[①] 根据《国务院关于印发中国(福建)自由贸易试验区总体方案的通知》国发[2015]20 号(以下简称《福建自贸区总体方案通知》),福建省要通过地方立法,建立与试点要求相适应的自贸区试验区管理制度。针对政府主导知识产权管理的知识产权行政管理制度,自贸区应当充分发挥政策优势、积极创新。而这些创新的基础出发点在于立法的创新,做到有法可依、依法有据。完善知识产权行政管理地方立法,可以在厘清市场与政府的关系,提高政府服务、管理效率、促进贸易便捷,整合知识产权行政部门、提高行政管理协调性和监管能力,提高市场知识产权管理的参与度,促进闽台知识产权行政管理交流合作等方面进行立法探索。

(2) 提高知识产权行政管理科学性,转变政府职能

政府作为宏观调控者和微观实施者在知识产权管理中主要职能是矫正市场固有缺陷、规范私权及推动对知识产权的行政保护。政府实现知识产权管理职能要坚持市场性、有限干预、合法性及增进社会效益等基本原则。[②] 按照

---

① 肖尤丹.面向国家知识产权战略实施的知识产权管理及其促进政策[J].中国科学院院刊,2013(04):422-423.

② 赵丽莉、井西晓.政府在知识产权管理中的职能[J].理论探索.2010(9).

国际化、市场化、法治化要求，加快推进政府管理模式创新，福建省能够下放的经济社会管理权限，全部下放给自贸试验区。依法公开管理权限和流程。加快行政审批制度改革，促进审批标准化、规范化。建立健全行政审批目录制度，实行“一口受理”服务模式。完善知识产权管理和执法体制以及纠纷调解、援助、仲裁等服务机制。健全社会服务体系，将原由政府部门承担的资产评估、鉴定、咨询、认证、检验检测等职能逐步交由法律、会计、信用、检验检测认证等专业服务机构承担。[①] 政府部门在知识产权行政管理中要充分发挥市场的决定性作用，提高知识产权市场的活力，鼓励引导监督知识产权市场，同时提供便捷高效的政府服务，促进贸易自由化。具体而言，政府部门在知识产权行政管理中，可以简化知识产权管理、审批。提供便捷的网上服务。经济政策上鼓励、扶持知识产权发展。促进校、企知识产权合作。促进知识产权的成果转化。放开知识产权中介机构的市场参与。建立知识产权专家咨询库，提供知识产权咨询，促进申请便利化等等，在福建自贸区进行积极探索和创新。

(3) 促进自贸区知识产权行政管理两岸交流合作

促进两岸交流合作，是福建自贸区的特有政策优势。在自贸区知识产权行政管理中与台合作交流，是福建自贸区特有的创新点。应允许台湾服务提供者以跨境交付方式在自贸试验区内试点举办展览，委托福建省按规定审批在自贸试验区内举办的涉台经济技术展览会。《福建自贸区总体方案通知》提出，发展知识产权服务业，扩大对台知识产权服务，开展两岸知识产权经济发展试点。通过闽台间相互学习借鉴两岸知识产权行政管理经验，建立福建自贸试验区对台知识产权服务业，及国际化的知识产权服务业；加强两岸知识产权行政管理合作；适当放开知识产权闽台间中介服务机构准入；促进、便捷两岸知识产权企业合作、成果转化；促进两岸知识产权行政管理学术交流等方面进行积极探索和创新。

(4) 促进自贸区知识产权行政管理信息网络化

信息化是未来发展的趋势，也是全球自由贸易的必要要求，促进自贸区知识产权行政管理信息化有它的现实意义。促进知识产权行政管理信息网络化，要做到信息公开化，便捷化，同时通过信息网络达到知识产权行政管理监管的目的。具体而言，可以建立自贸区知识产权行政管理的信息、检索平台。建立自贸区知识产权电子交易平台。网络化知识产权申请，简化申请手续。建立自贸区知识产权网络数据库，实现知识产权行政统一网络管

---

① 参见《国务院关于印发中国(福建)自由贸易试验区总体方案的通知》。

理监督。在确保有效监督前提下，简化自贸试验区的海关特殊监管区域产品内销手续，促进内销便利化。[①] 通过网络化来简化内销手续，促进内销便利化。建立知识产权行政管理网上审批、备案等。

4. 创新自贸区知识产权执法模式：联合执法

（1）加快知识产权联合执法地方立法，做到有法可依

知识产权部门联合执法具有集中力量、迅速查处等优势，但也存在推诿扯皮、浪费执法资源、执法信息不能共享等问题。[②] 自贸区知识产权部门联合执法应当充分发挥政策优势、积极创新。而这些创新的基础出发点在于立法的创新，要做到有法可依、依法有据。福建省要通过地方立法，建立与试点要求相适应的自贸区试验区管理制度。整合执法主体，形成权责统一、权威高效的综合执法体制。提高知识产权行政执法与海关保护的协调性和便捷性，建立知识产权执法协作调度中心和专利导航产业发展工作机制。完善知识产权的联合执法和地方立法，明确执法主体的分工、权责，避免执法空白和互相推诿。赋予执法主体相当的执法权，提高执法的可操作性。加强知识产权执法衔接法律依据整合，[③]加强执法主体间执法的有效衔接，进行知识产权联合执法中执法衔接立法探索。重构自贸区综合执法体系，做到以下方面内容：①自贸区综合执法体系与国际知识产权执法制度接轨；②建立自贸区综合执法体系的执法程序制度；③建立自贸区综合执法体系监督机制。[④] 建立自贸区联合执法体系，进行知识产权联合执法中执法程序、执法监督等立法探索。

（2）完善知识产权联合执法，建立素质较强的联合执法队伍

自贸区的贸易量相对较大，涉及国际间贸易。自贸区知识产权联合执法涉及到本国知识产权法、国际法、别国知识产权法等一系列复杂的法律规定。这要求自贸区知识产权联合执法队伍必须有较为扎实的法律基础。除此之外，也必须懂得国际贸易中商品的进出口、过境程序以及商品交易规则等。自贸区知识产权联合执法队伍，需要提高其筛选条件，适时地组织开展集中培训，培养执法判断能力和执法协调能力，提高执法的水平和效率。

（3）促进自贸区知识产权联合执法两岸交流合作

促进两岸交流合作，是福建自贸区的特有政策优势。在自贸试验区知

---

① 参见《国务院关于印发中国（福建）自由贸易试验区总体方案的通知》。

② 武善学、张献勇．我国知识产权部门联合执法协调机制研究[J]．山东社会科学，2012(04)：107.

③ 梅术文．知识产权的执法衔接规则[J]．国家检察官学院学报，2008(02)：123.

④ 孟小龙．上海自贸区知识产权综合执法体系的构建[J]．党政论坛，2014(04)：32.

识产权联合执法中与台合作交流，是福建自贸区特有的创新点。通过闽台间相互学习借鉴两岸知识产权执法经验，实现福建自贸区对台企联合执法的合理性，建立国际化的自贸区联合执法体系；加强两岸知识产权联合执法联动协调。便捷两岸知识产权联合执法途径，促进两岸贸易自由快捷等方面进行积极探索和创新。

(4) 促进自贸区知识产权联合执法信息网络化

建立自贸试验区企业信用信息采集共享和失信联动惩戒机制，开展使用第三方信用服务机构的信用评级报告试点，加强监管信息共享和综合执法，促进自贸区知识产权联合执法信息网络化，这些有利于解决联合执法中信息不对称、执法推诿的问题，有利于实现联合执法信息透明公开，有利于联合执法中实现社会监督。

5. 创新自由贸易试验区知识产权司法保护制度

知识产权司法保护是知识产权制度的核心内容，是连接知识产权创造、运用和管理的枢纽。[①] 为应对自贸区贸易更自由化、便利化、国际化的特点，同时面对知识产权纠纷专业化的特点，建立知识产权纠纷多元化解决机制，福建自贸区在知识产权司法保护制度上可以从以下两方面大有作为：

(1) 建立自贸区知识产权派出法庭

专门的知识产权法庭是指专门审理涉及知识产权的民事、行政和刑事案件，并将民事、行政和刑事审判职能统一于一个审判庭的专门法庭(以下简称知识产权法庭)。[②]设立知识产权法庭是立足于自贸区特殊的政策需要，也是应对自贸区加强知识产权司法保护的特殊需要。知识产权随着科学技术的发展，其专业化和复杂性不断增强。所以，设立知识产权法庭，首先，有利于法官积累知识产权专业知识和经验，[③]以应对知识产权审判专业化。福建自贸区的建设作为积极与国际接轨的“先行先试”改革试验区，设立知识产权法庭是顺应国际知识产权保护发展趋势，也是自贸区对知识产权保护重视的体现。其次，设立知识产权法庭有利于优化审判资源配置，提高司法审判效率，对整体提高司法保护效能具有重要意义。再者，知识产权法庭的

---

① 孔祥俊. 知识产权保护的新思维——知识产权司法前沿问题[M]. 北京：中国法制出版社，2013 年版：3.

② 蒋志培. 入世后我国知识产权法律保护研究[M]. 北京：中国人民大学出版社，2002 年版：303-305、316.

③ 胡淑珠. 试论知识产权法院(法庭)的建立——对我国知识产权审判体系改革的理性思考[J]. 知识产权，2010(04)：38.

设立在我国已有较好实践基础：2009年全国第一个知识产权派出法庭在广东省珠海区高新区挂牌成立，[①]2010年前8个月受案量相当于2009年全年261%。[②] 2014年北京、上海、广州三个知识产权法院成立。2015年4月9日，上海浦东法院成立自贸区知识产权法庭，更加专业化、集约化地审判涉及自贸试验区的知识产权案件[③]。

知识产权审判"三合一"是完善知识产权审判体现的重要举措，福建自贸区的建立知识产权派出法庭有利于对自贸区内的知识产权案件得到更加专业化的审判，提高自贸区知识产权保护的水平。福建省目前有福州市中级人民法院知识产权庭和福州市鼓楼区人民法院知识产权庭、厦门市中级人民法院知识产权庭、泉州市中级人民法院知识产权庭和泉州市晋江市人民法院知识产权庭，在知识产权审判"三合一"已经有了一定的实践积累，对福建自贸区的建立知识产权派出法庭实践和知识产权审判"三合一"会有有益的借鉴。

(2) 建立自贸区知识产权仲裁制度

随着自贸区的建设和发展，与国际合作不断增强，必然会发生大量的知识产权国际纠纷。在自贸区建立知识产权国际争端仲裁解决机制，是完善自贸区知识产权司法保护制度的重要措施，也是提供知识产权纠纷多元化解决机制重要途径之一，也是积极应对经济全球化和国际知识产权保护接轨的体现。仲裁具有的技术性、中立性、快速性、保密性、易执行性特点，使得仲裁制度对国际知识产权纠纷的解决发挥着独特的优势。仲裁员往往都是同时具有法律、知识产权技术等专业背景的业内人士，能很好地解决知识产权技术性问题，并能对法律问题作出准确的判断。当事人还可以选择仲裁机构和仲裁员，还可以约定仲裁程序和法律适用，即当事人对仲裁有较大的选择性和可预期性。仲裁的周期一般在几个月内就可以结案，[④]且仲裁具

---

① 朱智.全国首个知识产权派出法庭在珠海成立[N].中国知识产权报，2009-12-16.

② 佚名.全国首个知产派出法庭受案飙升，前8月受案量相当于去年全年261%[N].法制日报，2010-12-06.

③ 佚名.浦东法院成立自贸区知识产权法庭[N].人民法院报，2015-04-11.

④ 《中国国际经济贸易仲裁委员会仲裁规则(2014修订)》第四十八条第一款：仲裁庭应在组庭后6个月内作出裁决书。

《上海国际经济贸易仲裁委员会(上海国际仲裁中心)仲裁规则(2014修订)》第四十四条：(一)本规则第四条第1、2项(国际的或涉外的争议案件；涉及香港特别行政区、澳门特别行政区或台湾地区的争议案件)所涉争议案件，仲裁庭应在组庭之日起6个月内作出裁决书。(二)本规则第四条第3项(国内的争议案件)所涉争议案件，仲裁庭应在组庭之日起4个月内作出裁决书。

《中国海事仲裁委员会仲裁规则(2014修订)》第五十三条第一款仲裁庭应在组庭后6个月内作出裁决书。

有一裁终局的效力，所以，一些专利技术或计算机程度等生命周期短、产品更新快的知识产权纠纷，快速地解决纠纷对其具有特殊的意义。仲裁的保密性满足了企业对涉及商业秘密、专有技术、技术秘密等案件不愿意公开审理的需求。最后，世界已有149个国家加入《承认及执行外国仲裁裁决公约》，仲裁裁决可以在所有成员国得到承认和执行。

知识产权纠纷仲裁解决机制在世界知识产权组织（WIPO）已经建立了完善的解决私法主体之间的争端机制。① 在国外，如美国、英国、德国、法国、加拿大、日本等国家都建立了知识产权仲裁机制。② 其中WIPO的知识产权仲裁规则是国际通行规则的代表，其成功经验对自贸区知识产权纠纷仲裁解决机制具有重要借鉴意义。在我国，对于知识产权纠纷仲裁解决也在逐步地探索。如北京仲裁委员会、中国国际经济贸易仲裁委员会近年来裁决了一批国内外知名的知识产权案件。③ 2007年厦门仲裁委员会成立国内首个知识产权仲裁中心。④ 广州、青岛⑤、南京、武汉⑥等地陆陆续续设立知识产权仲裁院或知识产权仲裁中心。上海自贸区2014年颁布国内首部自贸区仲裁规则：《中国（上海）自由贸易试验区仲裁规则》，并与2014年5月1日实施。上海自贸区助推知识产权仲裁规则在国内知识产权方面迈出了领先的一步。⑦ 福建自贸区建立知识产权仲裁制度可以借助厦门知识产权仲裁中心的实践，吸纳和完善诸多国际商事仲裁的先进制度，借鉴上海自由贸易区成功经验，⑧建立具有国际化知识产权仲裁规则。

---

① 刘晓红、李晓玲. 知识产权国际纠纷的非诉讼解决研究[M]. 北京：法律出版社，2010年版：48.

② 丁丽瑛、汪兴裕. 知识产权纠纷仲裁解决机制研究[M]. 厦门：厦门大学出版社，2013年版：119-162.

③ 谢冠斌、陈增新、张昀. 中国知识产权争议解决年度观察（2013）[J]. 北京仲裁，第83辑：152.

④ 厦门仲裁委员会成立国内首个知识产权仲裁中心[EB/OL]. 厦门仲裁委员会. http://www.xmac.org.cn/Gui_view.aspx? newsCateid=89&NewsId=11&TID=&Open1=&Open=&Open1=&CateID=89&showCateID=0&CateID1=89，2013-1-25. 中国大陆首个知识产权仲裁中心在厦门成立. 新华网福建频道. http://www.fj.xinhuanet.com/jjpd/2007-02/17/content_9333551.htm，2007-02-17.

⑤ 山东首家知识产权仲裁院成立[N]. 中国知识产权报，2014-05-16.

⑥ 唐云峰. 国外知识产权争议仲裁的最新发展及对我国的启示[J]. 商事仲裁，2009：469.

⑦ 傅盛裕. 仲裁新规助推自贸区知识产权仲裁[N]. 上海文汇报，2014-04-20.

⑧ 《中国（上海）自由贸易试验区条例》第五十一条：加强自贸试验区知识产权保护工作，完善行政保护与司法保护衔接机制。本市有关部门应当和国家有关部门加强协作，实行知识产权进出境保护和境内保护的协同管理和执法配合，探索建立自贸试验区知识产权统一管理和执法的体制、机制。完善自贸试验区知识产权纠纷多元解决机制，鼓励行业协会和调解、仲裁、知识产权中介服务等机构在协调解决知识产权纠纷中发挥作用。

(3) 建立自贸区知识产权调解制度

① 自贸区调解的现实与理论意义

自贸区中贸易国际化、自由化,贸易量大,商品繁多。贸易中的知识产权侵权多、案件较为专业复杂,有较大的隐蔽性,易造成司法资源负担,诉讼解决纠纷时间久,阻碍贸易自由流通。知识产权诉讼有其弊端:诉讼有其严格的程序要求,特别是有专业性问题需要鉴定或是遇到与行政纠纷的交叉时,必须中止审理等待鉴定结果或行政处理结果,且诉讼对形式主义的追求必然导致纠纷解决时间的拖延。[①] 判决结果这种"非黑即白"的特征很可能与当事人的期望背道而驰,这些矛盾很大程度上削减了诉讼解决纠纷的效果和价值。[②] 因此,建立自贸区特有的知识产权调解制度,有其现实和理论意义。

② 自贸区调解机制完善

完善自贸区调解的多元纠纷解决机制。知识产权纠纷的调解可分为行政调解、诉讼调解、人民调解、行业调解等。自贸区调解应当完善各类调解的多元调解机制,实现多样化解决知识产权纠纷。建立包括调解的多元纠纷解决机制,实现各方利益平衡及效率。知识产权纠纷具有高度复杂性、利益保护紧迫性和市场关联性等显著特征,其纠纷解决机制的多元构建应坚持注重效率、保密性、市场导向并兼顾消费者的利益。[③] 建立调解的多元纠纷解决机制,有利于平衡自贸区自由贸易及贸易违法制裁的关系,实现贸易自由化及有效率的违法制裁。

完善和落实自贸区知识产权纠纷诉调对接。诉调对接是提高知识产权多元化纠纷解决机制效率的关键[④],完善自贸区知识产权纠纷诉调对接机制有其重要的意义,同时应注重省法院与省知识产权局建立的知识产权纠纷诉调对接机制在自贸区实施[⑤]。完善自贸区民间组织参与知识产权纠纷调解,借国家政策培育民间知识产权纠纷调解机构。国家应发挥公共职能,在各种类型的民间组织中建立起专门的专利纠纷调解机构,并对人员的选任与组成、调解规则与调解程序等加以规范,让此类民间组织更好地发挥其调解能力。如美国已发展较为成熟的民间非营利性的调解机构 CCR[⑥]、民间营

---

① 范愉.非诉讼纠纷解决机制研究[M].北京:中国人民大学出版社,2000 年版:116-117.

② 同上书,36.

③ 梁平、陈焘.论我国知识产权纠纷解决机制的多元构建[J].知识产权,2013(02):54.

④ 张妮.知识产权纠纷诉调对接评析-基于地方实践[J].知识产权,2013(05):40.

⑤ 福建省高级人民法院 福建省知识产权局《关于建立知识产权纠纷诉调对接机制的若干意见》的通知,闽高法【2013】314 号。

⑥ 芝加哥的 Center for Conflict Resolution 非营利调解机构。

利性的调解机构JAMS[①]等,在美国知识产权纠纷中起到较为重要的作用,这是市场在知识产权纠纷解决中作用的表现。自贸区的适当借鉴可以促发市场活力、吸纳知识产权人才的市场流入与培育,提高知识产权调解的效率和调解机制的多元化。此外,也应完善知识产权纠纷调解的其他方面:如培养专业化的知识产权调解人才,完善调解的机制程序,对诉讼外调解协议的效力等方面进行探索。

(二)福建自贸区金融监管法律制度完善

1. 福建自贸区金融监管的机遇与挑战

(1) 福建自贸区金融开放和金融创新的机遇

福建作为海上丝绸之路的核心区,最大的特点就是对接台湾,福建自贸区内有国内最大的对台综合试验区——平潭综合试验区。这决定了福建自贸区建设拥有非常重要的战略地位,享受着一系列的政策优惠,福建自贸区也因此迎来了金融开放、金融创新的机遇期。自2015年4月21日福建自贸试验区挂牌以来,自贸区已经陆续公布了各种金融创新措施,包括创新闽台金融机构合作机制、设立两岸合资银行等金融机构、两岸人民币跨境双向贷款试点、园区内企业可接受台湾银行机构发放的人民币贷款等,力图构建两岸区域性金融服务中心和金融创新合作示范区。

(2) 福建自贸区金融监管法律制度的现状

纵观现行的金融监管法律体系,与自贸区相关的金融监管法律法规,主要分散在《中国人民银行法》《证券法》《保险法》《中资商业银行行政许可事项实施办法》《境内机构对外担保管理办法》《离岸银行业务管理办法》《离岸银行业务管理办法实施细则》《中资银行行政许可事项实施办法》和《合作金融机构行政许可事项实施办法》等法律法规中。可见,现行与福建自贸区金融监管相关的法律法规规定相对分散,尚未形成完善的金融监管法律制度体系,而且监管机构的监管职能单一、监管权限有限,无法对自贸区内即将开展的一系列金融创新活动进行引导和规范。

在当前的金融监管制度建设中,福建自贸区主要是借鉴上海自贸区的发展经验,包括借鉴《中国(上海)自由贸易试验区分账核算业务实施细则(试行)》《中国(上海)自由贸易试验区分账核算业务风险审慎管理细则(试行)》及《中国银行业监督管理委员会关于中国(上海)自由贸易试验区银行

① 美国商事纠纷解决机构JAMS营利民营公司。

业监督管理问题通知》。

(3) 福建自贸区金融监管面临的挑战

福建自贸区一系列的金融开放及金融创新给当前的金融监管带来了不容忽视的挑战。目前福建自贸区的金融监管大多停留在政策层面上,金融领域相关法律法规没有及时调整,也没有专门针对福建自贸区金融业务特点的监管细则出台,仅仅是有期限地停止相关法律法规规定的行政审批。这显然无法适应福建自贸区金融创新的需要。事实上,福建自贸区的金融监管还面临着诸多挑战:①如何确立福建自贸区内的金融监管理念和监管目标;②福建自贸园区内的金融监管与园区内金融创新之间的平衡问题;③福建自贸区与国内其他三个自贸区的金融监管法律制度建设之间的协调问题;④如何协调自贸区内的金融监管措施与传统金融监管法律制度之间的冲突问题;⑤福建自贸区与台湾自由经济区进行对接时,二者之间的金融监管衔接与合作问题;⑥福建自贸区金融监管如何与国际金融监管的接轨问题。要应对这些挑战,就需要福建自贸区配合中央加快金融监管法律制度的建设。

2. 创新福建自贸区金融监管理念、目标及监管模式

目前,福建自贸区在金融监管制度的建设方面大多是借鉴上海自贸区的改革成果。这对处于建设初期的福建自贸区金融发展无疑是有利、可行的,但从长远看,福建自贸区处在对接台湾及海上丝绸之路核心区的战略位置,园区内金融改革的重点、金融创新的模式以及金融业务开放的广度与深度都与上海自贸区有着本质区别,福建自贸区不宜完全照搬上海自贸区的监管制度。因此,福建自贸区金融监管需要创新监管理念、监管价值目标及监管模式,以支持福建自贸区金融创新的发展。

(1) 创新福建自贸区金融监管理念。目前,国际上主要存在三种金融监管理念:风险性监管、原则性监管、规则性监管。我国长期以来坚持规则监管,即通过建立体系化的法律法规来规制市场上的金融活动。由于这种金融监管理念存在滞后性,如果在福建自贸区继续沿用这一监管理念,将不利于福建自贸园区内开展金融创新、提倡金融开放、推进金融自由化进程等活动。有鉴于此,要完善福建自贸区金融监管法律制度,首先应该顺应改革潮流,改规则性监管为风险性监管或者原则性监管。

(2) 创新福建自贸区金融监管价值目标。福建自贸区要实行更为开放的金融制度、更为宽松的金融投资政策,并提供更为自由的金融发展环境。因为传统金融监管的价值目标不再适合福建自贸区的金融监管,结合福建自贸区金融开放政策及创新实践,福建自贸区金融监管法律制度的建立、完

善应该坚持的价值目标应当包括:保证自贸区内的金融公平,提高自贸区内的金融效率(包括自贸区内金融资源的优化配置率和金融监管效率),维护自贸区内的金融自由,防范系统性和区域性的金融风险,促进金融体系的安全与稳定。只有坚持创新自贸区金融监管价值目标,福建自贸区金融监管法律制度才能更好地服务于福建自贸区金融业发展。

(3) 创新金融监管模式也是完善福建自贸区金融监管法律制度的重点。目前,我国的金融业实行的是一行三会分业监管模式。随着我国金融市场的变革,金融创新不断,金融衍生品层出不穷及金融混业经营的特点,传统金融监管模式不利于我国现行金融业发展,也无法实现有效监管。上海自贸区金融监管制度创新过程中,银监会提出"建立符合区内银行业实际相对独立的银行业监管体制"。① 由此可见,现在监管当局倾向于建立一个相对独立的自贸区金融监管体制。因此,福建自贸区金融监管应该摆脱传统金融监管模式。笔者认为,在中央层面,联合银监会、保监会和证监会,设立一个独立的"自贸区金融监管局",统辖全国自贸区金融业,并从法律上明确该金融监管机构的法律地位、监管对象和职责范围。在地方层面,各自贸区设立"自贸区金融监管局"的分支机构或办事处统辖该区金融业。

3. 完善福建自贸区金融监管法律体系

(1) 及时调整相关法律法规,完善金融监管法律体系。福建自贸区的金融创新与开放,必然要求法制环境的变迁,要求现行法律制度的变革。自批准第二批自贸试验区以来,全国人民代表大会常务委员会为进一步深化改革,扩大开放,促进自贸区经济发展及金融开放创新,暂时调整了《中华人民共和国外资企业法》《中华人民共和国中外合资企业法》《中华人民共和国中外合作经营企业法》和《中华人民共和国台湾同胞投资保护法》规定的有关行政审批。福建省人大常委会于 2015 年 3 月 31 日通过了《关于在中国(福建)自由贸易试验区暂时调整实施本省有关地方性法规规定的决定》。无论是中央层面暂停相关法律法规的实施,还是地方层面暂停地方性法规的实施,在短期内都能为自贸区金融创新带来便利。但要想提高自贸区的金融监管效率,仅仅暂停实施相关法律法规是不够的,必须完善金融监管法律体系。为此,银监会近日起草和修订了五部行政许可规章,取消了大量行政审

① 《中国银监会关于中国(上海)自由贸易试验区银行业监管有关问题的通知》第 8 条。

批事项,率先进行金融监管改革。[1] 不仅如此,2015 年 4 月 22 日,全国人大常委会十四次会议也开始审议《证券法》修订草案。修订草案坚持放松管制、加强监管的修法理念;减少行政审批及部分限制性、禁止性规定,改审批制为注册制;进一步加强事中事后监管,强化监管执法。《证券法》的修改将为完善我国自贸区金融监管法律体系奠定基础。在此基础上,期待其他相关部门也能够尽快修改相关法律法规,完善我国金融监管法律体系,使金融监管法律适应自贸区金融开放与金融创新。

(2) 统一自贸区金融监管立法。面对福建自贸区金融市场创新,要想实现高效的金融监管,必须加快制定自贸区金融监管法律法规,营造良好的金融法治环境,实现依法监管。

首先,在国家层面,统一立法,提升自贸区金融监管法律层级。加紧建立和完善适用于全国自贸区的金融监管法律法规,为自贸区金融改革创新提供顶层制度保障。2015 年 4 月 20 日,国务院发布统一适用于 4 个自贸区的外商投资负面清单就是良好的开端。当前,自贸区金融监管立法空白,尚未形成统一的金融监管法律制度体系,因此建立统一的全国性自贸区金融监管法,将自贸区金融监管纳入国家审慎监管框架很有必要。在统一的全国性自贸区金融监管立法过程中,我们应当坚持宏观审慎监管理念,多增加指导性意见,减少具体指标的设计及行政审批的限制。明确金融监管的底线即监管主体的权力边界,实行弹性监管,给予自贸区金融主体足够的自由空间,实现有效监管的同时保障自贸区金融开放创新。

其次,福建自贸区实行金融创新和自由金融政策,区内金融业务的外延早已突破了传统金融的界限,金融业务呈现出多样化、复杂化等特点,这决定了必须制定福建自贸区金融监管地方法规,出台具体的监管细则,统辖自贸区内的金融监管执法权、司法权。2015 年 4 月 20 日公布施行的《中国(福建)自由贸易试验区管理办法》的第四章内容是金融开放创新与风险防范。该部分内容针对自贸区金融监管提出,要完善金融监管措施,健全金融业监控指标,逐步建立跨境资金流动风险监管机制,防范非法资金跨境、跨区流动。[2]

可见,福建自贸区对金融监管的相关规定还是原则性的,出台的相关金融政策仍然缺乏可操作性。因此,福建自贸区在更高起点、更大范围、更宽

---

① 修订和起草的规章包括:修订《中资商业银行行政许可事项实施办法》《农村中小金融机构行政许可事项实施办法》《外资银行行政许可事项实施办法》和《非银行金融机构行政许可事项实施办法》,起草《信托公司行政许可事项实施办法》。这五部规章目前正在公开征求意见。

② 《中国(福建)自由贸易试验区管理办法》第 35 条。

领域上推进两岸金融合作与发展尚需时日。当务之急，我们应当借鉴台湾自由经济试验区的先进监管经验，出台福建自贸区金融监管细则，深化海峡两岸自贸区金融监管合作。

4. 完善福建自贸区金融监管法律制度配套机制

完善福建自贸区金融监管法律制度的配套机制，主要体现在完善福建自贸区金融监管合作机制、协调机制和纠纷解决机制。

(1) 完善福建自贸区金融监管合作机制。

第一，应该加强福建自贸区金融监管与其他几个自贸区金融监管之间的合作。福建自贸区金融监管地方法规的制定、监管手段及监管措施等在保持地方金融发展特色的同时，也需要与其他几个自贸区定期进行合作、交流。加强金融监管合作，避免金融监管过程中出现摩擦。

第二，完善福建自贸园区内部的金融监管交流合作机制。福建自贸园区内福州片区、平潭片区、厦门片区经济发展水平及金融开放程度不同，福州、厦门经济发展条件较好，而平潭相对较弱，各片区之间必然存在着经济增量和增速的差异。因此，在具体金融监管过程当中区别对待的同时，应当做好园区内部的金融监管合作，平衡园区内各自贸片区的金融发展。

最后，完善福建自贸区金融监管合作机制。福建自贸区应该发挥对接台湾和海上丝绸之路核心区域的优势，加强福建自贸区金融监管的跨境的金融合作，自贸区金融监管法律法规的制订要与国际接轨，增强园区内金融业的国际竞争力。深化对台金融监管合作，在监管手段、监管方法及监管制度创新方面进行进一步的合作。在条件成熟的情况下，可以共建两岸金融信息共享平台，以重要金融信息共享、互通的形式为两岸金融业合作提供金融信息交流的平台和渠道。

(2) 完善福建自贸区金融监管协调机制。为进一步加强金融监管协调，2013 年 8 月由中国人民银行牵头相关机构建立了金融监管协调部际联席会议制度。[①] 金融监管部际联席会议通过季度例会或临时会议统筹金融监管过程中一系列的协调工作。联席会议建立简报制度，及时汇报、通报监管协调信息和工作进展情况。金融监管部际联席会议制度的建立促进了金融信息共享、金融业综合统计体系的协调、交叉性金融产品及跨市场金融创新的发展。这种金融监管协调机制的建立，有效缓解了金融领域目前存在的监

---

① 金融监管协调部际联席会议制度，成员单位包括银监会、证监会、保监会、外汇局，必要时可邀请财政部、发改委等有关部门参加。

管过度和监管重复问题,为福建自贸区金融监管协调机制的建立奠定了良好的基础。因此,为更好地协调自贸区金融监管,应该在金融监管部际协调机制的基础上,设立自贸区金融监管协调中心,及时合理地分配多个部门的监管任务,协调各自贸区之间的金融监管,维护区域金融稳定和防范化解区域性金融风险,提高自贸区金融监管效率。此外,还应该建立福建自贸区金融改革创新与两岸金融中心联动机制,进一步协调、对接台湾 9 个正在建设中的地方自由经济区,加强与台湾的金融监管方面的合作与协调。

(3) 完善福建自贸区金融纠纷解决机制。福建自贸区在金融纠纷解决方面,除了传统的几种纠纷解决形式外,还可以借鉴上海自贸区建设以来在纠纷解决机制上所取得的成果。司法方面,为促进自贸区内争议案件的高效、公正解决,建立自贸区法庭,集中受理自贸区内相关领域的争议案件;检察院在自贸区设立自贸试验区检察室;[①]仲裁方面,可借鉴 2014 年 5 月 1 日在上海实施的《中国上海自由贸易试验区仲裁规则》,为解决自贸区内金融纠纷提供更加高效的争议解决机制。此外,还可以效仿香港,设立金融纠纷调解中心有限公司,为金融机构及其客户提供一站式纠纷解决和仲裁[②]。2013 年在上海自贸区挂牌成立的“上海文化创意产业法律服务平台知识产权调解中心暨上海经贸商事调解中心知识产权专业委员会”,该机构同香港金融纠纷调解中心有限公司具有同等性质。因此,在福建自贸区也可以成立类似的金融纠纷调解机构。

(三) 福建自贸区环境保护法律制度完善

1. 自贸区加强环境保护的意义

(1) 加强自贸试验区环境保护,是建设生态文明的内在要求。生活在工业文明中的人们面临着环境污染日益严重、自然资源紧缺日益加剧等一系列难题,人类已经清楚地意识到:工业文明在带来经济飞速发展的同时,也给生态环境带来了严重的破坏,给人类的可持续发展之路布满荆棘。以习近平为总书记的党中央提出了迈入社会主义生态文明新时代的目标,把生态文明建设作为实现“中国梦”的重要组成部分,并就加强生态文明制度建设进行了具体的部署。推进制度创新,是从根本上扭转环

---

① 朱京安、刘学文.上海自由贸试验区对我国涉外经济法制转型的影响[J].政法学刊,2014(04):31.

② 王建文、张莉莉.论中国(上海)自由贸易试验区金融创新的法律规制[J].法商研究,2014(04):15.

境质量恶化趋势的关键[1]。自贸试验区的面积虽然不大，但其作为制度创新的高地，应当在生态文明制度创新上有所作为，为建设“美丽中国”添砖加瓦。

(2) 加强自贸试验区环境保护，是福建省实施生态省战略的客观需要。2014 年 3 月 10 日，国务院正式印发《关于支持福建省深入实施生态省战略加快生态文明先行示范区建设的若干意见》。《意见》提出，福建省要成为生态文明制度创新试验区，为全国生态文明制度建设提供有益借鉴。由此，福建成为全国第一个生态文明先行示范区，福建生态省建设也由此成为国家战略。深入实施生态省战略，要着力构建节约资源和保护环境的空间格局、产业结构、生产方式、生活方式，成为生态文明先行示范区。福建自贸试验区应当紧密配合生态省的战略定位，率先实现生产、消费、流通各环节绿色化、循环化、低碳化，全面落实国家产业政策，严控高耗能、高排放项目建设，加快发展节能环保等战略性新兴产业。

(3) 自贸试验区加强环境保护，是贯彻落实新《环境保护法》的需要。2015 年 1 月 1 日，新《环保法》正式颁布实施，标志着我国环保法制建设走上了一个新台阶，成为中国环境法治进程中具有里程碑意义的一件大事。新《环保法》贯彻了中央关于推进生态文明建设的要求，最大限度地凝聚和吸纳了各方共识，是现阶段最有力度的环境保护法。新《环保法》在政府环境责任、环境标准制度、环境违法法律责任、环境信息公开与公众参与等方面都有着更为严格的规定，被称为“史上最严”的环保法。这部“史上最严的环保法”，能否从文本上的“最严”走向执行中的“最严”，关键在于法律实施。自贸试验区要当好改革开放排头兵、创新发展先行者，应当在贯彻实施新《环境保护法》的基础上，结合福建自贸区建设的实际需要，就新《环境保护法》规定得不够具体的、需要进一步细化相关规则的领域开展制度创新，形成可复制可推广的环境保护经验。

2. 福建自贸区环境保护制度创新的法律依据

自贸试验区并非法外特区，在环境法律制度的适用方面，并没有特殊之处。即，中国现行的环境保护法律制度，在自贸试验区内具有普遍的法律效力。因此，自贸试验区的环境保护制度创新，应当以中国现行的环境保护法律制度为依据。局限于篇幅，本章重点介绍 2015 年 1 月 1 日新《环保法》颁

---

① 周生贤. 深入贯彻党的十八届三中全会精神，以改革创新为动力推进美丽中国建设——在 2014 年全国环境保护工作会议上的讲话[EB/OL]. 中国人民共和国环保部网站，http://www.zhb.gov.cn/gkml/hbb/qt/201402/t20140208_267484.htm，2014-01-09.

布实施以来的重要环境法律制度。

（1）新《环境保护法》简介

《环境保护法》是环境领域的基础性、综合性法律，它也是自贸试验区法律制度创新最重要的法律依据。《环境保护法》于1989年12月26日第七届全国人民代表大会常务委员会第十一次会议通过，2014年4月24日，第十二届全国人民代表大会常务委员会第八次会议进行了修订。新修订的《环保法》共有总则、监督管理、保护和改善环境、防治污染和其他公害、信息公开和公众参与、法律责任、附则等七章的内容，共有70个条文。新《环保法》在环境保护方面规定了一系列新的制度。比如，在发展理念方面，新《环保法》把“保护优先”确立为环境保护应当坚持的首要原则；在环境标准制度方面，新《环保法》把“统一标准”作为建立跨行政区域联合防治协调机制的有机组成部分；在环境行政处罚方面，新《环保法》规定了“按日计罚”制度；在政府环境责任方面，新《环保法》健全了问责机制，等等。

（2）《最高人民法院关于审理环境民事公益诉讼案件适用法律若干问题的解释》简介

《最高人民法院关于审理环境民事公益诉讼案件适用法律若干问题的解释》于2015年1月7日正式颁布施行。颁布这一司法解释的主要目的，是为了解决实践中制约环境民事公益诉讼开展的突出问题，规范审理程序，充分发挥环境民事公益诉讼的应有功能。司法解释共计35条，就社会组织提起环境民事公益诉讼所需要具备的条件、级别管辖和地域管辖的确定、环境侵害的鉴定问题、法律责任方式的适用问题、环境司法和环境行政执法的有效衔接、环境民事公益诉讼和私益诉讼之间的关系等方面进行了比较具体的规定。这一司法解释的出台，弥补了法律关于环境公益诉讼不够具体、缺乏可操作性的缺憾，对于环境民事公益诉讼案件的审理具有重要的指导作用，也有利于公众更加明确环境公益诉讼的法律适用。

（3）环境保护部颁布的新《环境保护法》实施细则简介

2015年1月4日，环保部就公布了新法实施的五项细则，具体包括环境保护主管部门《实施按日连续处罚办法》《实施查封、扣押办法》《实施限制生产、停产整治办法》《企业事业单位环境信息公开办法》和《突发环境事件调查处理办法》。出台这五项实施细则的根本目的，在于使新《环保法》规定不够具体的内容具备可操作性。比如，新《环保法》规定了按日计罚制度，但没有规定在何种情形下可以执行这一行政处罚，《实施按日连续处罚办法》进一步明确规定了在何种情形之下可以实施按日连续处罚。因此，自贸试验区在加强环境保护的具体执法实践中，应当注重宣传、贯彻环保部制定的这些实施细则，尤其是要让公众清楚了解环境行政部门对环境违法行为将会受到的处罚措施。只有这样，才能让生产企业和社会公众理解和把握环境污染的法律责任，从而真正树立起损害担责的理念。

3. 自贸区环境与自然资源投资的负面清单管理

负面清单管理是自贸试验区创新行政管理体制，实现政府职能转变的重要举措。负面清单的设立，使过去一些桌面之下的“潜规则”都成为台面以上的“明规则”①，有效增强了行政透明度。2015 年 4 月 8 日，国务院办公厅印发了《关于自由贸易试验区外商投资准入特别管理措施（负面清单）的通知》，四个自由贸易试验区共用一张负面清单。环境资源投资方面的禁止性规定是《自由贸易试验区外商投资准入特别管理措施（负面清单）》的重要组成部分。

第一，农、林、牧、渔业方面。关于种业方面的特别管理措施有 4 条，关于渔业方面的特别管理措施有 2 条（见表 8-1）。

表 8-1　渔业方面的特别管理措施

序号	领域	特别管理措施
		一、农、林、牧、渔业
（一）	种业	1. 禁止投资中国稀有和特有的珍贵优良品种的研发、养殖、种植以及相关繁殖材料的生产（包括种植业、畜牧业、水产业的优良基因）。 2. 禁止投资农作物、种畜禽、水产苗种转基因品种选育及其转基因种子（苗）生产。 3. 农作物新品种选育和种子生产属于限制类，须由中方控股。 4. 未经批准，禁止采集农作物种质资源。
（二）	渔业捕捞	5. 在中国管辖水域从事渔业活动，须经中国政府批准。 6. 不批准以合作、合资等方式引进渔船在管辖水域作业的船网工具指标申请。

第二，采矿业方面。关于专属经济区与大陆架勘探开发的特别管理措施有 1 条，关于石油和天然气开采的特别管理措施有 1 条，关于稀土和稀有矿采选的特别管理措施有 3 条，关于金属矿及非金属矿采选的特别管理措施有 3 条（见表 8-2）。

① 佚名. 负面清单：正面破题职能转变[N]. 光明日报，2013-10-29.

表 8-2　金属矿及非金属矿采选的特别管理措施

序号	领域	特别管理措施
二、采矿业		
（三）	专属经济区与大陆架勘探开发	7. 对中国专属经济区和大陆架的自然资源进行勘查、开发活动或在中国大陆架上为任何目的进行钻探，须经中国政府批准。
（四）	石油和天然气开采	8. 石油、天然气（含油页岩、油砂、页岩气、煤层气等非常规油气）的勘探、开发，限于合资、合作。
（五）	稀土和稀有矿采选	9. 禁止投资稀土勘查、开采及选矿；未经允许，禁止进入稀土矿区或取得矿山地质资料、矿石样品及生产工艺技术。 10. 禁止投资钨、钼、锡、锑、萤石的勘查、开采。 11. 禁止投资放射性矿产的勘查、开采、选矿。
（六）	金属矿及非金属矿采选	12. 贵金属（金、银、铂族）勘查、开采，属于限制类。 13. 锂矿开采、选矿，属于限制类。 14. 石墨勘查、开采，属于限制类。

第三，制造业方面。关于矿产冶炼和压延加工的特别管理措施有 3 条，关于医药制造的特别管理措施有 2 条（其中 1 条与野生药材保护和稀有濒危保护植物有关），关于其他制造业的特别管理措施有 1 条（见表 8-3）。

表 8-3　其他制造业的特别管理措施

序号	领域	特别管理措施
三、制造业		
（十二）	矿产冶炼和压延加工	26. 钨、钼、锡（锡化合物除外）、锑（含氧化锑和硫化锑）等稀有金属冶炼属于限制类。 27. 稀土冶炼、分离属于限制类，限于合资、合作。 28. 禁止投资放射性矿产冶炼、加工。
（十三）	医药制造	29. 禁止投资列入《野生药材资源保护管理条例》和《中国稀有濒危保护植物名录》的中药材加工。 30. 禁止投资中药饮片的蒸、炒、炙、煅等炮制技术的应用及中成药保密处方产品的生产。
（十四）	其他制造业	31. 禁止投资象牙雕刻、虎骨加工、宣纸和墨锭生产等民族传统工艺。

第四，电力、热力、燃气及水生产和供应业方面。关于原子能的特别管

理措施有 3 条,关于管网设施的特别管理措施有 2 条(见表 8-4)。

表 8-4 管网设施的特别管理措施

序号	领域	特别管理措施
四、电力、热力、燃气及水生产和供应业		
(十五)	原子能	32. 核电站的建设、经营,须由中方控股。 33. 核燃料、核材料、铀产品以及相关核技术的生产经营和进出口由具有资质的中央企业实行专营。 34. 国有或国有控股企业才可从事放射性固体废物处置活动。
(十六)	管网设施	35. 城市人口 50 万以上的城市燃气、热力和供排水管网的建设、经营属于限制类,须由中方控股。 36. 电网的建设、经营须由中方控股。

第五,交通运输、仓储和邮政业方面。禁止外籍航空器或者外籍人员从事航空摄影、遥感测绘、矿产资源勘查等重要专业领域的通用航空飞行(见表 8-5)。

表 8-5 交通运输、仓储和邮政业特别管理措施

序号	领域	特别管理措施
六、交通运输、仓储和邮政业		
(二十二)	通用航空	53. 允许以合资方式投资专门从事农、林、渔作业的通用航空企业,其他通用航空企业须由中方控股。 54. 通用航空企业法定代表人须由中国籍公民担任。 55. 禁止外籍航空器或者外籍人员从事航空摄影、遥感测绘、矿产资源勘查等重要专业领域的通用航空飞行。

第六,科学研究和技术服务业方面。关于专业技术服务的特别管理措施有 4 条,其中,与环境资源相关的有 2 条,主要集中在地理测绘方面(见表 8-6)。

表 8-6 科学研究和技术服务业特别管理措施

序号	领域	特别管理措施
十、科学研究和技术服务业		
(四十一)	专业技术服务	87. 禁止投资大地测量、海洋测绘、测绘航空摄影、行政区域界线测绘,地形图、世界政区地图、全国政区地图、省级及以下政区地图、全国性教学地图、地方性教学地图和真三维地图编制,

续表

序号	领域	特别管理措施
		导航电子地图编制,区域性的地质填图、矿产地质、地球物理、地球化学、水文地质、环境地质、地质灾害、遥感地质等调查。 88.测绘公司属于限制类,须由中方控股。 89.禁止投资人体干细胞、基因诊断与治疗技术开发和应用。 90.禁止设立和运营人文社会科学研究机构。

第七,水利、环境和公共设施管理业方面。关于动植物资源保护的特别管理措施有 2 条(见表 8-7)。

表 8-7 水利、环境和公共设施管理业特别管理措施

序号	领域	特别管理措施
十一、水利、环境和公共设施管理业		
(四十二)	动植物资源保护	91.禁止投资国家保护的原产于中国的野生动植物资源开发。 92.禁止采集或收购国家重点保护野生植物。

4. 福建自贸区环境保护的制度创新

福建自贸试验区作为福建省制度创新的试验田,除了在投资贸易、金融服务、人员往来等方面加快制度创新之外,还应当在环境保护方面做好表率,在环境保护制度创新方面先行先试。清新的空气、整洁的环境和规范的环境制度,是吸引投资的重要条件。

(1) 自贸试验区要加快环境监管执法制度创新。

要严格执行环境保护法规和各项环境标准,严格执行环境污染“按日计罚”制度,依法保护好自贸试验区的生态环境。要强化企业的环境保护法律责任,建立环境违法法人“黑名单”制度。自贸试验区在建设过程中,不能以降低环境保护法律标准来招商引资,政府也不能对外资实行额外的环境保护要求,也就是说不能提高门槛。① 要严格执行环境影响评价制度和环境标准制度,防止在引进投资的过程中转移和输入污染产业。要加大环境教育宣传力度,引导自贸试验区内企业申请环境能源管理体系认证和推进自评价工作,建立长效跟踪评价机制。

(2) 自贸试验区要推动环境信息公开与公众参与制度创新。

① 佚名.加强自贸区法治环境建设,着力培育法制化营商环境[N].联合时报,2013-12-06.

提高环境信息透明度，应当充分尊重公众的环境知情权和批评权，及时公布相关的环境信息，满足群众参与和监督环境保护的需求。同时，还要保障公众的环境决策参与权，要求环境决策机关对公众意见及时进行分类处理，公布意见采纳情况，对于不采纳的需要提供合理理由。自贸区聚集了大量的外商，公众群体具有特殊性，他们的法治意识更强，参与环境的愿望、水平和能力也比较高，这也对自贸试验区的环境信息公开提出了更高的要求，对环境信息的准确性、科学性、全面性等方面都提出了更高的要求。

（3）自贸试验区要推动两岸环境保护制度的衔接。

尽管大陆与台湾经历着不同社会经济发展时期的不同环境问题，环境问题构成的严峻挑战却是一个普遍的事实。如何合理地运用法律手段和方法应对和解决环境问题，是两岸环境法学界所需要共同交流、积极探讨的一个重要话题。① 福建自贸试验区在环境环保法律制度创新上，要有效对接两岸已经签署的合作协议。2011 年 10 月 20 日，《海峡两岸核电安全合作协议》在天津签署，协议的正式签署，表明两岸在两岸核电安全及事故紧急通报等方面建立了沟通机制。这一合作机制的建立，体现了两岸加强合作、保护环境的共同愿望，也是两岸合作保护环境的良好开端。2012 年 4 月，海基会董事长江丙坤就表示，环境保护是人类发展生存的重要课题，希望透过两岸专家相互发表意见、建立共识，未来由两会就环境保护、生态保育乃至气候变迁签署协议、进行合作。② 由此可见，在自贸试验区内，应当大力推进两岸环境保护领域的交流与合作，除了制定双边合作协议之外，还可以在包括环境信息共享、环境影响评价合作、环境标准互认等在内的技术性措施等领域开展广泛的合作。比如，我们可以学习借鉴台湾在垃圾分类处理方面的有益经验，在自贸试验区的环境卫生管理方面进行大胆的制度创新，再比如，根据环境保护的客观需要，在自贸试验区内开展从事环境污染治理设施运营的资质互认，等等。

（4）自贸试验区要成为对接国际环境规则的试验田。

当前，保护环境已经成为世界各国共同追求的目标，随着全球气候变化问题、沙漠化急剧增加问题、大量森林消失等全球性环境问题的出现，世界各国开始寻求环境保护的共同行动。从 1972 年 6 月 5 日斯德哥尔摩会议到

---

① 柯坚.《环境保护法》的立法理念与模式——以大陆与台湾地区环境基本法的比较为分析进路[J].海峡法学，2014(02)：47.

② 佚名.江丙坤：希望两岸未来就环境保护课题签署协议[EB/OL].中国新闻网，http://news.hexun.com/2012-04-22/140666382.html，2012-04-22.

1992年里约会议,国际环境条约和协定的数量迅速增加,确立了国际环境保护的法律原则和制度措施,许多国际组织也将环境保护纳入自己的领域。例如,世界贸易组织设立了相应的机构以处理日益增多的环境事务。[①]自贸试验区作为投资贸易领域先行先试的制度创新试验田,在国际经贸交流与合作中,应当善于对接国际环境规则。一是,自贸试验区在产业发展过程中,要主动承担国际上环境保护的义务,以不产生跨境的环境污染为基本准则;二是,要主动适应环境保护相关的国际规则与标准,建立健全预防环境损害发生的有效机制,逐步与国际上广泛采用的环境保护谨慎原则接轨,在自贸试验区的发展模式、投资方式和消费方式等方面杜绝走"先污染后治理"的老路。三是,在将国际环境保护条约的内容转换为国内法律规则方面先行先试。目前,我国已经加入了60多个国际环境保护公约,在履行国际公约的过程中,需要把一些重要的规则转化为国内法,自贸试验区所谓对接国际规则的前沿阵地,应当在这方面先行先试,为在全国范围内推广提供可复制的制度经验。

参考文献

[1] 陈明媛.论市场经济环境下知识产权行政管理部门的职能转变[J].知识产权,2015(1).

[2] 丁丽瑛、汪兴裕.知识产权纠纷仲裁解决机制研究[M].厦门:厦门大学出版社,2013年版.

[3] 杜颖.中国(上海)自由贸易试验区知识产权保护的构想[J].法学,2014(1).

[4] 洪冬英.论调解协议效力的司法审查[J].法学家.2012(6).

[5] 蒋志培.入世后我国知识产权法律保护研究[M].北京:中国人民大学出版社,2002年版.

[6] 李林、田禾.中国法治发展报(2014)[M].社会科学文献出版社,2014年版.

[7] 刘奇超.欧美自由贸易区贸易便利化经验及对中国的启示[J].西华大学学报(哲学社会科学版),2014(06):79.

[8] 刘松山.论自贸区不具有独立的法治意义及几个相关法律问题[J].政治与法律,2014(2).

[9] 刘雪凤.知识产权全球治理下视角下NGO功能研究[M].北京:知识产权出版社,2012年版.

[10] 倪静.知识产权仲裁机制研究[M].厦门:厦门大学出版社,2013年版.

[11] 潘剑锋.论民事司法与调解关系的定位[J].中外法学,2013(1).

---

① 汪劲.环境法学(第三版)[M].北京:北京大学出版社,2014年版:355-357.

[12] 彭倩. 论美国专利纠纷调解制度及其对我国的启示[D]. 湘潭大学，2013.
[13] 宋云璇、杨光明. 我国知识产权司法职权配置模式之实践衍进与理论研判：论知识产权专门法院的设立[C]. 专利法研究(2009)会议论文，2010.
[14] 汤黎明、郑少华. 自由贸易区法律适用(第一辑)[M]. 法律出版社，2014 年版.
[15] 王亚新. 诉调对接和对调解协议的司法审查[J]. 法律适用，2010(6).
[16] 徐家力. 网络知识产权保护综述[C]. 信息网络与高新技术法律前沿——中华全国律师协会信息网络与高新技术专业委员会成立大会论文集，2001.
[17] 晏凌煜、唐春. 中国(上海)自由贸易试验区内涵及其涉及的知识产权保护问题初析[J]. 电子知识产权 2014(2).
[18] 杨静. 基于内生需求与外向视野的上海自贸区知识产权保护构想[J]. 电子知识产权，2014(2).
[19] 尹锋林、张嘉荣. 上海自贸区知识产权保护：挑战与对策[J]. 电子知识产权，2014(2).
[20] 张越. 我国建立知识产权法院的可行性研究[D]. 中国社会科学院研究生院研究生论文，2014.
[21] 周亦鸣. 知识产权纠纷的多元化解决机制建构[J]. 人民论坛，2012(14).

下篇

融入“一带一路”大战略：
福建自贸区与“海丝”核心区的融合发展

第九章

福建自贸区与“海丝”核心区融合发展：未来初想

一、战略意义：加快推进21世纪海上丝绸之路核心区建设

（一）福建建设21世纪海上丝绸之路核心区是顺应历史发展的需要

福建曾是古代海上丝绸之路的主要发祥地，其东南沿海泉州港历史悠久，曾有“东方第一大港”的美名，是联合国教科组织唯一认可的海上丝绸之路的起点，在鼎盛的宋元时期，曾与海上丝绸之路沿线100个国家或地区有着港口和商贸的联系，此外，泉州拥有巨大的侨胞资源，有“中国第一侨乡”之称。福州海域面积约为1.1万平方千米，海岸线总长1310千米，发展海洋经济腹地广袤，得天独厚，福州港自古以来就是中国与东洋、南洋各地交往的著名港口。福州在宋元时期是海上丝绸之路贸易中丝绸的主要生产地，福州长乐太平港是明代郑和下西洋的重要基地，清朝时期，福州被开辟为五口通商口岸，成为世界著名的“茶港”①。漳州在明代时被誉为“闽南第一大都会”，是大帆船时代维持最久的一条国际贸易航线，当时从月港出发的海上航线，东达日本，南通菲律宾，西至马六甲，然后与欧洲人开辟的新航路相连接，构成了一个完整的环球航线②，从月港出发的华人华侨遍布丝路沿线的东南亚各国。

（二）福建建设“21世纪海上丝绸之路”核心区是顺应国家发展战略的需要

2013年9月至10月，习近平总书记访问东盟期间，在印尼国会发表演讲时提出：“中国愿同东盟国家加强海上合作，共同建设21世纪‘海上丝绸之

① 黄茂兴. 历史与现实的呼应：21世纪海上丝绸之路的复兴[M]. 北京：经济科学出版社，2015年版.

② 林登山. 漳州月港：海上丝绸之路的重要起点[N]. 中国社会科学报，2014-03-07.

路'"[①]。这一构想的提出立即引起了海内外的广泛关注。2013 年 10 月 24-25 日,周边外交工作座谈会在北京召开,会议提出"统筹经济、贸易、科技、金融等方面的资源,利用好比较优势,找准深化同周边国家互利合作的战略契合点","要同有关国家共同努力,加快基础设施互联互通,建设好丝绸之路经济带、21 世纪海上丝绸之路"。这是中央首次作出明确部署,并将其与新时期的周边外交战略相结合[②]。2013 年 11 月 12 日,中共十八届三中全会通过了《中共中央关于全面深化改革若干重大问题的决定》,提出"建立开发性金融机构,加快同周边国家和区域基础设施互联互通建设,推进丝绸之路经济带、海上丝绸之路建设,形成全方位开放新格局"[③]。2013 年 12 月 13 日中央经济工作会议在北京举行,提出"推进丝绸之路经济带建设,抓紧制定战略规划,加强基础设施互联互通建设。建设 21 世纪海上丝绸之路,加强海上通道互联互通建设,拉紧相互利益纽带"。

"一带一路"成了 2014 年经济工作的重点推进方向[④]。2014 年 3 月 5 日,李克强总理在《政府工作报告》中指出"抓紧规划建设丝绸之路经济带、21 世纪海上丝绸之路,推进孟中印缅、中巴经济走廊建设,推出一批重大支撑项目,加快基础设施互联互通,拓展国际经济技术合作新空间"[⑤]。各有关部委和地方政府纷纷启动了对接"一带一路"战略的舆论宣传和规划方案编制工作。

根据邹磊(2015)的统计,在 31 个省区市中,共有 20 个省区市在 2014 年的政府工作报告中提出了参与"一带"或/和"一路"建设的工作计划[⑥]。2015 年 3 月 28 日,国际级规划《推动共建丝绸之路经济带和 21 世纪海上丝绸之路的愿景与行动》正式公布。2015 年 4 月 20 日国务院正式印发了《中国(福建)自由贸易试验区总体方案》,其中明确提出了自贸试验区要当好改革开放排头兵、创新发展先行者,以制度创新为核心,贯彻"一带一路"建设等国家战略,由此可见,"21 世纪海上丝绸之路"建设是顺应了国家战略发展的

① 习近平. 携手建设中国—东盟命运共同体——在印度尼西亚国会的演讲[N]. 人民日报,2013-10-04.

② 钱彤. 为我国发展争取良好周边环境推动我国发展更多惠及周边国家[N]. 人民日报,2013-10-26.

③ 中国共产党中央委员会. 中共中央关于全面深化改革若干重大问题的决定(2013 年 11 月 12 日中国共产党第十八届中央委员会第三次全体会议通过)[N]. 人民日报,2013-11-16.

④ 中央经济工作会议在北京举行[N]. 人民日报,2013-12-14.

⑤ 李克强. 政府工作报告—2014 年 3 月 5 日在第十二届全国人民代表大会第二次会议上[N]. 人民日报,2014-03-15.

⑥ 邹磊. 中国"一带一路"战略的政治经济学[M]. 上海:上海人民出版社,2015 年版.

需要。

（三）福建建设“21世纪海上丝绸之路”核心区是顺应福建经济转型发展的需要

当前，中国经济正处于转型发展的关键时期，经济下行压力增大，福建在劳动力、土地资源等方面的优势逐渐减弱，外部市场环境不容乐观，急需通过进一步开放来激发内生动力。21世纪海上丝绸之路的提出，为福建新一轮对外开放提供了机遇，也是福建积极响应国家号召，建设海洋强省的重要抓手。福建省在2014年政府工作报告中指出要“抓住国家建设丝绸之路经济带、21世纪海上丝绸之路的机遇，鼓励有条件企业加快‘走出去’，培育一批本土跨国企业”。

2015年2月11日，21世纪海上丝绸之路国际研讨会在福建省泉州市举行，福建省委领导提出了要努力打造成为海上丝绸之路互联互通的重要枢纽、经贸合作的前沿平台、人文交流的重要纽带①。积极融入21世纪海上丝绸之路的建设，有利于福建进一步开辟对外交流的海上平台，推动与沿线国家在港口、能源、经贸、科技、生态环境等领域进行全方位合作，为福建企业实现“走出去”战略指明方向，开辟新的对外开放通道。同时，也有利于福建充分利用海外华人华侨的人缘优势，加强与东南亚国家的经济、人文等各领域的交流合作，推动福建在更高水平的开放条件下实现科学发展跨越发展。

而当前福建正处于自贸区、生态文明示范区以及“21海上丝绸之路”核心区建设的“三区叠加”时期，尤其是福建自贸区的建设与“21世纪海上丝绸之路”核心区的建设紧密相连，在2015年4月29日公布的《中国（福建）自由贸易试验区总体方案》中就明确提出了“要把自贸试验区建设成为深化两岸经济合作的示范区、充分发挥对外开放前沿优势，建设21世纪海上丝绸之路核心区，打造面向21世纪海上丝绸之路沿线国家和地区开放合作新高地”。由此可见，两者相辅相成，共同服务于福建经济转型升级发展的现实需要。

---

① 尤权．加强互联互通建设21世纪海上丝绸之路核心区[EB/OL]．新华网福建频道，http://www.fj.xinhuanet.com/news/2015-02/11/c_1114334411.htm，2015-02-11.

二、理论基石:自贸区与“海丝”核心区融合发展

(一) 理论支撑:区域经济空间结构理论的视角

区域经济空间结构是指一定时期内,人类各种经济活动在特定区域内的空间分布状态以及空间组合形式。区域空间结构由点、线、面三种基本要素构成。点是区域要素中的最基本形式,线是指区域空间上具有确定线段的交通线路、通信线路、动力和水源供应线,其中交通线路起着最为重要的作用,它是空间经济活动的基础和空间经济活动横向拓宽的先决条件。面是点和线存在的空间基础,具有明确的空间范围。典型的区域空间理论有增长极理论、核心—边缘理论和点—轴理论①。

法国经济学家弗朗索瓦·佩鲁于1950年提出了增长极理论,他认为经济发展的主要动力是技术进步与创新,创新主要集中于那些规模较大、增长速度较快、与其他部门的相互关联效应较强的产业中,佩鲁将这样的一些产业称为“推进型产业”。推进型产业与被推进型产业通过经济联系建立其非竞争性联合体,通过后向、前向连锁效应带动区域的发展,最终实现区域发展的均衡,这种“推进型产业”就被称为起了增长极的作用。美国经济学家约翰·弗里德曼提出了“核心—外围”理论,认为区域经济系统是一个由发展条件优越的核心部分和发展条件较差的外围部分构成。其中,核心区具有较高的创新变革能力,而外围区则受到核心区的支配作用。20世纪80年代,中国科学院陆大道院士提出了点—轴渐进式扩散理论,以区域中的各级中心城市为“点”,以联结点的现状基础设施为“轴”,产业先在点上集聚,随后沿着现状基础设施扩展,最后在等级不同的城镇和发展轴线形成空间结构。

当前,福建自贸试验区与21世纪海上丝绸之路核心区齐头并进、融合发展,共同构成了新时期福建发展的“一体两翼”,对推动福建区域经济发展将产生十分深远且积极的影响。从区域经济空间结构理论的内容和现实要素来看,福建自贸试验区与21世纪海上丝绸之路核心区建设中的区位安排、功能结构和发展前景等诸多要素,与该理论的观点主张具有高度的关联性和一致性,因此,区域经济空间结构理论可完全适用于指导福建自贸试验区与

① 黄茂兴.历史与现实的呼应:21世纪海上丝绸之路的复兴[M].经济科学出版社,2015年1月.

21世纪海上丝绸之路核心区的融合发展。

（二）区域经济空间结构理论与福建自贸区和21世纪海上丝绸之路核心区融合发展的契合性分析

福建自贸区三大片区福州、平潭、厦门在海丝核心区建设中充当着“点”的作用，通过以点带线，以线带面，增进同海上丝绸之路沿线国家和地区的交往。其中，“线”体现在这些地区之间纵横交错的航线，“面”指的是依托“点”“线”所串联起的战略经济合作带。福建自贸区三大片区的建设将构筑其新一轮的增长极，将充分带动沿线国家和地区的共同发展，促进区域的共同繁荣。同时，增长极的作用带来了要素在核心区域的高度集聚，能够产生规模经济效益，实现快速增长。福建自贸区的建设与“21世纪海上丝绸之路”核心区的建设存在如下的三大契合点：

1. 战略上的契合

2014年5月下旬，习近平总书记在视察上海时又进一步强调，上海要按照国家统一规划、统一部署，参与丝绸之路经济带和海上丝绸之路建设，推动长江经济带建设等国家战略，从而使得“一带一路”覆盖的省份进一步扩员[①]。习近平指出，加快实施自由贸易区战略是一项复杂的系统工程。要加强顶层设计、谋划大棋局，既要谋子更要谋势，逐步构筑起立足周边、辐射“一带一路”、面向全球的自由贸易区网络，积极同“一带一路”沿线国家和地区商建自由贸易区，使我国与沿线国家合作更加紧密、往来更加便利、利益更加融合。要努力扩大数量、更要讲质量，大胆探索、与时俱进，积极扩大服务业开放，加快新议题谈判。

2015年两会上，李克强总理在政府工作报告中曾经三次提及“一带一路”，指出要把“一带一路”建设与区域开发开放结合起来，并将“一带一路”与自贸区建设列为构建全方位对外开放新格局的重要内容。无论是福建自贸区的建设还是21世纪海上丝绸之路核心区的建设均属于国家战略，福建同上海、广东、天津自贸区的建设目的在于形成可复制可推广的经验，在于构建更加开放的战略，而21世纪海上丝绸之路核心区的建设隶属于“一带一路”框架下的重要内容，通过自贸区的建设，提高贸易便利化、金融国际化、投资自由化、行政管理简化水平，这些将有助于福州、平潭、厦门在沿海运输、国际中转航运、口岸贸易通关中发挥出更大的作用。

---

① 当好全国改革开放排头兵不断提高城市核心竞争力[N]. 人民日报，2014-05-25.

2. 功能上的契合

无论是21世纪海上丝绸之路核心区的建设还是福建自贸区的建设，其本质都是作为我国对外开放战略的组成部分，是深化对外开放的重要载体。自贸区可以视为是对外开放战略中的具体节点，通过“一带一路”的建设催生出更多的自贸区，通过“一带一路”的纵深发展催生出更多的双边、多边的自贸区落地（陈耀，2015），可以说福建自贸区建设是21世纪海上丝绸之路核心区建设的先锋，是推进21世纪海上丝绸之路核心区建设的战略平台。同时，自贸区建设过程中的诸多成功的经验，也可以合理地运用到我国与“一带一路”沿线国家的谈判过程中，本质上也是在助力“一带一路”战略的建设推进。

3. 内容上的契合

福建自贸区与21世纪海上丝绸之路核心区在建设的内容上有着高度的契合性。2013年9月习近平主席在哈萨克斯坦发表题为《弘扬人民友谊 共创美好未来》的演讲，其中提出了“一路一带”建设的核心内容即“五通”，包含“政策沟通、道路连通、贸易畅通、货币流通、民心相通”。本书的课题组成员在《历史与现实的呼应：21世纪海上丝绸之路的复兴》一书中将“21世纪海上丝绸之路”构建的主要内容概括为：统一的政策法规、互联互通的基础设施、便利的贸易与投资、以本币为主的金融合作和更加紧密的人文联系。而在福建自贸区建设的总体方案中所提出的主要任务实际上是为海峡西岸经济区探索积累可复制、可推广的改革经验，承担着以开放促改革，以政府职能转变促营商环境优化的重要使命。当然，两者还是各有所侧重，21世纪海上丝绸之路核心区建设侧重于以基础设施为先导促进沿线经济体互联互通，而福建自贸区的建设则以降低贸易门槛、提升贸易便利化水平，加快域内经济一体化为主要内容。

三、现实基础：自贸区与“海丝”核心区双重叠加

（一）海峡蓝色经济试验区与21世纪海上丝绸之路的完美对接

21世纪是海洋的世纪，掌握了海上的主动权，就可以在未来的国际竞争中占据有利地位。“闽在海中”，福建省海域面积达13.6万平方千米，大于陆地面积，陆地海岸线长达3752千米，位居全国第二，而且内陆三面环山，这也决定了福建发展对海洋的依赖。改革开放以来，福建省作为中国沿海开放

最早的省份之一，经济得到了快速发展，特别是海洋经济发展迅速，与周边国家尤其是东盟国家在海洋经济领域的合作取得了长足的发展。2012 年，国务院批准了《福建海峡蓝色经济试验区发展规划》，标志着福建省海洋经济发展战略上升为国家战略，为福建省顺利承接“21 世纪海上丝绸之路”赋予的重大使命奠定了坚实的政策基础。2014 年 8 月底，亚太经济合作组织（APEC）第四届海洋部长会议在厦门举行，为福建加强同亚太地区在海洋开发与保护方面的交流合作、参与建设“21 世纪海上丝绸之路”创造了良好的开局。

1. 福建海洋经济发展优势突出

为积极配合国家出台的一系列海洋政策，福建从“大念山海经”到“山海合作，建设海峡两岸繁荣带”“建设海洋大省”，再到“建设海洋经济强省、打造福建海峡蓝色经济实验区”，海洋经济已经有了很好的基础。由图 9-1 看出，2004 至 2012 年间，福建省海洋总产值由 1 738.08 亿美元上升至 4 482.8 亿美元，增长了近两倍，年均增长率为 17.55%，占全省 GDP 的比重持续在 25%左右波动，远远高于沿海地区 15%的平均比重，海洋产业对福建省 GDP 的贡献率为 21.58%，是福建省拉动经济增长的主导产业。

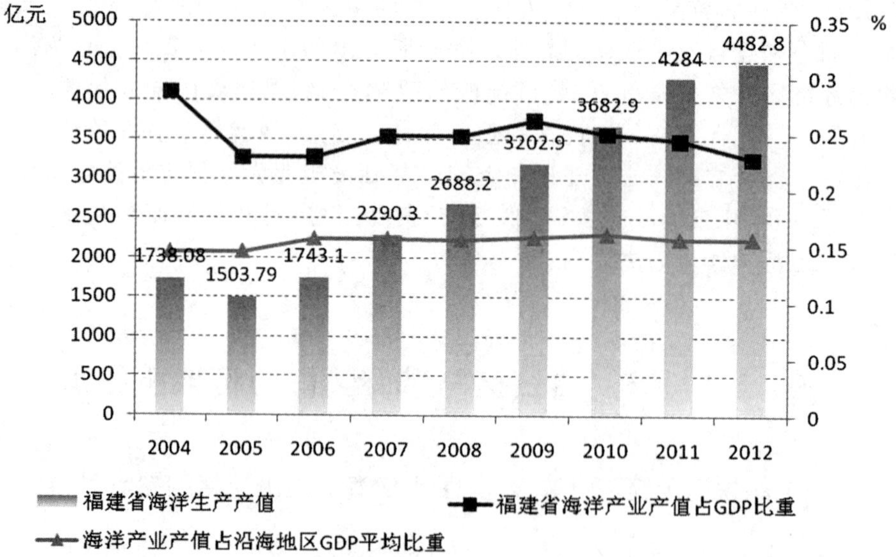

图 9-1 福建省海洋产业产值增长趋势

近年来福建省海洋产业结构得到了一定的优化，第二、三产业快速发展。从表 9-1 来看，2012 年，福建省海洋第三产业产值为 2 250.7 亿元，占总产值的50.2%,已成为福建海洋经济重要支柱,在沿海11个省市中排第四位,但与上海、海南差距仍比较大,第二产业产值1 815.9亿元,占总产值的40.5%,说明福建海洋经济还存在粗放发展的弊端。海洋渔业是福建省海洋经济的重要支撑,2013年,全省渔业经济总产值2 197.5亿元,同比增长9.72%,居全国第三位;渔业经济增加值1 167.75亿元,同比增长9.88%,占全省GDP的5.37%。但是,第三产业中海洋科研教育管理服务业发展相对不足。对此,福建省应该积极推动海洋科技创新,大力发展新型海洋产业和高新技术产业,借助“21世纪海上丝绸之路”的平台和载体,促进要素流动,强化要素保障,加速产业升级。结合实施“走出去”与“引进来”战略,加强海洋领域的国际交流合作。

表9-1　2012年中国沿海地区海洋产业的结构比例

地区	海洋产业总值	第一产业总值及所占比重		第二产业总值及所占比重		第三产业总值及所占比重		海洋产业总值占沿海地区生产总值比重%
	(亿元)	(亿元)	%	(亿元)	%	(亿元)	%	
合计	50 045.2	2 670.6	5.3	23 469.8	46.9	23 904.8	47.8	15.7
天津	3 939.2	7.9	0.2	2 626	66.7	1 305.3	33.1	30.6
河北	1 622	70.9	4.4	876.3	54	674.7	41.6	6.1
辽宁	3 391.7	447	13.2	1 339.7	39.5	1 605.1	47.3	13.7
上海	5 946.3	4.2	0.1	2 248.2	37.8	3 693.9	62.1	29.5
江苏	4 722.9	220.4	4.7	2 439.2	51.6	2 063.4	43.7	8.7
浙江	4 947.5	369.7	7.5	2 180.4	44.1	2 397.4	48.4	14.3
福建	4 482.8	416.3	9.3	1 815.9	40.5	2 250.7	50.2	22.8
山东	8 972.1	648.7	7.2	4 362.8	48.6	3 960.6	44.2	17.9
广东	10 506.6	180.1	1.7	5 134.9	48.9	5 191.7	49.4	18.4
广西	761	142.7	18.7	301.8	39.7	316.5	41.6	5.8
海南	752.9	162.7	21.6	144.6	19.2	445.6	59.2	26.4

数据来源:《2013中国海洋统计年鉴》

2. 海洋产业“走出去”步伐不断加快

进入21世纪以来,随着陆地资源的过度开采和消耗,海洋资源的重要性越来越突出。然而,海洋产业的迅猛发展导致近海资源消耗过快、环境恶化,发展空间越来越小,福建海洋产业逐步加入到“走出去”行列。

(1) 远洋渔业初具规模。渔业是福建海洋经济的传统主导产业。近年来,福建省委、省政府以开放的眼光,大力支持发展远洋渔业,将远洋渔业作为加快发展海洋经济、建设海峡蓝色经济实验区的重点产业进行培育。2013年,福建省远洋渔业企业28家,外派远洋渔船458艘,涉及海域包括北太平洋、西南大西洋公海、印度洋及几内亚、几内亚比绍、毛里塔尼亚等,并在缅甸、毛里塔尼亚、印尼等国投资兴建了7个设备齐全的境外远洋渔业基地。

(2) 水产养殖境外扎根。水产养殖是福建海洋经济的优势所在。近年来,随着水产养殖的快速发展,国内近海养殖空间逐渐缩小。福建人凭着敢拼会赢、经略海洋的勇气和胆识,带着成熟的技术和管理经验,到海外开拓水产养殖空间,并取得了实质性进展。福州市实施了在更高的起点上加快建设“海上福州”战略,积极引导和鼓励有实力的企业和养殖大户走出国门,开发境外水产养殖基地①;平潭县和连江县分别与印尼政府和相关企业签订了合作开发位于阿峰那埃特纳海湾和新加朗岛的网箱养殖基地。

(3) 水产品出口创汇跃冠全国。除了海洋渔业和水产养殖,福建省水产品出口也取得突出成绩,2013年,福建省水产品出口总量72.5万吨,出口创汇额以51.09亿美元首次跃居全国第一。根据福建省海洋与渔业厅发布的最新统计数据显示,2014年上半年,福建省水产品出口创汇继续保持全国第一。2014年5月18日,全国首个中国—东盟海产品交易所在福州马尾揭牌成立。交易所的成立将推动福建外向型经济国际化进程,也将是福建省打造21世纪海上丝绸之路核心区的重要举措。

(二) 有效充当连接与东南亚各国深度合作的桥梁纽带

东盟是古代海上丝绸之路南线的第一站,是古代海上丝绸之路的重要中转地。如今,“21世纪海上丝绸之路”的设想在习近平总书记访问东盟时

---

① 房月英.福建积极参与建设海上丝绸之路[N].中国海洋报,2014-01-29.

提出，东盟国家在新海上丝绸之路的重要地位不言自明。中国与东盟之间自古以来就是友好的邻邦关系。2010年1月1日，拥有19亿人口、GDP接近6万亿美元、世界最大的自贸区——中国—东盟自贸区正式建成，为“21世纪海上丝绸之路”的东盟航段建设奠定了基础。福建省作为沿海地区开放最早的省份之一，抓住机遇，利用自贸区平台，凭借独特的地理和侨胞优势，与东盟国家在各个领域建立了长期稳定的合作，在中国与东盟共建海上丝绸之路中起到了桥梁作用。

1. 双方贸易额稳步增长

由表9-2和图9-2综合可以看出，2000年，福建省与东盟的进出口贸易额为16.88亿美元。2002年，合作框架正式签署后，贸易额上升至25.63亿美元，同比增长43.34%，增幅是2001年的近7倍。此后，福建省与东盟的贸易额一直保持两位数增长。2010年中国—东盟自贸区正式成立后，福建省与东盟的贸易额再一次出现井喷式增长，仅一年增长了38.46亿美元，增幅由2009年的11.02%上升至41.12%，其中出口额为83.07亿美元，进口额为48.91亿美元，为福建省创造了34.16亿美元的贸易顺差。据统计，2013年双方进出口额242.81亿美元，东盟超越欧盟成为福建省第二大贸易伙伴，仅比福建与美国的进出口总额少1.84亿美元。如此良好的经贸合作态势，为福建省参与“21世纪海上丝绸之路”东盟航段的建设提供了战略支点。

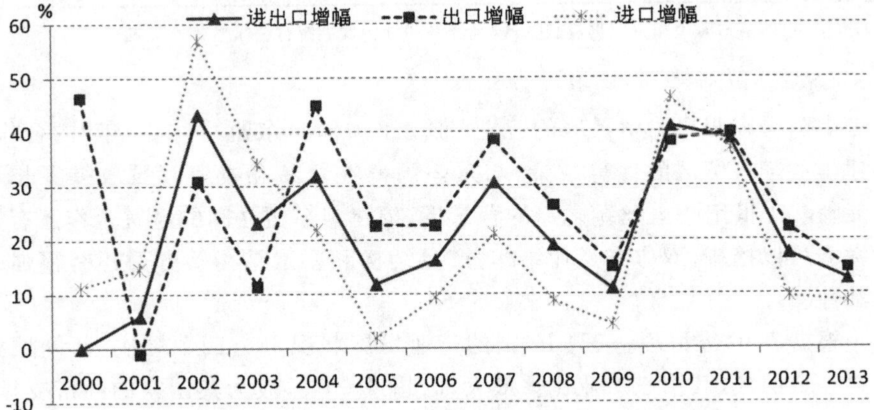

图9-2 福建与东盟对进出口贸易增幅趋势图

表 9-2 2000—2013 年福建与东盟进出口贸易情况

年份	进出口（亿美元）	同比 %	出口（亿美元）	同比 %	进口（亿美元）	同比 %
2000	16.88	-	9.44	46.39	7.44	11.22
2001	17.88	5.92	9.35	-0.98	8.53	14.56
2002	25.63	43.34	12.34	30.92	13.39	57.01
2003	31.58	23.21	13.64	11.41	17.94	34.01
2004	41.65	31.89	19.78	45.00	21.87	21.90
2005	46.55	11.76	24.28	22.70	22.27	1.80
2006	54.12	16.26	29.80	22.70	24.32	9.30
2007	70.74	30.71	41.28	38.60	29.46	21.10
2008	84.24	19.08	52.18	26.40	32.06	8.80
2009	93.52	11.02	60.09	15.10	33.43	4.30
2010	131.98	41.12	83.07	38.3	48.91	46.3
2011	183.23	38.83	116.21	39.9	67.02	36.9
2012	215.40	17.56	142.10	22.30	73.30	9.50
2013	242.81	12.73	163.17	14.80	79.64	8.60

数据来源：根据福州海关相关数据、福建省国民经济和社会发展统计公报整理

2. 经济互补性强，发展潜力巨大

中国—东盟自由贸易区的建立，推动了中国与东盟“黄金十年”的合作，福建得益于自贸区的优惠政策，与东盟国家在贸易和投资领域取得了长足发展，在 21 世纪海上丝绸之路的背景下，福建与东盟之间的经贸合作还有很大潜力可以挖掘，双方在产业结构、产品结构和要素结构等方面还有很强的互补性。

根据表 9-3 可以将东盟 10 国的产业发展状况分为四个层次：新加坡处于第一个层次，其第三产业比重最大，已超过 50%，成为其国家的经济支柱，第一产业比重很小，不足 10%，其产业结构具备发达国家水平；第二个层次包括菲律宾和马来西亚，其第一产业比重较小，低于 15%，第二产业和第三产业是国家的支柱性产业，但第三产业比重大于第二产业并超过了 50%；第三个层次包括印度尼西亚、泰国、文莱，尽管第一产业比重较小，但是第二产业占 GDP 比重最大，第三产业比重低于 50%，面临产业转型的关键时期。

第四个层次包括越南、柬埔寨、老挝和缅甸,其第一产业仍占 GDP 很大比重,超过了 20%,处于比较落后的农业时期。福建省 2013 年三次产业比重为 8.9 : 52 : 39.1,第一产业占比较小,第二产业占比重最大,超过了 50%,大致与东盟国家中第三个层次相当。根据产业梯度转移理论,福建省与东盟国家的合作将有利于双方产业结构的优化,实现共同发展。在未来的经贸合作中,福建省应结合自身情况,与不同层次的国家选择不同的合作方式,同时与同层次国家共同努力,突破转型的平台期。

此外,在产品结构方面,福建省与东盟国家也存在很强的互补性:新加坡和马来西亚在技术密集型产品的生产上具有比较优势,如电子电气设备、自动化设备等,而福建在非熟练劳动密集型产品如鞋类、服装和纺织品生产方面优势明显;在农业比重较大的国家,可以发挥福建省机电制成品类和高新技术产品生产的优势;在人力资源方面,相比东盟国家,福建省在劳动密集型产品的生产上具有比较优势。各方面的互补优势,是推动福建省积极参与“21 世纪海上丝绸之路”东盟航段建设的巨大动力。

表 9-3　2013 年福建与东盟 10 国三次产业占 GDP 比重一览表 (单位:%)

国家	第一产业	第二产业	第三产业
新加坡 *	0.00	26.80	73.30
菲律宾	11.24	31.03	57.73
马来西亚	7.10	37.70	55.20
印度尼西亚	15.04	46.04	38.92
泰国 *	12.30	45.60	42.10
越南	21.50	38.40	40.10
柬埔寨	34.80	24.50	40.70
老挝	25.20	35.90	38.90
缅甸	31.80	28.80	39.40
文莱	0.70	68.20	31.00
福建	8.90	52.00	39.10

数据来源:中华人民共和国商务部,《福建省统计年鉴 2014》,* 新加坡、泰国为 2012 年数据

3. 华人华侨优势突出

东盟国家是闽籍华人华侨的海外主要居住地,福建与东盟有着天然的纽带关系。明朝永乐年间,郑和从福州长乐太平港出航,七次出访西洋,到

达的国家30多个，其中包括东南亚14个国家和地区，很多随访的官员和商人留在了当地，与当地人民一起创建新家园。明清时期，福建华侨大量增加，华侨在所在国的社会经济基础逐渐确立，是福建与东南亚诸国经济文化交流的繁荣时期。菲律宾的吕宋、爪哇的巴城和下港、苏门答腊的旧港、越南的广南、暹罗的大城，都是福建华侨聚集的地方。这些福建华侨与当地人一起辛勤劳动，为东南亚诸国的开发做出了卓越的贡献。据统计，福建省华人华侨近80%聚居在东盟国家，福建在东盟国家的重点侨商有45家，财富总额1 518亿美元，东盟对福建投资约70%为当地华人华侨企业。其中，菲律宾、马来西亚、印尼和新加坡的闽籍华人华侨企业投资较多。在古代海上丝绸之路中受益的福建华人华侨，是福建积极融入"21世纪海上丝绸之路"建设的重要资源。

4. 海洋合作日益加深

近年来，福建省大力发展海洋经济，海洋产业得到了快速发展，东盟等新兴出口市场承接了福建省海洋产品的国外市场需求。中国—东盟渔业产业合作及渔产品交易平台、中国—东盟海洋学院和印尼金马安渔业综合基地更新改造等3个项目成功入选首批中国—东盟海上合作基金项目。2013年福建省出口的水产品中，进入东盟新兴出口市场的比重达到26%，占全国水产品出口东盟贸易额的62%，东盟已成为福建省最大的水产品贸易伙伴。海洋合作的日益加深，为福建省积极参与"21世纪海上丝绸之路"东盟航段的建设提供了重要支撑。

(三) 具备较为完善的互联互通条件和设施

当今中国，互联互通伴随着"一带一路"构想的提出，被广泛应用到中国与海上丝绸之路沿线国特别是亚洲国家之间的战略规划中，其内容包括基础设施的互联互通、规章制度的互联互通、人员交流的互联互通。2014年11月8日，习近平总书记在北京主持召开加强互联互通伙伴关系对话会时指出"共同建设丝绸之路经济带和21世纪海上丝绸之路与互联互通相融相近、相辅相成。如果将'一带一路'比喻为亚洲腾飞的两只翅膀，那么互联互通就是两只翅膀的血脉经络。"[①]互联互通是建设21世纪海上丝绸之路的重要内容之一，而交通网络的互联互通对丝路沿线国家其他方面的合作具有溢出

① 习近平.联通引领发展伙伴聚焦合作——主持召开加强互联互通伙伴关系对话会上的演讲[N].人民日报，2014-11-09.

效应,是21世纪海上丝绸之路建设的基本条件和物质基础。

1. 对外交通网络日臻完善

(1) 陆路交通。福建省与海上丝绸之路沿线国家在陆地上没有接壤,与最近的东南亚国家的陆上互通也只能通过广西、云南等地连接,而福建境内多山,过去与内陆腹地省份的交通不便。从2013年9月份起,南宁铁路局在广西钦州港成功开启了福建—钦州—昆明的国内“海铁联运”便捷运输通道,大大提高了福建与东盟货物的陆上运输效率。深圳到厦门沿海高铁的开通,极大缩短了福建与广东乃至广西、云南等地的行程,为福建与东南亚、南亚各国的陆上互联互通带来了便利。

(2) 海上交通。福建省陆上海岸线长,港口资源丰富,这种地理特性决定了福建省对外交流合作的主要渠道应落在海上。因此,加大海上丝绸之路沿线国家港口间的合作是福建与沿线国家互联互通的主要内容。近年来,新加坡、印尼等东南亚国家的企业,以各种投资形式参与到福建港口的建设和管理中,截至目前已有41个泊位投入运营,随着福建海上交通航线的不断增多,港口吞吐量也有了较大的进步,成为临港经济发展新的增长点。2013年,福建省港口开通至海上丝绸之路沿线国家及香港、台湾地区的航线已达102条,进出港货物1.08亿吨。极力打造的“两集两散两液”核心港区中,以外贸集装箱运输为主的厦门港和福州港得到了快速发展:福州港自2001年成立以来,外贸集装箱已经开通了欧洲、美洲、西非、南非、中东、东南亚、中国台湾等航线以及内支线。2013年,福港集箱启动了集装箱国际中转运输业务,并成功开展了“一对一”“一对多”和“多对一”等多种国际中转业务,丰富了箱运业务模式;厦门港作为建设中的厦门东南国际航运中心的主要载体和核心组成部分,截至2013年底,拥有的集装箱航线167条,其中远洋航线44条,近洋航线42条,港台航线13条,周航班254班,航线遍布丝路沿线国家。

(3) 空港建设。福建有福州长乐国际机场和厦门高崎国际机场两个国际空港。福州长乐机场是我国华东地区重要的航空国际口岸之一,中国东南沿海最繁忙机场之一,也是重要的航空客货集散地。长乐机场与海上丝绸之路沿线的大部分东南亚国家实现直航,例如胡志明、雅加达、曼谷、金边、吉隆坡、新加坡等,是福建省与东盟国家实现空中互联互通的重要空港。厦门高崎国际机场是我国第五大国际航空港,通航城市87个,其中国际航线13个,遍及新加坡、吉隆坡、槟城等东南亚城市。厦门空港致力于打造“最具经济性和较强竞争力的区域性枢纽机场”目标,正日益成为我国东南沿海连结东南亚和东北亚的重要航空口岸。

2. 对外基础设施建设成果突出

习近平总书记在主持召开互联互通伙伴对话会时强调，亚洲各国人民是互联互通的开拓者，应率先实现亚洲国家的互联互通。丝路沿线国家特别是亚洲国家大多是发展中国家，基础设施落后，公路、铁路以及沿海港口的建设跟不上经济发展的需要。近年来，中国与海上丝绸之路沿线国家基础设施方面的合作逐渐提上日程，例如印尼泗水和棉兰码头的建设、南亚斯里兰卡首都科伦坡港口和南部汉班托塔港的合作以及巴基斯坦瓜达尔港的共建，都出现了中国企业的影子。福建省凭借丰富的基础设施建设经验和充裕的劳动力，向这些国家输出大量的专业人才和资金，帮助加快其基础设施建设，同时给福建的对外承包工程企业带来了巨大的市场机会，例如对外承包的印度、印度尼西亚、菲律宾电力工程，马来西亚、南苏丹的房屋建设，越南产房安装，肯尼亚公路、机场和房屋建设，赤道几内亚环保工程，埃塞俄比亚水泥生产线安装，阿尔及利亚医院建设等等。如表 9-4，2013 年福建省派出工程劳务人员 37 811 人，同比增长 6.92%；创造实际收入总额约 4.28 亿美元，同比增长 13.97%。与“21 世纪海上丝绸之路”沿线国家的互联互通合作，为福建省产业转移提供了新的机遇，也为沿线各国享受中国发展的溢出效应提供了物质基础。

表 9-4 2013 年福建省对外承包工程和劳务合作统计表

项目	本年累计	去年同期	同比
劳务合作(万美元)			
新签劳务人员合同工资总额	58 675	52 926	10.86%
劳务人员实际收入总额	42 773	37 531	13.97%
派出人数(人数)	37 811	35 364	6.92%
承包工程(项)	2 077	1 875	10.77%
劳务合作(项)	35 734	33 489	6.70%

数据来源：福建省对外贸易厅网站

四、政策思考：自贸区与“海丝”核心区融合路径

为更好地融入 21 世纪海上丝绸之路，福建应明确定位，以包容为理念，

以发展海洋经济为主轴，以港口合作为依托，以深化经贸合作为主要内容，着力打造21世纪海上丝绸之路核心区，尽快融入到21世纪海上丝绸之路的建设之中。

（一）不断优化海洋产业结构，重视发展海洋新兴产业

尽管近年来福建省海洋产业结构调整取得了一定的效果，但是海洋产业中第一产业产值占海洋总产值的比重为9.3%，高于沿海地区平均比重5.24%。21世纪海上丝绸之路的提出，对福建省海洋产业结构既是一种考验，又是难得的转型机会。福建省在参与21世纪海上丝绸之路的建设过程中，海洋新兴产业是主要发展方向。应发挥福建省海洋资源优势和技术优势，以具有自主知识产权的高技术成果产业化为目标，突出产业特色，重点培育发展生物药物、生物制品、功能食品、生物酶制剂等海洋生物医药产业，大力发展海洋救助船、大马力工作拖船、海洋供应船等主力船型，拓展重型起重设备、钻井设备、铺管设备和系泊设备等海洋工程装备。

（二）加快港口资源整合，发挥交通枢纽的通道功能

福建省委书记尤权曾经指出，建设海洋经济强省，核心在于产业，重点在港口优势的发挥。福建省地处东南沿海，海岸线长，天然的深水良港众多，泉州港、长乐太平港和漳州月港都曾在古代海上丝绸之路上扮演重要的角色，泉州港更是宋元时期“海上丝绸之路”的起点，被誉为“东方第一大港”，与埃及亚历山大港齐名。然而，新中国成立以来，福建省这些优良的港湾由于各种国内外因素，港口资源没有得到充分利用，各个港口之间的发展没有形成集约效应，逐渐被其他沿海省市港口超越。面对21世纪海上丝绸之路这一难得的历史机遇，福建省应加快“大港口”的建设，提升海西港口在全国港口经济中的地位和作用，利用好对台优势，积极进行资源整合，加强管理，在海峡两岸建设一批重要的临港工业基地和大型物流园区，形成以规模化港区为依托的临港产业集中区，推动海峡两岸国际航运中心的形成和发展，打造21世纪海上丝绸之路的新起点，重现宋元时期“市井十洲人”的繁荣景象。

（三）加快完善交通基础设施建设，带动沿海腹地连片发展

公路、铁路建设是21世纪海上丝绸之路的陆地延伸，福建省成为海上丝绸之路的核心区，公路、铁路等陆上交通基础设施就必须达到先进水平，特别是加强与江西、湖南等腹地省份的互联互通，将内陆省份的货物通过公

路、铁路输送到各个港口，通过海铁联运，在拓展港口自身腹地的同时为内陆省份货物提供一条便捷的出海新通道，使21世纪海上丝绸之路的发展成果辐射到内陆地区。同时，进一步加强对重要口岸的港口、码头、机场基础设施建设，提高现代信息化管理水平，建设和完善与自由港相对接的法律、法规和政策环境，提升对外服务水平，吸引国际高端人才及全球跨国公司资本入驻福建。

（四）积极拓展与周边省份的密切合作，在交流互鉴中实现特色发展

21世纪海上丝绸之路提出之后，沿海各省份纷纷表态，将积极参与到新丝路的建设中。比如广西日前表示要建“海上丝绸之路的桥头堡”；广东表示“通过海上丝绸之路开拓发展空间”；海南省表示“充分发挥优势，勇担建设重任”；青岛“积极打造海上丝绸之路枢纽城市”。福建省应该借鉴各个省份的发展经验，结合对台优势以及闽港澳侨合作等自身优势，走出一条有福建特色的海洋经济路线，与21世纪海上丝绸之路接轨。同时，福建省应积极展开与周边省份的学术交流，定期举办“海上丝绸之路”学术论坛交流经验，为各个省份参与到海上丝绸之路的建设中提供研究支持。

（五）重点推动经贸文化交流对接，实现与东盟国家产业深度融合

福建融入21世纪海上丝绸之路建设应以东盟国家为主体，兼顾周边地区。重点在经贸和文化领域实施“引进来”“走出去”的双向交流战略，加强与东盟的区域经济合作和人文交流，使福建成为海上丝绸之路建设的最重要基地，成为推动中国与东盟经贸和文化全面融合的桥头堡。利用中国—东盟投资合作基金，引导企业通过建设产业合作园区、境外经贸合作区等形式扩大对东盟的投资，加强与东盟的能源资源合作，实现区域产业合作和互补。2015年5月8日，福建省联合河北、天津、山东、江苏、上海、浙江、广东、广西、海南等省区市的旅游主管部门，以及香港、澳门旅游机构，在厦门成立了“中国海上丝绸之路旅游推广联盟”，全方位推进与“海丝”沿线各省、各国的交流合作①。

（六）持续优化平潭投资环境，打造海上丝路新窗口

平潭作为对外开放的新窗口，与厦门、上海、广州等对外开放的先行区

---

① “中国海上丝绸之路旅游推广联盟”在厦门成立[N]. 光明日报，2015-05-09.

还存在很大差距。投资环境是对外开放第一竞争力,由于起步较晚,平潭投资环境相对比较落后,尽管享有国家一系列的政策优势,但是投资环境与政策优势不匹配,存在很大风险,导致国内外大批的投资者持观望态度。平潭应首先将建设与政策配套的基础设施放在发展的第一位,让每一项国家政策落地有声。加强与内陆腹地的互联互通以及海上港口码头建设,以对台深水货运码头为依托,重点发展对货运代理、转口贸易、保税物流、台港口航运、保税加工等行业。制定出台投资便利化政策,让越来越多的投资者“想进来,留得住,有钱赚”。在众多优惠政策的扶持下,凭借与福州的连动效应,对接台湾,辐射整个内陆地区,将平潭综合实验区打造成海上丝绸之路的新窗口。

五、未来愿景:自贸区与“海丝”核心区融合效应

(一)打造福建开放型经济升级版

面对日益严峻复杂的未来世界贸易规则、格局,中国将面临“二次入世”的危险。“一带一路”和自贸区建设将为中国争取全球化主动权提供条件,将推动中国构建与国际相衔接的新的营商环境。而福建作为21世纪海上丝绸之路的核心区,与海上丝绸之路沿线国家的经贸、文化、旅游交往紧密。其中,21世纪海上丝绸之路核心区战略的重点是加强福建同海上丝绸之路沿线国家的交流与合作,因此有必要先建立自贸区,虽然同属于国家战略,但是自贸试验区战略只是21世纪海上丝绸之路战略的一个平台,一个重要的开放窗口。福建自贸试验区建设与21世纪海上丝绸之路战略将共同构成福建新对外开放格局:自贸试验区建设侧重于从降低贸易门槛角度,提升贸易便利化水平来加快区域内的经济一体化,而21世纪海上丝绸之路战略则侧重于以基础设施为先导促进沿线经济体的互联互通。因此,福建自贸区建设中应充分利用自身与海上丝绸之路沿线国家和地区的历史渊源,深化与海上丝绸之路沿线国家在经济贸易、港口航运、海洋能源、科技创新、旅游文化等领域的全方位开放合作。主动融入其中寻求突破,以创新推动结构优化升级,以东南亚为重点,坚持经济合作与人文融合并重,为打造全方位对外开放新格局贡献力量。

其中,东盟是海上丝绸之路必经之地,是建设21世纪海上丝绸之路的重点地区,依托21世纪海上丝绸之路发展战略,推动我省与东盟经贸合作的深

度发展，扩大我省与东盟各国各地区的利益汇合点，并以此为契机，延展与海上丝绸之路沿线其他国家和地区（南亚、中东和非洲等相关国家）的经贸合作。依托福建自贸试验区建设的利好投资政策和发展机会，吸引全球各地的外资进入福建，福建企业家也可以更好地到境外投资，福建将依托地域优惠政策，结合闽地海外华人华侨众多的优势，先行先试。未来的发展中，福建自贸区的建设要在21世纪海上丝绸之路战略的依托下，认清形势、解放思想、转变观念，实现一种全方位、宽领域、深层次开放的经济形态，实施更加积极主动的开放战略，提高开放型经济水平和质量，赢得国际竞争的主动。

（二）打造两岸合作新平台

作为闽台经济文化的深度融合区，福建自贸试验区建设各相关区域做足了“对台”的文章，充分凸显出其区域发展特色，逐步发展为两岸经济合作的示范区和改革创新的试验区。而21世纪海上丝绸之路建设的核心区将打开福建自贸试验区发展的载体，打造两岸合作新平台。未来的发展中，福建自贸试验区的建设要在“海丝”战略的依托下，积极推进和台湾地区投资贸易便利、人员往来和服务业开放合作新模式，多方面、多层次拓展闽台深度融合发展空间，有效推进两岸的互联互通，以深化两岸合作为着力点，打造两岸合作新平台。

在今后的发展中，福建自贸试验区建设应统一布局，根据各片区的产业基础和发展规划，多方面、多层次拓展闽台深度融合发展的空间，以推进两岸经济合作示范区建设。具体而言，福建自贸试验区建设应在投资自由化、产业政策、金融合作、往来无障碍化等方面延续并创新原有对台政策，深度推进两岸金融合作领域，打造两岸区域性金融服务中心（厦门-金融业）；深化试点航运、通关、检验检疫新模式，实现物流自由化，以促进贸易便利化（平潭-服务贸易业）；学习台湾先进的制造技术及制造服务融合模式，打造先进制造业基地（福州-先进制造业）。

（三）打造区域经济新增长极

2009年，国务院批复打造以福建为主体的新经济增长极——海峡西岸经济区，其定位于两岸人民交流合作先行先试区域、服务周边发展新的对外开放综合通道、东部沿海地区先进制造业重要基地、重要的自然和文化旅游中心。六年来，海西经济区的发展逐步推进，发展潜力逐渐得以释放。但随着发展阶段的转换，原有增长极的引领和带动作用有所减弱，必须打造新的增长极。福建省毗邻台湾地区，又拥有巨大的海外侨胞资源，并且厦门经济特区和平潭综合实验区开展了一些先行先试的进出口贸易政策,这些都为福建自贸试验区的发展奠定了良好的基础。而此次21世纪海上丝绸之路核心区和福建自贸区总体方案的推出,又为这一增长极注入了新的活力,有利于打造区域经济新的增长极,这集中体现在"两区叠加"之后使得更多的要素在区域内集聚,从而使得空间经济要素实现帕累托最优。另外,增长极的形成使得区域内创新要素功能极大化,加快企业进行技术革新,而区内的优惠政策安排又为企业的集聚、发展和创新带来更大的空间。此外,增长极的出现会对外部经济体产生支配效应、乘数效应、扩散效应。在未来的发展中,要进一步依托21世纪海上丝绸之路战略,与"自贸区时代、蓝色海峡经济试验区等国家战略机遇相结合,大力发展现代海洋产业体系,培育海洋经济成为新的经济增长点,共同打造更加广阔、更加深入、更加活跃的区域经济新的增长极。

(四)打造福建与21世纪海上丝绸之路沿线国家深度合作新载体

作为21世纪海上丝绸之路的核心区,福建与21世纪海上丝绸之路国家的经贸、文化、旅游交往紧密。福建自贸试验区建设应充分利用自身与海上丝绸之路沿线国家和地区的历史渊源,深化与海上丝绸之路沿线国家在经济贸易、港口航运、海洋能源、科技创新、旅游文化等领域的全方位开放合作。其中,东盟是海上丝绸之路必经之地,是建设21世纪海上丝绸之路的重点地区,依托"海丝"战略,推动我省与东盟经贸合作的深度发展,扩大我省与东盟各国各地区的利益汇合点,并以此为契机,延展与海上丝绸之路沿线其他国家和地区(南亚、中东和非洲等相关国家)的经贸合作,在合作中通过制度创新不断消除我国现有体制的内生性障碍,适应全球化规则,并试点增强我国全球化治理话语权的政策,逐步形成可推广可复制的国际规则和标准。

参考文献

[1] 李钧.广东加强与海上丝绸之路国家互联互通建设的探索与思考[J].探索,2014(04):84-90.
[2] 李闽榕.大力发展海洋经济构建蓝色经济示范区[J].发展研究,2011(06):13-19.
[3] 林永健.大力提高福建海洋经济综合竞争力[J].综合竞争力,2011(05):36-41.
[4] 王春丽.CAFTA框架下深化福建与东盟产业合作问题研究[J].发展研究,2012(03):39-42.
[5] 吴燕,蒋旭华.中国与东盟国家比较优势及贸易结构分析[J].《武汉理工大学学报(社会科学版)》,2008(04):506-510.

后记

2015年1月7日，对我们来说，这是难忘的一天。经福建师范大学党委常委会研究，决定正式成立福建师范大学福建自贸区综合研究院，开启了我们研究团队致力自贸区研究的新篇章。在研究院成立之初，我们很荣幸地得到了福建省人民政府办公厅、中共福建省委组织部、福建省财政厅等省直职能部门的关心与大力支持！可以说，没有他们的扶持与托举，也就不可能有这个新生的研究院的迅速成长。对此，我们表示由衷的感谢！

短短的半年时间，我们迅速完成了从研究院组建、团队搭建、方向凝练到科研成果面世的“学术长跑”。在这里，我也由衷地感谢我的团队成员，他们来自不同的学院、不同的学科、不同的专业，但我们迅速地凝聚起来，组成了一支25人的研究团队。没有他们的倾力付出，没有他们对研究院的呵护之情，没有他们对学术研究的赤热坚守，我坚信绝不会有我们的快速成长！

本书以福建自贸试验区为主题，介绍了世界自贸区的昨天、今天和明天，展现了上海开启自贸区1.0时代以来取得的积极成效，比较了广东、天津和上海的建设基础，全面分析了福建自贸试验区的制度创新、金融创新、投资自由化、企业机遇、法治建设等方面的发展政策与方向路径，并对福建自贸试验区与21世纪海上丝绸之路核心区的融合发展路径勾划了相应的蓝图与愿景。本书的内容不尽全面和深刻，但体现了这群年轻学者的观察、思考与探索。

这本书是一项集体创作的“产物”，凝聚了福建师范大学福建自贸区综合研究院全体研究人员的智慧和汗水。全书的主题设计、框架安排、任务分工、科研组织由黄茂兴博士负责。第一章由吴娟博士、林惠玲博士撰写，第二章由王荧博士和吴娟博士撰写，第三章由王珍珍博士撰写，第四章由邹文杰博士、黄新焕博士、杨飞龙博士和周利梅博士撰写，第五章由俞姗博士、陈玲芳博士、林珊姗老师和陈雯老师撰写，第六章由戴双兴博士、陈凤娣博士、伊馨博士、郑小梅老师和赵亮老师撰写，第七章由余兴博士、方忠博士和张宝英博士撰写，第八章由施志源博士、郑丽珍博士、林少东老师、郑启福老师和他们的研究生曾晓愉、肖志平、万雨娇撰写，第九章由黄茂兴博士、王珍珍博士和研究生季鹏撰写。对此，我再次向他们表示衷心地感谢。

本书还直接或间接引用、参考了其他研究者相关研究文献，书中没有一一列出，对这些文献的作者表示诚挚的感谢和敬意。

由于时间仓促，本书难免存在疏漏和不足，敬请读者批评指正。

黄茂兴

2015 年 6 月